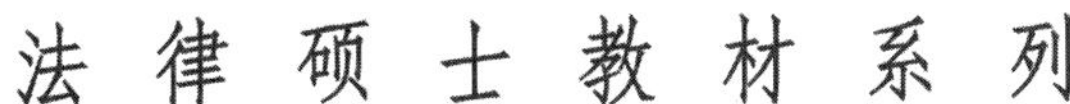

法律文书写作

吴旭莉 主编

厦门大学出版社 国家一级出版社
XIAMEN UNIVERSITY PRESS 全国百佳图书出版单位

图书在版编目(CIP)数据

法律文书写作/吴旭莉主编.—厦门:厦门大学出版社,2020.7
ISBN 978-7-5615-6887-3

Ⅰ.①法…　Ⅱ.①吴…　Ⅲ.①法律文书—写作—中国—教材　Ⅳ.①D926.13

中国版本图书馆 CIP 数据核字(2020)第 122467 号

出 版 人　郑文礼
责任编辑　甘世恒

出版发行　厦门大学出版社
社　　址　厦门市软件园二期望海路 39 号
邮政编码　361008
总　　机　0592-2181111　0592-2181406(传真)
营销中心　0592-2184458　0592-2181365
网　　址　http://www.xmupress.com
邮　　箱　xmup@xmupress.com
印　　刷　厦门市明亮彩印有限公司

开本　787 mm×1 092 mm　1/16
印张　29.25
字数　590 千字
版次　2020 年 7 月第 1 版
印次　2020 年 7 月第 1 次印刷
定价　65.00 元

本书如有印装质量问题请直接寄承印厂调换

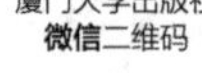
厦门大学出版社
微信二维码

厦门大学出版社
微博二维码

序　言

中共中央《关于全面推进依法治国若干重大问题的决定》指出：依法治国，是坚持和发展中国特色社会主义的本质要求和重要保障，是实现国家治理体系和治理能力现代化的必然要求。全面推进依法治国，必须大力提高法治工作队伍的职业素质，提升民众的法律素养。法学教育是培养高素质的法律职业共同体，发挥法律职业共同体在治理国家、管理社会、化解纠纷、解决矛盾，促进社会和谐、稳定发展中的作用的重要保障。

改革开放40多年来，中国的法学教育取得了长足的进步，法学教育蓬勃发展，法学教育质量稳步提升，但同时也存在一些问题，例如，法科学生招生规模庞大，教育质量参差不齐；现行的法学教育方式往往侧重于法学理论讲解及法律条文解读，对学生实践能力的培养有所欠缺，法科毕业生不能完全契合社会发展需求等。为适应培养多种层次法学人才的要求，厦门大学法学院积极推进分类别、多层次的教学方式改革，法律硕士的培养以培养“应用型、复合型”人才为目标。

厦门大学法学院建有教育部“应用型、复合型卓越法律人才教育培训”基地，努力培养“宽口径、厚基础”的复合型法律人才。在法律硕士课程教学改革中，法学院聘请大量法律实务部门的业务专家参与法律硕士研究生的培养，一些实务课程，由法学院专任教师与来自实务部门的专家联合授课；法律硕士研究生的指导采用双导师制，加强教学与实践的联系与交流，注重训练提升学生理论联系实际的能力。由于实务部门的专家来自于不同的业务部门，教改之初，这些联合授课的实务课程时常出现授课专家队伍不固定、教学体系分散、内容重复等问题。经过多年的合作与磨合，各实务课程形成稳定的教学团队，教学内容体系逐步形成。为了让法律硕士实务课程的知识体系更加全面、系统、科学，厦门大学法学院组织开展系列法律硕士教材的编写，以期规范教学内容，

提升教学质量。

教材是展示教育功能的重要媒介，法学教材是传承法律知识的重要载体，是学生学习法律、掌握法律、学会运用法律的重要工具。好的教材，既是学生学习的良师益友，亦是教师教学的善事利器。本系列教材注重法学理论教学与实务技能培训并重，在确保课程基础理论体系完整的前提下，注重专业技能的训练，突出实务课程的特点。

法学教材还是传播法律价值观的重要载体，法学教育的宗旨并非培养只会机械适用法律的“工匠”，而是以培养知法懂法、尊重权利、严谨自律、追求公平正义的法律人为目标。卓越的法律人才，不仅应有扎实的法学理论功底，更应当具有坚定的法治信仰、崇高的法律精神以及良好的法律职业道德。本系列教材寓“德育”于法律知识教育之中，根据法律人的思维范式，让学生在学习过程中，体验各种不同的法律职业角色对职业素养、执业水平及道德水准的不同要求，以提升学生的综合素质及实践能力。

承蒙厦门大学出版社的大力支持，本系列教材得以顺利出版。诸位来自实务部门的专家作者在各自的专业领域已有相当建树，为了法学教育事业的发展，牺牲大量的业余时间投入本系列教材的编写，精神可嘉、令人钦佩！在此，谨向为本系列教材面世付出辛勤劳动的所有单位及个人致以衷心的感谢！本系列教材反映了厦门大学法学院法律硕士实务课程的教学实力及学术水平，相信本系列教材的出版，一定能对“应用型、复合型”法律硕士人才的培养发挥重要的作用。

是为序。

宋方青

2020年7月

前　言

在现代社会中，法律维护着国家与社会的秩序，是纠纷解决的重要依据。近年来，中国的法制建设取得了有目共睹的成绩，具有中国特色的社会主义法律体系基本建成。然而，“徒法不足以自行”，只有法律而没有执行者，或只有执行者而没有相应的法律文书，法律都终将无法施行。每一份法律文书都是贯彻落实法律制度的具体体现。

法律文书是展现法律人才职业素质的重要载体。“法律文书写作”课不同于一般的应用文写作课，也不同于其他的法律专业课，它是一门具有法律专业性质的应用写作课程。为响应“卓越法律人才教育培养计划”的要求，厦门大学法学院以提升法律人才的培养质量为核心，以提高法律人才的实践能力为重点，加大应用型、复合型法律人才的培养力度，培养卓越法律职业人才。“法律文书写作”课程作为“卓越法律人才教育培养计划”中的一个环节进行全面的课程改革。课程教学改革紧密围绕“卓越法律人才”培养目标，从实务部门引进专业素质好、理论水平高的业务专家从事“法律文书写作”的教学实践。本教材是各位授课老师近年来教学实践及工作经验的总结。

本教材最大的特色在于务实、创新、与时俱进。本教材选取了公安、检察、法院、律师、仲裁、公证各部门最常用的法律文书进行详细介绍，并根据各诉讼法的最新修改以及相关实务部门公布的最新样式，介绍各部门中最为重要的法律文书的具体写作要求、写作时应注意的事项、样式及典型文书范例。本教材的各位作者既有各自专业的实务经验，又从事“法律文书写作”课程教学，切实做到理论与实践相结合，在确保教材系统化、理论化的同时兼顾教材的实用性，及时反映国家司法改革的最新成果。

本教材编写分工如下：

第一章绪论由厦门大学法学院副教授吴旭莉编写；第二章公安侦查文书由福建省厦门市公安局经济犯罪侦查支队教导员叶文同编写；第三章检察法律文书由福建省厦门市人民检察院二级调研员杨善良编写；第四章刑事裁判文书由福建省厦门市中级人民法院刑庭审判员王敏重编写；第五章民事裁判文书由福建省厦门市同安区人民法院院长刘友国编写；第六章行政裁判文书由福建省厦门市思明区人民法院专职审判委员

会委员李辉东编写;第七章律师常用诉讼文书,由福建天衡联合律师事务所王诚律师负责编写律师常用刑事文书,白伟冰律师、黄巧玲律师负责编写律师常用民事法律文书;第八章律师非讼文书由福建天衡联合律师事务所王哲律师编写;第九章仲裁文书由厦门仲裁委员会副秘书长林文阳编写;第十章公证文书由厦门鹭江公证处执行副主任陈军编写。全书由吴旭莉统稿。

本教材可供法律专业的硕士研究生、本科生学习法律文书写作时使用,也可供司法工作者、法律爱好者自学法律文书时使用。

随着国家司法改革的不断深入推进,司法机关对本部门法律文书的制作不断推出新举措,进行新探索。由于作者水平及研究角度所限,教材内容难免挂一漏万、存在错误。敬请读者批评指正,以便今后不断改进、完善。

2020年4月

作者简介

（按章节顺序排列）

吴旭莉，法学博士，厦门大学法学院副教授、硕士生导师，中国法学会法律文书学研究会理事。厦门大学法学院法学学士、民商法学硕士，中国人民大学法学院民商法学博士，澳大利亚新南威尔士大学法学院高级访问学者。曾任福建省厦门市中级人民法院书记员、助理审判员、审判员。现兼任福建联合信实律师事务所执业律师、厦门仲裁委员会仲裁员、泉州仲裁委员会仲裁员。

叶文同，福建省厦门市公安局经济犯罪侦查支队教导员，厦门市公安局法律顾问、公职律师，中南政法学院法学学士，厦门大学法学院法律硕士。

杨善良，福建省厦门市人民检察院二级调研员，厦门大学法学院兼职硕士生导师；中国人民大学法学学士，厦门大学法律硕士。主要研究领域为检察理论。

王敏重，厦门市中级人民法院刑事审判第一庭审判员，一级法官，集美大学法学院校外导师；中国政法大学法学硕士。

刘友国，福建省厦门市翔安区人民法院党组书记、院长，二级高级法官。厦门大学法学院法学学士、法律硕士。厦门大学法学院兼职副教授、硕士生导师；中央政法委和教育部首批法学与政法实务界“双千计划”人才，福建省法院高层次审判人才。长期致力于民商事审判工作，推动司法改革，所推进的“无讼社区”创建、“司法辅助人才培养机制”等多项改革举措，被最高人民法院等上级部门采纳并推广。

李辉东，福建省厦门市思明区人民法院专职审判委员会委员，厦门大学政法学院法学学士、厦门大学法学院民商法硕士。厦门大学法学院兼职副教授、兼职研究员、兼职硕士生导师，集美大学讲座教师。研究领域：行政法、税法。

王诚，福建天衡联合律师事务所合伙人、专职律师。厦门大学法学院法学学士。曾任福建省厦门市思明区人民法院书记员、助理审判员，厦门市中级人民法院审判员。多次获得“办案能手”“先进工作者”等荣誉。擅长刑事诉讼业务，现为厦门市律师协会刑事专业委员会委员、厦门市法学会刑法学会常务理事。

黄巧玲，福建天衡联合律师事务所律师。厦门大学文学学士、法学学士；法学硕士。主要执业领域为公司商事顾问、民商事诉讼与仲裁、劳动法等，获得国家二级人力资源

管理师资格。

白伟冰，福建天衡联合律师事务所合伙人、管理委员会委员。厦门大学法学学士、法律硕士。主要执业领域为公司商事顾问、民商事诉讼与仲裁、企业破产等。先后获得“厦门市优秀律师”称号和“福建省律师行业2015—2018年度民商事诉讼仲裁领域最具影响力十大案例”等奖项。

王哲，福建天衡联合律师事务所党委书记、执业律师。厦门大学法学院法学学士、法律硕士。现兼任厦门大学法学院兼职硕士生导师、福建省律师协会常务理事、厦门市律师协会常务理事。长期从事律师工作，主要执业领域包括公司与私募投资、并购重组、房地产与建筑工程。先后被授予“福建省优秀青年律师”“福建省优秀律师”“厦门市优秀共产党员”“全国律师行业优秀党员律师”称号。

林文阳，厦门仲裁委员会副秘书长。中国政法大学法学学士、厦门大学法律硕士。现兼任中国仲裁法学研究会常务理事、厦门市公司法学研究会副会长、厦门大学法学院兼职硕士生导师。获评“厦门市拔尖人才”“司法部新时代司法为民好榜样”“全国公共法律服务先进个人”“全国优秀仲裁秘书”等荣誉。研究领域主要涉及商事仲裁程序、合同法实务、建设工程纠纷实务等。

陈军，现任福建省厦门市鹭江公证处执行副主任。江西财经大学法学学士、经济学学士。

目　录

第一章
绪　论

第一节　概　述

一、法律文书的概念

法律文书的概念有广义与狭义之分。

广义的法律文书,是指任何涉及法律内容的文书,包括规范性文件与非规范性文件两大类。规范性文件指用条文表述的法律、行政法规、地方法规和部门规章,具有普遍的约束力;非规范性文件包括诉讼文书、仲裁文书、公证文书等,只对特定对象具有约束力。

狭义的法律文书,是专指非规范性文件所涵盖的文书,是司法机关以及非讼机关、当事人及其代理人依照法定程序,在进行诉讼或者与诉讼有联系的非诉讼活动中,依据事实,适用法律、法规所制作的具有法律效力或者法律意义的文书。

本书所说的法律文书,是狭义的法律文书。它既包括人民法院、人民检察院、公安机关(含国家安全机关、海关缉私部门等)和监狱管理机关在诉讼活动中依照职权所制作的司法文书也包括仲裁、公证部门和诉讼当事人及其代理人依法制作的各类文件、文书。前者是法律文书的核心,也是法律文书学研究的主要对象。

分析法律文书的概念,可以总结出法律文书的三个构成要素:

(一)主体要素

法律文书的制作主体必须是行使国家司法权的各级国家司法机关或者负有侦查、起诉、审判和监狱管理职责的司法工作人员,作为诉讼法律关系主体的诉讼当事人及其代理人,以及仲裁、公证等其他依法可制作相关法律文书的机关及其工作人员。当事人及其代理人依法也有权制作各类书状,这是进行诉讼活动不可缺少的文书。属于司法

文书范畴的仲裁文书和公证文书，依法只能由仲裁机关、仲裁员和国家公证部门、公证员制作。因此，法律文书的制作，除上述机关、人员外，其他任何机关、团体或者个人都无权制作。

(二)内容要素

法律文书制作内容的依据是案件事实与适用的法律、法规。一定的事实与适用的法律是构成某一法律文书的内容，而作为载体的文书结构则是表达这一内容的形式。法律文书正是其内容与形式的完整统一。它不同于一般的实用文书，而有着特定的法律效力或者法律意义。如法院的判决书、裁定书等，一经依法作出并生效后，当事人就必须执行；否则，要承担相应的法律后果。有些法律文书如开庭笔录、当事人的诉状、代理词等，则是对某一法律行为的如实反映与确认，并能引起一定的法律后果，如原告不起诉，没有诉状，诉讼也就无从谈起。

(三)程序法依据

法律文书制作的程序依据是刑事诉讼法、民事诉讼法、行政诉讼法、监狱法、律师法、仲裁法以及公证暂行条例等相关的法律法规以及最高司法机关的有关司法解释。法律文书的制作，必须依据各自的职能、诉讼权利，严格按照法定程序进行。任何超出或者违背三大诉讼法及其他相关法规规定所制作的文书，都是无效的，不具有法律文书的效力。

二、法律文书写作的学科特点

法律文书写作是以法律文书的制作为研究对象的学科。作为一门学科，与其他学科相比较，独具特点。

(一)法律文书写作是一门交叉学科

法律文书写作汇集法学与写作学的理论，是一门交叉学科。法律文书是反映法律活动的专业文书。从文书的内容上讲，它是一个法学概念，它所调整和研究的对象是法律事实的确认与法律的适用。制作法律文书，必须根据案件事实，综合运用法学理论知识和司法实践经验，具体解决司法活动中的实体问题和程序问题，使之符合法律、符合法理，进而揭示文书的法律实质及其特征。法律文书的制作与适用，涉及各个法学学科知识的综合运用。从这个意义上说，法律文书的研究，是法学体系中的一门独立学科，但它又不完全相同于其他法学学科，有其独特性。从写作学上讲，法律文书是一种实用文书，属于文章概念范畴，它的制作也必须符合运用写作学的理论知识和写作技巧。只有符合写作规律，体现实用性特点的，才能称之为实用文章。语言学、修辞学、逻辑学等

相关学科都是法律文书写作学习中必须研究的内容。因而法律文书的研究，是写作学的一个重要分支，但它不是纯粹的写作学，而是一门法律专业性很强的应用写作学，既依附而又相对独立于法学和写作学的法律文书学，是一门交叉学科。

(二)法律文书写作是法学综合课程

法律文书写作课程必须应用到法学各个分支学科的方法，是建立在法学实体法、程序法综合运用的基础上的学科。例如一起具有个人担保的民间借贷案件的诉讼，其相关法律文书的制作将会涉及民法中的总则、担保、合同、婚姻等民法实体的相关规定以及民事诉讼法等程序性规定。如果案件当事人还具有涉外因素，文书的制作还会涉及港、澳、台或外国法律、国际条约与惯例的查询与适用等。因而，法律文书写作的课程往往需要学习主要实体法与三大程序法之后才能开设。

(三)法律文书写作具有明确的实践性

离开司法实践，法律文书写作就失去存在的意义。每种法律文书的写作都有其具体的实践目的。某个法律文书是为了解决某一法律问题而制作的，是具体实施法律的重要工具。以刑事案件为例，公安机关对案件侦查终结后，认为犯罪事实清楚，证据确实充分，依法应当追究犯罪嫌疑人的刑事责任，依法制作起诉意见书，目的是将案件移送同级人民检察院审查起诉；检察机关认为指控被告人实施的行为构成犯罪，应当制作起诉书，将案件移交人民法院；人民法院依法对案件进行审理后，认为确实有罪的应当依法制作判决书，对被告人进行定罪量刑。法律文书写作的终极目的就是应用于实践，使法律文书成为司法实践的文字载体，写作法律文书本身就是重要的司法实践。

(四)法律文书写作具有特殊的技术性

在司法实务部门，通常将法律文书的写作称为“法律文书制作”①，“制作”与“写作”的不同在于，法律文书不仅要符合写作、语言、逻辑等传统写作的基本要求，还应当符合特定的技术规范，每种法律文书的制作都有各自的要求与特征。每种法律文书都有固定的程式，其标题、编号、首部、正文、尾部的格式、句式、文体、落款、用印等都有严格的规范。对于案件发生过程的叙述，应当实事求是，言之有据，不能夸张、联想、猜测，不能夹叙夹议，充满浓烈的感情色彩与价值判断，这是法律文书写作与其他写作不同的重要体现。法律文书写作应当态度严肃、制作认真、严格遵循规范要求。

---

① 潘庆云：《法律文书》，中国政法大学出版社 2017 年第 4 版，第 3 页。

第二节　我国法律文书的历史沿革

一、我国古代的法律文书

我国有文字可考的历史始于商代。太史公曰:“夫神农以前,吾不知已。”从已出土的甲骨文材料来看,商代的遗物大半属于武丁以后,可以鉴定为盘庚时代者为数甚少,至于南庚、祖丁以前的甲骨文,几乎绝未之见。① 由于史料的缺失,中国古代的法律自何时产生、如何产生,迄今依然没有明确的答案。《黄帝李法》、“皋陶作刑”并无具体文本。

中国法律的起源有多种学说,较为普遍的说法主要有以下四种:(1)“刑起于兵”。该说认为,中国法律起源于战争。其中《易经·师》中说:“师出于律。”②(2)“定分止争说”。此说由春秋时期法家代表人齐国的管仲首先提出,《管子·七臣七主》中说:“夫法者,所以兴功惧暴也;律者,所以定分止争也;令者,所以令人知事也。”③此说为后世法家代表人物如商鞅、韩非等所赞同。(3)“苗民制刑说”。《尚书·周书·吕刑》中说:“苗民弗用灵,制以刑。惟作五虐之刑,曰‘法’。”④(4)“礼刑同源习惯说”。该说认为法律与礼皆由原始习惯逐渐演变而来,最终上升为法律。夏代建立后,产生了平息有扈氏部族叛乱与平息东夷部族反抗而颁布法律的迫切需要。《左传·昭公六年》记载:“夏有乱政,而作禹刑。”⑤夏启将有利于奴隶主阶级统治的习惯上升为国家形态的习惯法,以大禹之名命为《禹刑》。

在中国法律的起源上,不论兵、法,还是刑、礼,都是促进法律产生的重要动力,法律的产生是它们综合作用的结果,仅靠一种形式不能独立完成。夏有《禹刑》,西周有《吕刑》,战国李悝著《法经》六篇,商鞅携《法经》入秦制《秦律》,汉时萧何作《九章律》,这些律法奠定了中国古代社会的法制基础。

法律文书的发展随着文字、国家、法律的出现而产生,随着国家政治经济的发展而发展。迄今为止,我国法律文书经历了古代、近代和现代的历史发展演进过程。法律文书的产生需要具备两个条件:一是必须达到相当完备的程度,因为法律文书是伴随着法律的产生而产生的,是实施法律的工具;二是必须具有较为完善系统的文字,因为法律文书是用文字书写的。本教材运用中国法制史中已有的历史资料,结合相关法律文件,勾勒我国法律文书发展的基本脉络。

---

① 丁山:《商周史料考证》,国家图书馆出版社2008年版,第37页。

② 黄寿祺、张善文:《周易译注》,上海古籍出版社2004年版,第70页。

③ (春秋)管仲:《管子》,时代文艺出版社2008年版,第291页。

④ (唐)孔颖达等注:《尚书》,辑于《尚书·国语·战国策》,远方出版社1998年版,第48页。

⑤ (春秋)左丘明著、蒋冀骋点校:《左传》,岳麓出版社2006年版,第251页。

(一)先秦时期的法律文书

产生于我国殷商时期的甲骨文,是我国目前已知最早的文字,距今已有 4000 余年。西周时期,随着青铜铸造技术的发展,又出现了浇铸在青铜器皿上的钟鼎文,也称铭文。

1975 年,在陕西省岐山县董家村出土了 37 件西周青铜器,㑇匜是其中一件青铜器,该匜上刻有 157 个文字。据考证,铭文记载了西周晚期一次诉讼,是法官伯扬父对一个牧牛(牧牛系官名,即主管牧牛的下级官吏)所作的判词。这篇铭文的大意是:

> 三月甲申日,周王在莽京的上宫,伯扬父当着周王的面宣布对牧牛的判决。伯扬父说道:"牧牛,过去你任职的时候,竟敢和你的长官争讼,违背自己曾经立下的誓言。今天,你必须再立信誓。现在,尃、趞、啬、覤、㑇都已到庭,只有他们五人都相信你的誓言,你只有恪守自己的誓言,才能重新去任职。按照你的罪行,我本应鞭打你一千下,施以墨刑,现在我宽赦你,打你五百鞭,改罚金三百锾。"伯扬父于是又命牧牛向其长官立誓说:"从今以后,我不敢再和你争讼,以各种大小事扰乱你。"伯扬父对牧牛说:"你的长官如果再控告你,那就要鞭打你一千下,并加以墨刑。"牧牛于是立誓。伯扬父还把这一判决告诉名䚄和曶的两个官吏,让他们登记在记簿上。牧牛立下了誓言,缴了罚金三百锾,㑇将其铸作旅盉。[①]

从铭文中可让今人了解西周的一些法律制度。首先,从判决的起因与结果可知悉,西周刑法是为维护奴隶主阶级的特权统治的,牧牛是下级官吏,与其上级打官司,破坏统治秩序,与上司争讼,应严惩不贷。其次,誓是定罪量刑的重要依据。誓在文中出现七次,第一次是伯扬父在指责牧牛违背誓言;第二、第三、第四次是伯扬父要求牧牛当众再立信誓、恪守誓言,并使其他人相信誓言方可重新任职;第五次是伯扬父要求牧牛立誓不再起讼;第六、第七次是牧牛按照要求重新立誓,判决被记录在案。再次,铭文中涉及的刑罚包括鞭刑、墨刑、罚锾、废黜(废去官职)。[②] 最后,铭文反映西周的部分诉讼制度,如本案是在京城的上宫当着周王的面进行的,由伯扬父主持。伯扬父应当是《周礼》中的司寇,[③]是专理刑狱的官员。在诉讼中,双方当事人都到场,以全面听取两造意见,做到慎刑。文中还可以看到案件被记录下来,这种记录是司法档案。《周礼》可印证其中的相关制度。如《周礼·秋官·司寇·大司寇》:"以两造禁民讼,以束矢于朝,然后听之。以两剂禁民狱,以钧金,三日乃致于朝,然后听之。"[④]《周礼·秋官·司寇·小司

---

① 刘海年:《㑇匜铭文及其所反映的西周刑制》,载《法学研究》1984 年第 1 期。

② 唐兰:《陕西省岐山县董家村新出西周重要铜器铭辞的译文和注释》,载《文物》1976 年第 5 期。

③ 《周礼·秋官·司寇·叙官》:"惟王建国,辨方正位,体国经野。设官分职,以为民极。乃立秋官司寇,命名帅其属而掌邦禁,以佐王刑邦国。"载杨天宇撰:《周礼译注》,上海古籍出版社 2004 年版,第 494 页。

④ 杨天宇撰:《周礼译注》,上海古籍出版社 2004 年版,第 509 页。

寇》:"以五刑听万民之狱讼,附于刑,用情询之,至于旬乃弊之,读书则用法。"[①]"岁终,则令群士计狱弊讼,登中于天府。"[②]在周朝,诉讼应向官府呈递"剂"(书状);审判"两造"(原、被告双方)要到场;诉讼应当预交费用(束矢、钧金);裁判要有"书",并当庭宣布,叫作"读书"(当众宣判);"读书乃用法"意为宣判之后方可执行判决;案件有记录,年终应当总结、报送结案情况,即"计狱弊讼,登中于天府"。整个诉讼均有相应的法律文书记录案件的过程。

先秦时期,比较闻名的文书代表是《国语·卷九·晋语三》中记载的晋国的庆郑被晋惠公处死的经过的一份类似判决书的文字。公元前 645 年(晋惠公六年)闰九月十三日,晋惠公与秦穆公在韩原交战。晋惠公所乘坐战车的马陷于泥淖走不动,秦军追了上来,晋惠公窘急,叫庆郑来驾车。庆郑怼晋惠公:"不听占卜,打败仗不是活该吗!干吗叫我载!"弃晋惠公而去。最后致晋惠公被秦军抓走,本可抓住的秦穆公却脱逃。经斡旋,晋惠公由秦返晋,下令处死庆郑。具体内容如下:

> 君(指晋惠公)令司马说刑之。司马说进三军之士而数庆郑曰:"夫韩之誓曰:失次犯令,死;将止不面夷,死;伪言误众,死。今庆郑失次犯令,而罪一也;郑擅进退,而罪二也;女(汝)误梁由靡,使失秦公,而罪三也;君亲止,女(汝)不面夷,而罪四也;郑也就刑!"[③]

上述法律文书的叙写,先引用战前誓词中明确规定的三条军法,然后对照庆郑的罪行,依法作出裁决。庆郑违反军令,为罪一;不听指挥,擅自进退,为罪二;贻误了战机,致使秦穆公脱逃,晋国的君主被俘,为罪三;庆郑面部无伤痕,为罪四。判决书在逐一列举了庆郑的罪状后,决定将其处以死刑。文书叙写有理有据,具有较强的说服力。

随着封建制度的发展,春秋、战国时期,均有诸侯国颁布成文法典的记载。公元前 536 年,郑国政治家公孙侨(字子产)执掌郑国国政后,为维护公室的利益,限制贵族的特权,进行一系列改革,在法制方面,有"郑人铸刑书"[④],将成文法铸于鼎上,公之于众,这是我国第一部公开的成文法典。魏国丞相李悝(公元前 455 年—公元前 395 年)著《法经》。公元前 356 年,秦孝公任用商鞅进行变法。商鞅依据《法经》,对法律制度进行重大变革,改"法"为"律",为秦律的发展奠定了基础。

(二)秦汉时期的法律文书

秦始皇统一中国后,"海内为郡县,法令由一统"。[⑤] 为巩固专制的中央集权制度,在

---

① 杨天宇撰:《周礼译注》,上海古籍出版社 2004 年版,第 514 页。

② 杨天宇撰:《周礼译注》,上海古籍出版社 2004 年版,第 517 页。

③ 《国语·卷九·晋语三·惠公未至》,详见(春秋)左丘明撰、鲍思陶点校:《国语》,齐鲁书社 2005 年版,第 162 页。

④ 《左传·昭公六年》,详见(春秋)左丘明著、蒋冀骋点校:《左传》,岳麓出版社 2006 年版,第 250 页。

⑤ (汉)司马迁:《史记·秦始皇本纪》,详见《史记》(卷六),(宋)裴骃集解、(唐)司马贞索隐、(唐)张守节正义:《史记三家注》(下),广陵书社 2014 年版,第 119 页。

丞相李斯的主持下,"明法度,定律令",进行大规模的修法活动。由于文献散佚,对秦律的研究,长期较为笼统,云梦秦简发掘后,今人对秦律的了解进入新阶段。

1975 年 12 月,在湖北云梦县睡虎地发掘了一组秦代墓葬,其中第 11 号墓出土了大量记载秦法律令的竹简,内容极其丰富,被称为《云梦秦简》。墓主"喜",生于秦昭公四十五年(公元前 262 年),卒于始皇三十年(公元前 217 年),在秦始皇时曾任安陆御史、令史、鄢令史及狱吏等职,并有从军入伍的经历。[①] 竹简系其殉葬品,共 1155 枚,残片 80 枚,分类整理为 10 部分内容,包括:《秦律十八种》《效律》《秦律杂抄》《法律答问》《封诊式》《编年记》《语书》《为吏之道》以及甲种与乙种《日书》。其中《语书》《效律》《封诊式》《日书》为原书标题,其他均为后人整理拟定。

与法律文书直接相关的是《封诊式》竹简。"封",是指查封。"诊",是指诊察、勘验、检验。"式",是指格式和程式。《封诊式》是关于查封、检验的程式的汇集,是我国最早的法律文书样式的汇编,共 98 枚,经专家整理后,分为 25 篇独立的文字,每篇简首写有小标题,除置于卷首的《治狱》和《讯狱》是官吏审理案件的原则和要求外,其余各节"爰书",均为"封守""履""有鞫"等方面的法律文书程式。另外,还有案发现场的勘验和法医的检验报告。竹简中包括了各类案例,但所述案例皆不是用真名,而是用甲、乙、丙、丁代替,这表明其选用的是极为典型的案例,是供官吏学习和具体处理案件时参考使用的。从程式要求看,《封诊式》中的文书样式严谨规范,内容细致,语言特征通俗易懂,揭示了法律文书作为一种处理法律事务的公文书,在当时已经取得了相当的地位。

【经死·爰书】某里典甲曰:"里人士五(伍)丙经死其室,不智(知)故,来告。"即令令史某往诊。令史某爰书:与牢隶臣某即甲,丙妻、女诊丙。丙死(尸)县(悬)其室东内中北权,南乡(向),以枲索大如大指,旋通系颈,旋终在项。索上终权,再周结索,余末袤二尺。头上去权二尺,足不傅地二寸,头北(背傅)癖,舌出齐唇吻,下遗矢弱(溺),污两卻(脚)。解索,其口鼻气出渭(喟)然。索迹(椒),不周项二寸。它度毋兵刃木索迹。权大一围,袤三尺,西北堪二尺,堪上可道终索。地坚,不可智(知)人迹。索袤丈。衣络禅襦,帬各一,践( )。即令甲、女载丙死(尸)诣廷。

这是一份制作翔实的模拟现场勘验笔录。"经死",是简文标题,"爰书"则是一种司法机关通用的文书形式,其内容是关于诉讼案件的诉辞、口供、证词、现场勘查、检验的记录以及其他与诉讼有关的情况报告。[②] 这份笔录没有用真实姓名,丙即死者,某甲系现场勘验人员,丙的妻女为在场人。全文重点叙述丙某自杀现场实况,记录了死者吊死于室内何处,绳索粗细、索结形状、索沟深浅,还检验了死者身体其他部位,特别提到了头发内等不易被人们注意的地方有无伤痕和异物。"爰书"的作用如同它的内容非常广泛,最重要的就是借助它可以提高司法机关办案的效率。秦统治者编选了各类"爰书"

① 马小红:《中国法制史关键问题》,中国人民大学出版社 2011 年版,第 149 页。
② 刘海年:《秦汉诉讼中的"爰书"》,载《法学研究》1980 年第 1 期。

作为“式”,要求各级官吏遵照执行,体现了秦代司法制度日臻完备,为后来的汉代各朝所效仿。

汉承秦制,有沿有革。汉初的第一部律是萧何主持编纂的《九章律》。汉初刘邦吸取亡秦教训,在叔孙通等儒家代表的说服下,制定汉代礼仪——《傍章》18篇。但此时,儒家思想并未成为治国之道,统治者更多偏向于采用“黄老之术”,以政治上“无为而治”,法律上“约法省刑”,实现“与民休息”。汉初文帝、景帝、文帝、窦后等,皆喜用“黄老之术”与“刑名”。[①] 但在吴王刘濞发起“七国之乱”中,道家“无为而治”的思想显然无法平叛。武帝即位后,采纳董仲舒在著名的《举贤良对策》中提出的新儒学思想,认为儒家思想比“黄老之术”更适合其统治需要。在法律层面,经过董仲舒等人改造的新儒家思想逐渐渗透至法律领域,一种以儒家经义为指导思想的审判方式也在汉中期产生。以“原心定罪”为核心的“引经断狱”或“春秋决狱”,成为指导司法实践的经典。董仲舒作《春秋决狱》232例,[②]可惜大多佚失。程树德在《九朝律考》中记录了6件董仲舒处理的案件。[③]《春秋决狱》所收的判词是现存最早的拟判。所谓拟判,是指虚构或模拟的判词,实判将比照其中拟判进行裁断。

【弃儿殴父案】甲有子乙以乞丙,乙后长大,而丙所成育。甲因酒色谓乙曰:“汝是吾子!”乙怒杖甲二十。甲以乙本是其子,不胜其忿,自告县官。仲舒断之曰:“甲生乙,不能长育以乞丙,于义已绝矣。虽杖甲,不应坐。”[④]

该拟判中,甲有一个儿子乙送给了丙,由丙抚养成人。某天甲喝醉对乙说:“你是我儿子!”乙大怒,杖甲20下。甲认为乙明明是他儿子,对此愤愤不平,告至县官。本案涉及殴打尊亲,甲显然系要求官府按照殴打父亲的律例处罚乙。董仲舒认为:甲生乙而不养,送给丙养育成人,从道义上已与乙断绝父子关系,甲并不是乙的父亲。乙虽然殴打了甲,但乙不应当受到处罚。

20世纪30年代,考古学者在内蒙古额济纳河流域调查居延烽燧遗址时,在大约30个地点发掘采集了1万多枚简牍,后续又有新的汉简陆续出土,并称居延汉简。[⑤] 居延汉简中有来文、来文的复文,有文书的底稿,其中一些还保留着标签,如诏书、律令、科

① 儒生辕固生因说《老子》是普通人的言论,被窦太后罚入猪圈。详见:《史记》(卷十二),载《孝武本纪》第十二:窦太后好《老子》书,召问固。固曰:“此家人言矣。”太后怒曰:“安得司空城旦书乎!”乃使固入圈击彘。

② 《后汉书·应劭传》记载:“董仲舒老病致仕,朝廷每有政议。数遣廷尉张汤亲至陋巷,问其得失。于是作《春秋决狱》二百三十二事。动以经对,言之详矣。”详见(南朝宋)范晔著,(唐)李贤注、(晋)司马彪撰志,(梁)刘昭注补:《后汉书》,中华书局1965年版,第324页。

③ 程树德:《九朝律考》之《汉律考(七)·春秋决狱考》,中华书局1963年版,第164页。

④ (唐)杜佑:《通典》(第六十九卷)(礼二十九:养兄弟子为后 后自生子议),中华书局1984年版,第382页。

⑤ 瑞典人斯文·赫定(Sven Hedin)与中国学术团体协会共同组成“西北科学考察团”,对中国西北地区的内蒙古、甘肃、新疆等省区进行大规模的考古调查和发掘。瑞典学者贝格曼(Fauk Bergman)在额济纳河流域调查居延烽燧遗址时,在大约30个地点发掘采集了1万多枚简牍。

别、品约;牒书、爰书、初状等,这些文书的格式、形制、收发程序都有统一规定,对研究古代文书档案制度有重要的参考价值。

(三)唐宋时期的法律文书

隋、唐、宋时期,是中国古代法律发展的重要阶段。尽管对科举制度的起源存在争议,①但在科举制度史上,隋朝是一个短暂又重要的历史时期。进士科起源于隋朝,而后成为取士的重要科目。唐初科举考试有吏部科目选科目、尚书省的常科、皇帝新试的制举科目。高宗时期,吏部在铨选试判的基础上,陆续加设"平判入等科""书判拔萃科""博学宏词科"等科目。② "平判入等科"与"书判拔萃科"都需要"试判"。其中,"书判拔萃科"的考试内容为"试判三条",③将最具代表性的法律文书——"判"的地位大大提高。文人士子为考取功名、升任官吏,要在应试之前做大量的"试判"。④ 这些"试判"因其案情多为虚拟,故又称"拟判"。直至今日,我们还能看到许多当时文人流传下来的这种"拟判"。唐朝流传至今的实判与试判皆有许多范本,⑤盛唐时期法律大家张鷟所撰《龙筋凤髓判》及其后白居易所著《百道判》又称《甲乙判》⑥,都是研究唐代法制与唐代骈体文学的重要史料。

《龙筋凤髓判》是迄今为止我国最早的一部完整传世的官定判例,记录涉及皇亲国戚及中央三省六部与地方州县官吏百姓"漏泄机密""纳贿""敕书有误不奏""奏报不实"等重要罪案,呈现了案件从呈报、审理、复核到裁决的完整过程,被时人作为"取备程试之用"的判牍,成为后人"征引赅洽"的经典判决,对后世各朝判例的形成具有深刻的影响,并传于周边国家。⑦

《百道判》对唐代判词的影响同样重大。贞观十八年(公元 802 年),已中进士的白居易为参加吏部的"书判拔萃科"考试,自设可能发生的讼狱场景作为判题,以折狱文吏的角度拟作《百道判》,文辞典雅庄重,表达准确清晰,说理充分有力,且多为骈体,体现

---

① 刘海峰:《科举制的起源与进士科的起始》,载《历史研究》2000 年第 6 期。

② 金滢坤:《唐代书判拔萃科的设置、沿革及其影响》,载《厦门大学学报(哲学社会科学版)》2016 年第 5 期。

③ 《通典》(卷 15)《选举典三》云:"选人有格限未至……试判三条,谓之'拔萃',亦曰'超绝'。词美者,不得拘限而授职。"

④ 还有不少士子背诵大量的判文范本,准备应考时套用。张鷟的《朝野佥载》记载武周朝试判的一则趣闻:"周天官选人沈子荣诵判二百道,试日不下笔。人问之,荣曰:'无非命也。今日诵判,无一相当。有一道颇同,人名又别。'至来年选,判水硙,又不下笔。人问之,曰:'我诵水硙,乃是蓝田,今问富平,如何下笔。'闻者莫不抚掌焉。"参见(唐)张鷟著、赵守俨点校:《朝野佥载》,中华书局 1997 年版,第 93 页。

⑤ 郑樵在《通志》中收录多家多卷唐代"案判",并总结:"凡案判一种二十部七十九卷。"(宋)郑樵:《通志》(卷 70·艺文八·案判),中华书局 1987 年版,第 827 页。

⑥ 元稹在《白氏长庆集序》中将其称为"百道判",后又收录白居易当年参加考试的答题《得太学博士教胄子毁方瓦合。司业以非训导之本,不许》收入其中,故"百道判"实录判词 101 道。又因其中的拟制人名大多以甲、乙、丙、丁等天干代替,故又称"甲乙判"。收录在《白氏长庆集》第 66 卷、第 67 卷中。

⑦ (唐)张鷟著、田涛、郭成伟校注:《龙筋凤髓判》,中国政法大学出版社 1996 年版,点校说明。

唐朝判词制作的考试标准。

例如，鉴于婚姻关系在社会关系中的重要地位，《百道判》中多有涉及婚姻家庭关系的例判。以离婚案为例，《百道判》中有4则关于离婚的判词，其中，第36判的判词如下：

> 【得甲妻于姑前叱狗，甲怒而出之。诉称非七出。甲云：不敬。】①
>
> 判词：细行有亏，信乖妇顺，小过不忍，岂谓夫和？甲孝务恪恭，义轻好和，馈豚明顺，闻爽于听从，叱狗愆仪，盍勿庸于疾怨？虽怡声而是昧，我则有尤；若失口而不容，人谁无过？虽敬君长之母，宜还王吉之妻。

该判词所涉的场景系因妻子在婆婆面前"叱狗"，丈夫甲一怒之下要休妻。妻子起诉讼称不属于休妻中"七出"的条件，而丈夫则主张不尊敬婆婆，符合不敬可以休妻的情形。《唐律》中"七出"包括："一无子，二淫泆，三不事舅姑，四口舌，五盗窃，六妒忌，七恶疾。"白居易判决认为，"叱狗"虽有失礼仪，但并无大过错，未达到休妻的地步。判词中，皆为四六句骈文，援引儒家经典。例如，"馈豚明顺"，系引自《礼记·昏义》："舅姑入室，妇以特豚馈，明妇顺也。"又如"王吉之妻"，系引自《汉书·王吉传》王吉因枣休妻的典故。②

《唐律》对案件的起诉与受理有明确的规定，即当事人产生纠纷向官府告诉，应当向官府呈交"辞牒"，也就是现今的诉状。起诉或控告他人，必须注明具体的时间，所指陈的事实也必须真实，否则就要被笞五十下。若对第一衙门的判决不服，当事人应当向原衙门申请发给"不理状"，并以此为凭，由下至上逐级上诉。根据当时的律法，当事人的口供是最重要的证据，为了取得证词，允许拷讯，并且规定了法定的拷讯程序。由此可知，当时刑讯笔录的制作应当是相当完备的。

自魏晋繁兴的骈文，讲求对偶、声律、用典技法，文体别具特色。但在法律文书中如果过于注重追求技巧，并且定要加入典故，往往使得许多骈判艰深晦涩。有些判词为凑四六句式或强行用典，反而忽视内容。例如，明朝吴讷曾在评点"骈判"时指出："其文堆垛故事，不切于蔽(审判)罪；拈弄辞华，不归于律格，为可惜耳。"③唐中后期掀起的"复古文"运动，文体渐趋散文化。"宋儒王回之作，脱去四六，纯用古文，庶乎能起二代之衰。"④

宋代保留下来的判词，大多是实判，即依据案情作出裁判，判词亦由骈体判变为散体判。较为著名的实判专著是《名公书判清明集》，多出自名家之手，包括朱熹、吴毅夫、

---

① (唐)白居易著、谢思炜校注：《白居易文集校注》(第四册)，中华书局2011年版，第1699页。

② 《汉书·王吉传》："始吉少时学问，居长安。东家有大枣树垂吉庭中，吉妇取枣以啖吉。吉后知之，乃去妇。东家闻而欲代其树，邻里共止之，因固请吉令妇还。里中为之语曰：'东家有树，王阳妇去；东家枣完，去妇复还。'其励志如此。"

③ (明)徐师曾著、罗根泽点校：《文体明辨序说》，人民文学出版社1962年版，第128页。

④ (明)徐师曾著、罗根泽点校：《文体明辨序说》，人民文学出版社1962年版，第128页。

刘克庄、胡颖等28人担任官吏所撰写的实判。这些用散文写成的实判，大多数属于民事判词，风格上有了变化。每一篇判词，均有具体的时间、地点、当事人姓氏、双方当事人争议的事实、官府查证认定的事实以及斟酌案件之情理，官府援引法律作出的判决。在剖析案情、阐述理由、引证律文上，都比较明晰、精当，是古代判词的一大进步，为明清两代判词的写作开辟了新途径。

【契约不明，钱主或业主亡者，不应受理】①

……披阅两契，则字迹不同，四至不同，诸人押字又不同，真有如刑台之所疑者，谓之契约不明可也。在法：契要不明，过二十年，钱主或业主亡者，不得受理。……

从此判文可见，判词已摆脱骈判风格，文字平实，通俗易懂。判决中契约不明，过20年不受理，有如今时20年最长诉讼时效。

同时，宋代对诉状的格式和内容也进行了严格的限定。李元弼《作邑自箴》卷六及卷八中均记载起诉状格式，②如下：

某乡某村。耆长某人，耆分，第几等人户，姓某，见住处至县衙几里[原注：如系客户，即去(云)某人客户]，所论人系某乡村居住，至县衙几里。

右某，年若干，在身有无疾、荫(原注：妇人即云有无娠孕及有无疾、荫)，今为某事，伏乞县司施行。谨状。

年 月 日 姓某 押状

关于起诉状的书写，宋初袭用后周之制，“所陈文状，或自己书，只于状后具言自书；或雇倩人书，亦于状后具写状人姓名、居住去处。如不识文字及无人雇倩，亦许通过白纸”③。一件起诉状只能诉一事，字数不得过200。一人不能同时投递两件起诉状。严禁匿名投诉。④ 当时起诉状的书写手续比较简单，也无须具保识人姓名，甚至一张白纸亦可起诉。这对起诉人来说，十分方便。

在宋代法律文书的发展过程中，书铺的作用不容忽视。伴随着宋代社会政治经济的进一步发展，诉讼活动日渐频繁，简便的起诉状不再适宜，容易产生错告、乱告等现象，于是起诉状的书写手续严格起来，规定平民百姓的诉状由书铺统一书写。《作邑自箴》卷八《写状钞书铺户约束》云：“据人户到铺写状，先须子细审问，不得添借语言多入

① 方秋崖所做判词。收录于中国社会科学院历史研究所、宋辽金元史研究室点校：《名公书判清明集》，中华书局1987年版，第132页。

② (宋)李元弼：《作邑自箴》，载《四部丛刊续编·史部·麟台故事·作邑自箴·金石录》，上海书店出版社1934年版，第175页。

③ (宋)窦仪等撰、吴翊如点校：《宋刑统》(卷二四)《斗讼律·越诉·周广顺二年十月二十五日敕节文》，中华书局1984年版，第380页。

④ 戴建国：《宋代审判制度考》，载杨一凡主编：《中国法制史考证》(甲编第五卷·历代法制考·宋辽金元法制考)，中国社会科学出版社2003年版，第239～240页。

闲辞及论诉不干己事……”①《作邑自箴》成书于徽宗政和七年(1117年),从而可知北宋时就有书铺书写诉状的规定。朱熹在《公移·约束榜》中写道:“官人、进士、僧道、公人……听亲书状,自余民户并各就书铺写状投陈。”②书铺,由官府登记入册,称“系籍”,“不系籍人不得书写状钞”,未入册者不得替人书写状词③。书铺书写诉状,必须用官府颁给的印子,“书铺如敢违犯本州约束,或与人户写状,不用印子,便令经陈,紊烦官司,除科罪外,并追毁所给印子”④。

诉状不仅由书铺书写,还得由人保识才能投呈,法官开庭审讯,据此传呼起诉人,以防诬告。《公移·约束榜》云:“人户陈状,本州给印子,面付茶食人开雕并经茶食人保识方听下状。”⑤

(四)明、清前期的法律文书

明代时期,中国古代的判词已经确立了自己独特的风格和地位,流传下来的主要有:李清的《折狱新语》、祁彪佳的《莆阳谳牍》、张肯堂的《萤辞》等。其中,李清的《折狱新语》,收录了判词230篇,是现存不多的明朝判词专集,它是作者在宁波府推官任内审理各类民刑案件的结案判词,是当时的地方司法实录。总体而言,从程序上看,判词已有审语与看语之分:对自己有权处理的案件,裁判者拟具判词后即可宣告,称为审语;对自己无权判决的案件,则拟具判词后还需转呈上级审核批准,称为看语。从内容上看,判词中案件事实、判决理由、裁判根据和结果一应俱全,并且形成了有机整体。

清代时期,保留至今的判词卷帙浩繁,显示出了极高的水平,堪称我国古代判词的最高峰。判词专集主要有:《樊山判牍》《陆稼书判牍》《于成龙判牍菁华》《张船山判牍》《清朝名吏判牍选》等。另外,清代的档案材料中也收录了大量的判词。清朝的判词多为实判,语言表述有的用骈体,有的用散体。由于个案的不同,有的判词重在认定事实和分析、说明;有的判词重在分析和评价,对争议事件根据法理、法律进行条分缕析的剖析,并据以裁判。这一时期的判词讲究用词,注重援引律例分析案情,达到了完善的境地。

清朝律学还有私家注律的特点。在清朝诸多官员的幕僚中,活跃着一批深谙律例

---

① (宋)李元弼:《作邑自箴》,载《四部丛刊续编·史部·麟台故事·作邑自箴·金石录》,上海书店出版社1934年版,第187页。

② (宋)朱熹:《晦庵先生朱文公文集(46)》(卷一〇〇)《公移·约束榜》,载《四部丛刊》,商务印书馆1926年影印版,第148页。

③ (宋)李元弼:《作邑自箴》,载《四部丛刊续编·史部·麟台故事·作邑自箴·金石录》,上海书店出版社1934年版,第175页。

④ (宋)朱熹:《晦庵先生朱文公文集(46)》(卷一〇〇)《公移·约束榜》,载《四部丛刊》,商务印书馆1926年影印版,第149页。

⑤ (宋)朱熹:《晦庵先生朱文公文集(46)》(卷一〇〇)《公移·约束榜》,载《四部丛刊》,商务印书馆1926年影印本版,第149页。

的幕友。他们精研律例,襄助主官处理政务,著书解律,阐述其读律用例之心得及办案的经验与技巧,推动清代应用法律理论及注释法学的发展。王又槐的《办案要略》、王明德的《读律佩觿》、刘衡的《读律心得》、汪辉祖的《佐治药言》、万维翰的《幕学举要》均为名作。王又槐的《办案要略》是其中的经典,该书分析了诸种多发犯罪的构成、罪证要点及法律适用,详解基层(州县)司法审判程序,其关于各种司法公文制作的论述是研习清代法律文书写作方法的经典教材。其《叙供》篇中写道:"作文者,代圣贤以立言。叙供者,代庸俗以达意。词虽粗浅,而前后层次、起承转合、埋伏照应、点题过脉、消纳补斡、运笔布局之法,与作文无异。作文以题目为主,叙供以律例为主。案一到手,核其情节,何处更重,应引何律何例,犹如讲究此章书旨,重在何句,此一题旨又重在何字也。情重则罪重,情轻则罪轻。若罪轻而情重,罪重而情轻,牵扯案外繁冗,干碍别条律例,无异虚题犯实、典题犯枯、拖泥带水、漏下连上之文也。"[①]接着,作者又从正、反两面具体论述叙供所应讲究的"六法"与"九不可"。所谓"六法",即前述的前后层次、起承转合、埋伏照应、点题过脉、消纳补斡、运笔布局之法;所谓"九不可",即供不可文、野、混、多、繁、偏、奇、假、忽等。在侦查手段有限的古代社会,被告人的口供最为重要,叙供是查明案件事实的过程,是裁判的基础,是一种重要的法律文书。

二、我国近代和现代的法律文书

(一)我国近代的法律文书

1840 年以后,伴随着西方列强坚船利炮的入侵,西方法律思想及法律制度亦传入中国,延续几千年的中华法系受到强烈冲击。1843 年签订的《中英五口通商章程》及《中英五口通商附粘善后条款》开外国人在华享有领事裁判权之先例。此后,法、美、俄、德等国亦通过不平等条约取得在华领事裁判权。领事裁判权的存在,严重损害中国的国家主权及司法独立。清朝末期开展了大规模的修法运动,尽管对修法原因存在争议,但主流的观点还是认为清政府致力于废除领事裁判权为其主要原因。[②] 1902 年,清朝政府与英、美、日、葡续订商约,四国先后承诺以"中国法律制度皆臻完善"为放弃领事裁判权的条件。[③]

20 世纪初的法律变革,是清末新政开始后制度变革中的重要一环。由于法律制度牵涉社会的各个阶层,影响到社会生活的各个方面,清政府开始修律的同时亦借鉴外国法律文书的制作经验。宣统年间由奕劻、沈家本编纂的《考试法官必要》中,对刑事和民事判决书格式和写作内容作了统一规定。刑事类的主要内容是:(1) 罪犯的姓名、籍贯、

① (清)王又槐:《办案要略》,群众出版社 1987 年版,第 94 页。

② 张世明:《再论清末变法修律改革肇端于废除领事裁判权》,载《中国人民大学学报》2013 年第 3 期。

③ 王铁崖编:《中外旧约章汇编》(第 2 册),生活・读书・新知三联书店 1959 年版,第 109 页。

年龄、住所、职业;(2) 犯罪的事实;(3) 证明犯罪的理由;(4) 援引法律某条;(5) 援引法律的理由。民事类的主要内容是:(1) 诉讼人的姓名、籍贯、年龄、住所、职业;(2) 呈诉事项;(3) 证明理由的缘由;(4) 判决的理由。《考试法官必要》对民国时期司法文书的制作有很大的影响。

取代清王朝的中华民国政府延续了清末业已开始的司法改革,继续推动着司法近代化运动,不仅确立了近代司法制度,而且也积累了不少经验和学说。同样,民国时期的司法文书在继承清末司法文书的基础上不断完善,引进了日本、德国司法文书的制作格式,创造出一套新的司法文书制作模式。判词结构经过司法机关的沿用,不断修正、补充,逐步形成"当事人基本情况—主文—事实—理由",这种较为固定的"倒三段论"程式。

其中,民事判决书需载明六项基本内容:(1)当事人姓名、住所或居所;当事人为法人或其他团体者,其名称及事务所或营业所。(2)有法定代表人、诉讼代理人者,其姓名、住所或居所。(3)主文。(4)事实,应记载言辞辩理时当事人之声明,及其提出之攻击或防御方法。(5)理由,应记载关于攻击或防御方法之意见及法律上之意见。(6)法院。

刑事判决书较民事判决书复杂。有罪判决书的主文,除载明所犯之罪外,还应分情况记载下述内容:(1)谕知之主刑、从刑或刑之免除;(2)谕知六月以下有期徒刑或拘役者,如易科罚金,其折算之标准;(3)谕知罚金者,如易服劳役,其折算之标准;(4)谕知易以训诫者,其谕知;(5)谕知缓刑者,其缓刑之期间;(6)谕知保安处分者,其处分及期间。有罪判决的事实和理由,应载明下述内容:(1)认定犯罪事实所凭之证据及认定之理由;(2)对于被告有利之证据不采纳者,其理由;(3)科刑时就科刑轻重之标准和罚金之酌量加重所审酌之情形;(4)刑法有加重减轻或免除者,其理由;(5)易以训诫或缓刑者,其理由;(6)谕知保安处分者,其理由;(7)适用之法律。①

清末,在西方法律文化渗透及封建纲纪废弛的交织影响下,以诉讼为主业的"讼师"出现,他们以提供法律咨询及代写文书为常业。"刀笔"即专指笔锋锐利如白刃,其词或可上下其手,颠倒黑白;一语足以救人,亦足以杀人。民国十二年(1923 年),江苏常熟平襟霞(自署为"襟亚阁主人")编纂印行《刀笔精华》,收录《讼师恶禀精华》《老吏判牍精华》《名臣劾疏精华》《律师诉状精华》四编,内含清朝及民国初年诸多诉状文书及名判。其中收录诸福宝关于诉状写作的要诀,诸如《诉讼十忌》有云:"凡作讼词,第一笔不喜平,语不喜复,字不喜叠,意不喜杂,如此以外,尤宜力避十忌。十忌者:一忌混沌不洁;二忌繁枝乱叶;三忌忘空招回;四忌错用字眼;五忌中间断隔;六忌状后无结;七忌失律主意;八忌词无紧切;九忌收罗杂沓;十忌妄空扯拽。"②《刀笔精华》反映了我国近代政治

① 沈志先:《裁判文书制作》,法律出版社 2017 年第 2 版,第 15 页。
② 李永祥、李兴斌:《刀笔精华新译》,山东友谊出版社 2000 年版,第 123 页。

剧变中的基层社会的世情百态，为史学、法学、社会学研究留存了生动、丰富的资料。

抗日战争和解放战争时期，除边区和解放区革命政府之外，皆遵循国民党的“六法全书”，沿用国民政府制定的文书格式。边区和解放区革命政府辖区则适用自己的法律。关于法律文书写作，1942 年《陕甘宁边区刑事诉讼条例草案》第 44 条规定：判词文字须力求通俗。《陕甘宁边区民事诉讼条例草案》第 28 条规定：判决书分主文事实理由各项，用通俗文字说明之。1944 年 7 月，陕甘宁边区编辑了《陕甘宁边区判例汇编》，判词是其中主要的内容。

上述文书制作要求，对新中国成立后法律文书的制作，产生了较大的影响。

（二）我国现代的法律文书

中华人民共和国成立初期，基本上沿用了革命根据地时期的文书格式。1951 年，中央人民政府司法部借鉴苏联、东欧等社会主义国家的文书格式，制定了一套《诉讼用纸格式》和一套《公证文书格式》，这是新中国历史上第一次对法律文书格式进行系统的规范。

上述文书格式，一直沿用到“文化大革命”。“文化大革命”期间，公检法被“砸烂”，法律文书更是遭到了极大的破坏。

“文化大革命”结束后，随着法制建设的不断恢复和发展，我国开始逐渐健全和规范法律文书的制作和使用。1982 年，为了配合《民事诉讼法（试行）》的施行，最高人民法院制定了《民事诉讼文书样式》，共计 70 种。《民事诉讼法》和《行政诉讼法》施行后，1992 年，最高人民法院印发了《法院诉讼文书格式（试行）》，共计 14 类 310 种，于 1993 年 1 月 1 日开始施行。1983 年，最高人民检察院制定了《刑事检察文书格式（样本）》。1991 年，最高人民检察院颁布了《人民检察院制作刑事检察文书的规定》，并重新修订了《刑事检察文书格式（样本）》。1989 年，公安部制定了《预审文书格式》，共计 48 种。1981 年，司法部制定了《公证书试行格式》，共计 24 种。1992 年司法部对公证书格式进行了修订，共计 59 类 106 种。至此，各类法律文书规范基本确立。

在法制改革进程中，法律文书规范的改革也日益开展。为适应司法实践的需要，有关机关和部委陆续颁发了许多新的文书格式样式。例如，2003 年，《关于民事诉讼证据的若干规定》施行后，最高人民法院印发了《〈关于民事诉讼证据的若干规定〉文书样式（试行）》，共计 31 种。同年，为了配合《海事诉讼特别程序法》的施行，最高人民法院印发了《海事诉讼文书样式（试行）》，共计 9 类 87 种。为了配合《关于适用简易程序审理民事案件的若干规定》的施行，最高人民法院印发了《民事简易程序诉讼文书样式（试行）》，其中包括新的文书样式 16 种等。

近年来，随着我国社会主义法律体系的不断完善，各项法律制度不断健全、发展，有关司法机关对各类法律文书的规范也相应地进行了修改和完善。例如，2005 年 8 月 28

日，第十届全国人民代表大会常务委员会第十七次会议通过了《中华人民共和国公证法》（以下简称《公证法》），该法已于2006年3月1日起施行。为了贯彻落实《公证法》，2011年司法部对以往的公证文书格式进行了全面的清理和修订，颁发了《公证文书格式（2011年版）》，将原来14类59种文书格式，调整为3类35式，并发布了《关于推行新的定式公证书格式的通知》，使该文书格式在全国范围内施行。又如，2012年3月14日，第十一届全国人民代表大会第五次会议通过了《关于修改〈中华人民共和国刑事诉讼法〉的决定》，对《刑事诉讼法》进行了较为广泛的修改，该法已于2013年1月1日起开始施行。为了配合《刑事诉讼法》的施行，最高人民检察院出台了《人民检察院法律文书格式（2012年版）》，公安部也对2002年12月18日印发的《公安机关刑事法律文书格式》进行了修改，印发了《公安机关刑事法律文书式样（2012年版）》，分为8类97个式样。

再如，2012年8月31日，第十一届全国人民代表大会常务委员会第二十八次会议通过了《关于修改〈中华人民共和国民事诉讼法〉的决定》，对《民事诉讼法》进行了修改，2013年1月1日起开始施行。为了配合《民事诉讼法》的修订，2015年2月4日，最高人民法院发布了《关于适用〈中华人民共和国民事诉讼法〉的解释》，2016年2月22日，最高人民法院审判委员会第1679次会议审议通过了《人民法院民事裁判文书制作规范》和《民事诉讼文书样式》，总计诉讼文书样式568个，其中人民法院制作的文书样式463个，当事人参考文书样式35个。该文书格式样式和规范于2016年7月5日发布，并于2016年8月1日起开始施行。2017年6月27日，第十二届全国人民代表大会常务委员会第二十八次会议《关于修改〈中华人民共和国民事诉讼法〉和〈中华人民共和国行政诉讼法〉的决定》第三次修正，根据该修正案，一些文书依据法条的顺序相应地进行调整。2018年6月1日，最高人民法院发布《关于加强和规范裁判文书释法说理的指导意见》，规范人民法院的裁判文书说理工作。该指导意见强调裁判文书说理应当坚持正确的立场，符合社会主义核心价值观，内容合法、程序正当，围绕证据审查判断、事实认定、法律适用展开说理，根据案件的社会影响、审判程序等的不同进行繁简分流，简案略说，繁案精说，把握好区分度。

2018年10月26日，《刑事诉讼法》第四次修正，这是刑事诉讼文书法律依据的最近一次修改。2020年5月20日，最高人民检察院印发《人民检察院工作文书格式样本（2020年版）》，对检察文书重新进行规范。规范后的检察文书更加简洁明了，便于适用。

法律文书是具体实施法律的工具，随着法律不断地修改和完善，法律文书的格式和内容规范也会发生相应的变化，文书制作和使用者需注意法律和文书格式修改动向，适应新的文书格式要求和规范，制作出符合法律规定的文书，使法律文书发挥应有的作用。

第三节　法律文书写作的基本要求

写作学研究思维与表达、认识与表现之间的矛盾。[①] 法律文书写作中文书的制作主体与法律文书构成法律文书写作关系。法律文书写作应当遵循写作学的一般规律，同时又兼具法律文书自身的特点。对法律文书制作主体而言，应当符合法律文书制作的基本要求，才能保证法律文书的质量，发挥法律文书应有的维护司法公正的作用。

一、依法制作、格式规范

法律文书必须依法制作。法律文书是依据法定的诉讼活动而产生的司法文书，因此它的制作必须合乎法律规定，不能任意制作。法律文书须依法制作的要求表现在以下几个方面：

第一，司法文书制作主体由法律规定，有其特定的范围。例如《刑事诉讼法》第 122 条规定："讯问笔录应当交犯罪嫌疑人核对，对于没有阅读能力的，应当向他宣读。如果记载有遗漏或者差错，犯罪嫌疑人可以提出补充或者改正。犯罪嫌疑人承认笔录没有错误后，应当签名或者盖章。侦查人员也应当在笔录上签名。犯罪嫌疑人请求自行书写供述的，应当准许。必要的时候，侦查人员也可以要犯罪嫌疑人亲笔书写供词。"该条规定反映了侦查阶段讯问笔录的制作要求。侦查阶段的讯问笔录由侦查人员制作，制作完成后，应当与犯罪嫌疑人核对，核对无误的应当由犯罪嫌疑人签名或盖章。供词则由犯罪嫌疑人自己完成。在审判阶段，《刑事诉讼法》第 207 条规定："法庭审判的全部活动，应当由书记员写成笔录，经审判长审阅后，由审判长和书记员签名。法庭笔录中的证人证言部分，应当当庭宣读或者交给证人阅读。证人在承认没有错误后，应当签名或者盖章。法庭笔录应当交给当事人阅读或者向他宣读。当事人认为记载有遗漏或者差错的，可以请求补充或者改正。当事人承认没有错误后，应当签名或者盖章。"在此规定了法庭笔录的制作主体及制作程序要求。《刑事诉讼法》第 203 条规定，"判决书应当由审判人员和书记员署名，并且写明上诉的期限和上诉的法院"，这规定了刑事判决书的制作主体。《民事诉讼法》第 152 条亦有类似的规定。

第二，法律文书制作应当有法律依据。这是法律文书合法存在的前提，没有法律根据的文书，不是法律文书。我国三大诉讼法及有关的法规和司法解释对于法律文书具体制作的根据都有相应的规定。例如，《民事诉讼法》第 218 条至第 223 条规定了"公示催告程序"，按照规定可以背书转让的票据持有人，因票据被盗、遗失或者灭失，可以向票据支付地的基层人民法院申请公示催告。申请人应当向人民法院递交申请书，写明

---

① 胡欣编著：《写作学基础》，武汉大学出版社 2019 年第 4 版，第 1 页。

票面金额、发票人、持票人、背书人等票据主要内容和申请的理由、事实。人民法院决定受理申请，应当同时通知支付人停止支付，并在3日内发出公告，催促利害关系人申报权利。公示催告的期间，由人民法院根据情况决定，但不得少于60日。支付人收到人民法院停止支付的通知，应当停止支付，至公示催告程序终结。公示催告期间，转让票据权利的行为无效。利害关系人应当在公示催告期间向人民法院申报。人民法院收到利害关系人的申报后，应当裁定终结公示催告程序，并通知申请人和支付人。申请人或者申报人可以向人民法院起诉。没有人申报的，人民法院应当根据申请人的申请，作出判决，宣告票据无效。判决应当公告，并通知支付人。自判决公告之日起，申请人有权向支付人请求支付。利害关系人因正当理由不能在判决前向人民法院申报的，自知道或者应当知道判决公告之日起1年内，可以向作出判决的人民法院起诉。可见，情况不同，法律依据不同，制作何种法律文书也就不同了。离开制作的合法性，就会失去法律的效力和法律上的意义。所以说，制作的合法性，乃是法律文书生命力的所在。

第三，要正确适用实体法。大多数法律文书都是为解决实体问题而制作的。无论是案件事实叙述、证据材料分析引用，还是理由阐述、结论表述，都应当遵守以事实为根据，以法律为准绳的原则，符合实体法的规定，即便是仲裁文书、公证文书，凡涉及实体问题的，无一例外，也都要正确予以适用。只有这样，才能切实有效地解决问题，显示其实用的特性。

第四，要符合法定程序。一定内容的法律文书反映一定法律程序、环节的运作。不同性质的诉讼法律关系受不同的诉讼法调整，与之相适应制作、使用的是不同的法律文书。刑事案件不能制作、使用民事法律文书。对于在解决刑事责任的同时还需要在刑事诉讼过程中附带解决民事赔偿责任的案件，既不能只制作刑事法律文书，也不能刑民各制作一个法律文书，依照法律规定只能制作一种刑事附带民事裁判文书。不能基于审理的是经济纠纷案件就制作所谓的经济法律文书，因为经济纠纷诉讼所适用的是民事诉讼程序，依法只能制作、使用民事法律文书。同样，侦查、起诉、审判、执行诉讼阶段不同，亦应制作不同的侦查、检察、裁判和监狱文书。同是审判阶段，还有审级和审判程序的差别，属于一审或者二审的应制作一审或者终审裁判文书；属于再审程序的，应制作再审裁判文书。

制作法律文书不仅内容要合乎法定程序规定，而且在文书的提交、移送、拟稿、审核、签发、宣布、送达等具体运行上，也要合乎法定的手续。非经法定的程序、手续制作的文书是无效的。因此，程序的合法与实体的合法，同样都是法律文书有效性的重要保证。

法律文书依法制作的另一个显著特征体现在，文书的格式应当符合法律规范。自1979年开始，公安部、最高人民检察院、最高人民法院等司法部门均陆续拟定了本部门文书的样式，不断地修改、补充与完善。这些文书样式对法律文书的格式制定了严格的标准，各类文书必须严格按照要求制作。形式规范是它区别于其他公文的重要标志。

法律文书的格式要求体现以下三个方面：

第一，样式格式化。简便、实用、易行是制作法律文书的一项重要原则。例如，法律文书可以分为表格类、填空类、笔录类、拟制类。在这些法律文书中，尤其是表格类文书及填空类文书，其内容要素事先印就，格式固定，标准统一，只需根据案情填入相关要素，制作及使用简便、高效、规范，让人一目了然。

第二，结构程式化。结构程式化即文书框架构成相对固定，符合司法机关规定的样式标准。具体表现在：

1.文书结构固定化。法律文书行文模式的程式化是其结构的突出特点，法律文书不论是填充类文书，还是拟制类文书，其结构通常由首部（文书名称、文号、诉讼参与人的基本情况、受文或主送机关、案由、案件的来源及处理经过等）、正文（事实、证据、理由及处理结果等）、尾部（告知事项、制作人/机关署名、日期、用印、附项等）三个部分组成。各类法律文书根据各自文书的特点，依次对各部分内容展开阐述。

2.写作事项要素化。各类法律文书的内容均由若干要素构成。以当事人项为例，它包括姓名、性别、年龄或者出生年月日、民族、籍贯、文化程度、职业、住址等；又如表述作案的事实，离不开构成这一事实的时间、地点、原因（动机、目的）、手段（方法）、情节（行为过程、经济数额）、后果、被告人事后态度，以及有关的人和事等。这些必备的要素，在相应的法律文书中相对固定，要逐一写明，不可缺少。

第三，用语标准化。法律文书是由语言文字组成的，除法律专业术语要符合法律规定外，结构要素用语也要求标准化。如当事人和其他诉讼参与人的称谓，文书结构间的承接、转折部分的表述，以及案件由来、合议庭组成、审判经过的叙述等，在性质相同的文书中，都有固定的用语，必须按照规范化的要求正确使用。例如，当事人身份和地位的确定，根据我国相关法律规定，在刑事诉讼中，当事人分别称为犯罪嫌疑人、被告人、自诉人、被害人等。在民事诉讼中，当事人分别称为原告、被告、上诉人、被上诉人、有独立请求权的第三人、无独立请求权的第三人等。当事人的称谓是法律统一规定的，在文书中不能随意书写。再如，涉及案件事实的叙述，有关“抢劫”和“抢夺”或“询问”和“讯问”等词语的使用，由于这些词语是不同的法律概念，各有不同的内涵，在任何情况下都不能互相替代、混淆使用。

二、叙事清晰、内容完整

“以事实为根据，以法律为准绳”是我国司法、执法工作的基本指导原则，也是法律文书制作的指导思想。任何对事实认定上的偏差，都可能造成严重后果，导致法律上的失误。因此，制作法律文书必须从客观事实出发，绝对尊重客观事实，如实反映案件的本来面目，这是写好法律文书的基本前提。

法律文书结论的得出必须以审理查明的案件事实为根据。制作法律文书只有将事实叙述清楚,才能依法公断,作出合理的处理结论。要做到叙事清楚,具体要求有四个方面:

(一)把握焦点,实事求是

案件事实分三类:第一类是双方当事人不存在争议的事实(含一方当事人主张后,对方当事人明确表示承认的,除身份关系以外的事实),这类事实可以直接作为判决的依据。第二类是显而易见的事实(除非当事人有相反证据足以推翻),这类事实无须当事人举证证明,即可作为判决的依据。第三类是当事人存在争议、需要运用证据加以证明的事实,此类事实是作出法律认定的重要基础。

法律文书应当聚焦案件的争议焦点,抓准焦点并以简练概要的文字将各方观点归纳出来。判决书分歧的焦点是指在刑事、民事、行政判决书事实的开头部分所写明的控辩双方及民事诉讼当事人各自提供的事实、意见的对立观点。在刑事诉讼中,确认被告人罪名的成立及罪名不能成立所依据的情节往往很多,但最终势必都要集中到对罪与非罪、此罪与彼罪、重罪与轻罪如何予以科学的认定,这也就成为控辩双方分歧的焦点所在。

例如,在北京市第一中级人民法院关于"李某某交通肇事罪"的刑事附带民事裁定中,①北京市延庆县人民检察院以危险方法危害公共安全罪起诉,延庆县人民法院在一审中认为李某某的行为不构成以危险方法危害公共安全,只构成交通肇事罪。其中李某某是否有酒醉后驾车冲向延庆第七中学大门口晚自习下课的学生,是否是冲向人员密集的人群,成为定案的关键事实。延庆县人民检察院在起诉书中对此描述为"大量学生涌出校园",而延庆县人民法院在一审判决书中则描述为"大量学生陆续走出校园"。

二审法院经对一审庭审举证、质证的现场证人证言、现场勘验检查笔录及照片、道路交通事故认定书及延庆县第七中学门前监控视频资料进行分析认为:"……从现场勘查情况及道路交通事故认定书可见,延庆县第七中学大门外为一条东西走向的道路,上下行各有两条机动车道(每条 3.8 米)和一条非机动车道(6.2 米),道路两侧设有机非隔离带(2 米)。案发时虽确有大量学生晚自习后陆续从学校大门出门,但通过学校门前监控视频可以看出,学生出校门后并未在校门前滞留、聚集形成密集人群,而是沿不同方向离开,大部分学生的行动轨迹是骑自行车或步行沿非机动车道向东边延庆县城方向,另有一部分学生向西行走,仅有为数不多的学生陆续由南向北沿人行横道过马路。而李某某驾车是在机动车道内由东向西行驶,撞击被害人的地点也位于机动车道内,不存在驾车冲向人员密集的人群的情况。……"二审法院认定一审判决书对于案发现场状况的描述更加客观,从而认定李某某构成交通肇事罪而不是以危险方法危害公共安全

① 北京市第一中级人民法院(2015)一中刑终字第 1797 号刑事附带民事裁定书。

罪。案件事实的准确描述,对案件定性起到至关重要的作用。

(二)要素完备

在叙事过程中,构成事实的基本要素应记叙完备。要素是构成事实存在的基本分子,在叙述案件事实的过程中,不同的要素从不同的方面产生出不同的功效,组合起来就构成了一个个完整的情节。法律文书叙述事实只有将应该具备的要素明确交代出来,才能保证事实叙述清楚。具体而言,刑事案件的事实要素则主要有犯罪的时间、地点、目的、动机、手段、行为过程及造成的后果。民事案件的事实要素主要包括纠纷发生的时间、地点、标的,涉及的案件当事人,纠纷发生的起因、发展过程、造成的后果,及双方争议各自所持的意见请求。只有将这些要素叙述清楚,交代明确,才能使人全面了解案情,从而依法公正合理地决断案件,否则,容易造成事实不清,导致法律适用上的失误。

当然,客观事物往往是复杂的,案情的多样性决定了叙述事实要素的灵活性,有些案情也可以不必非要一一叙述全部要素,如婚姻纠纷案的事实就不一定具备纠纷的地点,刑事案件事实的犯罪目的、动机和后果也不是每一个案件都具备的,要根据实际情况来决定写与不写。

(三)主线清晰

叙事的主线要清晰,因果关系明确。要做到事实清楚,还需要注意事件线索叙述的明了、贯通。在中心明确的前提下,先写什么,后写什么,要合理布局,恰当安排,力求脉络清晰、层次分明。案情简单的事实,应按照事件发生发展的变化过程依次叙述;案情复杂的,特别是对于民事案件中错综交织、有若干个法律关系的事实,如买卖合同中的连环合同、建筑工程承包合同中的几手转包,叙述此类事实时要注意牢牢把握住叙述的基本主线,在控制好主干法律关系的前提下,按阶段交代清楚其中的交错包容法律关系,只有这样才能有效保证事实的清晰、明了。

要写清事实还须注意因果关系的明确。任何一种行为结果的形成,都必然有一定的原始起因。由原因到结果,这就是法律上的因果关系。在刑事案件中,因果关系是司法机关准确认定罪名以解决刑事责任的重要依据。在民事案件中,因果关系也是司法人员分辨是非、确立当事人各方责任大小的重要依据。法律文书写作中因果关系方面存在的问题主要是有果无因、因果脱节或自相矛盾等问题。

(四)情节详略得当

重要情节要叙述清楚。重要情节是确认被告人是否构成犯罪、罪行轻重或者当事人是否构成违约、民事侵权行为能否成立等问题的关键所在。法律文书叙述事实时必

须着力将其突出。重要情节主要包括以下几类:第一类是决定或影响案件性质的情节。第二类是涉及有关当事人法律责任的情节。如合同纠纷案件,究竟是一方违约,没有履行合同约定的法定义务,还是双方均违约,各自都有未履行义务的行为,这些关键环节都必须具体明确地予以记叙清楚,才能为公正处理案件提供客观的事实基础。第三类是重要情节中的特定选择要件。我国刑法中某些罪名的成立是以其行为须具备某特定要件为必要条件的,在特定情况下,写清犯罪手段这一重要选择要件情节,对于区分罪与非罪、此罪与彼罪,对于准确执法,显得尤为重要。

三、说理充分、结论正确

法律文书中结论的得出必须说理。通过说理阐明法律文书结论的形成过程及其正当性、合法性,体现司法过程的公开、公平与公正,提高法律文书的说服力,实现法律效果与社会效果的统一。

说理又称议论,是对客观事实,依照相关的法律规定进行分析、评论,以表明文书制作人观点、立场、主张及决定的过程。说理是法律文书的关键内容。说理由论点、论据、论证三要素组成。

(一)论点

法律文书的论点是对案件事实所作出的判断和结论。不同阶段的法律文书,其论点具有各自的特点,侦查、起诉、审判等各类法律文书,由于写作主旨不同,因而所提出的论点也有各自不同的特性。例如,侦查文书中的立案报告,其主旨在于论述立案的必要,应当为对犯罪行为的发生及其后果、案件性质及其情节作出的初步分析和判断,作出必须立案以进一步侦破案件的论点。在检察阶段,起诉书的论点主要说明犯罪嫌疑人的行为已经构成犯罪,依法应当追究其刑事责任,提起公诉。不起诉决定书的论点,在于说明对被不起诉人因何种原因可以终止追究其刑事责任。作出有罪结论的刑事判决则要集中说明被告人的行为已经构成犯罪,依法应予处罚。民事判决的论点体现在诉讼请求是否能够得到支持,原告的请求权能否成立。

法律文书的论点应当具备合法性、正当性与必要性。合法性指法律文书中事实的认定应当符合客观真相,办案过程应当彰显程序正义,办案结果应当符合实体公正。合法性应当贯穿于审查证据、认定事实、适用法律及作出结论全过程。正当性体现在除了合法之外,法律文书说理还应当正当、合理,法律文书的价值取向应当符合社会主义核心价值观,平等对待各方当事人,文书说理符合“程序正当原理”。必要性则要求说理的过程应当根据案件的难易程度、讼争事实、庭审情况进行必要的繁简分流,简单的案件简化说理,繁难的案件则必须强化说理。应当注意把握好“必要”的尺度,法律文书的说理既不能不到位、有欠缺,也不能烦琐说理、啰唆说理、“表演式”说理,而要谨守“中庸之道”，力争“恰到好处”。①

(二)论据

法律文书的论据即为说明论点的材料，是文书制作人得出结论所依据的理由及事实，论据回答“用什么论证”的问题。如果仅有正确的论点，没有确实有力的材料来支持它，论点便会孤立无援，干瘪、空洞，难以服人。

法律文书中的论据通常包括事实论据和法律论据。事实论据指由证据支撑的案件事实所构成的论据，包括：(1)案件事实材料。这是构成论据的主要材料。(2)证据。包括证人证言、物证、书证、鉴定结论、勘验检查笔录、当事人陈述、视听资料等各种证据材料。(3)数据。包括各种犯罪的数额、违法所得数额、诉讼标的数额，以及其他相关的数字材料等。法律论据指由我国现行法律和司法解释所构成的论据，包括：(1)法律、法规或者司法解释规定。主要是引用有关的实体法或者程序法的条款作为论据。(2)法律文献史料、权威大家名言、指导性的典型案例。(3)法学理论。主要是指引用的法学基本原则、原理等。应当注意的是，在裁判文书中，指导案例、法律文献、法学理论等，不能作为裁判依据，但可以在说理中援引。《最高人民法院关于加强和规范裁判文书释法说理的指导意见》第 13 条指出，除依据法律法规、司法解释的规定外，法官可以运用下列论据论证裁判理由，以提高裁判结论的正当性和可接受性：最高人民法院发布的指导性案例；最高人民法院发布的非司法解释类审判业务规范性文件；公理、情理、经验法则、交易惯例、民间规约、职业伦理；立法说明等立法材料；采取历史、体系、比较等法律解释方法时使用的材料；法理及通行学术观点；与法律、司法解释等规范性法律文件不相冲突的其他论据。

论据要真实可靠、充分、一致。作为论据的事实材料，一定要可靠，必须选择那些经过查证核实的、客观的，并经得起推敲的材料。没有证据支持抑或非法收集的证据，相应的事实材料不能作为论据使用。“事实胜于雄辩”，客观、真实的证据材料反映了事物的本质，并具有代表性，因而也最具有说服力。对于作为论据引用的法律条款，则务必准确，法律论据必须是现行生效的法律，并应与案件完全吻合，不能使用未生效或已废止的法律，也不能使用与案件不吻合的法律。充分，指论据的数量要足够多。论据充分，论点易为写作受体接受；论据单薄，论点必定苍白无力。在法律文书制作过程中，制作人可以将多种证据综合运用，多角度地对论点给予支持。一致，指各种论据之间和谐统一，不能出现矛盾和冲突。具体表现为：若干证据之间一致；事实各个要素之间一致；证据和事实之间一致；援引的法律条文与法律理由之间一致；法律条文和案件事实之间一致。前面提及的任何一种“一致”只要发生错位，就会导致论点说服力的丧失。②

---

① 胡昌明：《裁判文书释法说理方法》，人民法院出版社 2018 年版，第 12 页。

② 郭林虎主编：《法律文书情境写作教程》，法律出版社 2018 年第 5 版，第 47 页。

(三)论证

论证方式指把论点和论据联系起来的方式。它回答“怎样用论据论证论点”的问题。只有论点和论据,还不能构成一个完整的论证。欲构成一个完整的论证,必须得找到能够使二者发生联系的链接方式,这种链接方式只有从思维形式中找寻。马克思、恩格斯认为,语言是思想的直接现实。法律文书这种语言形式是写作主体法律思维的直接现实,记录着法律思维内容与思维形式。在法律概念、法律判断、法律推理三者之间,唯有法律推理形式能展现论点(相当于推理中的结论)和论据(相当于推理中的前提)间的推导联系。由此可见,文书中的论证方式实际上是写作主体构思文书时所使用的法律推理形式,论证方式的种类亦即法律推理形式的种类。

推理形式有三种:归纳推理、类比推理、演绎推理。归纳推理是由个别到一般的推理,它是根据一类事物中的个别事物是否具有某种属性,从而推出该类事物的全部都具有或都不具有某种属性的思维形式。类比推理是由个别到个别的推理,它反映的是由两个或两类事物的一些属性相同或相似,从而推出它们的另外一些属性也相同或相似的思维形式。演绎推理是由一般到个别的推理,它是根据一类事物都具有某种属性,推出该类中的个别事物具有某种属性的思维形式。它由三个性质判断组成,其中两个性质判断构成前提,分别叫大前提、小前提,另一个性质判断是由两个前提推导出来的结论,所以演绎推理又叫“三段论式”。三段论有四种格式,最典型的形式为第一格:

M ⟶ P (大前提)

S ⟶ M (小前提)

S ⟶ P (结 论)

如:凡是中华人民共和国公民(M)都要遵守宪法和法律(P), (大前提)

张三(S)是中华人民共和国公民(M), (小前提)

所以,张三(S)应当遵守中华人民共和国的宪法与法律(P)。 (结 论)

在法律论证中,这三种推理形式俱有用武之地。我国深受法典法系国家的影响,法律论证中所使用的推理形式主要是演绎推理。

法律规范:行为模式(M)+法律后果(P), (大前提)

具体行为性质:具体行为(S)属于(不属于)行为模式(M), (小前提)

法律意见:具体行为(S)应当(不应当)承受法律后果(P)。 (结 论)

如上所示,法律规范构成大前提,它由行为模式和法律后果两个部分构成,这个前提是立法机关制定的普适性的一般行为规范。具体行为性质构成小前提,它是相关司法机关、当事人或委托代理人对照法律规范对案件事实性质作出的一种判断,确定一个具体行为属于(不属于)法定的行为模式。法律意见是演绎推理的结论,它是当事人承担具体法律后果的断定,是大前提中一般法律后果的具体化。司法文书中文字叙述式文书正文部分的格式设计就是演绎推理的具体体现。案件事实以及事实的性质是小前提,法律理由和法律条文是大前提,文书主旨是结论。

四、用语准确、表述得当

(一)体现法律语体风格

语体风格又称语体、语体色彩,是指人们在各种社会活动领域使用语言进行交际时,根据不同的环境、不同的对象,所形成的一系列运用语言的不同特点和不同风格。

法律文书的语体涉及书面语体和口头语体两种形式。这两种形式不同于其他的文书要求,具有其独特的要求。口头语体,是指日常生活中人们互相交流的言辞表达。法律文书中一些笔录类的文书,即当事人口头语言表述的转化。其较之法律文书的书面语体来说更为通俗、直白,较少运用专门术语和文言词语的表达。书面语体则主要以文字记录为载体,用书面的形式传播信息、表达内容。在法律文书中,司法机关所作的法律文书由于其往往代表国家机关的意志,其语体风格也应相应地庄严、肃穆和简练,更多使用"法言法语",语体风格要注意做到文辞精炼、语气庄重、威而不苛,彰显法律的威严与不容侵犯,这是法律文书语言所具有的独特的专业印记。制作者在制作相关法律文书时应注意语体的区别。

(二)语言表达的要求

就法律文书的本质而言,其仍是公文文书的一部分,在语言表述、行文习惯上与后者具有相似性。公文语言的基本特点是用语准确、行文简约、表达朴实,并附加一定的修辞手法。

法律文书也有相似的语言要求和基本规则,具体应做到以下几点:

1.准确。法律文书的语体风格要求准确无误,这是制作法律文书的基本要求。具体是指语言必须明确清晰,不可模糊不清,要让阅读人在理解上达到统一,不可一文多义。法律文书的严谨性是由法律适用的特点决定的,后者要求适用时要准确无误,一词一句、一个标点符号的偏差,都会使整个文书的含义发生变化。表达准确,要具体从以下几个角度着手:

(1)用词准确。表达准确包括选择准确的词语进行表达。词语是构成句子的最小单位,在法律文书中,任何一个法律事实的存在或法律认定都需要借助词语来表达和反映,因此,一个词的准确性关系到整个语句能否被法律所认定。

(2)准确使用法律术语。法律术语是指具有专门法学含义的语词,是一种对使用环境、用词规范要求都非常严苛的语言。法律术语具有强烈的专业特性,某些术语之间看似差别不大,却又有着本质上的差别。例如:罚款—罚金、询问—讯问、被告—被告人、

法定代理人—法定代表人、权利—权力、法治—法制、累犯—惯犯、从轻—减轻、订金—定金等。这些一字之差的法律术语，在法律上是完全不同的概念，这要求制作者在引用法律术语时应足够谨慎，以充分保证每一个术语的高度科学性，准确运用，不得混淆。

(3)语意表达准确。在法律文书中，经常还会出现主题句下，以分项内容进行阐释的情形，应确保解释的内容与标题一致。例如在一份租赁合同中写道："下列行为构成本合同项下的违约行为：……甲方恶意不接收乙方支付的租金，导致合同目的无法实现，乙方有权将租金提存。"该租赁合同意欲规定甲方恶意不接收租金致使合同目的无法实现属于违约行为，"乙方有权将租金提存"是对甲方违约后的乙方权利的规定，提存行为非违约行为，在此规定，实属画蛇添足。

2.简约。简约又称精炼、简练。所谓行文简约，是指在挑选语言上应言简意赅，不可累赘烦琐，不知所云。在实践中，有些制作者为了充分阐述证据和事实，往往洋洋洒洒、恣意挥写，但行文冗长并不是说理充分的前提条件，只需将事实阐述清楚，将法律适用表达明确，使结论明白，能够执行即可。

司法写作应当力求直白。多数情况下，法律文书的制作应当使用简单明了、陈述性的句子。段落不要太长，除非为了表示强调或对比，否则尽量避免过多地使用转折、双重否定等句式，行文简洁明了。主题句一般放置在每个段落开头的位置，而后的写作围绕着主题句展开，摆事实、讲证据，层次清晰，主旨鲜明，有理有据。需要注意的是，在简练的同时应尽量保持文书内容完备，不能为了简练而丢失了重要信息，简练要适度。

3.行文朴实。法律文书的语言要追求客观、平实，不要有过多的、华丽的形容词，避免过多使用修辞，切忌华而不实。法律文书写作应当根据文书的行文对象，审慎使用法律术语，忌用晦涩拗口、华美炫耀的语言，不要故作高深，令人望而生畏，心生厌倦。

法律文书写作时应删除不必要的形容词以及类似"清楚地""明确地""显而易见地"等不必要的副词。法律文书写作应当使用平实的语言，即使是复杂的想法，也可以用便于读者理解的朴实的语言表达。法律文书中可以运用一定的修辞方法，但不可为追求修辞而生搬硬套。中国古代的判词，对偶、比喻、排比、引用、反问、层递、顶针等修辞格俯拾皆是，尤其是"骈判"，它们自然具有一定的艺术魅力，体现了制作人高超的文字技巧，但其弊端亦是显而易见的，骈判最终被淘汰，与其华而不实的文风有着莫大的关系。明朝吴纳在点评"判"这一文体时指出："国朝设科，第二场有判语，以律条为题，其文亦用四六，而以简当为贵。"[①]其中，"简当"的评价甚为精妙。法律文书中并不是不能用修辞，而是应当恰如其分。鉴于准确、简洁、朴实是法律文书的语体风格，在不破坏法律文书语体风格的前提下，必要时可以适当地使用一些修辞手法，以加强法律文书的表达效果。

---

① (明)吴纳著、于此山点校：《文章辨体序说》，人民文学出版社1962年版，第55页。

例如，在最高人民法院制作的《张扣扣故意杀人、故意毁坏财物死刑复刑裁定书》中，[①]法院认为："被害人王某2因伤害致死张扣扣之母已受到法律制裁，张扣扣却为此心怀怨恨，加之工作、生活多年不如意，在其母被害21年以后蓄意报复王某2及王的父兄，精心策划犯罪，选择除夕之日当众蒙面行凶，持事先准备的尖刀分别切割、捅刺王某2及王的长兄王某3的颈部、胸腹部等处数下，且犯罪过程中有追杀王某3和二次加害王某2的情节，并在杀死该二人后闯入王某2之父王某1家中，捅刺王某1胸腹部、颈部等处数刀致死，主观恶性极深，犯罪情节特别恶劣，手段特别残忍，社会危害性极大，后果和罪行极其严重，应依法惩处。"

修辞手法的运用，重现案发过程及其危害后果，体现对张扣扣判处死刑的必要性。

使用特定的法律专业术语时，应当考虑普通读者是否会理解其含义，否则需要使用平实的语言予以界定。制作司法机关内部使用的法律文书时，诸如公安机关的侦查终结报告、检察机关的检察意见书、法院的审理报告，这些法律文书的受众要么是内部人士，要么是行政机关，应当使用专业的法律术语。这时，使用大量的法律术语不但无碍于交流，反而会使交流更有效率。但如果行文受众为普通读者时，如果受众从未受过专业的法律训练，过多地使用法律术语，只会造成受众理解上的困难。例如，律师向客户出具长篇累牍的、充满专业词汇的《法律意见书》，客户可能根本无法理解。没必要让普通读者阅读法律文书时还要准备一本法律词典。正如法律文书写作专家布莱恩·加纳(Bryan Gamer)所言："我们很难证明，一个生僻的词汇因其是法律术语而具有使用的合理性。"[②]

五、排版规范、形式完美

法律文书由于制作主体的不同，其形式规范亦有所差异。目前，对当事人出具的各类书状类文书，并没有严格的形式上的要求，尚允许当事人提交手工书写的各类诉状。即便如此，这类文书的制作亦应当必须遵循文书格式的基本要求，做到事项齐全、字迹工整，用钢笔或毛笔以黑、蓝两种颜色的墨水(墨汁)誊写。

虽然公安部、最高人民检察院、最高人民法院、司法部等司法领导机关分别制定文书的类别、格式、内容要素以及技术规范，各司法机关的文书改革取得了很大的成绩，但目前尚无各司法机关统一适用的法律文书制作技术规范。

尽管法律文书形式技术规范对法律的公平、正义没有实质影响，但若一份法律文书排版不一，数字、计量单位不规范，错用标点，读者即会对其制作人是否认真写作存有疑

① 中国裁判文书网：http://wenshu.court.gov.cn/website/wenshu/181217BMTKHNT2W0/index.html?pageId=e42ff1e994aa0c7fc0c417f6b2ac1c68&s21=%E7%A9%B7%E5%87%B6%E6%9E%81%E6%81%B6，下载日期：2020年1月6日。

② 美国联邦司法中心编：《法官裁判文书写作指南》，何帆译，中国民主法制出版社2016年第2版，第47页。

虑。形式技术上的规范应当是法律文书的基本要求。2016 年 6 月 28 日，最高人民法院颁布《人民法院民事裁判文书制作规范》及《民事诉讼文书样式》(法〔2016〕221 号)为民事裁判文书的制作规范制定标准。

法律文书形式技术的规范包括以下内容：

(一)版式规范

对于国家行政机关公文的制作，国务院制定有《中华人民共和国国家标准(GB/T 9704-2012)党政机关公文格式》等规范性文件，对该类文书的纸张要求、印刷要求、公文中各要素排列顺序和标识规则都作了十分详细的、可操作的技术规定。与国家行政机关公文的技术要求相比，法律文书制作的全国统一技术性规范尚未形成。

各类法律文书应当有统一的技术规范。司法领导机关完全可以援用国家党政机关公文的一些国家标准(GB/T 9704-2012)，并根据法律文书的特点及制作主体的多元化作一些弹性规定。对法律文书用纸、公文中图文的颜色、排版规格与印刷装订要求、文书中各要素标识规则、页码、表格等式样均可参照施行并作适当的调整。

以《人民法院民事裁判文书制作规范》为例，规范要求：纸张标准采用 A4 型纸(210 mm×297 mm)；版心尺寸为：156 mm×225 mm，每页排 22 行，每行排 28 个字；双面印刷；单页页码居右，双页页码居左；印品要字迹清楚、均匀；标题位于版心下空两行，居中排布；标题中的法院名称和文书名称一般用二号小标宋体字；标题中的法院名称与文书名称分两行排列；案号之后空两个汉字空格至行末端；案号由收案年度、法院代字、类型代字、案件编号组成，案号与正文用三号仿宋体字。

当事人制作的书状类文书在参考上述标准时，还可以进行视觉效果上的特别处理。如运用字体的差异、加粗、标着重号等方式突出所要强调的重点；通过分段，段首主旨句的强调，勾勒文书的逻辑架构，使文书层次清晰，观点分明。

(二)法条引用规范

法律制作还会涉及法律条文的引用。引用法律条文时应遵循准确、完整的原则。最高人民法院《关于裁判文书引用法律、法规等规范性法律文件的规定》(2009 年)规定，人民法院的裁判文书应当依法引用相关法律、法规等规范性法律文件作为裁判依据。引用时应当准确完整地写明规范性法律文件的名称、条款序号，需要引用具体条文的，应当整条引用。并列引用多个规范性法律文件的，引用顺序如下：法律及法律解释、行政法规、地方性法规、自治条例或者单行条例、司法解释。同时引用两部以上法律的，应当先引用基本法律，后引用其他法律。引用包括实体法和程序法的，先引用实体法，后引用程序法。

《人民法院民事裁判文书制作规范》中进一步明确，确需引用的规范性文件之间存在冲突，根据《中华人民共和国立法法》等有关法律规定无法选择适用的，应依法提请有决定权的机关作出裁决，不得自行在裁判文书中认定相关规范性法律文件的效力；裁判文书不得引用宪法和各级人民法院关于审判工作的指导性文件、会议纪要、各审判业务庭的答复意见以及人民法院与有关部门联合下发的文件作为裁判依据，但其体现的原则和精神可以在说理部分予以阐述；引用最高人民法院的司法解释时，应当按照公告公布的格式书写；指导性案例不作为裁判依据引用。

（三）数字、计量单位规范

1.数字书写规范

法律文书中涉及数字的书写，原则上应参照国家标准《出版物上数字用法的规定》(GB/T 15835-2011)以及《党政机关公文格式》(GB/T 9704-2012)规定中对数字规范的要求制作。

《出版物上数字用法的规定》规范出版物上汉字数字和阿拉伯数字的用法。在使用数字进行计量的场合，为达到醒目、易于辨识的效果，应采用阿拉伯数字；在使用数字进行编号的场合，为达到醒目，易于辨识的效果，应采用阿拉伯数字。干支纪年、农历月日、历史朝代纪年及其他传统上采用汉字形式的非公历纪年等，应采用汉字数字；数字连用表示的概数、含“几”的概数，应采用汉字数字。

如果表达计量或编号所需要用到的数字个数不多，选择汉字数字还是阿拉伯数字在书写的简洁性和辨识的清晰性两方面没有明显差异时，两种形式均可使用。如果要突出简洁醒目的表达效果，应使用阿拉伯数字；如果要突出庄重典雅的表达效果，应使用汉字数字。在同一场合出现的数字，应遵循“同类别同形式”原则来选择数字的书写形式。如果两数字的表达功能类别相同(比如都是表达年月日时间的数字)，或者两数字在上下文中所处的层级相同(比如文章目录中同级标题的编号)，应选用相同的形式。例如，表示时间2020年2月29日也可以写为二〇二〇年二月二十九日(不写为“二〇二〇年2月29日”)。在此应当注意的是，阿拉伯数字“0”有“零”和“〇”两种汉字书写形式。一个数字用作计量时，其中“0”的汉字书写形式为“零”；用作编号时，“0”的汉字书写形式为“〇”。而用于年份的书写时应当用汉字书写形式“〇”。

关于文书层级的写作，根据《党政机关公文格式》(GB/T 9704-2012)第7.3.3条的规定，文中结构层次序数依次可以用“一、”“(一)”“1.”“(1)”标注；一般第一层用黑体字、第二层用楷体字、第三层和第四层用仿宋体字标注。

关于文书成文日期的规定，《党政机关公文格式》(GB/T 9704-2012)的规定与《人民法院民事裁判文书制作规范》中的规定不一致，前者规定公文的制作日期用阿拉伯数字表示，而法院的裁判文书的成文日期应当用汉字数字表示。文书的制作时间在书写时常发生错误，应特别注意汉字数字与阿拉伯数字不能混用；“〇”不得用英文字母“o”或

阿拉伯数字“0”代替，如“二〇二〇年2月29日”这种写法是错误的。

2.计量单位规范

《国家行政机关公文处理办法》第25条第7项规定：应当使用国家法定计量单位。《中华人民共和国计量法》第3条规定：国家实行法定计量单位制度。国际单位制计量单位和国家选定的其他计量单位，为国家法定计量单位。

法定计量单位是强制性的，各行业、各组织都必须遵照执行，以确保单位的一致。我国的法定计量单位是以国际单位制(SI)为基础并选用少数其他单位制的计量单位组成的。根据《中华人民共和国国家标准(GB-3100)国际单位制及其应用》运用计量单位时，应注意下列问题：

(1)长度法定计量单位采用米制，单位名称用“米”“海里”“千米”(公里)不得使用“公分”“尺”“寸”“分”“英寸”等。

(2)质量计量单位名称使用“千克(公斤)”“克”“吨”，不得使用“斤”“两”。

(3)时间计量单位名称使用“秒”“分”“(小)时”“(天)日”“月”“年”，不得使用“点”“刻”。

(4)体(容)积计量单位名称使用“升”，不得使用“公升”。

(四)标点符号规范

标点符号是辅助文字记录语言的符号，是书面语的有机组成部分，用来表示语句的停顿、语气以及标示某些成分(主要是词语)的特定性质和作用。法律文书的标点规范除各类文书格式有明确要求外，其他标点符号用法按照《中华人民共和国国家标准GB/T 15834-2011标点符号用法》执行。

《人民法院民事裁判文书制作规范》规定：“被告辩称”“本院认为”等词语之后用逗号；“×××向本院提出诉讼请求”“本院认定如下”“判决如下”“裁定如下”等词语之后用冒号；裁判项序号后用顿号。这些特别规定应当遵照执行。

(五)签名、用印规范

签名、捺手印和用印具有重要的法律意义。有的表明认可某文书记载的内容，如犯罪嫌疑人在讯问笔录上签名；有的表明已接收某物、知悉某事或承认记载的事实，如经民事案件中当事人在送达回证上签名，表明收到相关的法律文书；有的旨在彰显公信力，如在判决书上加盖统一刻制的个人名章和法院公章。签名、用印是法律文书制作不可或缺的步骤，诉讼法中有严格的规定。例如，《刑事诉讼法》第122条规定，讯问笔录应当交犯罪嫌疑人核对，对于没有阅读能力的，应当向他宣读。如果记载有遗漏或者差错，犯罪嫌疑人可以提出补充或者改正。犯罪嫌疑人承认笔录没有错误后，应当签名或者盖章。侦查人员也应当在笔录上签名。《刑事诉讼法》第203条规定，判决书应当由审判人员和书记员署名，并且写明上诉的期限和上诉的法院。《民事诉讼法》第 152 条第 2 款规定，判决书由审判人员、书记员署名，加盖人民法院印章。

签名、捺手印或用印时，需遵循下列规范：

1.单位签署及印信使用的规范

司法机关出具的法律文书，一般采用双重签署的做法，即案件承办人员和所在机关双重签署的做法。例如，法院的裁判文书由案件承办人员使用统一刻制的个人名章作为签署的印章，法院的印章应加盖在发文日期上，盖法为“骑年压月”“朱在墨上”。裁判文书中还要盖一个“本件与原本核对无异”字样的印戳，它应加盖在年月日与书记员署名之间空行的左边。

当事人是法人或组织的，在相关的法律文书上既要有单位负责人或委托代理人的签署，也要有在日期上加盖的单位的公章。

2.自然人的签名、捺手印

案件当事人或相关人员是自然人，在法律文书上签章时一般要在文书尾部手写签名并在其上捺手印。当文书有加页时，为了保证所制作文书的真实性和连续性，要求当事人或相关人员在每一页上都要签名且捺手印。

（六）档案整理规范

根据《中华人民共和国档案法》的规定，档案是指过去和现在的国家机构、社会组织以及个人从事政治、军事、经济、科学、技术、文化、宗教等活动直接形成的对国家和社会有保存价值的各种文字、图表、声像等不同形式的历史记录。一切国家机关、武装力量、政党、社会团体、企业事业单位和公民都有保护档案的义务。

司法机关办案过程中形成的法律文书是国家重要的档案资料，相关部门应在结案或事务办结后根据档案管理要求及时整理立卷。装订成册后由承办人根据相关规定提出保管期限，经单位领导审阅盖章后，移交档案管理人员，并办理移交手续。档案管理人员接受档案时应进行严格审查，凡不符合立卷规定要求的，一律退回立卷人重新整理，全部合格后，办理移交手续。

涉及国家机密和个人隐私的案卷均应列为密卷，确定密级，在归档时应在档案封面右上角加盖密卷章。

随卷归档的录音、录像等声像档案，应在光盘等存储介质上注明当事人姓名、内容、档案编号、录制人、录制时间等，逐盘登记造册归档。

司法机关应当建立科学的档案管理制度，便于对档案的利用；配置必要的设施，确保档案的安全；采用先进技术，如全案扫描保存电子文档，实现档案管理的现代化。

第四节　法律文书的作用与分类

一、法律文书的作用

法律体现国家意志，法律文书作为依据法律、阐释法律、彰显司法正义的重要载体，是国家实施法律的重要工具。随着我国司法改革的深入进行，人们对司法文书亦日趋重视，不再简单地认为法律文书仅是向案件当事人和社会公众宣告案件处理结果的凭据，而是将其上升为司法部门展示现代法治社会司法民主、程序公开，追求公正、平等、法治等社会主义核心价值观的重要载体之一。具体而言，法律文书的作用体现在以下几个方面：

（一）从国家层面上看

法律文书是一个国家法律文化的最终载体，体现了一个国家的法制水平与司法文明程度。一个国家司法的公正、秩序、价值都通过法律文书这一载体得到体现。在刑事案件中，国家通过刑事诉讼活动，一方面，要在准确、及时地查明案件事实真相的基础上对构成犯罪的被告人正确适用刑法，惩罚犯罪，实现国家刑罚权；另一方面，国家要在进行刑事诉讼过程中保障诉讼参与人的合法权益不受侵犯，特别是保障与案件结果有直接利害关系的犯罪嫌疑人、被告人和被害人的诉讼权利得到充分行使。法律文书记载了刑事案件从立案到审判、从审判到执行的整个过程。在民事案件中，当事人基于对法律的信任，将纷争诉诸国家审判机关，裁判文书是对这一期待的最终解答。认定事实清楚、于法有据、格式规范的法律文书，不仅切实影响着当事人之间的权利义务关系，定分止争，也体现了一部法律初创时的立法者的构想，对于保护公民、法人和其他组织的合法权益，体现国家的法制文明具有重要意义。

（二）对法律文书的制作人而言

法律文书是体现法律人政治、业务素质和职业道德、思想作风的重要尺度。司法机关出具的法律文书是依法行使国家司法权的人员的政治素质和业务素质的综合反映。就政治素质而言，由于法律的基本属性之一就是其具有国家意志性，它是国家的路线、方针、政策的固定化和法律化。同时，法律又具有原则性、抽象性的特点，它往往需要司法工作人员从法条文字背后所蕴含的立法精神和价值目标出发，从前后各条款所反映的逻辑关系着眼，演绎、推导出法律的应有之义，并将它与具体案例相结合，形成案件处理的理由，得出最终结论。这就要求司法工作者必须具有较高的政治理论水平和政策水准。另外就业务素质而言，制作法律文书，要求司法工作人员熟谙法律、案例和法理，乃至公理、道理、事理、常理、情理，同时必须具有比较严密的逻辑分析能力和文字表达能力。正因为如此，法律文书才成为体现司法工作者综合素质的重要尺度。

法律文书的制作水平是制作者综合法律素质的具体体现。例如律师文书中的辩护词、代理词，法律意见书等常用实务文书，虽然不以国家权力维护其强制力，是一种代表当事人意愿或观点的法律文书，但这些文书同样可以反映律师的职业素养。律师文书不是在法庭上哗众取宠、炫才逞智的文字游戏，而应当是为维护当事人权利、捍卫法律尊严的精辟论理。

只有扎实的法律专业基础与写作功底的结合，才能写出好的法律文书来。因此，法律文书质量的高低，在一定程度上是对司法人员政治、业务能力和文化水准、文字表达能力的综合检验，也是考核司法工作人员德才素质的一个有效尺度。

(三)对当事人而言

法律文书是根据法律的规定结合实际情况制作的，很多法律文书与公民、法人或其他组织有着直接的联系，如公民受到侵害后委托律师代写的诉状、法院对普通公民提起的诉讼所作的判决书等。尽管一些法律文书与当事人没有直接关联，但公民的利益往往会通过其他方式受到影响。当事人通过法律文书这一最直观和具体的文本，产生对整体法治建设水平的认知，从而形成社会层面对于法律体系的评价。由此可见，当事人对于司法机关司法水平的评价，通常会受到法律文书制作水平的影响。

在法律文书中，尤其是法院的裁判文书更是当事人认同法律权威、息讼服判的主要依据所在。当事人将私益冲突和社会争端提交法院裁断，一方面表达了当事人对法院的信赖，另一方面也表达了当事人对法律的期待。如果裁判文书所反映的司法程序或实体裁判结果有一项或某一点有违法律规定或与法律精神不尽符合，即使裁判文书仅有个别语言表述不当或文字出现差错，也会不能满足当事人对司法公正性的需求或期待，从而难以使当事人息讼服判。法官在制作裁判文书时，应当全面、审慎地斟酌与考虑，通过详叙裁判理由，使争议事实与法律规定严密结合，力求裁判结果在各方面均不存在遗漏或瑕疵。唯其如此，当事人对法律的期待才能得以满足，司法裁判的权威性才能得以确立。

(四)对社会而言

法律文书是司法机关向社会公众展示司法公正与效率的重要平台和宣传法治的生动教材。

法律文书是宣传法律，教育公民自觉遵守法律，弘扬社会主义法治理念的一种生动的形式。一篇有影响力的法律文书对社会公众极易产生导向性。通过司法文书的制作

与发布，展现出各种法律关系的发生、发展和消灭的过程，反馈出法律、法规实际运用的后果。它生动地告诫人们：什么是违法，什么是犯罪，什么是民事侵权行为，什么是依法行政，什么是违法行政，不同的行为应当承担什么样的法律责任，使读者明白什么可以做，什么不可以做。事实证明，以法律文书内容为教材的法制课，不仅可以增长人们的法律意识，知法用法，自觉规范自己的行为，加强管理，堵塞漏洞，减少纠纷，预防犯罪；而且有利于提高人们同各种违法、违规和犯罪行为作斗争的主动性和积极性。让人们规范自身行为，对维护社会秩序的稳定具有重要的现实意义。

法、理、情融合一体的法律文书，可以宣扬社会主义核心价值观，传达社会正能量。如"狼牙山五壮士"名誉侵权案，一、二审裁判文书，[①]有力地维护了英雄形象，弘扬了社会主义核心价值观。"于欢故意伤害案"二审刑事判决书，[②]坚持法治、道德与伦理相结合，体现了法、理、情的有机统一。"朱振彪追赶交通肇事逃逸者案"，[③]支持鼓励见义勇为，捍卫善良风俗。

法律文书是法学研究的重要资料。在当今大数据时代，法律文书在信息收集整理之后，可以成为法律研究的重要资料。中国裁判文书网已成为目前研究中国法律最重要的案例数据库，对法学研究做出了巨大的贡献。法律文书不仅对律师、当事人研究具体的实务案例具有重要的价值，对法学实证研究更具有重要的意义。法律文书还具有重要的史料价值，一定时期的法律文书，往往从一个侧面反映了一定历史进程的社会、政治、经济、法律、文化的状况和特点。随着历史的推移，这些文书档案将是考察研究其所代表时代的司法工作和其他有关领域的历史资料，具有重要的历史意义。

二、法律文书的种类

法律文书的种类，是指各种不同法律文书依照各自的标准进行归类，这是法律文书规范化的一项重要标志。因此，正确科学的分类，对于进一步认识法律文书的性质，正确适用和研究法律文书，都有十分重要的意义。

根据司法机关的现有规定和法律文书学界的观点，法律文书的主要分类有以下四种：

（一）按照制作机关职能分类

法律文书按照制作机关职能可分为：侦查文书、检察文书、裁判文书、监狱文书、仲裁文书、公证文书以及律师文书等。每一类文书中又各包括若干种法律文书。以侦查文书为例，它又分为：立案文书；破案文书；侦查阶段律师参与诉讼文书；强制措施文书；

① 北京市海淀区人民法院（2014）海民初字第 13924 号民事判决书和北京市第一中级人民法院（2016）京 01 民终 1563 号民事判决书。

② 山东省高级人民法院（2017）鲁刑终 151 号刑事附带民事判决书。

③ 河南省滦南县人民法院（2017）冀 0224 民初 3480 号民事判决书。

调取证据文书；勘验、搜查文书；查询、扣押、冻结文书；委托检验鉴定书；通缉文书；要求复议意见书；提请复核意见书；起诉意见书；补充侦查报告书；不起诉意见书；撤销案件决定书等。

（二）按照诉讼的性质分类

法律文书按照诉讼的性质可分为：刑事诉讼文书、民事诉讼文书、行政诉讼文书。每类再以不同的审级和诉讼程序来划分。例如，刑事诉讼文书，又分为：第一审程序的刑事裁判文书、第二审程序的刑事裁判文书、死刑复核程序的刑事裁判文书、审判监督程序的刑事裁判文书和执行程序的刑事裁定书。

（三）按文书性质和用途分类

法律文书按性质和用途可分为：侦查类文书；起诉类文书；裁判类文书；执行类文书；国家赔偿类文书；笔录类文书；报告类文书；命令、决定类文书；公告、布告类文书；公函、通知类文书；证票类文书等。每一类文书又可分为若干种文书，例如，在笔录类文书中，主要分为：报告、控告、检举笔录；现场勘察笔录；侦查实验笔录；搜查笔录；人身检查笔录；调查笔录；询问证人笔录；讯问犯罪嫌疑人、被告人笔录；法庭审理笔录；调解笔录；合议庭评议笔录；宣判笔录；验明正身笔录；执行死刑笔录；死刑临场监督笔录；强制执行财产笔录；等等。

（四）按照文书格式的体制分类

法律文书按照格式体制可分为：拟制类（或称制作类，即用文字直接叙述）、表格类、填空类、笔录类。拟制类文书主要包括起诉意见书、不起诉意见书、起诉书、不起诉决定书、抗诉书、判决书、裁定书、调解书以及诉状、代理词、辩护词、仲裁裁决书、公证书等。

各司法机关根据自身业务特点和方便业务工作的需要，对本部门的文书种类各自作出了规定。例如最高人民法院根据案件的性质，分别制定《刑事诉讼文书样式》《民事诉讼文书样式》《行政诉讼文书样式（试行）》。以《刑事诉讼文书样式》为例，具体包括：判决书、裁定书、决定书、调解书，以及报告、函、笔录等刑事裁判文书。

最高人民检察院制定的《人民检察院工作文书格式样本（2020 年版）》，对所有检察工作文书统一规范，按照刑事检察、民事检察、行政检察、公益诉讼检察加以分类，再加上检察通用文书、检察委员会文书、案件管理文书等综合类业务文书，形成比较完备、规范统一的检察文书体系。

公安部制定的《公安机关刑事法律文书格式》，共分为：受立案文书；强制措施文书；侦查取证类文书；侦查终结文书；复议、复核类文书以及律师参与类文书等六大类文书。

第二章
公安侦查文书

第一节　概　　述

1996年11月，公安部制定下发了《公安机关刑事法律文书格式》，对新中国成立以来各地公安机关根据需要各自制订的各种刑事法律文书，包括侦查文书进行了统一规范，2002年12月，公安部对刑事法律文书进行修改和补充。2012年12月，公安部根据修改后的《刑事诉讼法》和《公安机关办理刑事案件程序规定》，对公安机关刑事法律文书进行了全面修订和完善，出台了《公安机关刑事法律文书式样(2012版)》。此后，为规范刑事执法程序，公安部又先后制定下发了《公安机关刑事复议复核法律文书式样》和《公安机关刑事案件立卷规范(2014版)》，最高人民法院、最高人民检察院、公安部联合下发了《关于羁押犯罪嫌疑人、被告人实行换押和羁押期限变更通知制度的通知》，对2012年版的公安机关刑事法律文书进行补充和完善。公安机关现行的刑事侦查文书即属于修订后的2012年版刑事法律文书。

一、概念

公安侦查文书，是指公安机关在刑事侦查过程中，依照《刑事诉讼法》及相关法律法规的规定，制作、使用，或者认可的具有法律效力或法律意义的文件总称。这一概念包含以下几个含义：

(一)公安侦查文书的制作主体是公安机关及其行使刑事犯罪侦查职能的工作部门

在我国刑事司法体系中，刑事侦查职能主要由公安机关承担，公安侦查文书只能由公安机关及其刑事侦查部门制作和使用[1]，其他机关、团体、个人，以及公安机关不履行刑事侦查职能的其他部门制作和使用的法律文书，均不属于公安侦查文书。

（二）公安侦查文书制作的依据，是《刑事诉讼法》《公安机关办理刑事案件程序规定》等法律法规及公安机关有关部门规章

公安侦查文书的制作和使用，应当严格依照《刑事诉讼法》《公安机关办理刑事案件程序规定》等法律法规及公安机关有关部门规章的有关规定进行，不得违反或超越，否则即为违法，不具有相应的法律效力。

（三）公安侦查文书的适用，仅限于公安机关履行刑事侦查职权的阶段

即公安侦查文书适用于在受、立案，采取强制措施、实施侦查措施、搜集固定证据等，直至案件侦查终结、移送人民检察院起诉的过程，与侦查无关的诉讼活动，包括公安机关行使监所管理职能、部分司法执行职能活动制作或使用的文书，不属于侦查文书。

（四）公安侦查文书是由公安机关代表国家行使侦查权而制作的一种法律文书

侦查是一种专门调查工作，是国家赋予公安机关的法定职权。公安机关在行使侦查职权时制作和使用的侦查文书是刑事诉讼法等法律法规在侦查活动中的具体实施，是国家意志的体现，具有特定的法律效力或法律意义。

二、作用

（一）公安侦查文书是公安机关在刑事诉讼过程中实施侦查行为的表现形式

公安机关行使侦查职权，从事侦查行为需要以一定的形式表现出来，按照刑事诉讼法的有关规定和要求，绝大多数的侦查行为都以一定的法律文书形式表现，如逮捕犯罪嫌疑人需要制作使用逮捕证，扣押涉案物品需要制作使用扣押决定书等等。从这个意义上看，刑事侦查行为与刑事法律文书，本质上是内容与形式的关系，没有侦查行为，就没有刑事侦查文书；反之，没有刑事侦查文书，公安机关的侦查行为亦无法得以体现。

（二）公安侦查文书是公安机关依法实施侦查行为的重要凭证

公安侦查文书既是公安机关实施侦查行为的表现形式，同时也是实施侦查行为的重要凭证，公安机关实施侦查行为时，相应的侦查文书可用以证明其行为主体、程序、内

---

[1] 除了公安机关，还有国家安全机关、检察机关、监察机关、监狱、军队保卫部门等也依法行使刑事侦查职能，为方便论述，本章仅讨论公安机关侦查文书，其他机关侦查文书的内容和要求与公安机关大同小异，本章内容亦可参考。

容是否合法有效。如对犯罪嫌疑人拘传,拘传证即是合法有效的凭证,公安机关一旦对犯罪嫌疑人宣布,犯罪嫌疑人必须服从。即使对拘传合法性有疑问,也应当先行执行。

(三)公安侦查文书是办理刑事案件的真实记录

公安机关侦查文书是公安机关从事侦查活动的产物,是侦查办案的真实记录。公安机关在办理刑事案件中,从受、立案到侦查终结、移送审查起诉的全过程,每一个侦查行为都在特定的侦查文书中予以记载。所有的侦查文书最终形成案卷,客观、具体地反映公安机关侦查活动的全过程。从一定程度上讲,侦查过程也是公安机关侦查文书的制作过程。所有侦查文书形成的案卷,反映了经侦查查明的案件事实、证据,侦查机关侦查程序是否合法,公安机关对案件性质、罪名的具体意见等,是人民检察院审查起诉、提出公诉,以及人民法院进行审判的重要依据。

(四)公安机关文书是检查侦查工作情况,研究犯罪活动规律的重要依据

刑事侦查文书是公安机关侦查办案的真实记载,通过侦查文书,可以直观地考察认定的案件事实是否清楚、证据是否真实可靠,侦查程序是否合法、手续是否完备等等,全面反映了公安机关侦查行为的全貌,是分析判断案件侦查工作是否合法、办案执法质量高低的重要依据。此外,公安机关办案过程中形成的侦查文书,具体记载了犯罪嫌疑人的犯罪心理状态、动机、目的、过程、手段、危害结果、团伙组织关系、犯罪条件等情况,为政法机关、社会治安综治部门、有关专家学者分析、研究犯罪规律、提出预防犯罪、实施打击策略,开展法制教育等工作,提供了宝贵的资源和素材。

三、分类

按照不同的分类标准,公安机关侦查文书可以有多种分类方法。如按照侦查文书的功能和作用分,可以分为笔录类文书、报告类文书、决定类文书、通知类文书等;按照侦查文书制作方法分,可以分为填空类文书、表格类文书、笔录类文书、叙述类文书等;按照文书组成的联数分,可分为单联式文书、多联式文书。上述分类标准和方法对于所有的法律文书而言,具有共性特征,其他主体制作的法律文书,如法院文书、检察文书、仲裁文书等也可以按照上述方法进行划分。还有一种分类方法就是按侦查办案程序来划分侦查文书种类,由于公安机关是法律赋予刑事侦查权的专门机关,其侦查行为具有专门性属性,按侦查办案程序来划分侦查文书种类具有独特性,也有利于连贯、系统、全面地反映公安机关侦查文书的规律,因此,本书选择按侦查办案程序来对侦查文书进行分类。根据侦查工作的不同阶段和不同性质,可以将侦查文书分为以下七种类型:

(一)受立案类

受立案类文书是指公安机关接受公民报案、控告、举报、扭送、犯罪嫌疑人自首或者

有关单位移送，以及工作中发现案件线索，判明是否符合立案条件，决定是否立案时制作、使用的文书。包括：受案登记表、受案回执、呈请立案报告书、立案决定书、不予立案通知书、不予立案理由说明书、呈请移送案件报告书、移送案件通知书、指定管辖决定书、回避/驳回申请回避决定书等，共10种。

（二）强制措施类

强制措施类文书是指公安机关在侦查过程中，依法对犯罪嫌疑人实施刑事强制措施时制作和使用的文书。包括：呈请拘传报告书，拘传证，传讯通知书，呈请取保候审报告书，取保候审决定书、执行通知书，被取保候审人义务告知书，取保候审保证书，收取保证金通知书，保存证件清单，退还保证金决定书、通知书，呈请没收保证金报告书，没收保证金决定书、通知书，呈请对保证人罚款报告书，对保证人罚款决定书、通知书，呈请责令具悔过报告书，责令具结悔过决定书，呈请解除取保候审报告书，解除取保候审决定书、通知书，呈请监视居住报告书，监视居住决定书、执行通知书，指定居所监视居住通知书，呈请解除监视居住报告书，解除监视居住决定书、通知书，呈请拘留报告书，拘留证，拘留通知书，呈请变更羁押期限报告书，变更羁押期限通知书，呈请提请批准逮捕报告书，提请批准逮捕书，逮捕证，逮捕通知书，呈请变更逮捕措施报告书，变更逮捕措施通知书，呈请不予释放/不予变更强制措施报告书，不予释放/变更强制措施通知书，呈请提请批准延长侦查羁押期限报告书，提请批准延长侦查羁押期限意见书，入所健康检查表，换押证，呈请释放报告书，释放通知书，释放证明书等，共43种。

（三）侦查取证类

侦查取证类文书是指公安机关在侦查过程中依法进行专门调查工作，搜集、固定证据时制作和使用的文书。包括采用一般侦查手段时用的文书，也包括技术侦查文书，还包括补充侦查文书。具体为：传唤证，提讯提解证，讯问笔录，询问笔录，询问通知书，犯罪嫌疑人诉讼权利义务告知书，被害人诉讼权利义务告知书，证人诉讼权利义务告知书，未成年人法定代理人到场通知书，现场勘验笔录，解剖尸体通知书，呈请调取证据报告书，调取证据通知书、调取证据清单，呈请搜查报告书，搜查证，搜查笔录，接受证据材料清单，呈请/解除查封报告书，查封决定书，查封/解除查封清单，协助查封/解除查封通知书，呈请扣押报告书，扣押决定书，扣押清单，登记保存清单，发还清单，随案移送清单，销毁清单，呈请扣押/解除邮件/电报报告书，扣押/解除扣押邮件/电报通知书，呈请查询财产报告书，协助查询财产通知书，呈请协助冻结/解除冻结财产报告书，协助冻结/解除冻结财产通知书，呈请辨认报告书，辨认笔录，呈请鉴定报告书，鉴定聘请书，鉴定意见通知书，通缉令，撤销通缉令通知书，办案协作函，呈请侦查实验报告书，侦查实验笔录，呈请人身检查报告书，人身检查笔录，补充侦查报告书，呈请采取技术侦查措施

报告书，采取技术侦查措施决定书，执行技术侦查措施通知书，呈请延长技术侦查措施期限报告书，延长技术侦查措施期限决定书，呈请解除技术侦查措施报告书，解除技术侦查措施决定书等，共 54 种。

（四）侦查终结类

侦查终结类文书是指公安机关经专门调查工作，案件侦查结束，拟对案件及犯罪嫌疑人、涉案财物作出处置时制作和使用的法律文书。包括呈请侦查终结报告书，起诉意见书，呈请撤销案件报告书，撤销案件决定书，呈请终止侦查报告书，终止侦查决定书，没收违法所得意见书、违法所得清单，强制医疗意见书等，共 8 种。

（五）复议复核类

复议复核类文书是指公安机关对不立案决定进行复议复核，以及公安机关对人民检察院不批准逮捕、不起诉决定按照法定程序向人民检察院提出复议、复核时制作、使用的文书，包括刑事复议申请记录、不予受理刑事复议/复核申请决定书、刑事复议/复核申请补充材料通知书、中止刑事复议/复核通知书、延长刑事复议/复核期限通知书、终止刑事复议/复核程序通知书、刑事复议决定书、刑事复核决定书、要求复议意见书、提请复核意见书等，共 10 种。

（六）律师参与类

律师参与类文书是指律师参与侦查活动时，公安机关制作和使用的法律文书，包括提供法律援助通知书，会见犯罪嫌疑人申请表，准予会见犯罪嫌疑人决定书、通知书，不准予会见犯罪嫌疑人决定书等，共 4 种。

四、写作要求

（一）侦查文书写作的基本要求

1.格式应符合规范

侦查文书是公安机关侦查人员代表国家依法制作的规范性文书，为便于通用，使其发挥应有的作用，同时也为便于文书管理，应当按照统一、规范的格式和要求制作。公安部 2012 下发《公安机关刑事法律文书式样（2012 版）》对现行侦查文书进行了统一和规范，2014 年公安部下发了《公安机关刑事复议复核法律文书式样》和《公安机关刑事案件立卷规范（2014 版）》，最高人民法院、最高人民检察院、公安部联合下发《关于羁押犯罪嫌疑人、被告人实行换押和羁押期限变更通知制度的通知》，对 2012 年版的公安机关刑事法律文书进行补充和完善，侦查人员在制作侦查文书时必须按照上述规定要求严格执行。

格式规范包括三个方面的内容：一是文书名称要规范。具有相同功能的侦查文书名称应当统一，且符合 2012 版公安机关刑事法律文书式样中的文书名称要求。2012 版公安机关刑事法律文书式样中侦查文书名称之外的文书，均不属于侦查文书，如在实践中，公安机关常用于说明犯罪嫌疑人到案情况的书面材料《到案经过》《抓获经过》等，不属侦查文书范畴；《关于羁押犯罪嫌疑人、被告人实行换押和羁押期限变更通知制度的通知》下发后，原延长拘留期限通知书、延长侦查羁押期限通知书、计算/重新计算侦查羁押期限通知书统一为变更羁押期限通知书，延长拘留期限通知书、延长侦查羁押期限通知书、计算/重新计算侦查羁押期限通知书名称就不应再使用。二是文书式样要规范。《公安机关刑事法律文书式样（2012 版）》对侦查文书式样做了明确的规定，如预先印制的格式文书，版式尺寸、纸张厚薄等均必须符合要求，文书项目、次序、位置等必须齐全、规范，否则就会影响侦查文书的规范性。三是文书字体要规范。印刷文书的字体要符合简体字规范，书写文书需用黑色或蓝黑色水笔，不得使用铅笔、圆珠笔等不易长期保存的书写工具，书写要保持清晰工整，使用简体字，不能使用繁体字、草书等不规范字体，更不能出现错别字。

2.语言应准确精当

侦查文书语言是一种要求极为严格的书面语言，写作时要求语言准确精当。准确，即使用的语言精确适当，正确反映所要表达的意图，不能含糊其词。如在数词的使用上，要精确无误，比如犯罪嫌疑人的年龄，要用准确的数字进行叙述，只要是查证属实的，20 岁就是 20 岁，不能用 20 几岁等含糊不清的表述，尤其是 16 岁、18 岁等可能影响到是否追诉的年龄，更要准确表述清楚；在法律术语等名词的使用上，如犯罪的认定，要严格按照法律规定的罪名进行叙述，比如不能把“强奸”写成“通奸”，不能把“抢夺”写成“抢劫”；在动词的使用上，对犯罪嫌疑人特定动作的描述，比如推、拉、搡、扯、撕、抠、扭、踢、蹬、踩、跺等，也应力求准确，正确反映行为时的客观情况和特定情节；在语法的使用上，要符合语法规则，准确表述句子的意思，尽量避免艰涩难解的词句，更不能出现语法错误；在修辞的使用上，要尽量通俗、朴实，不夸张渲染，做到“文不雕饰，而辞切事切”。此外，语言的使用还要注意庄严郑重，健康文明，要避免出现污言秽语、粗俗轻佻语句。除非案件的特殊需要，尽量不要使用流氓黑话、方言土语等粗俗用语，以保证法律文书的严肃性。

3.内容应客观真实

侦查文书作为公安机关侦办案件的真实记录，内容客观真实是最基本的要求，侦查文书唯有内容真实可靠，才能切实保证侦查活动的顺利进行。内容客观真实包含三个方面：一是侦查文书涉及有关人员的基本情况必须真实，如姓名、性别、出生日期、住址、单位、职业、工作和生活简历、犯罪前科情况等都必须真实无误。二是侦查文书中关于案件事实的叙述必须

真实。如起诉意见书中列举的犯罪事实,必须有充分的证据予以证明,并经查证属实。无证据证明,或证据未经查证的情况不应列入犯罪事实。三是侦查文书中所列举的证据必须真实,并经查证属实,未经查证属实的证据不能作为诉讼证据使用。

(二)侦查文书常见项目的填写要求

《公安机关刑事法律文书式样(2012版)》对侦查文书等公安机关刑事法律文书常见项目的填写进行了规范,其基本要求如下:

1.案件名称。根据不同的案件情况,采取不同的命名方法。对于有明确的犯罪嫌疑人和涉嫌犯罪情节清楚的案件,可采取"人名+涉嫌罪名"命名,如"王××故意杀人案";对于犯罪嫌疑人不明而被害人和被害情况清楚的案件,可采取"被害人+被侵害情况"命名,如"张××被抢劫案";对于犯罪嫌疑人和被害人不明或者犯罪嫌疑人、被害人人数众多不便概括以及需要保密等情形,可采取以案件发生时间或立案时间或者地名来命名,如"4·15案"、"×××(地名)抢劫案"。

2.案件编号。在制作文书过程中应当本着便于对案件进行管理和统计的原则,根据本地或者本系统的要求进行填写。

3.犯罪嫌疑人姓名。填写犯罪嫌疑人合法身份证件上的姓名,如果没有合法身份证件的,填写在户籍登记中使用的姓名。如果犯罪嫌疑人是外国人,除应当填写其合法身份证件上的姓名外,还应当同时写明汉语译名。对于一些叙述型法律文书,如《提请批准逮捕书》、《起诉意见书》等,应当在写明犯罪嫌疑人姓名的同时,写明犯罪嫌疑人使用过的其他名称,包括别名、曾用名、绰号等。如有必要,还可写明笔名、网名等名称。确实无法查明其真实姓名的,也可以暂时填写其自报的姓名。查清其真实姓名后,按照查清后的姓名填写,对之前填写的内容可不再更改,但应当在案件卷宗中予以书面说明。犯罪嫌疑人出生日期、住址不明的,参照上述要求办理。

4.犯罪嫌疑人出生日期。犯罪嫌疑人的出生日期以公历(阳历)为准,除有特别说明的外,一律具体到年月日。确定犯罪嫌疑人的出生日期应当以其合法身份证件上记载的出生日期为准,没有合法身份证件的,以户籍登记中的出生日期为准。

5.犯罪嫌疑人住址。填写犯罪嫌疑人被采取强制措施前的经常居所地。犯罪嫌疑人的经常居所地以户籍登记中的住址为准。如果该犯罪嫌疑人离开户籍所在地在其他地方连续居住满一年以上的,则以该地为经常居住地,并应当在填写经常居住地的同时注明户籍登记的住址。

6.犯罪嫌疑人的单位及职业。填写犯罪嫌疑人的工作单位名称以及从事的职业种类。单位名称应当填写全称,必要时在前面加上地域名称。认定犯罪嫌疑人的工作单位,不能单纯凭人事档案是否在该单位,而应当视其是否实际在该单位工作。只要其实际在该单位工作的,即可认定为工作单位。职业应当填写从事工作的种类。没有工作

单位的，可以根据实际情况填写经商、务工、农民、在校学生或者无业等。

7.身份证件种类及号码。填写居民身份证、军官证、护照等法定身份证件的种类及号码。

8.文化程度。填写国家承认的学历。文化程度分为研究生（博士、硕士）、大学、大专、中专、高中、初中、小学、文盲等档次。

9.批准人。填写批准制作该法律文书的有关负责人的姓名。

10.批准时间。填写批准制作该法律文书的有关负责人的签字时间。

11.办案人。填写办理案件民警的姓名，或者有关事项承办人的姓名。

12.办案单位。填写办案单位或者部门的名称。

13.填发时间。填写实际制作法律文书的时间。

14.填发人。填写制作法律文书的人的姓名。

15.签名。需要当事人签名确认的文书应当由其本人签名，不能签名的，可以捺指印；属于单位的，由法定代表人、主要负责人或者其授权的人签名，或者加盖单位印章。当事人拒绝签名的，侦查人员应当在文书中予以说明。

16.各类清单。“编号”栏一律采取阿拉伯数字，按材料、物品的排列顺序从“1”开始逐次填写。“名称”栏填写材料、物品的名称；“数量”栏填写材料、物品的数量，使用阿拉伯数字填写；“特征”栏填写物品的品牌、型号、颜色、新旧等特点。表格多余部分应当用斜对角线划掉。

17.发文字号。文书式样中的发文字号印刷为“×公（　）字〔　〕号”，实际填写时，“×”处填写制作法律文书的机关代字，如北京市填写“京”；“（　）”处填写办案部门简称，如经济犯罪侦查部门制作的文书填写“经”；“（　）”和“字”之间的部分为文书名称简称，文书式样已根据不同法律文书种类将其简称印在文书之上，如拘留证印“拘”、逮捕证印“捕”；〔　〕中填发文年度；〔　〕后填发文顺序号。

18.法律条文的援引。引用法律，应当写明法律的全称；引用的法律条文，要写明具体的条文号，条文中有款、项的，要具体到款、项。

19.计量单位。填写国家法定计量单位。

20.联系方式。填写联系人的移动电话号码、固定电话号码、电子邮件地址等内容。

21.数字。在引用的法律条款、部分结构层次顺序和在词、词组、惯用语、缩略语、具有修辞色彩语句中作为词素的数字时应当使用汉字，其他情况下应当使用阿拉伯数字。结构层次序数：第一层为“一、”，第二层为“（一）”，第三层为“1.”，第四层为“（1）”。文书发文字号中年度、发文顺序号应当使用阿拉伯数字。

22.成文日期。成文日期填写批准人的批准日期。内部审批类文书的日期，制作人在末尾落款处填写制作日期，审核人、批准人在其签名下方填写审核、批准时的日期。成文日期应当使用大写数字，如“二〇一九年一月一日”。

23.印章的使用。对外使用的文书，应当在成文日期上方写明单位名称，在单位名称和成文日期上加盖能够对外独立承担法律责任的单位印章。不能使用内部印章。

24.骑缝线。打印电子法律文书可以无骑缝线，不必加盖骑缝章。纸质法律文书的骑缝线一律用汉字(发文年度和顺序号用大写)填写发文字号，然后加盖单位印章或专用骑缝章。

25.选择性项目的填写。纸质文书标题中的选择性项目不需要选择，电子法律文书可以根据需要选择制作相应的文书。文书内容部分出现选择性项目的，电子文书根据案情从相应选项中选择适当的项目。纸质文书根据具体情况删去不需要的内容：文书中空余部分、较短的文字内容，可用斜线"\"删去，如犯罪嫌疑人是男性的，填写"男/女/"。又如对于有控告人的案件，填写《不予立案通知书》时，应当填写控告/移送/。有较长文字内容的可用"——"删去，如对于恐怖活动犯罪案件填写《不准予会见犯罪嫌疑人决定书》时，应当填写"~~危害国家安全犯罪案件~~/恐怖活动犯罪案件"。对于带有"□"的选择性项目，在选定的□中打"√"。选择"其他"的，还应当在随后的横线处填写具体情形。

第二节　主要侦查文书的写作

一、受案登记表

(一)概念和作用

受案登记表是公安机关接受公民报案、控告、举报、扭送、犯罪嫌疑人自首、有关单位移送，以及工作中发现的案件进行审查、登记时使用的文书。受案登记表是一种刑事案件和行政案件通用的文书，其主要作用在于如实记录案件来源、简要案情，以及审查处理的有关情况，是公安机关受理案件的重要原始材料和证明文书，也是公安机关办理刑事案件和第一道法律手续。在某些情况下，受案登记表记录的情况能够如实反映犯罪行为是否应予追诉、犯罪嫌疑人是否自首等关键案情，因此十分重要，应当认真制作。

(二)法律依据

根据《刑事诉讼法》第110条第3款的规定，公安机关对于报案、控告、举报，都应当接受。对于不属于自己管辖的，应当移送主管机关处理，并且通知报案人、控告人、举报人；对于不属于自己管辖而又必须采取紧急措施的，应当先采取紧急措施，然后移送主管机关。该条第4款又规定，犯罪人向公安机关、人民检察院或者人民法院自首的，适用第3款规定。

《公安机关办理刑事案件程序规定》第 168 条进一步明确规定,公安机关接受案件时,应当制作受案登记表,并出具回执。

(三)适用条件

公安机关在接处警等警务工作中,发现有以下情形之一的,应当制作受案登记表:

1.公民扭送、报案、控告或者举报的;

2.110 报警服务台指令的;

3.违法犯罪嫌疑人投案、自首的;

4.有关单位移送案件的;

5.公安机关在日常执法执勤中发现有违法犯罪事实发生的。

(四)内容及制作要求

受案登记表属于单联式填表类文书,一式两份,一份留存,一份附卷。其内容包括文书名称、受案单位名称和印章、受案文号、案件来源、报案人基本情况、移送单位、接报民警、接报时间和地点、简要案情或者报案记录、受案意见、受案部门负责人审批意见等。主要栏目填写要求如下:

1.案件来源:包括 110 指令、工作中发现、报案、投案、移送、扭送、其他等选项,预先印制于该栏中,由受案民警根据实际情况在各个选项之前的方框中打钩选定。

2.报案人:报案人的姓名、性别、出生日期、身份证件种类及号码、工作单位、联系方式、现住址等。这里需要注意几点:一是报案人包括举报人、控告人、投案人、扭送人等自然人;二是通过电话、网上报案,一时无法核实报案人身份的,可先按报案人自报的姓名填写;三是报案人如不愿公开自己姓名或报案行为的,可在"姓名"一栏填写"匿名";四是单位移送或公安机关工作中自行发现,无实际报案人的,本栏及移送单位栏用斜线划去即可,无须填写;五是现住址指的是报案人现在所实际居住的地方,不应与户籍地址混淆。

3.移送单位:即将案件移送给公安机关的行政机关、监察机关、司法机关及其他职能部门。应注意不能将移送单位与报案单位混淆,前者是指在工作中发现案件应当由公安机关管辖而移送的行政机关、监察机关、司法机关及其他职能部门,报案单位则是在以单位名义向公安机关举报、控告的机关,企、事业单位或其他组织。

4.接报民警:填写接受报案民警的姓名。按照公安机关执法办案的规范要求,一般情况下,接受报案的民警需有两名以上,因此,该栏一般应填写两名受案民警的姓名。如果是通过网上或者电话接警的,实际上接警只有一名民警,只需如实填写一名民警的姓名即可。接报时间及地点按实际情况填写。

5.简要案情或者报案记录:简明扼要地填写报案人报称的基本情况,包括发案时

间、地点、简要过程、涉案人基本情况、受害情况，以及是否接受证据。接受证据材料的，应当另行制作接受证据材料清单，并在栏中予以注明。需要注意的是，本栏目填写的内容是报案人所报案情和有关情况记录，虽然不一定与客观事实相符合，但原则上还是要按报案人反映的情况记录，而不应将现场勘查、现场访问、讯问犯罪嫌疑人、询问证人或被害人的情况写入栏内。

6.受案意见：是指受案民警在初步判定案件性质、管辖权限以及是否应追究法律责任等情况后提出的处理意见。内容包括：属本单位管辖的行政案件，建议及时调查处理；属本单位管辖的刑事案件，建议及时立案侦查；不属于本单位管辖，建议移送处理；不属于公安机关职责范围，不予调查处理并当场书面告知当事人；其他。已经预先印好，民警根据实际情况在各个选项之前的方框中打钩选定。末行由受案民警签名（也可以是电子签名），并注明日期。

7.受案审批：由受案部门负责人签署审批意见，根据不同情况，分别签署“建议初查”“建议立为刑事案件侦查”等意见。按照公安机关执法规范要求，本栏目不能简单签署“同意”或者“不同意”等无实质内容的意见。末行由签署意见的受案部门负责人签名并注明日期。

根据《刑事诉讼法》第 111 条和《公安机关办理刑事案件程序规定》第 166 条、第 167 条的规定，公安机关接受公民扭送、报案、控告、举报或者犯罪嫌疑人自动投案的，应当立即接受，并制作笔录，必要时，应当录音或者录像。一般情况下，先制作报案笔录，再根据报案情况填写受案登记表。报案人提供证据材料的，应当填写接受证据材料清单。受案民警根据案情提出受案意见后，将受案登记表、报案笔录和接受证据材料清单一并报受案部门负责人审批。

(五)样式

(行政刑事通用)

受案登记表

(受案单位名称和印章)　　　　　　　　　　　　　　　　×公(　)受案字〔　　〕　号

<table>
<tr><td colspan="2">案件来源</td><td colspan="6">□110 指令□工作中发现□报案□投案□移送□扭送□其他</td></tr>
<tr><td rowspan="4">报案人</td><td>姓　名</td><td></td><td>性别</td><td></td><td>出生日期</td><td colspan="2">年　月　日</td></tr>
<tr><td>身份证件种类</td><td></td><td colspan="2">证件号码</td><td colspan="3"></td></tr>
<tr><td>工作单位</td><td colspan="2"></td><td>联系方式</td><td colspan="3"></td></tr>
<tr><td>现 住 址</td><td colspan="6"></td></tr>
<tr><td colspan="2">移送单位</td><td></td><td>移 送 人</td><td></td><td>联系方式</td><td colspan="2"></td></tr>
<tr><td colspan="2">接报民警</td><td></td><td>接报时间</td><td>年　月　日
时　分</td><td>接报地点</td><td colspan="2"></td></tr>
<tr><td colspan="8">简要案情或者报案记录(发案时间、地点、简要过程、涉案人基本情况、受害情况等)以及是否接受证据:
____。</td></tr>
<tr><td>受案意见</td><td colspan="7">□属本单位管辖的行政案件,建议及时调查处理
□属本单位管辖的刑事案件,建议及时立案侦查
□不属于本单位管辖,建议移送________________处理
□不属于公安机关职责范围,不予调查处理并当场书面告知当事人
□其他________________
受案民警:×××、×××　　　　　20××年　月　日</td></tr>
<tr><td>受案审批</td><td colspan="7">同意立案侦查。
受案部门负责人:　　　　　　　　20××年　月　日</td></tr>
</table>

一式两份,一份留存,一份附卷。

(六)文书范例

(行政刑事通用)

受案登记表

××市公安局××分局刑侦大队(印)　　　　　　　　　　×公(　)受案字〔　　〕　号

<table>
<tr><td colspan="2">案件来源</td><td colspan="6">□110 指令□工作中发现☑报案□投案□移送□扭送□其他</td></tr>
<tr><td rowspan="4">报案人</td><td>姓　名</td><td>胡×</td><td>性别</td><td colspan="2">女</td><td>出生日期</td><td>1984 年 4 月 25 日</td></tr>
<tr><td>身份证件种类</td><td>身份证</td><td colspan="3">证件号码</td><td colspan="2">36××2819840425001×</td></tr>
<tr><td>工作单位</td><td colspan="2">××区古月茶艺馆</td><td colspan="2">联系方式</td><td colspan="2">13×××××××××</td></tr>
<tr><td>现 住 址</td><td colspan="6">××市××区××路××号 203 室</td></tr>
<tr><td colspan="2">移送单位</td><td>/</td><td>移 送 人</td><td>/</td><td colspan="2">联系方式</td><td>/</td></tr>
<tr><td colspan="2">接报民警</td><td>李×山</td><td>接报时间</td><td>20××年 2 月 10 日
14 时 50 分</td><td colspan="2">接报
地点</td><td>××公安分局
刑警大队</td></tr>
<tr><td colspan="8">简要案情或者报案记录(发案时间、地点、简要过程、涉案人基本情况、受害情况等)以及是否接受证据:
20××年 2 月 10 日 14 时 50 分许,胡×到我大队报称,2 月 10 日中午 13 时左右,其在××区古月茶艺馆上班期间,放置于收银台上的一台 iPhone9 型号手机被盗,价值 4500 元。</td></tr>
<tr><td>受案意见</td><td colspan="7">□属本单位管辖的行政案件,建议及时调查处理
☑属本单位管辖的刑事案件,建议及时立案侦查
□不属于本单位管辖,建议移送＿＿＿＿＿＿＿＿＿＿＿＿处理
□不属于公安机关职责范围,不予调查处理并当场书面告知当事人
□其他＿＿＿＿＿＿＿＿＿＿＿＿
受案民警:李×山、张×斌　　　　20××年 2 月 10 日</td></tr>
<tr><td>受案审批</td><td colspan="7">同意立案侦查。
受案部门负责人:　　　　　　20××年 2 月 10 日</td></tr>
</table>

一式两份,一份留存,一份附卷。

二、立案决定书

(一)概念和作用

立案决定书，是公安机关对报案、举报、控告、投案有关情况进行审查，认为符合立案条件，经县级以上公安机关负责人批准后制作的决定立案的文书。立案决定书的作用在于表明公安机关已经对犯罪案件立案，是公安机关启动侦查程序的合法依据，有了立案决定书，公安机关才能依法采取各项侦查措施对案件进行侦查。

(二)法律依据

根据《刑事诉讼法》第 109 条的规定，公安机关发现犯罪事实或者犯罪嫌疑人，应当按照管辖范围立案侦查。根据《刑事诉讼法》第 112 条的规定，公安机关对于报案、控告、举报和自首的材料，应当按照管辖范围，迅速进行审查，认为有犯罪事实需要追究刑事责任的，应当立案；认为没有犯罪事实，或者犯罪事实显著轻微，不需要追究刑事责任的，不予立案，并且将不立案的原因通知控告人。控告人如果不服，可以申请复议。

《公安机关办理刑事案件程序规定》第 175 条对公安机关立案的具体程序作了进一步规定，明确接受案件后，经审查，认为有犯罪事实需要追究刑事责任，且属于自己管辖的，经县级以上公安机关负责人批准，予以立案；认为没有犯罪事实，或者犯罪事实显著轻微不需要追究刑事责任，或者具有其他依法不追究刑事责任情形的，经县级以上公安机关负责人批准，不予立案。

(三)适用条件

对接受的案件，应及时进行审查，符合以下立案条件的，应当制作立案决定书：

1.有犯罪事实，需要追究刑事责任。是否有犯罪事实，应当由公安机关通过审查受案时所掌握的证据材料来进行判断；是否需要追究刑事责任，应当在审查受案证据的基础上，对照《刑法》《刑事诉讼法》的有关规定，以及公安部、最高人民检察院、最高人民法院确定的立案追诉标准进行判断。需要注意的是，无论受案时犯罪嫌疑人是否已经明确，是否已经被发现，只要有犯罪事实存在，达到立案追诉标准的，就应当予以立案。

2.符合管辖规定。即按照管辖分工的规定，案件属于本公安机关管辖。

3.已经依法审批立案。按照《刑事诉讼法》和《公安机关办理刑事案件程序规定》等有关规定，经审查，认为有犯罪事实，需追究刑事责任，且属本公安机关管辖的，需制作呈请立案报告书，经县级以上公安机关负责人批准，予以立案。没有经过依法审批的，不得制作和使用立案决定书。

(四)内容和填制要求

立案决定书属于多联式填充类文书,由正本和存根两联组成。文书格式已预先印制,民警只需在空白项目中填写即可。

1.正本。由首部、正文和尾部组成。

(1)首部。包括制作机关名称、文书名称和文书字号。

(2)正文。包括法律依据和决定立案侦查的案件名称:

法律依据。公安机关立案侦查的法律依据有两种:公安机关发现犯罪事实或者犯罪嫌疑人的,适用的法律依据是《刑事诉讼法》第109条;公民向公安机关报案、控告、举报、投案的,适用的法律依据则是《刑事诉讼法》第112条,办案民警根据实际情况选定和填写。

案件名称:立案时已经确认犯罪嫌疑人的,案件名称可以以“嫌疑人+涉嫌罪名”命名,如“张×涉嫌信用卡诈骗案”、“刘××、汪×涉嫌抢劫案”;嫌疑人为多人的,可以以“主要犯罪嫌疑人等人+涉嫌罪名”的方式命名,如“王×等人涉嫌盗窃案”。立案时犯罪嫌疑人不明的,可以以“被害人姓名+被侵害情况”命名,如“杜××被杀害案”。特殊情况下,也可以以特定的时间(如案件发生时间、立案时间等)或者案件发生的地名来命名,如“‘3·11’非法经营案”、“×××(地名)抢夺案”。

(3)尾部。尾部应填写清楚成文时间、公安机关名称,并加盖公安机关印章。需要注意的是,成文时间应当填写县级以上公安机关负责人批准立案的时间,而不是文书最后制作完成的时间。

2.存根。存根用于公安机关留存备查。填写内容包括文书字号,案件名称,案件编号,犯罪嫌疑人姓名、性别、出生日期、住址、单位及职业,批准人姓名,批准时间,办案人姓名,办案单位名称,填发时间,填发人姓名等。填写时要注意以下几点:一是决定立案时犯罪嫌疑人尚不明确的,犯罪嫌疑人姓名等基本情况可以不填;二是办案单位名称指的是公安机关内部具体负责侦查办案的部门,如刑侦大队;三是填发时间应当是实际填制文书的时间,有别于正本尾部落款县级公安机关负责人批准的时间。

(五)样式

×××公安局

立案决定书

(存　根)

×公(　)立字〔　〕　号

案件名称＿＿＿＿＿＿＿＿

案件编号＿＿＿＿＿＿＿＿

犯罪嫌疑人(男/女)＿＿＿＿＿＿

出生日期＿＿＿＿＿＿＿＿

住　　址＿＿＿＿＿＿＿＿

单位及职业＿＿＿＿＿＿＿

批 准 人＿＿＿＿＿＿＿＿

批准时间＿＿＿＿＿＿＿＿

办 案 人＿＿＿＿＿＿＿＿

办案单位＿＿＿＿＿＿＿＿

填发时间＿＿＿＿＿＿＿＿

填 发 人＿＿＿＿＿＿＿＿

×××公安局

立案决定书

×公(　)立字〔　〕　号

根据《中华人民共和国刑事诉讼法》＿＿＿＿＿之规定,决定对＿＿＿＿＿案立案侦查。

公安局(印)

年　月　日

(六)文书范例

×××市公安局××分局 **立案决定书** (存　根)	××市公安局××分局 **立案决定书**
×公(　)立字〔　〕　号	×公(刑)立字〔20××〕××号
案件名称　胡×被盗窃案 案件编号　×××××××× 犯罪嫌疑人男/女　男 出生日期 住　　址 单位及职业 批 准 人　陈×强 批准时间　20××年2月15日 办 案 人　陈×芬、刘× 办案单位　××市公安局××分局刑侦大队 填发时间　20××年2月15日 填 发 人　陈×芬 此联附卷	根据《中华人民共和国刑事诉讼法》第一百一十二条之规定,决定对　胡×被盗窃　案立案侦查。 ××市公安局××分局(印) 二〇××年二月十五日

(骑缝:×公(刑)立字 贰零×× 第××号)

三、提请批准逮捕书

(一)概念和作用

提请批准逮捕书，是公安机关依法对犯罪嫌疑人提请人民检察院审查批准逮捕时使用的文书。其作用在于表明公安机关对发生的犯罪事实经过调查，已经明确犯罪嫌疑人实施了犯罪行为，且相关证据已经查证属实，符合法定逮捕条件，确有必要对犯罪嫌疑人采取逮捕措施。同级人民检察院根据提请批准逮捕书及相关证据材料进行审查，作出批准逮捕或者不批准逮捕的决定。

(二)法律依据

根据《刑事诉讼法》第 80 条和第 87 条的规定，逮捕犯罪嫌疑人，必须经过人民检察院批准或者人民法院决定，由公安机关执行。公安机关要求逮捕犯罪嫌疑人的时候，应当写出提请批准逮捕书，连同案卷材料、证据，一并移送同级人民检察院审查批准。《公安机关办理刑事案件程序规定》第 133 条也规定，需要提请批准逮捕犯罪嫌疑人的，应当经县级以上公安机关负责人批准，制作提请批准逮捕书，连同案卷材料、证据，一并移送同级人民检察院审查批准。

(三)适用条件

制作和使用提请批准逮书，应当符合以下条件之一：

1.对有证据证明有犯罪事实，可能判处徒刑以上刑罚的犯罪嫌疑人、被告人，采取取保候审尚不足以防止发生社会危险性的，应当予以逮捕，这里包含两个含义：

(1)存在犯罪事实。根据《公安机关办理刑事案件程序规定》第 130 条的规定，有犯罪事实存在，是指同时具备下列情形：①有证据证明发生了犯罪事实；②有证据证明该犯罪事实是犯罪嫌疑人实施的；③证明犯罪嫌疑人实施犯罪行为的证据已有查证属实。这里的“犯罪事实”既可以是单一犯罪行为的事实，也可以是数个犯罪行为中任何一个犯罪行为的事实。

(2)存在逮捕的必要性。即对犯罪嫌疑人采取取保候审尚不足以防止发生社会危险性。根据《刑事诉讼法》《公安机关办理刑事案件程序规定》《最高人民检察院、公安部关于逮捕社会危险性条件若干问题的规定(试行)》等法律、法规和有关司法解释的规定，具有以下情形之一的，可以认为存在以下社会危险，有必要予以逮捕：①可能实施新的犯罪的；②有危害国家安全、公共安全或者社会秩序的现实危险的；③可能毁灭、伪造证据，干扰证人作证或者串供的；④可能对被害人、举报人、控告人实施打击报复的；⑤企图自杀或者逃跑的。

2.对有证据证明有犯罪事实,可能判处10年有期徒刑以上刑罚的,或者有证据证明有犯罪事实,可能判处徒刑以上刑罚,曾经故意犯罪或者身份不明的,应当予以逮捕。这是《刑事诉讼法》第81条第3款的规定。这里包含了三种应当予以逮捕的情形:一是有证据证明有犯罪事实,犯罪嫌疑人可能判处10年以上有期徒刑的;二是有证据证明有犯罪事实,犯罪嫌疑人曾经故意犯罪的;三是有证据证明有犯罪事实,犯罪嫌疑人身份不明的。只要具有上述情形之一,即可对犯罪嫌疑人提请批准逮捕。

3.对被取保候审、监视居住的犯罪嫌疑人、被告人违反取保候审、监视居住规定,情节严重的,可以予以逮捕。这是《刑事诉讼法》第81条第4款的规定。根据《公安机关办理刑事案件程序规定》第131条的规定,被取保候审人具有下列违反取保候审规定情形之一的,可以提请批准逮捕:①涉嫌故意实施新的犯罪行为的;②有危害国家安全、公共安全或者社会秩序的现实危险的;③实施毁灭、伪造证据或者干扰证人作证、串供行为,足以影响侦查工作正常进行的;④对被害人、举报人、控告人实施打击报复的;⑤企图自杀、逃跑,逃避侦查的;⑥未经批准,擅自离开所居住的市、县,情节严重的,或者两次以上未经批准,擅自离开所居住的市、县的;⑦经传讯无正当理由不到案,情节严重的,或者经两次以上传讯不到案的;⑧违反规定进入特定场所、从事特定活动或者与特定人员会见、通信两次以上的。根据《公安机关办理刑事案件程序规定》第132条的规定,被监视居住人具有下列违反监视居住规定情形之一的,可以提请批准逮捕:①涉嫌故意实施新的犯罪行为的;②实施毁灭、伪造证据或者干扰证人作证、串供行为,足以影响侦查工作正常进行的;③对被害人、举报人、控告人实施打击报复的;④企图自杀、逃跑,逃避侦查的;⑤未经批准,擅自离开执行监视居住的处所,情节严重的,或者两次以上未经批准,擅自离开执行监视居住的处所的;⑥未经批准,擅自会见他人或者通信,情节严重的,或者两次以上未经批准,擅自会见他人或者通信的;⑦经传讯无正当理由不到案,情节严重的,或者经两次以上传讯不到案的。

(四)内容和制作要求

提请批准逮捕书属于叙述类文书,由首部、正文和尾部三个部分组成。

1.首部。首部的内容包括:制作机关名称、文书名称、文书字号、犯罪嫌疑人基本情况、违法犯罪经历、采取刑事强制措施情况、辩护律师基本情况等。制作机关名称、文书名称一般已事先印制,文书文号只需按文号规则在空格处填写即可。其余项目按如下要求写作:

(1)犯罪嫌疑人基本情况,包括犯罪嫌疑人的名字、性别、出生日期、出生地、身份证种类和号码、民族、文化程度、职业或工作单位及职务、户籍地址和住址、政治面貌等。需要注意几个事项:一是犯罪嫌疑人的名字包括姓名、别名、曾用名、绰号等与案件有关的名字,名字尚未查清的,可按其自报的姓名填写;拒不交代或无法交代自己名字且一

时无法查清的，可以先编代号替代，如“哑巴男 1 号”等。二是身份证种类应当是法定的有效身份证件类别，如居民身份证、护照、军官证、武警警官证、港澳居民来往内地通行证、台湾居民来往大陆通行证等。三是政治面貌主要应写明是否党员，是否人大或政协委员，如为人大代表或政协委员，还应当一并写明具体的级、届。

(2)违法犯罪经历，即犯罪嫌疑人曾经接受治安处罚、劳动教养、收容教育，以及刑事处罚的情况。

(3)因本案被采取强制措施情况，即因本案被公安机关拘传、取保候审、监视居住、刑拘等情况。

(4)单位犯罪的，应当写明单位的名称、地址，法定代表人或负责人姓名。

(5)有辩护律师的，应当在其辩护对象基本情况下写明辩护律师的基本情况，包括辩护律师姓名、所在律师事务所名称或法律援助机构名称、律师执业证号等。

(6)同案的犯罪嫌疑人为两人以上的，可以一并制作提请批准逮捕书，犯罪嫌疑人基本情况分别、分段落叙述，并按照其在犯罪中的地位作用由重到轻排序，如首要分子、主犯、从犯、胁从犯。有辩护律师的，辩护律师基本情况在其辩护对象基本情况下写明。

2.正文。内容包括案件来源及办理情况，犯罪事实、相关证据、犯罪性质认定及法律依据等。

(1)案件来源及办理情况。这一部分首先须写明案由，可表述为“犯罪嫌疑人涉嫌××一案”；其次是写明案件来源，即公安机关获取案件线索或受理案件的来源，具体为单位或公民举报、控告、扭送，犯罪嫌疑人投案，其他单位移送，公安机关工作中自行发现，上级交办等；最后是办理情况，主要叙述案件侦查的过程，如接受案件、立案的具体时间，犯罪嫌疑人到案情况等。

(2)犯罪事实。即经过侦查查明，且有相应证据证明的案件事实。这一部分以“经依法侦查查明”开头，表明下述犯罪事实是经过公安机关依法侦查所查明的事实。随后，详细叙述侦查认定的犯罪事实，包括犯罪时间、地点、经过、手段、目的、动机、危害后果等与犯罪有关的事实要素。犯罪事实应紧紧围绕着《刑法》规定的犯罪构成要件，结合证据情况进行具体表述，同时还要从犯罪嫌疑人犯罪行为性质、情节、是否认罪认罚等方面情况，说明可能发生社会危险性、具有逮捕必要性等应当逮捕的理由。对于只有一个犯罪嫌疑人的案件，如果有多次实施犯罪的，其多次犯罪事实应逐一列举；同一性质的连续犯罪的，按犯罪时间的先后顺序分别列举每一次犯罪事实；犯不同的数罪的，按犯罪事实的主次顺序分别列举每一项犯罪事实。共同犯罪的，不仅要写明犯罪嫌疑人共同犯罪的事实，而且要将犯罪嫌疑人各自在共同犯罪中的地位、作用、各自罪责表述清楚，同时还应按照犯罪嫌疑人的主次顺序，分别叙述每个犯罪嫌疑人单独的犯罪事实。

(3)相关证据。这一部分以“认定上述犯罪事实的证据如下”引出列举的证据。所

列举的应当是经过查证属实的，用以证明前述犯罪事实的证据。列举证据无须将所有证据一一列举，而是要根据不同性质案件的不同特点，有针对性地列举主要证据，并说明证据与犯罪事实之间的关系。在实践中，证据材料数量大，为便于叙述，可将证据材料归类列举，如案件中有犯罪嫌疑人的多份讯问笔录的，可以表述为"公安机关对犯罪嫌疑人赵××讯问笔录×份"，有多名证人询问笔录的，可表述为"张××等×人的证人证言"。

(4)犯罪性质的认定及法律依据。综合前叙犯罪事实和证据，以"综上所述"开头，随后，概括性地对犯罪嫌疑人所犯罪状进行描述，写明其触犯的《刑法》分则的实体法律依据，指出其所犯的罪名及符合逮捕条件，如"综上所述，犯罪嫌疑人李××以秘密手段，窃取他人财物，数额巨大，其行为触犯了《中华人民共和国刑法》第二百六十四条之规定，涉嫌盗窃罪，符合逮捕条件"。最后，还要阐明提请批准逮捕犯罪嫌疑人的程序法律依据，一般表述为"根据《中华人民共和国刑事诉讼法》第八十一条、第八十七条之规定，特提请批准逮捕"。

引用法律条文时应注意两个问题：一是引用法律条文要全面、准确，既要引用实体法的法律条文，又要引用程序法的法律条文。引用实体法时，要根据犯罪嫌疑人的具体犯罪事实，严格按照最高人民法院、最高人民检察院确定的规范罪名来确定犯罪性质，并引用相应的刑法条款；引用程序法时，一般引用到《刑事诉讼法》第八十一条及第八十七条即可，无须具体到"款"。二是表述引用法律条文要规范，要用规范的全称来表述引用的法律名称，如《中华人民共和国刑法》《中华人民共和国刑事诉讼法》，不能简称《刑法》《刑事诉讼法》；引用的条款要用中文数字表述，不能用阿拉伯数字来表述，如"第八十一条第一款"不能表述为"第 81 条第 1 款"。

3.尾部。尾部包括文书送达的人民检察院名称(规范表述为"此致×××人民检察院")、制作文书的公安机关名称(加盖单位印章)、落款日期(以县级公安机关负责人审批时间为准)、附注。附注部分主要是注明附案卷材料的卷数、犯罪嫌疑人羁押的地点。

(五)样式

×××公安局

提请批准逮捕书

×公(　)提捕字〔　　〕　号

犯罪嫌疑人×××……［犯罪嫌疑人姓名(别名、曾用名、绰号等)，性别，出生日期，出生地，身份证件种类及号码，民族，文化程度，职业或工作单位及职务，居住地(包括户

籍所在地、经常居住地、暂住地)，政治面貌(如是人大代表、政协委员，一并写明具体级、届代表、委员)，违法犯罪经历以及因本案被采取强制措施的情况(时间、种类及执行场所)。案件有多名犯罪嫌疑人的，应逐一写明。]

辩护律师×××……[如有辩护律师，写明其姓名，所在律师事务所或者法律援助机构名称，律师执业证编号。]

犯罪嫌疑人涉嫌×××(罪名)一案，由×××举报(控告、移送)至我局(写明案由和案件来源，具体为单位或者公民举报、控告、上级交办、有关部门移送、本局其他部门移交以及工作中发现等)。简要写明案件侦查过程中的各个法律程序开始的时间，如接受案件、立案的时间。具体写明犯罪嫌疑人归案情况。

经依法侦查查明：……(应当根据具体案件情况，详细叙述经侦查认定的犯罪事实，并说明应当逮捕的理由。)

(对于只有一个犯罪嫌疑人的案件，犯罪嫌疑人实施多次犯罪的犯罪事实应逐一列举；同时触犯数个罪名的犯罪嫌疑人的犯罪事实应该按照主次顺序分别列举；

对于共同犯罪的案件，写明犯罪嫌疑人的共同犯罪事实及各自在共同犯罪中的地位和作用后，按照犯罪嫌疑人的主次顺序，分别叙述各个犯罪嫌疑人的单独犯罪事实。)

认定上述事实的证据如下：

……(分列相关证据，并说明证据与犯罪事实的关系。)

综上所述，犯罪嫌疑人×××……(根据犯罪构成简要说明罪状)，其行为已触犯《中华人民共和国刑法》第××条之规定，涉嫌×××罪，符合逮捕条件。依照《中华人民共和国刑事诉讼法》第七十九条、第八十五条之规定，特提请批准逮捕。

此致

×××人民检察院

公安局(印)
年　月　日

(六)文书范例

××市公安局××分局

提请批准逮捕书

×公(刑)提捕字〔20××〕××号

犯罪嫌疑人王××，男，19××年 11 月 1 日出生，身份证号码：35××××

198811010011,汉族,初中文化,职业:无,户籍所在地:福建省××市××县大街××号××室,现住址:福建省××市××县大街××号××室。20××年5月10日,王××因盗窃被××市公安局××分局治安拘留15日。20××年7月10日因涉嫌抢劫罪被我局依法刑事拘留,现羁押于××市第一看守所。

辩护律师张×行,××市××律师事务所律师,执业证号:××××××××××。

王××涉嫌抢劫一案,由被害人徐×斌于20××年7月10日报案至我局。经审查,于当日立案侦查。犯罪嫌疑人王××于20××年7月10被抓获归案。

经依法侦查查明:20××年7月10日凌晨3时许,犯罪嫌疑人王××爬窗进入本市××区××大道××号徐×斌经营的个体商店内行窃,被在店内守夜的徐×斌发现,王××拔出随身携带的匕首对徐×斌进行威胁,并用匕首将徐×斌手臂刺伤,抢得人民币350元。徐×斌反抗呼救,犯罪嫌疑人在逃跑时被闻讯赶来的群众抓获,扭送到××公安局××派出所。经审讯,王××对犯罪事实供认不讳。7月10日,我局以涉嫌抢劫罪依法将其刑事拘留。

认定上述犯罪事实的证据如下:犯罪嫌疑人王××讯问笔录4份,证明犯罪嫌疑人王××实施抢劫行为的事实;被害人徐×斌的询问笔录2份,证明犯罪事实发生及被抢财物情况;张×原、刘×、吴×等3名证人证言共3份,证明犯罪事实发生及犯罪嫌疑人被抓获情况;辨认笔录4份,证明实施抢劫的是犯罪嫌疑人王××;被害人人身伤害法医鉴定书,证明被害人的损伤已构成轻伤;公安机关制作的现场勘验笔录,证明案发现场有关情况。犯罪嫌疑人王××对上述犯罪事实供认不讳。

综上所述,犯罪嫌疑人王××以非法占有为目的,采用暴力及以暴力相威胁手段,入户抢劫他人财物的行为,触犯了《中华人民共和国刑法》第二百六十三条之规定,涉嫌抢劫罪,符合逮捕条件。为防止其毁灭、伪造证据或自杀、逃跑、实施新的犯罪情况发生,根据《中华人民共和国刑事诉讼法》第八十一条、第八十七条之规定,特提请批准逮捕。

此致

××区人民检察院

××市公安局××分局

二〇××年七月二十一日

附:本案卷宗　壹　卷67页

四、起诉意见书

(一)概念和作用

起诉意见书是公安机关对于侦查终结的案件,认为犯罪事实清楚,证据确实、充分,应当依法追究犯罪嫌疑人刑事责任，向同级人民检察院移送案件时制作的，提请人民检察院审查起诉的法律文书。起诉意见书的内容全面反映了公安机关侦查案件的过程、查明的案件事实及相关证据等情况，提出对犯罪嫌疑人涉嫌的犯罪及指控意见，是人民检察院审查起诉的重要依据，也是人民法院审理案件的重要基础。

(二)法律依据

根据《刑事诉讼法》第162条及《公安机关办理刑事案件程序规定》第279条的规定，公安机关对犯罪事实清楚，证据确实、充分，已侦查终结的案件，应当制作起诉意见书，连同案卷材料、证据，以及辩护律师提出的意见，一并移送同级人民检察院审查决定；同时将案件移送情况告知犯罪嫌疑人及其辩护律师。

(三)适用条件

制作起诉意见书应当符合以下条件：

1.案件已侦查终结；

2.经侦查，所认定的犯罪事实清楚，证据确实、充分，犯罪性质和罪名认定准确，法律手续完备，依法应当追究刑事责任。

(四)内容和制作要求

起诉意见书属于叙述类文书，包括首部、正文和尾部三个部分。

1.首部。首部包括制作文书的公安机关名称、文书名称、文书字号、犯罪嫌疑人的基本情况(包括名字、性别、出生日期、出生地、身份证种类和号码、民族、文化程度、职业或工作单位及职务、户籍地址和住址、政治面貌、违法犯罪经历等)。有单位犯罪的，要写明单位名称、注册地址、办公或营业所在地、法定代表人或负责人的姓名、性别和职务。有辩护律师的，还应当写明辩护律师的姓名、所在律师事务所或法律援助机构名称，律师执业证号等。这一部分的制作要求可以参考本节提请批准逮捕书的相关内容。

2.正文。正文是起诉意见书的核心部分，包括以下内容：

(1)案件来源及侦办情况。主要包括案件名称、案件来源、犯罪嫌疑人到案情况等。首先应写明案件名称和案件来源，如可表述为“犯罪嫌疑人涉嫌×××一案，由被害人××报案至公安机关(或由××单位移送至公安机关、公安机关日常工作中发现等等)”，随后一般应写明受案、立案、犯罪嫌疑人到案等各个法律程序开始的时间，最后以程式句“犯罪嫌疑人涉嫌×××一案，现已侦查终结”结束本部分内容。

(2)犯罪事实。围绕刑法规定的犯罪构成要素，如实、客观、准确地叙明经过侦查查明，且有确实、充分的证据证明的案件事实。包括犯罪时间、地点、手段、经过、动机、目的、危害后果等构成犯罪的事实要素。对不构成犯罪的事实、没有充分证据证明的事

实,以及与案件无关的事实,不应写入起诉意见书。其余要求可参考本节提请批准逮捕书的相关内容。

(3)相关证据。可参考本节提请批准逮捕书的相关内容。

叙述完犯罪事实和证据之后,一般应另起一行,以"上述犯罪事实清楚,证据确实、充分,足以认定"对认定的犯罪事实和证据情况进行概括性总结。

(4)犯罪有关情节。主要是叙明犯罪嫌疑人是否有累犯、立功、自首、认罪认罚,是否属犯罪预备、犯罪中止、犯罪未遂等对其量刑的从重、从轻、减轻处罚等有影响的情节。

(5)提出起诉意见的理由和法律依据。要求概括说明犯罪行为的行为罪状、所触犯《刑法》的具体条文及涉嫌的罪名,根据《刑事诉讼法》第162条的规定,应追究刑事责任。具体的表述方法及援引法律条文的要求参考本节提请批准逮捕书的相关内容。犯罪嫌疑人与被害人和解的,应当写明达成和解协议及履行情况,并提出从宽处理的意见;犯罪嫌疑人自愿认罪认罚的,也应当在此予以说明。

3.尾部。内容包括接受移送案件的人民检察院名称、制作日期并加盖制作文书的公安机关印章。文末根据案件情况及实际需要,附注犯罪嫌疑人羁押地点、"本案卷宗×卷××页"、"随案移交物品××件"等内容,被害人提起附带民事诉讼的,还应注明"被害人×××已提出附带民事诉讼。随案移送刑事附带民事诉讼案卷×卷××页、证据材料××页"等内容。

(五)样式

×××公安局

起诉意见书

×公(　)诉字〔　　〕　号

犯罪嫌疑人×××……[犯罪嫌疑人姓名、别名、曾用名、绰号等,性别,出生日期,出生地,身份证件种类及号码,民族,文化程度,职业或工作单位及职务,居住地(包括户籍所在地、经常居住地、暂住地),政治面貌,违法犯罪经历以及因本案被采取强制措施的情况(时间、种类及执行场所)。案件有多名犯罪嫌疑人的,应逐一写明。]

辩护律师×××……[如有辩护律师,写明其姓名,所在律师事务所或者法律援助机构名称,律师执业证编号。]

犯罪嫌疑人涉嫌×××(罪名)一案,由×××举报(控告、移送)至我局(写明案由和案件来源,具体为单位或者公民举报、控告、上级交办、有关部门移送或工作中发现等)。简要写明案件侦查过程中的各个法律程序开始的时间,如接受案件、立案的时间。具体写明犯罪嫌疑人归案情况。最后写明犯罪嫌疑人×××涉嫌×××案,现已侦查终结。

经依法侦查查明:……(详细叙述经侦查认定的犯罪事实,包括犯罪时间、地点、经过、手段、目的、动机、危害后果等与定罪有关的事实要素。应当根据具体的案件情况,围绕刑法规定的该罪构成要件,进行叙述。)

(对于只有一个犯罪嫌疑人的案件,犯罪嫌疑人实施多次犯罪的犯罪事实应逐一列举;同时触犯数个罪名的犯罪嫌疑人的犯罪事实应该按照主次顺序分别列举;

对于共同犯罪的案件,写明犯罪嫌疑人的共同犯罪事实及各自在共同犯罪中的地位和作用后,按照犯罪嫌疑人的主次顺序,分别叙述各个犯罪嫌疑人的单独犯罪事实。)

认定上述事实的证据如下:

……(分列相关证据,并说明证据与案件事实的关系)

上述犯罪事实清楚,证据确实、充分,足以认定。

犯罪嫌疑人×××……(具体写明是否有累犯、立功、自首、和解等影响量刑的从重、从轻、减轻等犯罪情节)

综上所述,犯罪嫌疑人×××……(根据犯罪构成简要说明罪状),其行为已触犯《中华人民共和国刑法》第××条之规定,涉嫌×××罪。依照《中华人民共和国刑事诉讼法》第一百六十条之规定,现将此案移送审查起诉。(当事人和解的公诉案件,应当写明双方当事人已自愿达成和解协议以及履行情况,同时可以提出从宽处理的建议)。

此致

×××人民检察院

×××公安局(印)

年　　月　　日

附:1.本案卷宗　　　卷　　　页。

2.随案移交物品　　　件。

(六)文书范例

××市公安局

起诉意见书

×公(刑)诉字〔20××〕×××号

犯罪嫌疑人杜×平,男,19××年10月6日出生,身份证号码:35××××19××

10060017,汉族,高中文化,职业:无,户籍所在地:××省××市××区××路××号××室。犯罪嫌疑人杜×平高中毕业后即无业在家。20××年5月8日被刑事拘留,同年6月10日因涉嫌故意伤害、盗窃罪被逮捕,现关押于××市第一看守所。

辩护律师张××,××市××律师事务所,律师执业证号××××××××。

犯罪嫌疑人杜×亮,男,19××年7月11日出生,身份证号码:35××××19××07110011,汉族,初中文化,职业:无,户籍所在地:××省××市××路××号××室。20××年5月8日被刑事拘留,同年6月10日因涉嫌故意伤害、盗窃罪被逮捕,现关押于××市第一看守所。

辩护律师陈×天,××市××律师事务所,律师执业证号××××××××。

犯罪嫌疑人杜×平、杜×亮涉嫌故意伤害、盗窃一案,由××市公安局××分局于20××年5月3日移送至我局,我局于××××年5月3日立案侦查,同年5月8日破案,犯罪嫌疑人杜×平、杜×亮到我局投案自首,6月10日该二犯罪嫌疑人被依法逮捕。经我局侦查,杜×平、杜×亮二人故意伤害、盗窃的犯罪事实已经查清,案件已经侦查终结。

经依法查明:犯罪嫌疑人杜×平与受害人周×于20××年6月认识,经常在一起泡茶聊天。由于杜×平个子长得矮小,周×便经常取笑杜×平,说他是“侏儒”,杜×平一直心怀不满。20××年5月2日晚,杜×平、周×、李×常、洪××在杜×平家里泡茶,其间周×再次取笑杜×平是“侏儒”,所以一直没有女朋友,娶不到老婆。杜×平十分愤恨。次日上午8时,其堂弟杜×亮来杜×平家,二人闲聊时,杜×平向杜×亮说自己老是被周×看不起,很没有面子,一定要找个机会教训一下周×,并问杜×亮敢不敢和自己一起教训周×。杜×亮一口答应。中午12时40分左右,杜×平、杜×亮二人一人拿一根伸缩铁棍,前往周×住处。行至××中学校门口时,正好看见周×迎面走来。杜×平、杜×亮二人随即上前理论,与周×发生争吵。杜×亮持棍朝周×头部、身上打去,周×从地上捡起一根木棍就要反抗,这时,站在周×身后的杜×平从地上捡起一块砖头,砸到周×后脑勺,周×随即倒地。周×倒地不起后,杜×平、杜×亮二人见周×口袋里掉出一台华为MATE20手机,经过商量,二人将该手机盗走后逃走。周×受伤后送医院抢救无效死亡,经法医学鉴定,死亡原因为被他人用钝器打击头部致颅脑损伤。经××价格鉴定所鉴定,受害人周×被盗窃的华为MATE20型号手机价值3000元。

认定上述事实的证据如下:××派出所接处警记录,现场勘验笔录,犯罪嫌疑人杜×平、杜×亮二人共9份讯问笔录,李×常、洪××等5人共7份询问笔录,××市公安局法医鉴定结论书,××价格鉴定所鉴定结论意见,起获的作案工具伸缩铁棍2根,赃物华为MATE20型号手机1台等证据证实,证据确实、充分,足以认定。

综上所述,犯罪嫌疑人杜×平、杜×亮二人故意伤害他人身体并造成被害人死亡的后果,窃取受害人财物且数额较大,其行为已触犯《中华人民共和国刑法》第二百三十四

条、第二百六十四条的规定，涉嫌故意伤害罪、盗窃罪。案发后，杜×平、杜×亮二人主动投案，且能如实供述自己的罪行，属自首，依法可以从轻或减轻处罚。根据《中华人民共和国刑事诉讼法》第一百六十二条之规定，现将本案移送审查起诉。

此致

××市人民检察院

××市公安局(印)

二〇××年七月二十一日

附:1.本案卷宗2卷92页。

2.随案移送物品4件，详见随案移送清单。

五、要求复议意见书

(一)概念和作用

要求复议意见书是公安机关认为人民检察院不批准逮捕、不起诉决定错误，依照法定程序，向人民检察院提出复议意见和理由时制作和使用的文书。它是同级人民检察院启动内部监督机制，对自己作出不批准逮捕、不起诉决定进行重新审查的依据，也是公安机关依法行使复议权，对同级人民检察院办理刑事案件活动进行制约、促使人民检察院依法履行职责、正确执行法律、严格依法办事的重要形式。

(二)法律依据

要求复议有两种法定情形:

1.根据《刑事诉讼法》第92条和《公安机关办理刑事案件程序规定》第137条的规定，公安机关对人民检察院不批准逮捕的决定，认为有错误需要复议的，应当在收到不批准逮捕决定书后5日内制作要求复议意见书，报经县级以上公安机关负责人批准后，送交同级人民检察院复议。

2.根据《刑事诉讼法》第179条和《公安机关办理刑事案件程序规定》第283条的规定，公安机关认为人民检察院作出的不起诉决定有错误的，应当在收到不起诉决定书后7日内制作要求复议意见书，经县级以上公安机关负责人批准后，移送同级人民检察院复议。

3.根据《刑事诉讼法》第282条和《公安机关办理刑事案件程序规定》第319条的规定，公安机关认为人民检察院作出的附条件不起诉决定有错误的，应当在收到不起诉决定书后7日以内制作要求复议意见书，经县级以上公安机关负责人批准，移送同级人民检察院复议。

(三)适用条件

要求复议意见书的使用应当同时具备以下几个条件:一是认为检察机关不批准逮捕、不起诉、附条件不起诉的决定有错误;二是在收到检察机关不批准逮捕、不起诉、附条件不起诉决定书后在法定的时限内提出复议要求;三是经县级以上公安机关负责人批准。

(四)内容和制作要求

要求复议意见书属于叙述类文书,一式两份,一份留存附卷,一份随同有关材料送交人民检察院。文书分首部、正文、尾部三个部分。

1.首部。包括制作单位名称(县级以上公安机关)、文书名称、文书字号。

2.正文。包括受文单位名称(即作出决定的人民检察院)、要求复议事项、要求复议的理由、法律依据及要求。

(1)要求复议事项。写明检察机关作出不批准逮捕或不起诉决定的签发日期、文书字号、案件名称和决定的内容。

(2)要求复议的理由。这是本文书的关键和重点,要求针对人民检察院作出决定的具体事项和理由,结合案件实际情况,阐明人民检察院决定存在的错误,并提出公安机关复议的理由和依据。要求复议意见书的论证属于驳论,在文书写作时应当注意以下几个要求:一是要有针对性。即要找准批驳的靶子,针对不批准逮捕、不起诉的错误理由展开反驳,避免漫无目标、泛泛而谈,如人民检察院提出不起诉的理由是不构成犯罪,文书就应当从犯罪事实存在,符合刑法规定的犯罪构成要件等方面进行论述;如不批准逮捕的理由是没有逮捕的必要性,文书则应当从犯罪嫌疑人不逮捕不足以防止社会危险性等方面进行反驳。二是要采取适当的驳论方法。要认真研究人民检察院不批准逮、不起诉决定理由的具体错误依据是什么,再灵活采取驳论点、驳论据、驳论证过程等适当的方法,或综合运用上述方法,充分阐明道理。三是用语平实庄重。要求意见书虽然带有驳论特点,但终究属于公文范畴,用语应当符合公文规范,要求用语平实、庄重,语气讲究分寸,切忌出言不逊、强硬狂傲。

(五)样式

×××公安局
要求复议意见书

×公(　)要复字〔　　〕　号

________人民检察院：

你院于______年______月______日以______〔______〕______号文决定______，我局认为____

综上所述，根据《中华人民共和国刑事诉讼法》第______条之规定，特要求你院进行复议。

此致

______人民检察院

公安局(印)

年　　月　　日

注：附本案卷宗共______卷______页。

本意见书一式两份。一份附卷，一份交检察院。

(六)文书范例

××市公安局
要求复议意见书

×公(刑)要复字〔20××〕09号

××市××区人民检察院：

你院于20××年　4　月18日以×××检刑不捕字〔20××〕××号文决定对郑×

关涉嫌抢劫案的犯罪嫌疑人郑×关不予批准逮捕，我局认为该决定有误，理由如下：

一、郑×关的行为应认定为抢劫罪。××区人民检察院认为犯罪嫌疑人郑×关主观故意是抢夺他人财物，且数额未达到较大，不构成抢劫罪。我局认为：犯罪嫌疑人郑×关于20××年4月11日下午5时许，在××区××路××小区门口，见受害人杨×萍独自骑一部助力自行车经过，自行车前筐内有一个手包，遂生抢钱之念，将杨×萍连人带车推倒，从车前筐内将手包（手包内有人民币60元，价值500元的手机1部）抢走，造成杨×萍轻微伤。郑×关推倒杨×萍的行为，完全不顾被害人为老年人，其作用力直接施于人体，系对被害人直接采用暴力手段，从而抢得财物，其侵犯客体为杨×萍的人身权利和财产权利，符合抢劫罪的构成特征，应当认定为抢劫。

二、郑×关所患疾病不应成为不批准逮捕的理由。××区人民检察院认为郑×关患有胃溃疡，不宜关押。我局认为，犯罪嫌疑人所患为胃溃疡，属常见性疾病，不属于不适宜关押的严重疾病或传染病。经我局侦查人员咨询负责诊断的××市××医院副主任医生张××，该郑×关所患胃溃疡病情轻微，只要按时服用药物，不会造成生命危险。郑×关采取暴力手段实施抢劫，主观恶性较重，不逮捕关押难以防止其继续作案、逃跑等危害行为发生。因此，我局认为犯罪嫌疑人郑×关的行为符合逮捕条件，应当予以逮捕。

综上所述，根据《中华人民共和国刑事诉讼法》第九十二条之规定，特要求你院进行复议。

此致

××市××区人民检察院

××市公安局××分局
二〇××年四月二十一日

注：附本案卷宗共 1 卷 85 页。

本意见书一式两份。一份附卷，一份交检察院。

六、讯问笔录[①]

（一）概念和作用

讯问笔录，是公安机关侦查人员在讯问犯罪嫌疑人时，依法制作的用于记载讯问情况的文字记录，它反映了讯问犯罪嫌疑人的完整过程，为侦查人员分析案情、开展相关

① 询问笔录的格式与讯问笔录基本相同，除了文书名称及个别项目略有差别外，可以与讯问笔录通用，相关要求亦可参考。

侦查取证活动提供了重要且直接的依据。讯问笔录是体现犯罪嫌疑人供述、辩解的主要形式，经过查证核实的讯问笔录，应当被采纳为认定案件事实的有效诉讼证据。

（二）法律依据

根据《刑事诉讼法》第 120 条和《公安机关办理刑事案件程序规定》第 198 条的规定，侦查人员在讯问犯罪嫌疑人的时候，首先要讯问犯罪嫌疑人是否有犯罪行为，并告知犯罪嫌疑人如实供述自己罪行可以从轻或者减轻处罚，以及认罪认罚的法律规定，让他陈述有罪的情节或者无罪的辩解，然后向他提出问题。犯罪嫌疑人对侦查人员的提问，应当如实回答。但是对与本案无关的问题，有拒绝回答的权利。根据《公安机关办理刑事案件程序规定》第 200 条的规定，侦查人员应当将问话和犯罪嫌疑人的供述或者辩解如实地记录清楚，并要求制作讯问笔录时应当使用能够长期保持字迹的材料。《刑事诉讼法》第 122 条、《公安机关办理刑事案件程序规定》第 198 条还规定，讯问笔录应当交犯罪嫌疑人核对，对于没有阅读能力的，应当向其宣读，如果记录有遗漏或者差错，应当允许被讯问人补充或者更正，并捺指印。讯问笔录末页还要由被讯问人自己写明“以上笔录我看过（或向我宣读过），和我说的相符”。拒绝签名、捺指印的，由侦查人员在笔录上注明。

（三）适用条件

讯问笔录供公安机关侦查人员对犯罪嫌疑人进行讯问时使用，在办理刑事案件过程中，可能需要对多名犯罪嫌疑人进行讯问，也可能对同一名犯罪嫌疑人多次进行讯问，每次讯问都应当依法制作讯问笔录，以全面反映讯问查证的完整过程。

（四）内容和制作要求

讯问笔录属于叙述类文书，包括首部、正文和尾部三个部分。

1.首部。内容包括文书名称、第×次讯问、讯问开始及结束时间、讯问人姓名及工作单位、记录人姓名及工作单位、被讯问人身份情况、现住址、户籍所在地、联系方式，以及口头传唤、被扭送、自动投案人员到案及结束时间。需注意以下几个问题：一是讯问开始及讯问结束时间、被讯问人到案及结束时间的填写均应具体到时、分。二是讯问人必须是 2 名以上负责侦查工作的民警，辅警等无人民警察身份的人员不能担任讯问人。三是被讯问人身份情况包括姓名、性别、年龄、出生日期、身份证件种类及号码、是否人大代表等。四是因讯问笔录和询问笔录格式可以通用，为方便制作和使用，笔录首部的各个项目一般预先印制好，文书名称印制时为“询问/讯问笔录”，讯问人、被讯问人栏印制时为“询问/讯问人”和“被询问人/讯问人”，只需用横线划去“询问”二字即可，内容根据实际情况填写。是否具有人大代表身份，只需在“是”或“否”选项后的方框中打钩

选定。

2.正文。正文部分是讯问笔录的重点和关键,应如实、完整地记录讯问的全过程。讯问是一个不断问话、查证的过程,对同一犯罪嫌疑人可能多次进行讯问,所有对其的讯问笔录构成该犯罪嫌疑人对案件陈述和辩解的完整材料。第一次讯问是后续讯问犯罪嫌疑人的基础,要求全面、详尽,一般应先详细记明犯罪嫌疑人的基本情况,包括姓名、别名、曾用名、绰号、化名、年龄、出生年月日、身份证种类及号码、民族、籍贯、文化程度、户籍所在地、现住址、工作单位及职务、联系方式、学习和工作简历、违法犯罪经历、家庭成员、主要社会关系、是否人大代表或政协委员等。在以后的讯问中,上述情况一般不必再记。讯问时应当首先表明侦查人员身份,告知犯罪嫌疑人依法享有的诉讼权利和应当履行的法律义务(让其阅读或向其宣读《犯罪嫌疑人诉讼权利义务告知书》,并由其在告知书上签名),如实供述自己罪行可以从宽处理和认罪认罚的法律规定,问明是否需要聘请辩护律师、是否申请相关人员回避等。讯问犯罪嫌疑人是否有犯罪行为,让其陈述有罪的情节或者无罪的辩解,然后向其提出问题,再由犯罪嫌疑人回答和陈述,讯问一般以一问一答的形式进行,并如实记录在讯问笔录之中。讯问中,对案件情况记录的重点是犯罪嫌疑人的犯罪时间、地点、手段、犯罪情节、危害后果、动机、目的,以及与犯罪有关的人、事、物等。一般情况下,第一次讯问应对案件全部情况尽可能问话记录,此后则根据案件侦查需要进行讯问,可以针对案件某个情节或环节专门进行讯问。

3.尾部。主要是被讯问人对笔录的核对情况。讯问结束后,应将笔录交由被讯问人阅读,或向其宣读核对,如被讯问人认为记录有误,应当允许其修改、补充,并在修改、补充处捺指印。经核对无误后,由被讯问人在笔录末尾写明"以上笔录我看过(或者向我宣读过)和我说的相符"(或能表达与该句相同意思的意见)后,签名、捺指印。在实践中,被讯问人确实无法自行书写的,可以由记录人将核对情况予以说明,如可以注明"以上笔录已由×××看过(或者向×××宣读过),×××表示与其所说的相符"。被讯问人拒绝签名、盖章或者捺指印的,应当在笔录上注明。

(五)制作讯问笔录应当注意的事项

1.合法规范。笔录记录的讯问过程应当符合法律的规范要求,除了前述讯问笔录正文内容外,还要注意遵守以下事项:①讯问活动应当严格依照《刑事诉讼法》和《公安机关办理刑事案件程序规定》的规定进行,不得采用刑讯逼供、威胁、引诱、欺骗等非法方式获取口供。②讯问未满 18 周岁的犯罪嫌疑人应当通知其法定代理人到场,无法通知、法定代理人不能到场或者法定代理人是共犯的,也可以通知未成年犯罪嫌疑人的其他成年亲属,所在学校、单位、居住地基层组织或者未成年人保护组织的代表到场,并将有关情况记录在案。③讯问聋、哑人或者不通晓当地通用语言、文字的人员时,应当提供通晓聋、哑手势的人员或者翻译人员。翻译人员应当为与该案无利害关系的第三人，证人不得担任该案翻译人员。翻译人员应当在讯问笔录上签名。④传唤、拘传、讯问犯罪嫌疑人应当保证犯罪嫌疑人的饮食和必要的休息时间，并将该情况记录于笔录当中。⑤记录讯问时侦查人员的提问及犯罪嫌疑人回答的过程，一律用“问”和“答”表示，不得使用“?”、“:”等不规范的符合替代。

2.全面准确。全面，指的是讯问笔录应当全面完整地反映讯问的过程和内容，不能随意删改、遗漏。既要记录犯罪嫌疑人的有罪供述，也要记录其无罪、罪轻等辩解。犯罪嫌疑人陈述的每一件事、每个过程、每个环节，都要有头有尾，清楚完整地记录下来；供述的每一条罪行，都应当记清犯罪实施的时间、地点、手段、情节、动机、目的、危害结果，不能丢三落四、顾此失彼。准确，指的是要如实反映犯罪嫌疑人陈述的原意，不能随意曲解、取舍、夸大、缩小。对犯罪事实、特别是具体情节、手段的描述，尽可能记录犯罪嫌疑人的原话，对讯问过程中，犯罪嫌疑人的特定表现，包括神态、表情、动作等，如沉默、低头、哭泣、叹气、捶胸、顿足等，也应准确记录下来。涉及的人名、地名、数字号码等，一定要问清、记明。

3.突出重点。记录讯问情况既要全面，也要突出重点，切忌眉毛胡子一把抓，将与案件无关的谈话信息不加区别地记入笔录。要结合事先准备的讯问提纲，重点记录下列情况：①与犯罪事实构成有关的情况，如犯罪时间、地点、经过、手段、危害后果、动机、目的、犯罪嫌疑人、被害人、知情人等；②与犯罪事实有关的人证、物证、书证等证据情况；③犯罪嫌疑人陈述过程中存在的矛盾点及其辩解、说明情况；④被讯问人陈述中涉及本案或其他犯罪的有价值线索。

(六)样式

(行政刑事通用)第__次

询问/讯问笔录

时间____年____月____日____时____分至____年____月____日____时____分

地点________________________________

询问/讯问人(签名)____、____工作单位____________________

记录人(签名)____工作单位____________________

被询问/讯问人____性别____年龄____出生日期________________

身份证件种类及号码________________________________是□否□人大代表
现住址____________________________________联系方式__________________
户籍所在地____
(口头传唤/被扭送/自动投案的被询问/讯问人于____月____日____时____分到达,____月____日____时____分离开,本人签名:________)。
问:____
答:____
____
____
____
____
____
____
____

第　　页共　　页

犯罪嫌疑人诉讼权利义务告知书

根据《中华人民共和国刑事诉讼法》的规定,在公安机关对案件进行侦查期间,犯罪嫌疑人有如下诉讼权利和义务:

1.不通晓当地通用的语言文字时有权要求配备翻译人员,有权用本民族语言文字进行诉讼。

2.对于公安机关及其侦查人员侵犯其诉讼权利和人身侮辱的行为,有权提出申诉或者控告。

3.对于侦查人员、鉴定人、记录人、翻译人员有下列情形之一的,有权申请他们回避:(1)是本案的当事人或者是当事人的近亲属的;(2)本人或者他的近亲属和本案有利害关系的;(3)担任过本案的证人、鉴定人、辩护人、诉讼代理人的;(4)与本案当事人有其他关系,可能影响公正处理案件的。对于驳回申请回避的决定,可以申请复议一次。

4.自接受第一次讯问或者被采取强制措施之日起,有权委托律师作为辩护人。经济困难或者有其他原因没有委托辩护人的,可以向法律援助机构提出申请。

5.在接受传唤、拘传、讯问时,有权要求饮食和必要的休息时间。

6.对于采取强制措施超过法定期限的，有权要求解除强制措施。

7.对于侦查人员的提问，应当如实回答。但是对与本案无关的问题，有拒绝回答的权利。在接受讯问时有权为自己辩解。如实供述自己罪行的，可以从轻处罚；因如实供述自己罪行，避免特别严重后果发生的，可以减轻处罚。

8.核对讯问笔录的权利，笔录记载有遗漏或者差错，可以提出补充或者改正。

9.未满18周岁的犯罪嫌疑人在接受讯问时有要求通知其法定代理人到场的权利。

10.聋、哑的犯罪嫌疑人在讯问时有要求通晓聋、哑手势的人参加的权利。

11.依法接受拘传、取保候审、监视居住、拘留、逮捕等强制措施和人身检查、搜查、扣押、鉴定等侦查措施。

12.公安机关送达的各种法律文书经确认无误后，应当签名、捺指印。

13.有权知道用作证据的鉴定意见的内容，可以申请补充鉴定或重新鉴定。

此告知书在第一次讯问犯罪嫌疑人或对其采取强制措施之日交犯罪嫌疑人，并在第一次讯问笔录中记明或责令犯罪嫌疑人在强制措施文书附卷联中签注。

（七）文书范例

（行政刑事通用）　第　1　次

~~询问~~/讯问笔录

时间 20××年1月10日12时5分至20××年1月10日13时50分

地点　××市公安局办案中心第×讯问室

~~询问~~/讯问人（签名）张×强、郭×书工作单位　××市公安局刑侦支队

记录人（签名）郭×书工作单位　××市公安局刑侦支队

被~~询问~~/讯问人陆×离 性别男年龄××岁出生日期 20××年8月2日

身份证件种类及号码　居民身份证，号码：35××××20××0802001×是□否☑人大代表

现住址××省××市××区××路××号××室联系方式　1310××××156

户籍所在地　××省××市××区××路××号××室

（口头传唤/~~被扭送~~/~~自动投案~~的被~~询问~~/讯问人于20××年1月10日11时45分到达，20××年1月10日14时10分离开。本人签名：　陆×离（捺指印）

问:我们是××市公安局刑侦支队的民警(出示警官证),现依法对你进行讯问,根据有关法律规定,对我们的提问你应当如实回答,对与本案无关的问题,你有拒绝回答的权利。听清楚没有?

答:听清楚了。

问:这是犯罪嫌疑人诉讼权利义务告知书,你认真看看,看完后在末尾签名。

答:好的(详细看犯罪嫌疑人诉讼权利义务告知书约3分钟),我看完了,没有意见。

问:你叫什么名字?

答:我叫陆×离。

问:你的基本情况?

答:陆×离,男,20××年8月2日出生,汉族,××省××市人,初中文化,家住××市××区××路××号××室,现在无业。

问:根据《中华人民共和国刑事诉讼法》第281条第1款的规定,由于你是未成年人,需要通知你的法定代理人到场,你的家长、监护人是否能通知到?

答:可以通知到,我的母亲听说我被抓后,已经到公安局来了。

问:现在你母亲已在场,你清楚吗?

答:我清楚了。

问:你的个人简历?

答:我20××年开始在××市××小学读书;20××年在××中学读书,20××年初中毕业后一直待业在家。

问:你的家庭情况?

答:我父亲陆×源,48岁,××市新欣食品厂职工;母亲蔡×英,47岁,无业在家。家里现在没有其他人了。

问:你以前是否有受过刑事处罚、行政拘留或者有被劳动教养、收容教育、强制戒毒或强制隔离戒毒、收容教养等情况?

答:20××年我曾经因吸毒被公安机关决定社区戒毒。其他就没有了。

问:你是否是政协委员或人大代表?

答:不是。

问:你是因何事被带回公安机关?

答:因为抢劫。

问:你有无实施抢劫行为?

答:有。

问:你将事情的经过详细地说一下?

答:昨天傍晚大约5点钟,我从××区××路的家里出来,想到朋友“阿炳”家找他玩玩,走到白鹿路一个名叫小雨点的食杂店门口,看见一个大约十五六岁,学生模样的女子从食杂店出来，手里拿着一台手机正在打电话，我就尾随着她到一个拐角的地方，看看四周没有人，而她还在打电话，我就想乘她不注意，抢了就跑。于是我就从后面乘她不备，去抢她的手机，没想到手机一下掉到地上，我就弯下腰去捡手机，就在这个时候，那个女的推了我一把，我摔倒在地上。她乘机捡了手机就要跑，我很生气，爬起来就追，几步就追上了，我拉住她的手，叫她把手机交出来，她不肯，一直挣扎，还大声呼叫抢劫。我急了，拿出口袋里的一把小刀，抵住她的脸，说："不许叫，再叫有你好看的。"那女的果然安静了，我一把抢过她手上的手机，转身就跑了。

问：然后呢？

答：然后我就直接跑到家里，想想很害怕，就把手机扔到我家附近的一个垃圾箱去了。

问：你对那个女子说"有你好看的"是什么意思？

答：其实也没有什么特别的意思，就是想威胁一下她，让她害怕。我不会真的用刀伤害她的。

问：你为什么要抢那位女子的手机？

答：我最近手头有点紧，缺钱花，我父母又不给我钱，我想总要弄点钱来花花才行，昨天看到那个女孩打手机，那台手机是苹果手机，可以值不少钱，再加上是个女孩，我想抢了她的手机，她也不敢怎么样，所以我就抢了。

问：你现在还吸毒吗？

答：没有了。自从2015年我在社区戒毒后，就再也没有吸毒了。

问：你前面交代问题很不老实，你要端正态度，如实供述自己的罪行。

答：我说的都是实话，没有骗你们。

问：那好，我问你，你说你现在没有吸毒，但是根据我们调查，你去年去漳州一个朋友家，在他家吸毒被警方抓获，被治安拘留10日？

答：（低头不作声约1分钟）这个……是的，现在确实有吸毒，我以为这个事情跟我抢劫没什么关系，所以没有说。

问：有关系。你是说你把抢到的手机扔了？

答：是的，就扔到我家附近的一个绿色的垃圾桶里，不信我可以带你们去找找看。

问：不用找了，你看看这是什么？（出示物证袋内一台银色iPhone7型手机）

答：（看了一眼，低头）我不认识这台手机，这不是我抢的手机，我抢的手机已经被我扔了。

问：你认识林×海吧，他也被抓了，这台手机是从他家里搜查出来的，如果你没见过这台手机，上面一定不会有你的指纹，我们可以去检验一下。但你要是不如实交代问题，就没法争取到从宽处理了，你好好考虑一下。

答：（沉默了约3分钟）好吧，我说实话，这台手机是我抢的那台，当时手机掉到地上的时候，后背被摔了一条小裂缝，所以我认得出来。我前面说的抢那个女的过程都是真的。只是我抢到手机后并没有扔掉，我把它抵给林×海了，因为我欠他1000元钱。我拿那

台手机也没什么用,林×海是卖二手手机的,他可以很快变现,平常他店里也经常会帮一些人处理一些来历不明的手机。

问:那你前面为什么说是把手机扔了?

答:我说的那个垃圾桶每天都有工人过来清理,现在去找肯定什么都没有了。我以为,你们找不到手机,到时也没有办法把我抓去判刑,所以说了谎话。

问:你为什么欠林×海1000元钱?

答:他跟我是小学同学,关系比较好,有的时候没钱花,我会找他借。上个星期,我毒瘾上来了,又没有钱,他就先借了1000元钱给我先应个急。

问:先应个急是什么意思?

答:就是先用这1000元钱买一点“粉”用来吸。

问:“粉”是什么?

答:“粉”就是海洛因。

问:你的毒品是找谁买的?

答:我都是找一个叫“阿炳”的朋友买的?

问:“阿炳”叫什么名字?有什么特征?住哪里?怎么跟他联系?

答:我平常都叫他“阿炳”,真名叫什么我不知道,应该是本市人,人长得很矮很瘦,住在××路附近的一间公寓里面,具体的门牌号我不知道。我没有他的联系电话,需要毒品的时候,我都直接到他家去找他。昨天我就是要去他家买一点毒品,遇到那位女子,才抢了她的手机。

问:今天的问话就先到这里,你回去之后要认真回忆,下次找你问话时要老老实实、全面地交代问题,听清楚了吗?

答:我听清楚了。

问:你以上所说是否属实?

答:全部属实。

以上笔录我看过,和我说的相符。

陆×离(签名或捺指印)

20××年1月10日

以上讯问过程我全程在场。

监护人:蔡×英(签名或捺指印)

20××年1月10日

第×页　共×页

第三章
检察法律文书

第一节　概　　述

一、人民检察院的性质和工作内容

1.人民检察院的性质与任务。《中华人民共和国宪法》第134条规定，中华人民共和国人民检察院是国家的法律监督机关。《中华人民共和国人民检察院组织法》第2条规定，人民检察院是国家的法律监督机关。人民检察院通过行使检察权，追诉犯罪，维护国家安全和社会秩序，维护个人和组织的合法权益，维护国家利益和社会公共利益，保障法律正确实施，维护社会公平正义，维护国家法制统一、尊严和权威，保障中国特色社会主义建设的顺利进行。

2.人民检察院的职权。《中华人民共和国检察院组织法》第20条规定："人民检察院行使下列职权：(一)依照法律规定对有关刑事案件行使侦查权；(二)对刑事案件进行审查，批准或者决定是否逮捕犯罪嫌疑人；(三)对刑事案件进行审查，决定是否提起公诉，对决定提起公诉的案件支持公诉；(四)依照法律规定提起公益诉讼；(五)对诉讼活动实行法律监督；(六)对判决、裁定等生效法律文书的执行工作实行法律监督；(七)对监狱、看守所的执法活动实行法律监督；(八)法律规定的其他职权。"

同时，《中华人民共和国检察院组织法》第21条规定，人民检察院行使本法第20条规定的法律监督职权，可以进行调查核实，并依法提出抗诉、纠正意见、检察建议。有关单位应当予以配合，并及时将采纳纠正意见、检察建议的情况书面回复人民检察院。抗诉、纠正意见、检察建议的适用范围及其程序，依照法律有关规定。

二、概念与特征

(一)概念

人民检察院法律文书又称检察法律文书,是指各级人民检察院在履行法定职责过程中,依法制作公开使用的具有法律效力的文书。检察机关履行职能过程中形成检察文书,包括法律文书和工作文书。检察法律文书,是检察机关依法履行职务过程中制作的公开使用的检察文书。检察工作文书,是检察机关在履行职责过程中用于内部工作环节的报告、审批、决定等过程的检察文书。

(二)特征

1.合法性。检察法律文书主体是各级人民检察院,其他任何机关、团体或者个人均无权制作检察法律文书。人民检察院在宪法、法律规定的职权范围内,依照相关法律法规司法解释的规定制作检察法律文书。

2.规范性。人民检察院依照相关法律、法规、司法解释规定的程序、格式制作检察法律文书。在时间上,检察法律文书按照法律、法规规定的相应程序先后顺序制作。在形式上,执行最高人民检察院规定的文书名称、字体、字号、用纸等统一标准。在内容上,检察法律文书必须做到事实叙述客观真实,语言朴实准确,表达庄重严谨。

3.法定约束力。检察法律文书制作生效后,对相关各方都具有法定约束力。检察法律文书是检察机关依法履行法律监督职能的工具、情况记录,是评价检察人员履行检察机关法律监督职能的依据。

三、种类

2012 年 12 月 31 日,最高人民检察院发布《人民检察院刑事诉讼法律文书格式样本》(以下简称《刑事诉讼法律文书格式样本》)。修改后的《刑事诉讼法律文书格式样本》共 223 种,比 2002 年发布的刑事诉讼法律文书增加了 90 余种,结合人民检察院办理刑事诉讼案件的流程,分为立案、回避、辩护与代理、证据、强制措施、侦查、公诉、执行监督、特别程序、申诉、通用及其他文书,共 11 部分。为更好地保证办案需要,根据试用情况,经广泛征求地方各级人民检察院的意见,最高人民检察院又组织力量对上述样本进行修订,并于 2013 年 10 月 8 日印发《人民检察院刑事诉讼法律文书格式样本(2013 版)》(高检发研字〔2013〕4 号)。修订后的《刑事诉讼法律文书格式样本(2013)》共 238 种,其与《人民检察院刑事诉讼规则(试行)》共同构成了检察人员办案、履行职责的基本依据。

2020 年 5 月 20 日,最高人民检察院印发《人民检察院工作文书格式样本(2020 年版)》,将检察业务应用系统原有的2882种检察工作文书,修订精简为包含723种检察工作文书的格式样本,实现了对所有检察工作文书的统一规范。

根据检察业务工作的分工、诉讼阶段的划分、文书制作的方法、文书的性质和使用范围,检察业务文书有以下几种分类:

1.依据人民检察院参加诉讼类型的不同可以分为刑事检察文书、民事检察文书、行政检察文书、公益诉讼检察文书。刑事检察文书是检察机关在开展刑事检察工作中形成的文书。民事检察文书是检察机关在开展民事检察工作中形成的文书。行政检察文书是检察机关在开展行政检察工作中形成的文书。公益诉讼检察文书是检察机关在开展公益诉讼检察工作中形成的文书。其中,刑事检察法律文书按照人民检察院参与诉讼程序阶段的不同,又可以分为立案、侦查、公诉、执行、申诉、刑事赔偿类法律文书。

2.以人民检察院内部制作文书的业务部门为划分标准,检察业务文书分为:(1)侦查监督业务文书,包括立案监督文书、批准或决定逮捕文书、侦查活动监督文书;(2)审查起诉业务文书,包括审查起诉文书、起诉(含不起诉)文书、出庭支持公诉文书、刑事审判活动监督文书、刑事抗诉文书、执行死刑临场监督文书;(3)职务犯罪侦查业务文书,包括立案文书、适用侦查措施的文书、采取强制措施的文书、侦查终结文书;(4)监所检察业务文书,包括刑罚执行监督文书、狱政管理监督文书;(5)控告申诉检察业务文书,包括受理举报、控告、申诉文书,办理申诉案件文书,办理赔偿案件文书;(6)未成年人检察业务文书,包括社会调查报告、附条件不起诉决定书、附条件不起诉考察意见书、不起诉决定书;(7)民事、行政检察业务文书,包括受理民事行政案件申诉文书、民事行政案件抗诉文书、出席民事行政案件再审法庭文书等。

3.根据文书制作方法的不同,分为填充式文书和叙述式文书。填充式文书,是按照一定格式写明大部分内容,在涉及具体工作情况处留出空白,由承办人根据具体情况填写的法律文书,如《立案决定书》《逮捕通知书》。叙述式文书,是承办人根据规定格式叙述事实,说明依据,提出意见或结论的文书。这种文书格式一般包括首部、正文、尾部三个部分。叙述式文书包括问答式和纪实式文书。前者如《询问证人笔录》《讯问犯罪嫌疑人笔录》等;后者如《搜查记录》《勘验笔录》等。

第二节　刑事检察法律文书制作

一、批准逮捕决定书

(一)概念

批准逮捕决定书,指人民检察院在公安机关提请批准逮捕犯罪嫌疑人时,认为犯罪

嫌疑人的行为符合逮捕条件,决定批准逮捕犯罪嫌疑人时制作的法律文书。

《刑事诉讼法》第 90 条规定,人民检察院对于公安机关提请批准逮捕的案件进行审查后,应当根据情况分别作出批准逮捕或者不批准逮捕的决定。对于批准逮捕的决定,公安机关应当立即执行,并且将执行情况及时通知人民检察院。对于不批准逮捕的,人民检察院应当说明理由,需要补充侦查的,应当同时通知公安机关。《刑事诉讼法》对逮捕条件作了规定。《刑事诉讼法》第 81 条规定,对有证据证明有犯罪事实,可能判处徒刑以上刑罚的犯罪嫌疑人、被告人,采取取保候审尚不足以防止发生下列社会危险性的,应当予以逮捕:(1)可能实施新的犯罪的;(2)有危害国家安全、公共安全或者社会秩序的现实危险的;(3)可能毁灭、伪造证据,干扰证人作证或者串供的;(4)可能对被害人、举报人、控告人实施打击报复的;(5)企图自杀或者逃跑的。批准或者决定逮捕,应当将犯罪嫌疑人、被告人涉嫌犯罪的性质、情节,认罪认罚等情况,作为是否可能发生社会危险性的考虑因素。对有证据证明有犯罪事实,可能判处十年有期徒刑以上刑罚的,或者有证据证明有犯罪事实,可能判处徒刑以上刑罚,曾经故意犯罪或者身份不明的,应当予以逮捕。被取保候审、监视居住的犯罪嫌疑人、被告人违反取保候审、监视居住规定,情节严重的,可以予以逮捕。《刑事诉讼法》第 92 条规定,公安机关对人民检察院不批准逮捕的决定,认为有错误的时候,可以要求复议,但是必须将被拘留的人立即释放。如果意见不被接受,可以向上一级人民检察院提请复核。上级人民检察院应当立即复核,作出是否变更的决定,通知下级人民检察院和公安机关执行。

(二)内容

批准逮捕决定书为四联填空式文书。第一联为存根,统一保存备查;第二联由负责捕诉的部门附卷;第三联送达侦查机关执行;第四联为执行回执,由侦查机关退回后附卷,划线处填写犯罪嫌疑人何时已经被执行逮捕或因何原因未执行逮捕。

(三)样式

××××人民检察院

批准逮捕决定书

（存　根）

××检 ×× 批捕〔20××〕×号

案由________________

犯罪嫌疑人基本情况(姓名、性别、年龄、工作单位、住址、身份证号码、是否为人大代表或政协委员)________________

送达机关________________

批 准 人________________

承 办 人________________

填 发 人________________

填发时间________________

第一联　统一保存

××××人民检察院

批准逮捕决定书

（副本）

××检××批捕〔20××〕××号

________________：

你________于________年______月______日以________________号提请批准逮捕书提请批准逮捕犯罪嫌疑人________________，经本院审查认为，该犯罪嫌疑人涉嫌________________犯罪，符合《中华人民共和国刑事诉讼法》第八十一条规定的逮捕条件，决定批准逮捕犯罪嫌疑人________________。请依法立即执行，并将执行情况在三日以内通知本院。

20××年×月×日

（院 印）

第二联　附卷

××××人民检察院

批准逮捕决定书

××检××批捕〔20××〕×号

______________：

你________于________年______月______日以________________号提请批准逮捕书提请批准逮捕犯罪嫌疑人________________，经本院审查认为，该犯罪嫌疑人涉嫌________________犯罪，符合《中华人民共和国刑事诉讼法》第八十一条规定的逮捕条件，决定批准逮捕犯罪嫌疑人________________。请依法立即执行，并将执行情况在三日以内通知本院。

20××年×月×日

（院　印）

第三联　送达侦查机关

××××人民检察院

批准逮捕决定书

（回执）

____________人民检察院：

根据《中华人民共和国刑事诉讼法》第九十条的规定，现将你院______年______月______日______号批准逮捕决定书的执行情况通知如下：

（犯罪嫌疑人______已于______年______月______日由______执行逮捕，或者因______未执行逮捕）。

特此通知。

年　月　日

（公章）

第四联　侦查机关退回后附卷

二、起诉书

(一)概念

起诉书,指人民检察院依法代表国家对应当追究刑事责任的被告人或被告单位,向人民法院提起公诉所制作的文书。

《刑事诉讼法》第169条规定,凡需要提起公诉的案件,一律由人民检察院审查决定。《刑事诉讼法》第176条规定,人民检察院认为犯罪嫌疑人的犯罪事实已经查清,证据确实、充分,依法应当追究刑事责任的,应当作出起诉决定,按照审判管辖的规定,向人民法院提起公诉,并将案卷材料、证据移送人民法院。

起诉书的目的是将被告人或被告单位交付人民法院审判,请求人民法院依法定罪量刑。起诉书既是人民检察院提起公诉的书面形式,也是公诉人发表公诉词、开展法庭调查、辩论以及法院进行审判的依据。除此之外,起诉书当庭宣读,还具有法治宣传,教育公民自觉遵守法律的作用。

人民检察院要将起诉书送交人民法院,并由人民法院送达被告人、被告单位及其辩护人。被告人、单位及其辩护人有权针对起诉书中涉及的犯罪事实及罪名进行辩护。

(二)内容

起诉书格式由首部、被告人(被告单位)的基本情况、案由和案件的审查过程、案件事实、证据、起诉要求和根据、尾部七个部分组成。

起诉书首部包括人民检察院的名称和文号。除最高人民检察院外,各地方人民检察院的名称前应写明省(自治区、直辖市)的名称;对涉外案件提起公诉时,各级人民检察院的名称前均应注明“中华人民共和国”的字样。起诉书文号由制作起诉书的人民检察院的简称、案件性质(即“刑诉”)、起诉年度、案件顺序号组成。其中,年度须用四位数字表述。文号写在该行的最右端,上下各空一行。

被告人(被告单位)的基本情况应当按照格式中所列要素的顺序叙写。被告人如有与案情有关的曾用名、别名、化名或者绰号的,应当在其姓名后面用括号注明;被告人是外国人的,应当在其中文译名后面用括号注明外文姓名。被告人的出生日期一般应以公历为准。除未成年人外,如果确实查不清出生日期的,也可以注明年龄。对尚未办理身份证的,应当注明。被告人的住址应写被告人的经常居住地。被告人是外国人时,应注明国籍、护照号码、国外居所。对被告人曾受到过行政处罚、刑事处罚的,应当在起诉书中写明,其中,行政处罚限于与定罪有关的情况。一般应先写受到行政处罚的情况,再写受到刑事处罚的情况。叙写行政处罚时,应注明处罚的时间、种类、处罚单位;叙写刑事处罚时,应当注明处罚的时间、原因、种类、决定机关、释放时间。对采取强制措施

情况的叙写，必须注明原因、种类，批准或者决定的机关和时间、执行的机关和时间。被采取过多种强制措施的，应按照执行时间的先后分别叙写。同案被告人有两人以上的，按照主从关系的顺序叙写。当自然人犯罪、单位犯罪并存时，在叙写被告单位、被告人情况时，应先叙述被告单位、法定代表人及有关属于责任人员的被告人的情况，再叙述一般的自然人被告人情况。

案由和案件的审查过程部分，要根据案件的不同情况，分别依照格式的要求叙写。叙写退回补充侦查、延长审查起诉期限时，应注明日期、缘由。

案件事实部分是起诉书的重点。叙写案件事实，应当注意以下几点：

对起诉书所指控的所有犯罪事实，无论是一人一罪、多人一罪，还是一人多罪、多人多罪，都必须逐一列举。叙述案件事实，要按照合理的顺序进行。一般可按照时间先后顺序；一人多罪的，应当按照各种犯罪的轻重顺序叙述，把重罪放在前面，把次罪、轻罪放在后面；多人多罪的，应当按照主犯、从犯或者重罪、轻罪的顺序叙述，突出主犯、重罪。对共同犯罪案件中有同案犯在逃的，应在其后写明“另案处理”字样。当自然人犯罪、单位犯罪并存时，在起诉的理由和根据部分，也按照先单位犯罪、后自然人犯罪的顺序叙写。

叙写案件事实时，可以根据案件事实的不同情况，采取相应的表述方式，具体应当把握以下原则：

1.对重大案件、具有较大影响的案件、检察机关直接受理立案侦查的案件，都必须详细写明具体犯罪事实的时间、地点，实施行为的经过、手段、目的、动机、危害后果和被告人案发后的表现及认罪态度等内容，特别要将属于犯罪构成要件或者与定罪量刑有关的事实要素列为重点。既要避免发生遗漏，也要避免将没有证据证明或者证据不足，以及与定罪量刑无关的事项写入起诉书，做到层次清楚、重点突出。

2.对一般刑事案件，通常也应当详细写明案件事实，但对其中作案多起但犯罪手段、危害后果等方面相同的案件事实，可以先对相同的情节进行概括叙述，然后再逐一列举出每起事实的具体时间、结果等情况，而不必详细叙述每一起犯罪事实的过程。

在起诉书中列举证据时，应当在起诉书中指明证据的名称、种类，但不必对证据与事实、证据与证据之间的关系进行具体的分析、论证。叙写证据时，一般应当采取“一事一证”的方式，即在每一起案件事实后，写明据以认定的主要证据。对于作案多起的一般刑事案件，如果案件事实是概括叙述的，证据的叙写也可以采取“一罪一证”的方式，即在该种犯罪后概括写明主要证据的种类，而不再指出认定每一起案件事实的证据。

起诉书表述起诉的要求和根据时，对行为性质、危害程度、情节轻重，要结合犯罪的各构成要件进行概括性地表述，突出本罪的特征，语言要精练、准确。对法律条文的引用，要准确、完整、具体，写明条、款、项。对于量刑情节的认定，应当遵循如下原则：(1)对于具备轻重不同的法定量刑情节，一般应当在起诉书中作出认定。但对于适用普通程序的案件，涉及自首、立功等可能因特定因素发生变化的情节，也可以在案件事实之后仅对有关事实作客观表述。(2)对于酌定量刑情节，可以根据案件的具体情况，从有利于出庭支持公诉的角度出发，决定是否在起诉书中作出认定。

另外，根据《刑事诉讼法》第 176 条第 2 款规定，犯罪嫌疑人认罪认罚的，人民检察院应当就主刑、附加刑、是否适用缓刑等提出量刑建议，并随案移送认罪认罚具结书等材料。

起诉书尾部应当署具体承办案件公诉人的法律职务和姓名。起诉书的年月日，为签发起诉书的日期。

(三)样式

1.自然人犯罪案件普通程序适用

××××人民检察院
起　诉　书

××检××刑诉〔20××〕×号

被告人……(写明姓名、性别、出生年月日、公民身份号码、民族、文化程度、职业或者工作单位及职务、是否系人大代表或政协委员、户籍地、住址、曾受到刑事处罚以及与本案定罪量刑相关的行政处罚的情况和因本案采取强制措施的情况等)

本案由(监察/侦查机关)调查/侦查终结，以被告人×××涉嫌×××罪，于(受理日期)向本院移送起诉。本院受理后，于××××年××月××日已告知被告人有权委托辩护人，××××年××月××日已告知被害人及其法定代理人(近亲属)、附带民事诉讼的当事人及其法定代理人有权委托诉讼代理人，依法讯问了被告人，听取了辩护人、被害人及其诉讼代理人的意见，审查了全部案件材料。本院于(一次退查日期、二次退查日期)退回侦查机关补充侦查，侦查机关于(一次重报日期、二次重报日期)补充侦查完毕移送起诉。本院于(一次延长日期、二次延长日期、三次延长日期)延长审查起诉期限 15 日。

经依法审查查明：

……(写明经检察机关审查认定的犯罪事实包括犯罪时间、地点、经过、手段、目的、动机、危害后果等与定罪、量刑有关的事实要素。应当根据具体案件情况，围绕刑法规定的该罪的构成要件叙写。)

认定上述事实的证据如下：

1.物证：……；2.书证：……；3.证人证言：证人×××的证言；4.被害人陈述：被害人

×××的陈述;5.被告人供述和辩解:被告人×××的供述和辩解;6.鉴定意见:……;7.勘验、检查、辨认、侦查实验等笔录:……;8.视听资料、电子数据:……。

本院认为,被告人……(概述被告人行为的性质、危害程度、情节轻重),其行为触犯了《中华人民共和国刑法》第××条(引用罪状、法定刑条款),犯罪事实清楚,证据确实、充分,应当以××罪追究其刑事责任。根据《中华人民共和国刑事诉讼法》第一百七十六条的规定,提起公诉,请依法判处。

此致

×××人民法院

检　察　员×××
检察官助理×××
20××年×月×日
（院印）

附:1.被告人现在处所:具体包括在押被告人的羁押场所或监视居住、取保候审的处所
2.案卷材料和证据××册
3.证人、鉴定人、需要出庭的专门知识的人的名单,需要保护的被害人、证人、鉴定人的名单
4.有关涉案款物情况
5.被害人(单位)附带民事诉讼情况
6.其他需要附注的事项

2. 自然人犯罪案件认罪认罚适用

××××人民检察院

起 诉 书

××检××刑诉〔20××〕×号

被告人……(写明姓名、性别、出生年月日、公民身份号码、民族、文化程度、职业或者工作单位及职务、户籍地、住址、曾受到刑事处罚以及与本案定罪量刑相关的行政处罚的情况和因本案采取强制措施的情况等)

本案由×××(监察/侦查机关)调查/侦查终结,以被告人×××涉嫌××罪,于××××年××月××日向本院移送起诉。本院受理后,于××××年××月××日已

告知被告人有权委托辩护人和认罪认罚可能导致的法律后果，××××年××月××日已告知被害人及其法定代理人(近亲属)、附带民事诉讼的当事人及其法定代理人有权委托诉讼代理人，依法讯问了被告人，听取了被告人及其辩护人(值班律师)、被害人及其诉讼代理人的意见，审查了全部案件材料……(写明退回补充调查/侦查、延长审查起诉期限等情况)。被告人同意本案适用速裁/简易/普通程序审理。

经依法审查查明：

……(写明经检察机关审查认定的犯罪事实包括犯罪时间、地点、经过、手段、目的、动机、危害后果，以及被告人到案后自愿如实供述自己的罪行，与被害人达成和解协议或者赔偿被害人损失，取得被害人谅解等与定罪、量刑有关的事实要素。应当根据具体案件情况，围绕刑法规定的该罪的构成要件叙写。)

(对于只有一个犯罪嫌疑人的案件，犯罪嫌疑人实施多次犯罪的，犯罪事实应逐一列举；同时触犯数个罪名的犯罪嫌疑人的犯罪事实应该按照主次顺序分类列举。对于共同犯罪的案件，写明犯罪嫌疑人的共同犯罪事实及各自在共同犯罪中的地位和作用后，按照犯罪嫌疑人的主次顺序，分别叙明各个犯罪嫌疑人的单独犯罪事实。)

认定上述事实的证据如下：

……(针对上述犯罪事实，列举证据，包括犯罪事实证据和量刑情节证据)上述证据收集程序合法，内容客观真实，足以认定指控事实。被告人×××对指控的犯罪事实和证据没有异议，并自愿认罪认罚。

本院认为，……(概述被告人行为的性质、危害程度、情节轻重)，其行为触犯了《中华人民共和国刑法》第××条(引用罪状、法定刑条款)，犯罪事实清楚，证据确实、充分，应当以××罪追究其刑事责任。被告人××认罪认罚，依据《中华人民共和国刑事诉讼法》第十五条的规定，可以从宽处理。……(阐述认定的法定、酌定量刑情节，并引用相关法律条款)，建议判处被告人×××……(阐述具体量刑建议，包括主刑、附加刑的刑种、刑期，以及刑罚执行方式；建议判处财产刑的，写明确定的数额。也可以单独附量刑建议书，量刑建议不在起诉书中表述)根据《中华人民共和国刑事诉讼法》第一百七十六条的规定，提起公诉，请依法判处。

此致

××××人民法院

检　察　员×××

检察官助理×××

20××年×月×日

(院印)

附：1.被告人现在处所：具体包括在押被告人的羁押场所或监视居住、取保候审的处所

2.案卷材料和证据××册

3.《认罪认罚具结书》一份

4.《量刑建议书》一份(单独制作量刑建议书时移送)

5.有关涉案款物情况

6.被害人(单位)附带民事诉讼情况

7.其他需要附注的事项

3. 单位犯罪案件普通程序适用

××××人民检察院

起诉书

××检××刑诉〔20××〕×号

被告单位……(写明单位名称、组织机构代码、住所地、法定代表人姓名、职务等)

诉讼代表人……(写明姓名、性别、出生日期、工作单位、职务)

被告人……(写明直接负责的主管人员、其他直接责任人员的姓名、性别、出生年月日、公民身份号码、民族、文化程度、职业或者工作单位及职务、户籍地、住址、曾受到刑事处罚以及与本案定罪量刑相关的行政处罚的情况和因本案采取强制措施的情况等)

本案由××××调查/侦查终结，以被告单位×××涉嫌××罪、被告人×××涉嫌××罪，于××××年××月××日向本院移送起诉。本院受理后，于××××年××月××日已告知被告单位和被告人有权委托辩护人，××××年××月××日已告知被害人及其法定代理人(近亲属)(被害单位及其诉讼代表人)、附带民事诉讼的当事人及其法定代理人有权委托诉讼代理人，依法讯问了被告人，听取了被告单位的辩护人、被告人的辩护人、被害人及其诉讼代理人的意见，审查了全部案件材料。……(写明退回补充侦查、延长审查起诉期限等情况)。

经依法审查查明：

……(写明经检察机关审查认定的犯罪事实包括犯罪时间、地点、经过、手段、目的、动机、危害后果等与定罪、量刑有关的事实要素。应当根据具体案件情况，围绕刑法规定的该罪的构成要件叙写。)

认定上述事实的证据如下：

1.物证：……；2.书证：……；3.证人证言：证人×××、×××的证言；4.被害人陈述：被害人×××的陈述；5.被告人供述和辩解：被告人×××(被告人姓名、如多个被告人，则分别提取各被告人的姓名自动生成）的供述与辩解；6.鉴定意见：……；7.勘验、检查、辨认、侦查实验等笔录：现场勘验笔录，×××的辨认笔录等；8.视听资料、电子数据：……。

本院认为，……（分别概述被告单位、被告人行为的性质、危害程度、情节轻重），其行为触犯了《中华人民共和国刑法》第××条，犯罪事实清楚，证据确实、充分，应当以××罪追究其刑事责任。根据《中华人民共和国刑事诉讼法》第一百七十六条的规定，提起公诉，请依法判处。

此致

×××人民法院

检　察　官　×××

检察官助理　×××

20××年×月×日

（院印）

附件：1.被告人现在处所：具体包括在押被告人的羁押场所或监视居住、取保候审的处所

2.案卷材料和证据

3.证人、鉴定人、需要出庭的专门知识的人的名单，需要保护的被害人、证人、鉴定人的名单

4.有关涉案款物情况

5.被害人（单位）附带民事诉讼情况

6.其他需要附注的事项

4. 单位犯罪案件认罪认罚适用

××××人民检察院

起诉书

××检××刑诉〔20××〕×号

被告单位……（写明单位名称、组织机构代码、住所地、法定代表人姓名、职务等）

诉讼代表人……（写明姓名、性别、出生日期、工作单位、职务）

被告人……（写明直接负责的主管人员、其他直接责任人员的姓名、性别、出生年月

日、公民身份号码、民族、文化程度、职业或者工作单位及职务、户籍地、住址、曾受到刑事处罚以及与本案定罪量刑相关的行政处罚的情况和因本案采取强制措施的情况等)

本案由×××(监察/侦查机关)调查/侦查终结,以被告单位×××涉嫌××罪,被告人×××涉嫌××罪,于××××年××月××日向本院移送起诉。本院受理后,于××××年××月××日已告知被告单位、被告人有权委托辩护人和认罪认罚可能导致的法律后果,××××年××月××日已告知被害人及其法定代理人(近亲属)(被害单位及其诉讼代表人)、附带民事诉讼的当事人及其法定代理人有权委托诉讼代理人,依法讯问了被告人,听取了被告单位的辩护人(值班律师)、被告人的辩护人(值班律师)、被害人及其诉讼代理人的意见,审查了全部案件材料。……(写明退回补充调查/侦查、延长审查起诉期限等情况)。被告单位、被告人同意本案适用速裁/简易/普通程序审理。

经依法审查查明:……(写明经检察机关审查认定的犯罪事实包括犯罪时间、地点、经过、手段、目的、动机、危害后果,以及被告人到案后自愿如实供述自己的罪行,与被害人达成和解协议或者赔偿被害人损失,取得被害人谅解等与定罪、量刑有关的事实要素。应当根据具体案件情况,围绕刑法规定的该罪的构成要件叙写。)

认定上述事实的证据如下:

……(针对上述犯罪事实,分别列举证据,包括犯罪事实证据和量刑情节证据)

上述证据收集程序合法,内容客观真实,足以认定指控事实。被告人×××对指控的犯罪事实和证据没有异议,并自愿认罪认罚。

本院认为,……(分别概述被告单位、被告人行为的性质、危害程度、情节轻重),其行为触犯了《中华人民共和国刑法》第××条(引用罪状、法定刑条款),犯罪事实清楚,证据确实、充分,应当以××罪追究其刑事责任。被告单位×××、被告人×××认罪认罚,依据《中华人民共和国刑事诉讼法》第十五条的规定,可以从宽处理。……(阐述认定的法定、酌定量刑情节,并引用相关法律条款),建议判处被告单位、被告人……(阐述具体量刑建议)。根据《中华人民共和国刑事诉讼法》第一百七十六条的规定,提起公诉,请依法判处。

此致

×××人民法院

检　察　官 ×××
检察官助理 ×××

20××年×月×日
(院印)

附件:1.被告人现在处所:具体包括在押被告人的羁押场所或监视居住、取保候审

的处所

2.案卷材料和证据××册××页

3.有关涉案款物情况

4.被害人(单位)附带民事诉讼情况

5.《认罪认罚具结书》一份

6.其他需要附注的事项

5. 附带民事诉讼案件适用

××××人民检察院

刑事附带民事起诉书

××检××刑附民诉〔20××〕×号

被告人……(写明姓名、性别、出生日期、民族、文化程度、职业、工作单位及职务、户籍地、住址、是否刑事案件被告人等)

(对于被告单位,写明单位名称、住所地、是否刑事案件被告单位、法定代表人姓名、职务等)

被害单位……(写明单位名称、所有制性质、住所地、法定代表人姓名、职务等)

诉讼请求:

……(写明具体的诉讼请求)

事实证据和理由:

……(写明检察机关审查认定的导致国家、集体财产损失的犯罪事实及有关证据)

本院认为,……(概述被告人应承担民事责任的理由),根据……(引用被告人应承担民事责任的法律条款)的规定,应承担赔偿责任。因被告人×××的上述行为构成××罪,依法应当追究刑事责任,本院已于×年×月×日以××号起诉书向你院提起公诉。现根据《中华人民共和国刑事诉讼法》第一百零一条第二款的规定,提起附带民事诉讼,请依法裁判。

此致

×××人民法院

检　察　官 ×××
检察官助理 ×××

20××年×月×日
（院印）

附件：1.刑事附带民事起诉书副本一式×份
　　2.其他需要附注的事项

（四）文书范例

1.一人犯一罪案件起诉书

××××人民检察院
起诉书

××检公诉〔××××〕××号

被告人王某某，男，××××年××月××日出生，身份证号码：××××××××××××××××××，汉族，小学文化程度，无职业，户籍所在地××省××市××办事处×××路××号，在本市无固定住址。因涉嫌盗窃罪，于××××年××月××日被B市公安局C分局刑事拘留，同年××月××日经本院批准，于次日被B市公安局C分局逮捕。

本案由B市公安局C分局侦查终结，以被告人王某某涉嫌盗窃罪，于××××年×月××日向本院移送审查起诉。本院受理后，于同日已告知被告人有权委托辩护人，于同日已告知被害人有权委托诉讼代理人，依法讯问了被告人，审查了全部案件材料。

经依法审查查明：

被告人王某某于××××年××月××日××时许，在B市C区十八里店乡大洋路市场水菜区内，窃取被害人钟某某（女，××岁，××省人）放置于左侧上衣兜内的OPPO手机一部，经鉴定价值人民币880元。

被告人王某某后被民警抓获。涉案财物已起获并发还。已签署《认罪认罚具结书》。

认定上述事实的证据如下：物证、书证、被害人陈述、被告人的供述与辩解、视听资料等。

本院认为，被告人王某某以非法占有为目的扒窃他人财物，其行为触犯了《中华人民共和国刑法》第二百六十四条，犯罪事实清楚，证据确实、充分，应当以盗窃罪追究其刑事责任。根据《中华人民共和国刑事诉讼法》第一百七十六条、第二百二十二条的规定，提起公诉，请依法判处。

此致

××市××区人民法院

检　察　官×××

助理检察官×××

××××年×月×日

附：1.被告人王某某现羁押于××市××区看守所。

2.全部案卷×册。

3.《适用速裁程序建议书》×份。

4.《认罪认罚具结书》×份。

2.共同犯罪案件起诉书

××××人民检察院

起诉书

×检刑诉〔××××〕××号

被告人陈某，曾用名：×××，男，××××年××月××日出生，公民身份号码××××××××××××××××××，初中文化，本市××区××路××弄××街××楼××号××咖啡馆打工，户籍在××省××县××镇××村××区××号，在本市无固定住所。××××年×月×日因涉嫌敲诈勒索罪由××市公安局××分局刑事拘留，次日被延长拘留羁押期限至三十天。××××年×月×日经本院批准，同日由××市公安局××分局执行逮捕。

被告人王某某，男，××××年××月××日出生，公民身份号码：××××××××××××××××××，汉族，××省××县人，小学文化，无业，户籍所在地：××省××县××镇××村××庄××号，在本市无固定住所。××××年×月×日因涉嫌敲诈勒索罪由××市公安局××分局刑事拘留，次日被延长拘留羁押期限至三十天。××××年×月×日经本院批准，同日由××市公安局××分局执行逮捕。

本案由××市公安局××分局侦查终结，以被告人陈某、王某某涉嫌敲诈勒索罪，于××××年×月×日移送本院审查起诉。本院受理后，于次日分别告知被告人有权委托辩护人、被害单位有权委托诉讼代理人；依法讯问了被告人，听取了被告人、被害单位的意见，审查了全部案件材料。被告人陈某、王某某均同意本案适用简易程序审理。

经依法审查查明：

××××年×月×日，被告人陈某与被告人王某某预谋利用陈某先前在××餐饮管理有限公司(以下简称：××公司)××店工作期间，用其手机所拍摄的厨房内不规范操作流程视频对该公司实施敲诈勒索。同月×日，陈某将录有上述视频的U盘及敲诈信通过快递寄送至本市××区××路××号××楼××公司总部办公室内，向该公司敲诈勒索人民币50万元。同月×日，××公司委托员工崔某某以支付宝转账方式将人民币5万元转至王某某提供的、以“芦某某”姓名注册的支付宝账户内；同月15日，该公司再次委托员工崔某某以支付宝转账方式将人民币5万元转至王某某提供的、以其本人姓名注册的支付宝账户内。

××××年×月×日，公安民警经侦查，在本市××区××路××号东苑浴室将被告人王某某抓获，在本市××区××路××弄××街××楼××号将被告人陈某抓获。到案后，其二人对上述犯罪事实供认不讳。

上述事实，有以下证据证明：

1.被告人陈某、王某某的供述，证明其二人结伙敲诈勒索××公司，得款人民币10万元的事实。

2.证人殷某某、崔某某的证言，证明被害单位××公司遭被告人陈某、王某某敲诈勒索人民币10万元的事实。

3.公安机关扣押决定书、扣押笔录、扣押清单、调取证据通知书、调取证据清单、被告人陈某所写的敲诈信件、相关照片，证明作案工具及涉案物品特征和处理情况、赃款转账情况及抓获地点等。

4.陈某和王某某的聊天内容、手机聊天内容截图，证明被告人陈某、王某某作案时的联络情况及其通过手机聊天软件对被害单位进行威胁、敲诈勒索钱财的情况。

5.公安机关工作情况，证明被告人陈某、王某某的到案经过。

6.户籍资料，证明被告人陈某、王某某的身份情况。

上述证据收集程序合法，内容客观真实，足以认定指控事实。被告人陈某、王某某对指控的犯罪事实和证据没有异议。

本院认为，被告人陈某、王某某以非法占有为目的，共同采用威胁方法，敲诈勒索公私财物，数额巨大，其行为已触犯《中华人民共和国刑法》第二十五条第一款、第二百七十四条的规定，犯罪事实清楚，证据确实、充分，应当以敲诈勒索罪追究其刑事责任。被告人陈某在共同犯罪中起主要作用，系主犯，适用《中华人民共和国刑法》第二十六条第一款的规定；被告人王某某在共同犯罪中起次要作用，系从犯，根据《中华人民共和国刑法》第二十七条的规定，应当减轻处罚。被告人陈某、王某某能如实供述自己的罪行，根据《中华人民共和国刑法》第六十七条第三款的规定，可以从轻处罚。根据《中华人民共和国刑事诉讼法》第一百七十六条第一款的规定，提起公诉，请依法审判。

此致

××市××区人民法院

检　察　官 ×××
检察官助理 ×××
××××年×月×日

附:1.被告人陈某、王某某现被羁押于××市××区看守所。

2.侦查卷宗两册、随卷光盘三张。

3.《适用简易程序建议书》一份。

4.相关法律条文。

5.本案应当适用的法律条文

本案应当适用的法律条文:

《中华人民共和国刑法》

第二十五条第一款　共同犯罪是指二人以上共同故意犯罪。

第二十六条第一款　组织、领导犯罪集团进行犯罪活动的或者在共同犯罪中起主要作用的,是主犯。

第二十七条　在共同犯罪中起次要或者辅助作用的,是从犯。

对于从犯,应当从轻、减轻处罚或者免除处罚。

第六十七条第三款　犯罪嫌疑人虽不具有前两款规定的自首情节,但是如实供述自己罪行的,可以从轻处罚;因其如实供述自己罪行,避免特别严重后果发生的,可以减轻处罚。

第二百七十四条　敲诈勒索公私财物,数额较大或者多次敲诈勒索的,处三年以下有期徒刑、拘役或者管制,并处或者单处罚金;数额巨大或者有其他严重情节的,处三年以上十年以下有期徒刑,并处罚金;数额特别巨大或者有其他特别严重情节的,处十年以上有期徒刑,并处罚金。

《中华人民共和国刑事诉讼法》

第一百七十六条第一款 人民检察院认为犯罪嫌疑人的犯罪事实已经查清,证据确实、充分,依法应当追究刑事责任的,应当作出起诉决定,按照审判管辖的规定,向人民法院提起公诉,并将案卷材料、证据移送人民法院。

3.单位犯罪案件起诉书

××省××市××区人民检察院
起诉书

×检刑诉〔××××〕××号

被告单位××贸易有限公司，法定代表人沈某某，注册地址为××市××区××里××号××室。

被告单位诉讼代表人林某某，男，××××年××月××日出生，公民身份号码××××××××××××××××××，汉族，家住××市××区××路××号，××贸易有限公司员工。

被告人沈某某，男，××××年××月××日出生，公民身份号码××××××××××××××××××，汉族，中专文化，××贸易有限公司员工，户籍地××省××市××区××里××号×××室。因涉嫌虚开增值税专用发票罪，于××××年×月×日被××市公安局取保候审。××××年××月××日，经本院决定继续对其取保候审。

被告人吴某某，男，××××年×月×日出生，公民身份号码××××××××××××××××××，汉族，高中文化，×和××医疗器械设备有限公司员工，户籍地××省××市××区××路××号×××室。因涉嫌虚开增值税专用发票罪，于××××年××月××日被××市公安局取保候审。××××年××月××日，经本院决定继续对其取保候审。

本案由××市公安局××分局侦查终结，以被告单位××贸易有限公司、被告人沈某某、吴某某涉嫌虚开增值税专用发票罪，于××××年××月××日向本院移送审查起诉。本院受理后，已告知被告人有权委托辩护人及认罪认罚可能导致的法律后果，依法讯问了被告人，听取了被告人及其辩护律师（值班律师）的意见，审查了全部案件材料。其间，依法延长审查起诉期限半个月。被告单位××贸易有限公司、被告人沈某某、吴某某同意适用速裁程序。

经依法审查查明：

××××年以来，被告人沈某某实际经营的××贸易有限公司因电器销售过程中客户有的不需要开具发票，公司出现多余的销项增值税专用发票未开出。为牟取非法利益，被告人沈某某在明知没有实际业务发生的情况下，以收取票面金额2.5%左右的开票费为条件，通过被告人吴某某的介绍，虚开××贸易有限公司增值税专用发票给××市鸿××贸易有限公司（以下简称鸿××公司）、×市日××经贸有限公司（以下简称

日××公司)、××市世××贸易有限公司(以下简称世××公司)、××市延××贸易有限公司(以下简称延××公司)、××市景××贸易有限公司(以下简称景××公司)、××市大××易有限公司(以下简称大××公司)共计924份,价税共计10204050元,税款1482638.83元。其中有684份增值税专用发票已被上述购票公司用于认证抵扣税款1100179.54。其间为制造票款一致的假象,被告人沈某某将鸿××公司、延××公司等多家公司通过对公账户支付给××贸易有限公司的虚开走账货款,通过其个人账户扣掉开票手续费后经由被告人吴某某的个人账户,再转回给××市鸿××贸易有限公司、××市延××贸易有限公司等多家公司指定的银行账户上。××贸易有限公司通过虚开增值税专用发票非法获利共计281908元。具体情况如下:

1.××××年××月至××月,××贸易有限公司在没有实际销售业务发生的情况下,通过被告人吴某某的居间介绍,向鸿××公司虚开增值税专用发票共计222份,价税共计2435650元,税款共计353897.68元,经查上述虚开的增值税专用发票已全部被鸿××公司用于抵扣税款353897.68元。

2.××××年××月至××月,××贸易有限公司在没有实际销售业务发生的情况下,通过被告人吴某某的居间介绍,向世××公司虚开增值税专用发票共计124份,价税共计1372000元,税款共计199350.31元,上述虚开的增值税专用发票中有69份增值税专用发票已被世××公司用于抵扣税款109962.27元。

3.××××年×月至×月,××贸易有限公司在没有实际销售业务发生的情况下,通过被告人吴某某的居间介绍,向大××公司虚开增值税专用发票共计314份,价税共计3486000元,税款共计506512.21元,上述虚开的增值税专用发票中有258份增值税专用发票已被大××公司用于抵扣税款418370.85元。

4.××××年×月,××贸易有限公司在没有实际销售业务发生的情况下,通过被告人吴某某的居间介绍,向延××公司虚开增值税专用发票共计71份,价税共计773600元,税款共计112403.4元,上述发票延××公司尚未用于抵扣税款。

5.××××年×月至×月,××贸易有限公司在没有实际销售业务发生的情况下,通过被告人吴某某的居间介绍,向日××公司虚开增值税专用发票共计135份,价税共计1500000元,税款共计217948.74元,上述虚开的增值税专用发票已全部被日××公司用于抵扣税款217948.74元。

6.××××年×月,××贸易有限公司在没有实际销售业务发生的情况下,通过被告人吴某某的居间介绍,向景××公司虚开增值税专用发票共计58份,价税共计636800元,税款共计92526.49元,经查上述发票景××公司尚未用于抵扣税款。

××××年××月××日,被告人沈某某自动到××市公安局投案,并如实供述了上述犯罪事实。××××年××月××日,被告人吴某某自动到××市公安局投案,并如实供述了上述犯罪事实。案发后被告单位××贸易有限公司以及被告人沈某某积极

配合税务机关的调查，并向税务机关缴交了罚款以及违法所得共计481908元。

认定上述事实的证据如下：

1.私营公司基本信息、税务行政处罚决定书、增值税专用发票复印件、记账凭证、企业机读档案登记资料、增值税专用发票电子底账信息查询信息、银行账户明细等书证；

2.证人马某某、易某某、吕某某、黄某某等证人证言；

3.被告人沈某某、吴某某的供述与辩解；

4.辨认笔录等笔录；

5.被告人户籍资料、到案经过、诉讼文书等其他证据材料。

上述证据收集程序合法，内容客观真实，足以认定指控事实。被告单位××贸易有限公司、被告人沈某某、吴某某对指控的犯罪事实和证据没有异议，并自愿认罪认罚。

本院认为，被告单位××贸易有限公司、被告人沈某某、吴某某虚开增值税专用发票，税款共计人民币1482638.83元，数额较大，并造成税收损失共计人民币1100179.54元，其行为均已触犯《中华人民共和国刑法》第二百零五条，犯罪事实清楚，证据确实、充分，应当以虚开增值税专用发票罪追究其刑事责任。根据《中华人民共和国刑法》第二十五条第一款之规定，本案系共同犯罪。被告人沈某某、吴某某均自动投案，到案后均如实供述自己的罪行，根据《中华人民共和国刑法》第六十七条第一款之规定，是自首，可以从轻或者减轻处罚。建议适用速裁程序判处被告单位××贸易有限公司罚金人民币五万元至十五万元；对公司直接负责的主管人员被告人沈某某判处有期徒刑三年，同时适用缓刑；对被告人吴某某判处有期徒刑三年，并处罚金人民币五万元至十万元，同时适用缓刑。根据《中华人民共和国刑事诉讼法》第一百七十六条第一款、第二款之规定，提起公诉，请依法判处。

此致

××市××区人民法院

检　察　官　×××

检察官助理　×××

××××年××月××日

附：1.被告人沈某某现被取保候审；被告人吴某某现被取保候审；

2.全部案卷和证据材料；

3.适用速裁程序建议书一份；

4.认罪认罚具结书三份；

5.本案应当适用的法律条文。

本案应当适用的法律条文：

《中华人民共和国刑法》

第二十五条　共同犯罪是指二人以上共同故意犯罪。

二人以上共同过失犯罪，不以共同犯罪论处；应当负刑事责任的，按照他们所犯的罪分别处罚。

第三十条　公司、企业、事业单位、机关、团体实施的危害社会的行为，法律规定为单位犯罪的，应当负刑事责任。

第三十一条　单位犯罪的，对单位判处罚金，并对其直接负责的主管人员和其他直接责任人员判处刑罚。本法分则和其他法律另有规定的，依照规定。

第六十七条　犯罪以后自动投案，如实供述自己的罪行的，是自首。对于自首的犯罪分子，可以从轻或者减轻处罚。其中，犯罪较轻的，可以免除处罚。

被采取强制措施的犯罪嫌疑人、被告人和正在服刑的罪犯，如实供述司法机关还未掌握的本人其他罪行的，以自首论。

犯罪嫌疑人虽不具有前两款规定的自首情节，但是如实供述自己罪行的，可以从轻处罚；因其如实供述自己罪行，避免特别严重后果发生的，可以减轻处罚。

第二百零五条　虚开增值税专用发票或者虚开用于骗取出口退税、抵扣税款的其他发票的，处三年以下有期徒刑或者拘役，并处二万元以上二十万元以下罚金；虚开的税款数额较大或者有其他严重情节的，处三年以上十年以下有期徒刑，并处五万元以上五十万元以下罚金；虚开的税款数额巨大或者有其他特别严重情节的，处十年以上有期徒刑或者无期徒刑，并处五万元以上五十万元以下罚金或者没收财产。

单位犯本条规定之罪的，对单位判处罚金，并对其直接负责的主管人员和其他直接责任人员，处三年以下有期徒刑或者拘役；虚开的税款数额较大或者有其他严重情节的，处三年以上十年以下有期徒刑；虚开的税款数额巨大或者有其他特别严重情节的，处十年以上有期徒刑或者无期徒刑。

虚开增值税专用发票或者虚开用于骗取出口退税、抵扣税款的其他发票，是指有为他人虚开、为自己虚开、让他人为自己虚开、介绍他人虚开行为之一的。

4.包含量刑建议及附法条的起诉书

××省××市××区人民检察院

起 诉 书

×检刑诉〔××××〕××号

被告人邓某某，男，19××年××月××日出生，公民身份号码××××××××

××××××××××，汉族，初中文化，户籍地××省××市××区××镇××号，暂住地××市××区××街××号。曾因吸毒于××××年××月××日被处以强制隔离戒毒二年，现因涉嫌盗窃罪，于××××年××月××日被××市公安局××分局刑事拘留，××××年××月××日经本院批准逮捕，同日由××市公安局××分局执行逮捕。

本案由××市公安局××分局侦查终结，以被告人邓某某涉嫌盗窃罪，于××××年××月××日向本院移送审查起诉。本院受理后，于三日内已告知被告人有权委托辩护人及认罪认罚可能导致的法律后果，依法讯问了被告人，听取了被告人、被害人及辩护人的意见，审查了全部案件材料。被告人邓某某同意本案适用速裁程序审理。

经依法审查查明：

××××年××月××日××时许，被告人邓某某到××市×区××路××号××服装店内，趁正在店内工作的被害人吴某某不注意，将其放在店内收银台上的一部价值人民币7355元的“苹果”牌iPhone×手机盗走。被告人邓某某盗得该手机后，于当日将该手机以人民币1800元的价格销赃给××市×区××路××号××手机维修店。

××××年××月××日，被告人邓某某在××市×区××街××号被民警抓获归案。到案后，被告人邓某某如实供述了上述犯罪事实，其销赃的手机亦被民警追缴并发还被害人。

认定上述事实的证据有：

1.赃物之物证；

2.证人刘某某的证言；

3.被害人吴某某的陈述；

4.被告人邓某某的供述和辩解；

5.××市价格认证中心《价格鉴定结论书》之鉴定意见；

6.被告人及证人辨认笔录；

7.犯罪现场监控录像之视听资料；

8.户籍材料、强制隔离戒毒决定书、公安机关的工作说明及诉讼文书等其他证据材料。

上述证据收集程序合法，内容客观真实，足以认定指控事实。被告人邓某某对指控的犯罪事实和证据没有异议，自愿认罪认罚。

本院认为，被告人邓某某以非法占有为目的，秘密窃取他人财物，价值人民币7355元，数额较大，其行为已触犯《中华人民共和国刑法》第二百六十四条之规定，犯罪事实清楚，证据确实、充分，应当以盗窃罪追究其刑事责任。被告人邓某某到案后如实供述自己的罪行，根据《中华人民共和国刑法》第六十七条第三款之规定，可以从轻处罚。根据《中华人民共和国刑事诉讼法》第一百七十六条之规定，提起公诉，建议判处被告人邓

某某有期徒刑六个月以上七个月以下，并处罚金人民币一千元，请依法判处。

此致

××市××区人民法院

检察官　×××

检察官　×××

××××年××月××日

附：1.被告人邓某某现羁押在××市第一看守所；

2.全部案卷和证据材料；

3.《认罪认罚从宽制度告知书》及《认罪认罚具结书》；

4.《刑事速裁程序建议书》一份；

5.本案应当适用的法律条文。

本案应当适用的法律条文：

《中华人民共和国刑法》

第二百六十四条　盗窃公私财物，数额较大的，或者多次盗窃、入户盗窃、携带凶器盗窃、扒窃的，处三年以下有期徒刑、拘役或者管制，并处或者单处罚金；数额巨大或者有其他严重情节的，处三年以上十年以下有期徒刑，并处罚金；数额特别巨大或者有其他特别严重情节的，处十年以上有期徒刑或者无期徒刑，并处罚金或者没收财产。

第六十七条　犯罪以后自动投案，如实供述自己的罪行的，是自首。对于自首的犯罪分子，可以从轻或者减轻处罚。其中，犯罪较轻的，可以免除处罚。

被采取强制措施的犯罪嫌疑人、被告人和正在服刑的罪犯，如实供述司法机关还未掌握的本人其他罪行的，以自首论。

犯罪嫌疑人虽不具有前两款规定的自首情节，但是如实供述自己罪行的，可以从轻处罚；因其如实供述自己罪行，避免特别严重后果发生的，可以减轻处罚。

（五）注意事项

1.叙述犯罪事实注意事项

起诉书上指控的犯罪事实要准确；叙述要简明扼要，不属于犯罪范畴的不要写；要突出重点，一般的违法问题不要写；叙述涉及国家秘密、个人隐私、商业秘密事实时，要注意策略，防止产生不良影响。

2.书写证据注意事项

案件证据要达到确实充分；表述起诉理由要做到高度概括；围绕犯罪构成要件，高度概括地写明犯罪事实，包括被告人出于什么目的，实施什么犯罪行为，造成何种程度的危害后果；撰写法律依据时要注意准确适用法律条文。建议从轻从重处罚时，要写明依据的法律条文具体条款。

三、不起诉决定书

(一)概念

人民检察院对公安机关、监察机关等移送审查起诉的案件,经过审查认为被告人的行为不构成犯罪,或者罪证不足,或者依照法律规定,不应当追究刑事责任,而作出不起诉决定所制作的文书。根据我国《刑事诉讼法》的相关规定,不起诉有三种情形:法定不起诉、相对不起诉及存疑不起诉。

《刑事诉讼法》第 177 条规定,犯罪嫌疑人没有犯罪事实,或者有本法第 16 条的规定的情形之一的,人民检察院应当作出不起诉决定。对于犯罪情节轻微,依照刑法规定不需要判处刑罚或者免除刑罚的,人民检察院可以作出不起诉决定。人民检察院决定不起诉的案件,应当同时对侦查中查封、扣押、冻结的财物解除查封、扣押、冻结。对被不起诉人需要给予行政处罚、处分或者需要没收其违法所得的,人民检察院应当提出检察意见,移送有关主管机关处理。有关主管机关应当将处理结果及时通知人民检察院。

根据《刑事诉讼法》第 16 条的规定,有下列情形之一的,不追究刑事责任,已经追究的,应当撤销案件,或者不起诉,或者终止审理,或者宣告无罪:(1)情节显著轻微、危害不大,不认为是犯罪的;(2)犯罪已过追诉时效期限的;(3)经特赦令免除刑罚的;(4)依照刑法告诉才处理的犯罪,没有告诉或者撤回告诉的;(5)犯罪嫌疑人、被告人死亡的;(6)其他法律规定免予追究刑事责任的。

《刑事诉讼法》第 175 条规定,人民检察院审查案件,可以要求公安机关提供法庭审判所必需的证据材料;认为可能存在《刑事诉讼法》第 56 条规定的以非法方法收集证据情形的,可以要求其对证据收集的合法性作出说明。人民检察院审查案件,对于需要补充侦查的,可以退回公安机关补充侦查,也可以自行侦查。对于补充侦查的案件,应当在一个月以内补充侦查完毕。补充侦查以两次为限。补充侦查完毕移送人民检察院后,人民检察院重新计算审查起诉期限。对于第二次补充侦查的案件,人民检察院仍然认为证据不足,不符合起诉条件的,应当作出不起诉的决定。

根据《刑事诉讼法》第 56 条的规定,采用刑讯逼供等非法方法收集的犯罪嫌疑人、被告人供述和采用暴力、威胁等非法方法收集的证人证言、被害人陈述,应当予以排除。收集物证、书证不符合法定程序,可能严重影响司法公正的,应当予以补正或者作出合理解释;不能补正或者作出合理解释的,对该证据应当予以排除。在侦查、审查起诉、审判时发现有应当排除的证据的,应当依法予以排除,不得作为起诉意见、起诉决定和判决的依据。

(二)内容

1.首部

此部分包括制作文书的人民检察院名称、文书名称和文书编号。

2.正文

(1)被不起诉人基本情况

被不起诉人的基本情况按文书中所列项目顺序叙明。

如系被不起诉单位,则应写明名称、住所地,并以被不起诉单位代替不起诉书格式中的“被不起诉人”。

(2)辩护人基本情况

此部分包括辩护人姓名、单位。

(3)案由和案件来源

其中“案由”应当写移送审查起诉时或者侦查终结时认定的行为性质,而不是审查起诉部门认定的行为性质。

“案件来源”包括公安、监察机关移送、本院侦查终结、其他人民检察院移送等情况。

应当写明移送审查起诉的时间和退回补充侦查的情况(包括退回补充侦查日期、次数和再次移送日期)。写明本院受理日期。

(4)案件事实情况

此部分包括否定或者指控被不起诉人构成犯罪的事实及作为不起诉决定根据的事实。应当根据三种不起诉的性质、内容和特点,针对案件具体情况各有侧重点地叙写。

(5)不起诉理由、法律依据和决定事项部分

在制作这部分时应当注意下面几个问题:所引用的法律应当引全称。所引用的法律条款要用汉字将条、款、项引全。

(6)告知事项

应当写明被不起诉人享有申诉权。凡是有被害人的案件,应当根据《刑事诉讼法》第 180 条的规定写明被害人享有申诉权及起诉权。

3.尾部

署名部分:统一署某检察院院名。文书的具文日期应当是签发日期。

4.其他

不起诉决定书以人为单位制作。不起诉决定书应当有正本、副本之分,其中正本一份归入正卷,一份发送被不起诉人,副本发送辩护人及其所在单位、被害人或者其近亲属及其诉讼代理人、监察侦查机关(部门)。

(三)样式

1. 不起诉决定书格式(法定不起诉样本),根据《刑事诉讼法》第 177 条第 1 款的规

定决定不起诉时适用

×××× 人民检察院

不起诉决定书

××检××刑不诉〔20××〕×号

被不起诉人……〔写明姓名、性别、出生年月日、公民身份号码、民族、文化程度、职业或工作单位及职务(国家机关工作人员利用职权实施的犯罪,应当写明犯罪期间在何单位任何职)、户籍地、住址(被不起诉人住址写居住地,如果户籍所在地与暂住地不一致的,应当写明户籍所在地和暂住地),是否受过刑事处罚,采取强制措施的种类、时间、决定机关等。〕

(如系被不起诉单位,则应写明名称、住所地等)

辩护人……(写姓名、单位)。

本案由×××(监察/侦查机关名称)调查/侦查终结,以被不起诉人×××涉嫌××罪,于×年×月×日向本院移送起诉。

(如果是自侦案件,此处写"被不起诉人×××涉嫌 × ×一案,由本院侦查终结,于×年×月×日移送起诉或不起诉。"如果案件是其他人民检察院移送的,此处应当将指定管辖、移送单位以及移送时间等写清楚。)

(如果案件曾经退回补充调查/侦查,应当写明退回补充调查/侦查的日期、次数以及再次移送起诉时间。)

经本院依法审查查明:

〔如果是根据刑事诉讼法第十六条第(一)项即监察/侦查机关移送起诉认为行为构成犯罪,经检察机关审查后认定行为情节显著轻微、危害不大,不认为是犯罪而决定不起诉的,则不起诉决定书应当先概述监察/侦查机关移送起诉意见书认定的犯罪事实(如果是检察机关的自侦案件,则这部分不写),然后叙写检察机关审查认定的事实及证据,重点反映显著轻微的情节和危害程度较小的结果。如果是行为已构成犯罪,本应当追究刑事责任,但审查过程中有刑事诉讼法第十六条第(二)至(六)项法定不追究刑事责任的情形,因而决定不起诉的,应当重点叙明符合法定不追究刑事责任的事实和证据,充分反映出法律规定的内容。如果是根据刑事诉讼法第一百七十七条第一款中的没有犯罪事实而决定不起诉的,应当重点叙明不存在犯罪事实或者犯罪事实并非被不起诉人所为。〕

本院认为,×××(被不起诉人的姓名)的上述行为,情节显著轻微、危害不大,不构成犯罪。依照《中华人民共和国刑事诉讼法》第十六条第(一)项和第一百七十七条第一

款的规定，决定对×××（被不起诉人的姓名）不起诉。

［如果是根据刑事诉讼法第十六条第（二）至（六）项法定不追究刑事责任的情形而决定的不起诉，重点阐明不追究被不起诉人刑事责任的理由及法律依据，最后写不起诉的法律依据。如果是根据刑事诉讼法第一百七十七条第一款中的没有犯罪事实而决定不起诉的，指出被不起诉人没有犯罪事实，再写不起诉的法律依据。］

查封、扣押、冻结的涉案款物的处理情况。

被害人如果不服本决定，可以自收到本决定书后七日以内向×××人民检察院申诉，请求提起公诉；也可以不经申诉，直接向×××人民法院提起自诉。

××××人民检察院

20××年×月×日

（院印）

2. 不起诉决定书格式（相对不起诉样本），根据《中华人民共和国刑事诉讼法》第177条第2款的规定决定不起诉时适用

××××人民检察院

不起诉决定书

××检××刑不诉〔20××〕×号

被不起诉人……〔写明姓名、性别、出生年月日、公民身份号码、民族、文化程度、职业或工作单位及职务（国家机关工作人员利用职权实施的犯罪，应当写明犯罪期间在何单位任何职）和户籍地、住址（被不起诉人住址写居住地，如果户籍所在地与暂住地不一致的，应当写明户籍所在地和暂住地），是否受过刑事处罚，采取强制措施的种类、时间、决定机关等。〕

（如系被不起诉单位，则应写明名称、住所地等）

辩护人……（写姓名、单位）。

本案由×××（监察/侦查机关名称）调查/侦查终结，以被不起诉人×××涉嫌××罪，于×年×月×日向本院移送起诉。

（如果是自侦案件，此处写“被不起诉人×××涉嫌 × ×一案，由本院调查/侦查终结，于×年×月×日移送起诉或不起诉。”如果案件是其他人民检察院移送的，此处应当将指定管辖、移送单位以及移送时间等写清楚。）

（如果案件曾经退回补充侦查，应当写明退回补充侦查的日期、次数以及再次移送

起诉时间。)

经本院依法审查查明:

……

(概括叙写案件事实,其重点内容是有关被不起诉人具有的法定情节和检察机关酌情作出不起诉决定的具体理由的事实。要将检察机关审查后认定的事实和证据写清楚,不必叙写调查/侦查机关移送审查时认定的事实和证据。对于证据不足的事实,不能写入不起诉决定书中。在事实部分中表述犯罪情节时应当以犯罪构成要件为标准,还要将体现其情节轻微的事实及符合不起诉条件的特征叙述清楚。叙述事实之后,应当将证明"犯罪情节"的各项证据一一列举,以阐明犯罪情节如何轻微。)本院认为,×××实施了《中华人民共和国刑法》第××条规定的行为,但犯罪情节轻微,具有×××情节(此处写明认罪认罚、从轻、减轻或者免除刑事处罚具体情节的表现),根据《中华人民共和国刑法》第××条的规定,不需要判处刑罚(或者免除刑罚)。依据《中华人民共和国刑事诉讼法》第一百七十七条第二款的规定,决定对×××(被不起诉人的姓名)不起诉。

查封、扣押、冻结的涉案款物的处理情况。

被不起诉人如不服本决定,可以自收到本决定书后七日内向本院申诉。

被害人如不服本决定,可以自收到本决定书后七日以内向×××人民检察院申诉,请求提起公诉;也可以不经申诉,直接向×××人民法院提起自诉。

××××人民检察院

20××年×月×日

(院印)

3. 不起诉决定书格式(存疑不起诉样本)根据《中华人民共和国刑事诉讼法》第175条第4款的规定,决定不起诉时适用

××××人民检察院

不起诉决定书

××检××刑不诉〔20××〕×号

被不起诉人……〔写明姓名、性别、出生年月日、公民身份号码、民族、文化程度、职业或工作单位及职务(国家机关工作人员利用职权实施的犯罪,应当写明犯罪期间在何单位任何职)和户籍地、住址(被不起诉人住址写居住地,如果户籍所在地与暂住地不一

致的，应当写明户籍所在地和暂住地），是否受过刑事处罚，采取强制措施的种类、时间、决定机关等。〕

（如系被不起诉单位，则应写明名称、住所地等）

辩护人……（写姓名、单位）。

本案由×××（监察/侦查机关名称）调查/侦查终结，以被不起诉人×××涉嫌××罪，于×年×月×日移送本院审查起诉。

（如果是自侦案件，此处写“被不起诉人 ×××涉嫌××一案，由本院侦查终结，于×年×月×日移送起诉或不起诉。”如果案件是其他人民检察院移送的，此处应当将指定管辖、移送单位以及移送时间等写清楚。）

（如果案件曾经退回补充调查/侦查，应当写明退回补充调查/侦查的日期、次数以及再次移送起诉时间。）

×××（监察/侦查机关名称）移送起诉认定……（概括叙述监察/侦查机关认定的事实），经本院审查并退回补充调查/侦查，本院仍然认为×××（监察/侦查机关名称）认定的犯罪事实不清、证据不足（或本案证据不足）（应当概括写明事实不清、证据不足的具体情况），不符合起诉条件。依照《中华人民共和国刑事诉讼法》第一百七十五条第四款的规定，决定对×××（被不起诉人的姓名）不起诉。（如系检察机关直接受理案件，则写为：本案经本院侦查终结后，在审查起诉期间，经两次补充侦查，本院仍认为本案证据不足，不符合起诉条件。依照《中华人民共和国刑事诉讼法》第一百七十五条第四款的规定，决定对×××不起诉。）

查封、扣押、冻结的涉案款物的处理情况。

被害人如不服本决定，可以自收到本决定书后七日以内向××人民检察院申诉，请求提起公诉；也可以不经申诉，直接向× ×人民法院提起自诉。

××××人民检察院
20××年×月×日
（院印）

(四)文书范例

1.事实不清不起诉(存疑不起诉)

××省××市人民检察院
不起诉决定书

×检刑不诉〔20××〕×号

被不起诉人郑某某,男,××××年××月××日出生,公民身份号码××××××××××××××××××,汉族,小学肄业,现住××省××市××乡××村××组,农民。因涉嫌销售非法制造的注册商标标识,于××××年××月××日被××县公安局刑事拘留,因涉嫌销售非法制造的注册商标标识罪,于同年××月××日经××县人民检察院批准逮捕,次日被××县公安局执行逮捕。因涉嫌销售非法制造的注册商标标识罪,于××××年××月××日被××市人民检察院取保候审,××××年××月××日本院决定继续取保候审。

本案由××县公安局侦查终结,以被不起诉人郑某某涉嫌销售非法制造的注册商标标识罪,于××××年××月××日移送××县人民检察院审查起诉。经××人民检察院指定管辖,本院于××××年××月××日受理该案,于××××年××月××日已告知被不起诉人有权委托辩护人,依法讯问了被不起诉人,审查了全部案卷材料。其间,本院于××××年××月××日退回补充侦查一次,××县公安局于××××年××月××日重新移送审查起诉。本院于××××年××月××日至××××年××月××日延长审查起诉期限一次。

××县公安局移送审查起诉认定:××××年××月××日,郑某某驾驶车牌号为闽××××的解放牌货车运输未经××烟草工业有限公司授权销售、运输的h牌香烟包装装潢323箱,途径××县境内时被查获,其中h牌香烟条包装20万份,h牌香烟单盒包装200万份,h牌香烟单盒封口200万份。

经××县人民检察院及本院审查并两次退回补充侦查,本院认为,××县公安局认定的犯罪事实不清、证据不足,不符合起诉条件。依照《中华人民共和国刑事诉讼法》第一百七十五条第四款的规定,决定对郑某某不起诉。

扣押涉案物品由××县公安局依法处理。

被不起诉人如果不服本决定,可以自收到本决定书后七日内向本院申诉。

被害人如果不服本决定,可以自收到本决定书后七日内向××省人民检察院申诉,请求提起公诉;也可以不经申诉,直接向××省××市中级人民法院提起自诉。

××省××市人民检察院

××××年××月××日

2.情节轻微不需要处罚不起诉(相对不起诉)

××市××区人民检察院
不起诉决定书

××检刑不诉〔20××〕××号

被不起诉人刘某某,男,××××年××月××日出生,公民身份号码××××××××××××××××××,汉族,小学肄业,案发前系××管理有限公司职员,户籍所在地××省××县××镇××村××号。因涉嫌盗窃罪,于××××年××月××日被××市公安局××分局刑事拘留,同年××月××日被××市公安局××分局取保候审。

本案由××市公安局×分局侦查终结,以被不起诉人刘某某涉嫌盗窃罪,于××××年××月××日向本院移送审查起诉。

经本院依法查明:

××××年××月××日××时××分许,被不起诉人刘某某在本市×区9号楼2单元一楼大厅,盗窃被害人张某某双肩背包1个,内有钻戒1枚、华为荣耀9手机1部、现金300元等。经鉴定,被盗财物共计价值人民币5820元。

被不起诉人刘某某在现场被××市公安局××分局××村派出所民警查获,到案后如实供述犯罪事实。涉案财物已起获并发还给被害人。

认定上述事实的证据如下:

1.物证、书证:扣押决定书、扣押清单、发还清单、涉案物品照片、樊家村派出所工作记录、残疾人证、中国残疾人联合会网站截图、村民委员会证明;2.证人证言:证人王某某、安某某、孙某某的证言;3.被害人的陈述:被害人张某某的陈述;4.被不起诉人的供述与辩解:刘某某的供述与辩解;5.鉴定意见:价格鉴定报告书、检验报告、法医精神病司法鉴定意见书;6.勘验、检查、辨认等笔录:辨认笔录、搜查笔录;7.视听资料:案发现场小区监控录像;8.其他材料:破案报告、到案经过、电话查询记录、常住人口基本信息表等。

本院认为,被不起诉人刘某某实施了《中华人民共和国刑法》第二百六十四条规定的行为,但犯罪情节较轻,社会危害性不大,被盗物品已起获并发还给被害人。根据《中华人民共和国刑法》第三十七条的规定,不需要判处刑罚。依据《中华人民共和国刑事诉讼法》第一百七十七条第二款的规定,决定对刘某某不起诉。

被不起诉人如不服本决定,可以自收到本决定书后七日内向本院申诉。

被害人张某某如不服本决定,可以自收到本决定书后七日以内向××市人民检察院申诉,请求提起公诉;也可以不经申诉,直接向××市××区人民法院提起自诉。

××市××区人民检察院

××××年××月××日

3.情节轻微不起诉且认罪认罚(相对不起诉且认罪认罚)

××市××区人民检察院
不起诉决定书

×检刑不诉〔××××〕××号

被不起诉人王某某,男,××××年××月××日出生,公民身份号码××××××××××××××××××,汉族,高中文化程度,无职业,户籍所在地××省××市××镇××村,现住××市××区××村一出租房。因涉嫌盗窃罪,于×××年××月××日被××市公安局××分局刑事拘留,××××年××月××日被××市公安局××分局取保候审。

本案由××市公安局××分局侦查终结,以被不起诉人王某某涉嫌盗窃罪,于××××年××月××日向本院移送审查起诉。其间,因部分事实不清退回侦查机关补充侦查一次(自××××年××月××日至××××年××月××日);因案情复杂延长审查起诉期限一次(自××××年××月××日至××××年××月××日)。

经本院依法审查查明:

被不起诉人王某某于××××年××月至××月间,在××市××区××乡××村××区××公司内,分四次盗窃该公司影驰牌显卡1个、三星牌内存条9个、希捷牌机械硬盘1个、intel牌CPU处理器4个,经鉴定共计价值人民币6857元。

被不起诉人王某某后被公安机关查获。已签署《认罪认罚具结书》。案发后王某某赔偿被害单位人民币3万元,获得被害单位谅解。××××年××月××日,双方达成和解。

本院认为,被不起诉人王某某实施了《中华人民共和国刑法》第二百六十四条规定的行为,到案后能够如实供述,自愿认罪认罚,获得被害单位谅解,犯罪情节轻微,根据《中华人民共和国刑法》第三十七条的规定,不需要判处刑罚。依据《中华人民共和国刑事诉讼法》第一百七十七条第二款的规定,决定对王某某不起诉。

被不起诉人如不服本决定,可以自收到本决定书后七日内向本院申诉。

被害单位如果不服本决定,可以自收到本决定书后七日以内向××市人民检察院申诉,请求提起公诉;也可以不经申诉,直接向××市××区人民法院提起自诉。

××市××区人民检察院

××××年××月××日

四、刑事抗诉书

(一)刑事抗诉书概念

刑事抗诉书，是指人民检察院认为人民法院的判决或者裁定确有错误，请求人民法院重新审理案件所制作的文书。

抗诉是国家赋予人民检察院对人民法院的审判活动进行法律监督的权力。人民检察院通过抗诉，监督案件得到正确裁判。

人民检察院抗诉分为两种形式。一种是按照上诉程序提出的抗诉。它是指地方各级人民检察院对同级人民法院第一审未发生法律效力的判决或裁定，在上诉期限内，向上一级人民法院提起的抗诉。另一种抗诉是按照审判监督程序提出的抗诉。是对已经发生法律效力的判决或裁定提出的。提出审判监督程序的时间不受限制，其结果是引起再审程序。

按照上诉程序提起的抗诉，应当由原承办人制作抗诉书，经检察长批准送达原审人民法院。同时将抗诉书抄送上一级人民检察院。原审人民法院应当将抗诉书及卷宗、证据材料一并移送上一级人民法院(第二审人民法院)。按审判监督程序提起的抗诉，应由作出终审判决的人民法院的上一级人民检察院制作抗诉书，向同级人民法院提出抗诉，同时将抗诉书抄送原起诉和提请抗诉的人民检察院。原起诉检察院若要对同级法院作出的生效裁判提出抗诉，要提请上一级人民检察院向同级人民法院抗诉。上级人民检察院要对下级人民法院作出的生效判决提出抗诉的话，要交由下级人民法院同级的人民检察院提出抗诉。

(二)内容

1.二审程序适用的刑事抗诉书

二审程序适用的刑事抗诉书由首部、原审判决(裁定)情况、检察院审查意见和抗诉理由、结论意见和要求、尾部、附注组成：

首部注明所在省(自治区、直辖市)的名称，不能只写地区级市、县、区院名；如果是涉外案件，要冠以“中华人民共和国”字样。

原审判决、裁定情况部分不写被告人的基本情况。如果检法两家认定罪名不一致时，案由应该分别表述。如果侦查、起诉、审判阶段没有超时限等程序违法现象时，不必写明侦查机关、检察院与法院的办案经过，只简要写明法院判决、裁定的结果。

审查意见部分是检察机关对原审判决(裁定)的审查意见，目的是明确指出原审判决(裁定)的错误所在，告知二审法院，检察院抗诉的重点是什么。这部分要观点鲜明，简明扼要。

要针对事实确有错误、适用法律不当或审判程序严重违法等不同情况述写抗诉理由。

(1)如果法院认定的事实有误,则要针对原审裁判的错误之处,提出纠正意见,强调抗诉的针对性。对于有多起"犯罪事实"的抗诉案件,只叙写原判决(裁定)认定事实不当的部分,认定事实没有错误的,可以只肯定一句"对……事实的认定无异议"即可。突出检察院、法院之间争议重点,体现抗诉的针对性。对于共同犯罪案件,也可以作类似处理,即只对原判决(裁定)漏定或错定的部分被告人犯罪事实作重点叙述,对其他被告人的犯罪事实可简写或者不写。同时,应该在论述事实时有针对性地列举证据,说明证据的内容要点及其与犯罪事实的联系。需要注意的是,刑事抗诉书中不能追诉起诉书中没有指控的犯罪事实;如有自首、立功等情节,应在抗诉书中予以论述。

(2)如果法院适用法律不当,主要针对犯罪行为的本质特征,论述应该如何认定行为性质,从而正确适用法律。要从引用罪状、量刑情节等方面分别论述。

(3)如果法院审判程序严重违法,抗诉书应该首先根据刑事诉讼法及有关司法解释,逐个论述原审法院违反法定程序的事实表现,再写明影响公正判决的现实或可能性,最后阐述法律规定的正确诉讼程序。

刑事抗诉书中结论性意见应当简洁、明确。在要求事项部分,应写明"特提出抗诉,请依法判处"。刑事抗诉书尾部署检察院名称并盖检察院印章。对于未被羁押的原审被告人,应在附注部分将住所或居所明确写明。证据目录和证人名单如果与起诉书相同可不另附。

2.审判监督程序适用的刑事抗诉书

审判监督程序适用的刑事抗诉书由首部、原审被告人基本情况、生效判决或裁定概况、对生效判决或裁定的审查意见(含事实认定)、抗诉理由、抗诉决定、尾部、附注组成。

首部要写明所在省(自治区、直辖市)的名称,不能只写地市院名;如果是涉外案件,要注明"中华人民共和国"的字样。

原审被告人基本情况要写明被告人出生日期、住址等;被告人的公民身份号码、户籍地;刑满释放或者假释的具体日期等。

诉讼过程、生效判决或裁定概况部分,如果是一审生效判决或裁定,不仅要写明一审判决或裁定的主要内容,还要写明一审判决或裁定的生效时间。如果是二审终审的判决或裁定,应该分别写明一审和二审判决或裁定的主要内容,此外,还应该写明提起审判监督程序抗诉的原因。

在生效判决或裁定的审查意见(含事实认定)部分,对于原审判决、裁定中认定的事实或新发现的事实、证据,应该作比较详细的介绍。因为检察机关对原判决(裁定)的审查意见,目的是明确指出原判决(裁定)的错误所在,告知再审法院,检察院抗诉的重点是什么,所以这部分要观点鲜明,简明扼要。

要针对事实确有错误、适用法律不当或审判程序严重违法等不同情况述写抗诉理由。

(1)如果法院认定的事实有误,则要针对原审裁判的错误之处,提出纠正意见,强调抗诉的针对性。对于有多节“犯罪事实”的抗诉案件,只叙述原判决(裁定)认定事实不当的部分,认定没有错误的,可以只肯定一句“对……事实的认定无异议”即可。突出检察院、法院之间争议重点,体现抗诉的针对性。对于共同犯罪案件,也可以类似地处理,即只对原判决(裁定)漏定或错定的部分被告人犯罪事实作重点叙述,对其他被告人的犯罪事实可简写或者不写。同时,应该在论述事实时有针对性地列举证据,说明证据的内容要点及其与犯罪事实的联系。需要注意的是,刑事抗诉书中不能追诉起诉书中没有指控的犯罪事实。如有自首、立功等情节,应在抗诉书中予以论述。

(2)如果法院适用法律不当,主要针对犯罪行为的本质特征,论述应该如何认定行为性质,从而正确适用法律。要从引用罪状、量刑情节等方面分别进行论述。

(3)如果法院审判程序严重违法,抗诉书就应该主要根据刑事诉讼法及有关司法解释,逐个论述原审法院违反法定诉讼程序的事实表现,再写明影响公正判决的现实或可能性,最后阐述法律规定的正确诉讼程序。

结论性意见应当简洁、明确。在要求事项部分,应写明“特提出抗诉,请依法判处。”刑事抗诉书尾部署检察院名称并盖检察院印章。

(三)样式

1.适用于提起二审程序的刑事抗诉书

××××人民检察院

刑事抗诉书

(二审程序适用)

××检××诉刑抗〔20××〕×号

×××人民法院以××号刑事判决(裁定)书对被告人×××(姓名)××(案由)一案判决(裁定)……(判决、裁定结果)。本院依法审查后认为(如果是被害人及其法定代理人不服地方各级人民法院第一审的判决而请求人民检察院提出抗诉的,应当写明这一程序,然后再写“本院依法审查后认为”),该判决(裁定)确有错误(包括认定事实有误、适用法律不当、审判程序严重违法),理由如下:

……(根据不同情况,理由从认定事实错误、适用法律不当和审判程序严重违法等几个方面阐述。)

综上所述……(概括上述理由),为维护司法公正,准确惩治犯罪,依照《中华人民共

和国刑事诉讼法》第二百二十八条的规定,特提出抗诉,请依法判处。

此致

________人民法院

×××人民检察院

20××年××月××日

(院印)

附:1.被告人×××现羁押于×××(或者现住×××)

2.其他有关材料

2.适用于审判监督程序的刑事抗诉书

×××人民检察院

刑事抗诉书

(审判监督程序适用)

××检××审刑抗〔20××〕×号

原审被告人……(依次写明姓名、性别、出生年月日、民族、职业、单位及职务、住址、服刑情况。有数名被告人的,依犯罪事实情节由重至轻的顺序分别列出)。

×××人民法院以×××号刑事判决书(裁定书)对被告人×××(姓名)×××(案由)一案判决(裁定)……(写明生效的一审判决、裁定或者一审及二审判决、裁定情况)。经依法审查(如果是被告人及其法定代理人不服地方各级人民法院的生效判决、裁定而请求人民检察院提出抗诉的,或者有关人民检察院提请抗诉的,应当写明这一程序,然后再写"经依法审查"),本案的事实如下:

……(概括叙述检察机关认定的事实、情节。应当根据具体案件事实、证据情况,围绕刑法规定该罪构成要件特别是争议问题,简明扼要地叙述案件事实、情节。一般应当具备时间、地点、动机、目的、关键行为情节、数额、危害结果、作案后表现等有关定罪量刑的事实、情节要素。一案有数罪、各罪有数次作案的,应当依由重至轻或者时间顺序叙述。)

本院认为,该判决(裁定)确有错误(包括认定事实有误、适用法律不当、审判程序严重违法),理由如下:

……(根据情况,理由可以从认定事实错误、适用法律不当和审判程序严重违法等几方面分别论述。)

综上所述……(概括上述理由),为维护司法公正,准确惩治犯罪,依照《中华人民共和国刑事诉讼法》第二百五十四条第三款的规定，对×××法院×××号刑事判决(裁定)书，提出抗诉，请依法判处。

此致

×××人民法院

×××人民检察院

20××年××月××日

(院印)

附：1.被告人×××现服刑于×××(或者现住×××)

2.其他有关材料

(四)文书范例

1.认定事实错误而提起抗诉

××市××区人民检察院
刑事抗诉书

××检诉刑抗〔××××〕×号

××市××区人民法院以(××××)××刑初××号刑事判决书对被告人吴某某涉嫌诈骗罪一案判决：被告人吴某某犯诈骗罪，判处有期徒刑二年，罚金人民币三千元。本院依法审查后认为，该判决认定被告人吴某某有自首情节，判决确有错误，理由如下：

一、根据《刑法》第六十七条第一款的规定：犯罪以后自动投案，如实供述自己的罪行的，是自首。根据1998年《最高人民法院关于处理自首和立功具体应用法律若干问题的解释》如实供述自己的罪行，是指犯罪嫌疑人自动投案后，如实交代自己的主要犯罪事实。根据以上法律规定和司法解释，成立自首中对于“如实供述自己罪行”的要求是“如实交代自己的主要犯罪事实”。

本案中，吴某某的主要犯罪事实是吴某某与同案被告人以诈骗的共同故意前往展会，并事先由吴某某本人提供部分的假货和虚假鉴定证书，在展会中相互分工、配合，由同案被告人经手向被害人出售假货并取得钱款，其他人望风、放哨，事后分赃并逃匿。

以上可见，吴某某的主要犯罪事实包括参与事前谋划、准备犯罪工具，分工配合，事后分赃并逃匿，参与整个犯罪过程以及中心环节。

二、本案中吴某某未如实供述自己的主要犯罪事实。吴某某在主动投案后，第一次供述以及之后在侦查机关的所有供述均只承认事后接受同去展会人员给予的B货销售

款，同时未陈述事前存在合意，对自己携带虚假证明材料、准备假货、分工配合等关键行为未予交代，在前两次法庭审理过程中也拒不承认自己参与实施犯罪，只在最后一次庭审过程中才勉强承认自己在共同犯罪中的作用，认罪态度始终不好，始终存在回避自己的责任，未主动陈述自己在犯罪中的主要行为和作用。

三、诈骗罪是以非法占有为目的，虚构事实，骗取他人财物，数额较大的行为。吴某某的供述不承认自己以非法占有为目的，也不承认自己存在虚构事实骗取当事人钱款的行为，可见，吴某某对于成立犯罪的构成要件的各个部分均没有如实供述。同时本案系共同犯罪，共同犯罪需要在主观上达成合意，行为上相互配合，共同追求犯罪结果才能成立。吴某某的供述始终只对事后接受钱款如实供述，但对于事前卖假货的合意、提供假货和如何配合完成犯罪行为拒不供述，不符合本案共同犯罪的成立条件，与判决书认定的共同犯罪相矛盾。

综上，吴某某到案后未如实供述自己在共同犯罪中的主要犯罪事实和作用，不符合自首的成立条件。

另外，判决书最后认为自首，积极退赃，故对被告人吴某某从轻处罚，但是却判决被告人吴某某有期徒刑二年，本案属于数额巨大，从轻处罚应当判处三年以上十年以下有期徒刑，量刑不当。

综上所述，××市××区人民法院(××××)××刑初××号刑事判决书存在错误论证，导致认定被告人吴某某有自首情节的错误结论，同时在判决书论证中表述为对其从轻处罚，却在判处刑期中对其减轻处罚，量刑畸轻，系法律适用错误。为维护司法公正，准确惩治犯罪，依照《中华人民共和国刑事诉讼法》第二百一十七条的规定，特提出抗诉，请依法判处。

此致

××市第三中级人民法院

×××人民检察院(院印)
××××年××月××日

附：被告人吴某某现羁押于××市××区看守所。

2.适用法律不当，未追缴作案工具而提起抗诉

××市××区人民检察院

刑事抗诉书

××检诉刑抗〔××××〕×号

××市××区人民法院以(××××)××刑初××号刑事判决书对被告人刘某某

涉嫌寻衅滋事罪一案判决：被告人刘某某犯寻衅滋事罪，判处有期徒刑八个月，责令被告人刘某某退赔谭某某人民币二千元。本院依法审查后认为，该判决在认定我院起诉的寻衅滋事事实中，未对被害人被强行拿走的手机进行依法追缴，确有错误，理由如下：

被告人刘某某于××××年××月××日××时许，在B市C区××乡××小区××号内，逞强耍横，强行将被害人谭某某（男，41岁，河南省人）的现金人民币2000元及酷派牌移动电话一部拿走，被害人讨要钱财及手机未果并遭被告人刘某某殴打。截至案发，被告人刘某某尚未将强行拿走的酷派牌移动电话归还。原审判决未对上述酷派牌移动电话进行追缴。

综上所述，××市××区人民法院（××××）××刑初××号刑事判决书存在错误。根据《中华人民共和国刑法》第六十四条之规定，犯罪分子违法所得的一切财物，应当予以追缴或责令退赔；对被害人的合法财产，应当及时返还；违禁品和供犯罪所用的本人财物，应当予以没收。没收的财物和罚金，一律上缴国库，不得挪用和自行处理。为维护司法公正，准确惩治犯罪，依照《中华人民共和国刑事诉讼法》第二百一十七条的规定，特提出抗诉，请依法判处。

此致

××市中级人民法院

××××人民检察院（院印）

××××年××月××日

附：被告人刘某某现羁押于××市××区看守所。

第三节　民事、行政、公益诉讼检察法律文书制作

一、民事抗诉书

（一）概念

民事抗诉书，是人民检察院对人民法院已经发生法律效力的民事判决、裁定，依据《民事诉讼法》第200条、第208条的规定，认为符合抗诉条件，按照审判监督程序提出抗诉，要求再审予以纠正时所制作的文书。本文书是检察机关对民事诉讼实行法律监督的重要载体。

民事抗诉书根据《民事诉讼法》第200条、第208条第1款，《人民检察院民事诉讼监督规则（试行）》第91条、第92条的规定制作。人民检察院对生效民事判决、裁定、调解书向人民法院提出抗诉时使用。

根据《民事诉讼法》第208条的规定，最高人民检察院对各级人民法院已经发生法律效力的判决、裁定，上级人民检察院对下级人民法院已经发生法律效力的判决、裁定，发现有本法第200条规定情形之一的，或者发现调解书损害国家利益、社会公共利益的，应当提出抗诉。地方各级人民检察院对同级人民法院已经发生法律效力的判决、裁定，发现有本法第200条规定情形之一的，或者发现调解书损害国家利益、社会公共利益的，可以向同级人民法院提出检察建议，并报上级人民检察院备案；也可以提请上级人民检察院向同级人民法院提出抗诉。各级人民检察院对审判监督程序以外的其他审判程序中审判人员的违法行为，有权向同级人民法院提出检察建议。根据《民事诉讼法》第200条的规定，当事人的申请符合下列情形之一的，人民法院应当再审：(1)有新的证据，足以推翻原判决、裁定的；(2)原判决、裁定认定的基本事实缺乏证据证明的；(3)原判决、裁定认定事实的主要证据是伪造的；(4)原判决、裁定认定事实的主要证据未经质证的；(5)对审理案件需要的主要证据，当事人因客观原因不能自行收集，书面申请人民法院调查收集，人民法院未调查收集的；(6)原判决、裁定适用法律确有错误的；(7)审判组织的组成不合法或者依法应当回避的审判人员没有回避的；(8)无诉讼行为能力人未经法定代理人代为诉讼或者应当参加诉讼的当事人，因不能归责于本人或者其诉讼代理人的事由，未参加诉讼的；(9)违反法律规定，剥夺当事人辩论权利的；(10)未经传票传唤，缺席判决的；(11)原判决、裁定遗漏或者超出诉讼请求的；(12)据以作出原判决、裁定的法律文书被撤销或者变更的；(13)审判人员审理该案件时有贪污受贿，徇私舞弊，枉法裁判行为的。

民事抗诉书在决定抗诉之日起15日内连同检察卷宗发送同级人民法院，如果是下级人民检察院提请抗诉的案件，应同时将民事抗诉书发送下级人民检察院。该文书要加盖人民检察院印章。

(二)样式

××××人民检察院

民事抗诉书

×检民监〔20××〕×号

(第一部分：写明案件来源)

当事人申请监督的表述为：×××(申请人)因与×××(其他当事人)××(案由)纠纷一案，不服××人民法院×号民事判决(裁定或调解书)，向本院申请监督。[下级人民检察院提请抗诉的表述为：×××(申请人)因与×××(其他当事人)××(案由)

纠纷一案，不服××人民法院×号民事判决（裁定或调解书），向××人民检察院申请监督，该院提请本院抗诉。]本案现已审查终结。

[检察机关依职权发现的表述为：×××（一审原告）与×××（一审被告）××（案由）纠纷一案，××人民法院（此处指作出生效裁判、调解书的法院）作出了×号民事判决（裁定或调解书）。本院依法进行了审查。

下级人民检察院提请抗诉的表述为：×××（一审原告）与×××（一审被告）××（案由）纠纷一案，××人民法院（此处指作出生效裁判、调解书的法院）作出了×号民事判决（裁定或调解书），××人民检察院提请本院抗诉。本案现已审查终结。]

（第二部分：写明诉讼过程和法院历次审理情况）

××年××月×日，×××（以下简称××）起诉至××人民法院，……（简要写明一审原告的诉讼请求，被告提出反诉的，简要写明反诉请求）。

××人民法院于××年××月×日作出×号民事判决（裁定）。该院一审查明，……。该院一审认为，……。判决（裁定）：……。

××不服一审判决（裁定），向××人民法院提起上诉，……（简要写明上诉请求）。

××人民法院于××年××月×日作出×号民事判决（裁定或调解书）。该院二审查明，……（如二审法院查明的事实与一审法院一致，可简写。如“确认了一审法院认定的事实”或“与一审法院查明的事实一致”）。该院二审认为，……。判决（裁定）：……。

××不服二审判决（裁定或调解书），向××人民法院申请再审，……（简要写明再审请求）。

人民法院驳回再审申请或逾期未对再审申请作出裁定的表述为：××人民法院于××年××月×日作出×号裁定驳回再审申请或××人民法院逾期未对再审申请作出裁定。××向检察机关申请监督。

人民法院作出再审判决、裁定或调解书的表述为：××人民法院于××年××月×日作出×号民事判决（裁定或调解书）。该院再审查明，……（如查明的事实与前一审一致，可简写）。该院再审认为，……。判决（裁定）：……。

××不服再审判决（裁定或调解书），向检察机关申请监督。

（第三部分：写明检察机关审查认定的事实）

……（如与作出生效裁判、调解书的法院认定事实一致的，写明“本院审查认定的事实与××人民法院认定的事实一致”；如与作出生效裁判、调解书的法院认定事实不一致的，写明分歧和依据，所作的调查核实工作一并写明，如对……问题进行了调查、委托鉴定、咨询等。）

（第四部分：写明抗诉理由和依据）

本院认为，××人民法院×号民事判决（裁定或调解书）……（概括列明生效民事裁判、调解书存在哪些法定监督的情形，应根据《中华人民共和国民事诉讼法》第二百条或

第二百零八条第一款规定的情形进行概括)。理由如下:

……(此段结合检察机关审查认定的事实,依照法律、法规及司法解释相关规定,详细论述抗诉的理由和依据。说理要有针对性,引用法律、法规和司法解释时应当准确、全面、具体。)

综上所述,××人民法院×号民事判决(裁定或调解书)……(概括列明生效民事裁判、调解书存在哪些法定监督的情形)。(经检察委员会讨论的,写明:经本院检察委员会讨论决定,)根据《中华人民共和国民事诉讼法》第二百条第×项、第二百零八条第一款的规定,特提出抗诉,请依法再审。

此致

××人民法院

20××年××月×日

(院　印)

附:检察卷宗×册。

(三)文书范例

福建省人民检察院

民事抗诉书

闽检民(行)监〔2016〕35000000095号

刘某华与杨某华、厦门大学附属中山医院侵权责任纠纷一案,因不服厦门市中级人民法院〔2014〕厦民终字第1号民事判决,向厦门市人民检察院申请监督。该院提请本院抗诉,本案现已审查终结。

2012年1月4日,刘某华向厦门市湖里区人民法院提起诉讼,请求判令厦门大学附属中山医院(以下简称中山医院)、杨某华连带赔偿医疗费100500.36元、护理费8540元、住院伙食补助费4320元、营养费5000元、交通费1000元、残疾赔偿金67636.8元、司法鉴定费9300元及精神损害抚慰金10000元,共计206297.16元。

厦门市湖里区人民法院于2013年8月2日作出〔2012〕湖民初字第378号民事判决。该院一审查明:

一、2009年12月13日8时许,杨某华与刘某华在厦门市湖里区海天路×××号的楼道因琐事发生纠纷,杨某华徒手推倒了刘某华,刘某华的丈夫王某林因此打了杨某华两巴掌。

二、刘某华被杨某华推倒后，到中山医院湖里综合外科就诊。当日，刘某华在中山医院的X线报告单(片号66915)意见为:L4椎体纵形骨折;L3椎体可疑压缩性骨折;腰椎退行性变、骨质疏松;胸肋骨未见明显骨折等。刘某华于当日在中山医院湖里综合外科住院治疗，入院诊断为:(1)腰3、4椎体骨折;(2)胸前软组织挫伤;(3)腰椎退行性变;(4)高血压病2级;(5)Ⅱ型糖尿病。2009年12月21日，中山医院对刘某华行腰3、4椎体CT平扫检查。2009年12月22日，刘某华的腰3、4椎体CT平扫检查报告单载明(片号92237041):初步诊断腰3、4椎体退行性改变，未见明确骨折征象。刘某华住院治疗至2009年12月29日出院，出院记录上载明出院诊断为:(1)腰背部、胸前软组织挫伤;(2)腰椎退行性变;(3)高血压病2级;(4)Ⅱ型糖尿病;住院经过为:入院后予卧床休息及促进骨折愈合、止痛等处理，监测血压、血糖，完善相关检查;病情转归为:治愈。该次住院刘某华共花费医疗费用2659.21元。

三、2010年1月7日，就上述纠纷，杨某华与王某林在厦门市公安局湖里分局湖里派出所的调解下，达成如下治安调解协议:

(1)双方当面赔礼道歉;(2)杨某华一次性赔付给刘某华医疗费等费用2000元，并已支付;(3)双方不得再因此事向对方追究其他责任或索要其他任何赔偿。杨某华、王某林分别在上述协议上签名。

四、2010年10月30日，刘某华以“发现血糖升高6年”到中山医院湖里综合内科住院治疗，入院诊断为“2型糖尿病，并发;大血管病变;高血压(3级，板高危);高脂血症(混合型);左侧腘窝囊肿”。在住院期间的各项检查中，2010年11月13日刘某华的腰椎MRI检查显示:腰椎退行性改变，并L4椎体压缩性改变、L4/5椎间盘突出。2010年11月24日，刘某华的病历记载，外伤性腰4椎骨折及椎间盘突出症(陈旧性)，拟手术治疗颈后入路、减压、植骨及内固定术。2010年11月25日中山医院复习刘某华腰3、4椎体平扫旧片(2009年12月21日)，初步诊断:(1)腰4椎体骨折;(2)腰3、4椎体退行性改变。刘某华在中山医院湖里综合内科住院治疗至2010年11月30日出院，出院记录中的住院经过载明:患者入院后予降糖、降压、改善微循环、营养神经，并配合针灸、理疗及对症等治疗，病情有所好转，血糖、血压平稳，但仍有右下肢酸痛，考虑与“L4椎体压缩性改变、L4/5椎间盘突出”有关，需行骨科手术治疗以进一步改善等;出院医嘱载明:门诊随诊，监测血压、血糖，门诊复查血常规、血脂及尿酸，骨科进一步治疗L4椎体压缩性改变等。刘某华该次住院共计31天，医疗费用为10818.42元，其中个人医疗账户支付1393.7元，统筹基金支付9424.72元。

五、2011年2月23日，刘某华到一七四医院骨科住院治疗。经诊断:刘某华腰4椎体陈旧性骨折;腰4—5椎间盘突出;腰椎管狭窄;高血压;糖尿病。2011年3月4日，一七四医院在刘某华全身麻醉下行腰椎管切开减压+椎体间植骨融合内固定术。刘某华住院治疗至2011年4月6日出院，出院医嘱为:带药;定期复查，门诊随访;出院后继续

卧床休息;不适随访。刘某华该次住院共计41天,医疗费用为88895.94元,其中个人医疗账户支付204.88元、统筹基金支付38024.05元、个人支付50667.01元。

六、2011年7月30日及2011年8月6日,刘某华两次到一七四医院复诊检查,分别花费医疗费170元、353元。

七、2011年9月6日,刘某华向湖里区人民法院起诉杨某华(〔2011〕湖民初字第3429号案件),请求判令杨某华赔偿各项损失。湖里区人民法院在审理该案过程中,依法委托福建鼎力司法鉴定中心厦门分所进行相关鉴定。2011年12月9日,福建鼎力司法鉴定中心厦门分所作出〔2011〕临鉴字第700号《关于刘某华伤残等级等的鉴定意见》,鉴定意见为:(1)刘某华住院进行腰椎骨折手术与"L4椎体纵形骨折及L3椎体可疑压缩性骨折"存在直接因果关系,外伤参与度为100%;(2)刘某华的伤残等级评定为IX(九)级伤残;(3)刘某华从一七四医院出院后的护理依赖程度评定为部分依赖护理;(4)刘某华出院后的护理期限评定为100天。刘某华为此花费鉴定费3000元。刘某华于2011年12月19日申请撤诉,湖里区人民法院作出〔2011〕湖民初字第3429号民事裁定,准予刘某华撤回起诉。

八、2012年1月4日,刘某华再次向湖里区人民法院起诉杨某华(〔2012〕湖民初字第375号),请求判令杨某华赔偿医疗费、住院伙食补助费、营养费、护理费、交通费、残疾赔偿金、后续医疗费、司法鉴定费、精神损害抚慰金185015.76元。同日,刘某华向湖里区人民法院起诉中山医院、中山医院湖里分院(〔2012〕湖民初字第378号),向中山医院、中山医院湖里分院提出相同诉求。2012年2月10日,因中山医院表示中山医院湖里分院无独立法人资格、中山医院湖里分院的权利义务由中山医院承担,刘某华撤回对中山医院湖里分院的起诉。2012年2月14日,湖里区人民法院作出〔2012〕湖民初字第375号民事裁定书,将〔2012〕湖民初字第375号案件并入〔2012〕湖民初字第378号案件合并审理。

九、本案审理过程中,湖里区人民法院依法委托福建正泰司法鉴定中心鉴定如下事项:(1)中山医院(2009年12月13日至2009年12月29日)对刘某华的诊疗行为进行医疗过错鉴定;(2)中山医院的医疗过错与刘某华损害后果的关联性及参与度进行鉴定。2013年3月15日,福建正泰司法鉴定中心作出正泰司鉴〔2012〕法临鉴字第338号《法医临床司法鉴定意见书》,鉴定意见为中山医院在对刘某华的"腰4椎体骨折"的诊断、治疗中存在医疗过失,其上述医疗过失与刘某华的腰4椎体压缩性骨折演变为椎体粉碎性骨折的损害后果之间存在直接因果关系,参与度为60%—70%。刘某华为此花费鉴定费6300元。

十、刘某华系厦门市常住人口。

该院认为,本案各方当事人争议的焦点为:刘某华因本案事故造成的损失及赔偿责任承担。

一、刘某华因本案事故造成的损失

本案中，刘某华主张其三次住院治疗、两次复诊，但其2010年10月30日至2010年11月30日在中山医院湖里综合内科住院系治疗糖尿病、高血压等自身内科疾病，该次住院治疗的病患与本案事故不具有关联性，因此对刘某华该次住院的医疗费用及其他费用不予认可。2009年12月13日刘某华被杨某华推倒致使腰部受伤后，于2009年12月13日至2009年12月29日期间在中山医院湖里综合外科住院治疗、2011年2月23日至2011年4月6日在一七四医院骨科住院治疗及2011年7月30日、2011年8月6日在一七四医院的复诊，均与本案事故具有关联性。由于刘某华未主张其2009年12月13日至2009年12月29日期间在中山医院湖里综合外科住院治疗产生的相关费用，该院对其2011年2月23日至2011年4月6日在一七四医院骨科住院手术治疗、两次复诊的相关费用及其损害后果造成的相关损失分析并认定如下：

(一)医疗费

刘某华主张，其2011年2月23日至2011年4月6日在一七四医院骨科住院治疗花费医疗费89158.94元，2011年7月30日及2011年8月6日在一七四医院的复诊花费医疗费523元，并提供病人费用清单一份、厦门市医疗机构住院收费专用票据一份(金额为88895.94元，其中个人医疗账户支付204.88元、统筹基金支付38024.05元、个人支付50667.01元)、购买卫生垫的收款收据一份(金额为33元)、购买护腰的发票一份(金额为80元)、出院后使用救护车的发票一份(金额为150元)；厦门市医疗机构门诊收费专用票据两份(金额分别为170元及353元，合计523元)。

经分析认为，根据一七四医院的出院记录，刘某华在一七四医院住院主要治疗的是腰4椎体陈旧性骨折，且其医疗费中统筹基金支付的部分系刘某华参加医疗保险的结果，因此，对刘某华在一七四医院住院治疗花费的医疗费88895.94元予以确认。杨某华、中山医院对刘某华上述费用的关联性提出异议，但未提供充分的证据，故不予采信。杨某华、中山医院对刘某华在一七四医院复诊的医疗费用523元无异议，对此可予以确认。刘某华的伤在腰部，其购买卫生垫、护腰系因病情所需，因此对刘某华购买卫生垫33元及护腰80元的费用予以确认。救护车系急救所用，刘某华出院使用救护车并无医嘱，因此对刘某华出院后使用救护车的费用150元不予认可。综上，刘某华的医疗费用为89531. 94元(88895.94元＋523元＋33元＋80元)。

(二)护理费

刘某华在一七四医院住院治疗41天，福建鼎力司法鉴定中心厦门分所作出的《关于刘某华伤残等级等的鉴定意见》评定，刘某华出院后的护理依赖程度评定为部分依赖护理、护理期限为100天。根据厦门地区的实际情况，刘某华主张住院期间的护理费以70元/天、出院后的护理费以35元/天的标准计算属合理范围，可予以照准。因此，刘某华的护理费为6370元(70元/天×41天＋35元/天×100天)。

(三)住院伙食补助费

刘某华在一七四医院住院治疗41天,参照厦门市国家机关一般工作人员的出差伙食补助60元/天的标准,住院伙食补助费为2460元(41天×60元/天)。

(四)营养费

刘某华虽未提供医疗机构建议加强营养的证明,但根据刘某华构成九级伤残,且系老年人的实际情况,刘某华主张营养费5000元属合理范围,可予以确认。

(五)交通费

刘某华在一七四医院住院治疗41天及两次复诊必然产生交通费用,刘某华主张交通费1000元属合理范围,对此可予以确认。

(六)残疾赔偿金

根据最高人民法院《关于审理人身损害赔偿案件适用法律若干问题的解释》第二十五条的规定,残疾赔偿金根据受害人丧失劳动能力程度或者伤残等级,按照受诉法院所在地上一年度城镇居民人均可支配收入或者农村居民人均纯收入标准,自定残之日起按二十年计算。但六十周岁以上的,年龄每增加一岁减少一年;七十五周岁以上的,按五年计算。2011年12月9日经福建鼎力司法鉴定中心厦门分所鉴定,刘某华构成九级伤残。刘某华出生于1940年11月16日,其定残时年龄为71周岁;2012年度厦门市城镇居民可支配收入为37576元。因此,刘某华的残疾赔偿金为67636.8元(37576元/年×20% ×9年)。

(七)鉴定费

福建鼎力司法鉴定中心厦门分所、福建正泰司法鉴定中心对刘某华进行了相关鉴定,刘某华为此共支付了鉴定费9300元,并提供了相应的票据,对此应予确认。

(八)精神损害抚慰金

精神损害赔偿的性质是对精神损害的物质赔偿,在一定程度上抚慰受害人的精神痛苦,使其痛苦得到一定程度的缓解的财产赔偿。根据刘某华九级伤残的损害后果,其主张精神损害抚慰金10000元属合理范围,故予以确认。

综上,刘某华因本案事故造成的损失为:医疗费89531.94元、护理费6370元、住院伙食补助费2460元、营养费5000元、交通费1000元、残疾赔偿金67636.8元、鉴定费9300元,合计181298.74元,以及精神损害抚慰金10000元。

二、赔偿责任承担问题

根据福建鼎力司法鉴定中心厦门分所的鉴定意见,刘某华在一七四医院住院进行腰椎骨折手术与"L4椎体纵形骨折及L3椎体可疑性压缩性骨折"存在直接因果关系,外伤参与度为100%。根据福建正泰司法鉴定中心的鉴定意见,中山医院在对刘某华"腰4椎体骨折"的诊断、治疗中存在医疗过失,其上述医疗过失与刘某华的腰4椎体压缩性骨折演变为椎体粉碎性骨折的损害后果之间存在直接因果关系。从上述鉴定意见可以看出，2009年12月13日杨某华推倒刘某华后，导致刘某华的腰4椎体骨折，而中山医院在对刘某华的腰4椎体骨折的诊断、治疗中存在医疗过失，杨某华、中山医院二者的行为间接结合发生了最后造成刘某华在一七四医院手术治疗腰4椎体陈旧性骨折并构成伤残九级的损害后果。但由于杨某华与中山医院并不存在共同故意或者共同过失，故依法应当根据过失大小或者原因力比例各自承担相应的赔偿责任。

（一）中山医院应承担的赔偿责任

根据福建正泰司法鉴定中心的鉴定意见，中山医院对刘某华的诊断、治疗中存在的医疗过失与刘某华的损害后果之间存在直接因果关系，参与度为60%—70%，因此，中山医院对刘某华因此造成的经济损失应承担70%的赔偿责任，即应赔偿刘某华126909.12元（181298.74元×70%），且根据本案的实际情况，中山医院对刘某华的精神损害抚慰金应承担7000元的赔偿责任，故中山医院合计应赔偿刘某华133909.12元。

（二）杨某华应承担的赔偿责任

杨某华推倒刘某华导致刘某华受伤住院，杨某华对此承担相应的赔偿责任。但在刘某华出院后，刘某华的丈夫王某林与杨某华于2010年1月7日在厦门市公安局湖里分局湖里派出所的调解下达成治安调解协议，由杨某华一次性赔付刘某华医疗费等费用2000元（已支付），并明确双方不得再因此事向对方追究其他责任或索要其他任何赔偿。上述协议系在公安机关的调解下达成，刘某华虽未在上述协议上签名，但根据常理，王某林因其妻子刘某华受伤寻求公安机关解决纠纷，杨某华有理由相信王某林是有代理权的，刘某华理应知道其丈夫代表其与杨某华达成治安调解协议的情况，且此后一年多的时间里，刘某华亦从未向杨某华提出过异议，故应视为刘某华同意王某林与杨某华达成的治安调解协议，该调解协议为有效协议。刘某华以其本人未签字为由主张该协议未生效没有事实及法律依据。上述协议签订后，刘某华于2010年11月发现其实际造成了骨折并需转骨科进一步治疗的后果，又于2010年11月23日至2011年4月6日在一七四医院住院进行了手术治疗。虽然，刘某华于2011年9月6日起诉杨某华，但刘某华从未提出过撤销上述协议中关于赔偿内容的诉求。由于刘某华在知道撤销事由之日起一年内没有行使撤销权，其撤销权消灭。在上述协议有效的情况下，刘某华要求杨某华承担赔偿责任没有法律依据，故不予支持。

综上所述，公民享有生命健康权，任何人不得侵害。根据《中华人民共和国民法通则》第六十六条第一款、第九十八条、第一百零六条第二款、第一百一十九条，《中华人民共和国合同法》第四十九条、第五十四条、第五十五条，最高人民法院《关于审理人身损害赔偿案件适用法律若干问题的解释》第一条、第三条第二款、第十二条、第十七条第一、二款、第十八条第一款、第十九条、第二十一条、第二十二条、第二十三条、第二十四、第十五条、第三十五条，《中华人民共和国民事诉讼法》第六十四条第一款的规定，判决：一、厦门大学附属中山医院应于本判决生效之日起十日内，赔偿刘某华医疗费、护理费、

住院伙食补助费、营养费、交通费、残疾赔偿金、司法鉴定费、精神损害抚慰金共计133909.12元;二、驳回刘某华的其他诉讼请求。

刘某华不服,向厦门市中级人民法院提出上诉。

刘某华上诉称:(一)王某林系治安调解协议所涉案件的当事人之一,其签名仅表明其个人对调解协议内容的认可,与刘某华无关。因刘某华没有签字,故该份调解协议未经各方当事人签字,没有发生法律效力,显然不能约束刘某华。(二)王某林系以自己的名义在调解协议上签字,不能构成表见代理,该代理行为对被代理人刘某华不发生法律效力。综上,原审判决认定事实及适用法律错误,请求二审撤销原审判决,改判杨某华承担刘某华经济损失206297.16元的30%,计61889.15元。

厦门市中级人民法院于2014年3月20日作出〔2014〕厦民终字第1号民事判决。

该院二审查明,对原审查明的事实,除刘某华认为其与杨某华并没有真正达成调解协议,调解协议存在签名和送达的问题,杨某华认为病历不能作为证据材料,刘某华没有"腰4椎体骨折"外,各方当事人对其他事实均未提出异议,该院对当事人没有异议的事实予以确认。此外,对原审认定的各项赔偿金额,刘某华和中山医院均表示无异议。

该院认为,刘某华的伤情和病因有医疗病历和鉴定结论为据,予以采信。根据《中华人民共和国民法通则》第六十六条的规定,本人知道他人以本人名义实施民事行为而不作否认表示的,视为同意。在本案中,刘某华对王某林与杨某华在厦门市公安局湖里分局湖里派出所进行调解,杨某华经调解同意支付刘某华2000元医疗费的事实是清楚的。上述事实发生后,刘某华并没有即时提出异议,原审据此认定讼争的调解协议是有效的,符合相关法律规定,该院予以确认。刘某华主张王某林没有代理权,讼争调解协议未经其签字认可没有发生法律效力,与查明事实和法律规定不符,该院不予支持。此外,原审针对刘某华和中山医院的医疗损害纠纷所作判决,有关当事人均未提出异议,应予维持。综上所述,原审判决认定事实基本清楚,适用法律正确,应予以维持。依照《中华人民共和国民事诉讼法》第一百七十条第一款第一项之规定,判决如下:驳回上诉,维持原判。

刘某华不服二审判决,向福建省高级人民法院申请再审。主要理由:(一)刘某华之夫王某林在调解协议上签字并不当然使该调解协议对刘某华产生约束力,王某林在调解协议上签字仅表明其个人对调解协议内容的认可,与刘某华无关。(二)王某林在调解协议上签字的行为并不是代理行为,也不属于《中华人民共和国民法通则》第六十六条规定的"他人以本人名义实施民事行为"的情形,一、二审认定事实和适用法律存在错误。(三)刘某华并未收执该份调解协议,且刘某华知悉该份调解协议前已向湖里区人民法院提起民事诉讼,因此,调解协议对刘某华无约束力。

福建省高级人民法院于2015年8月20日作出〔2015〕闽民申字第624号民事裁定。

该院认为:(一)根据《中华人民共和国合同法》第四十九条的规定"行为人没有代理

权、超越代理权或者代理权终止后以被代理人名义订立合同，相对人有理由相信行为人有代理权的，该代理行为有效”。从本案的事实上看，2010 年 1 月 7 日，在刘某华已出院，王某林作为刘某华的丈夫，在厦门市公安局湖里分局湖里派出所与杨某华达成治安调解协议，由杨某华一次性赔付刘某华医疗费等费用 2000 元(已支付完毕)，并明确双方不得再因此事向对方追究其他责任或索要其他任何赔偿。上述协议系在公安机关的调解下达成。从治安调解协议看，其中所列的当事人包括“刘某华、王某林”，故可以认定王某林系以刘某华的名义签订该协议。王某林与刘某华二人本为夫妻而互有家事代理权，且鉴于协议系在刘某华因伤住院治疗于 2009 年 12 月 29 日出院之后的 2010 年 1 月 7 日签订之事实，公安机关与协议对方当事人即杨某华有充分理由相信王某林有代刘某华签订协议的代理权，故该院认为王某林签订该协议属于表见代理，对刘某华具有约束力。此外，基于王某林与刘某华的夫妻关系，可以推定刘某华是知晓并同意协议内容的。(二)本案事件发生在 2009 年 12 月 13 日，刘某华最早于 2011 年 9 月 6 日起诉杨某华，此时距离本案事件发生已超过一年。刘某华在该诉状中并未提出撤销上述协议中关于赔偿内容的诉求。由于刘某华在知道撤销事由之日起一年内没有行使撤销权，因此应认定刘某华的撤销权已消灭。在上述协议有效的情况下，刘某华要求杨某华承担赔偿责任没有法律依据，故一、二审未予支持，并无不当。

综上，刘某华的再审申请不符合《中华人民共和国民事诉讼法》第二百条第二项、第六项规定的情形。依照《中华人民共和国民事诉讼法》第二百零四条第一款之规定，裁定：驳回刘某华的再审申请。

刘某华不服，向检察机关申请监督。

本院认为，厦门市中级人民法院〔2014〕厦民终字第 1 号民事判决以刘某华没有对《治安调解协议书》行使撤销权为由，对刘某华要求杨某华承担赔偿责任的诉讼请求不予支持，判决适用法律确有错误。理由如下：

一、杨某华侵权事实清楚，应承担损害赔偿责任

根据福建鼎力司法鉴定中心厦门分所、福建正泰司法鉴定中心所做的鉴定，湖里区人民法院一审查明并认定，2009 年 12 月 13 日杨某华推倒刘某华后，导致刘某华腰 4 椎体骨折；中山医院在对刘某华腰 4 椎体骨折的诊断、治疗中存在医疗过失，杨某华、中山医院二者的行为间接结合导致刘某华腰 4 椎体陈旧性骨折并构成九级伤残的损害后果。湖里区人民法院同时认定，刘某华因本案事故造成的损失为 181298.74 元，精神损害抚慰金为 10000 元。杨某华与刘某华因琐事发生纠纷，杨某华推倒刘某华并造成其人身受到伤害，本案侵权事实清楚，杨某华应当对刘某华遭受的损害承担相应的民事赔偿责任。

二、2010 年 1 月 7 日杨某华与王某林达成《治安调解协议书》是基于中山医院的误诊，刘某华并未丧失就后续治疗费用要求杨某华承担赔偿责任的权利

2009年12月13日刘某华被杨某华推倒后，在中山医院住院治疗至2009年12月29日出院，中山医院诊断结论为“未见明确骨折征象”，刘某华共花费医疗费用2659.21元。经厦门市公安局湖里派出所调解，双方于2010年1月7日签订讼争《治安调解协议书》，杨某华一次性赔付给刘某华医疗费等费用2000元。该《治安调解协议书》系厦门市公安局湖里派出所在刘某华已治愈出院、未见明显骨折、仅花费医疗费用2659.21元的前提下，主持双方调解达成的，公安机关并没有对当时尚未发现的骨折伤情进行调解处理。此后，刘某华于2010年11月25日经中山医院影像复查发现其腰4椎体骨折，并于2011年2月23日到一七四医院住院手术治疗，花费医疗费用89531.94元。因此，《治安调解协议书》系在2009年12月13日至12月29日刘某华首次住院及中山医院误诊的基础上作出的，协议第三条“双方不得再因此事向对方追究其他责任或索要其他任何赔偿”系双方当事人针对这期间的损害后果达成的，对此后新发现的腰椎骨折伤情以及手术治疗费用的赔偿等问题双方并没有达成协议，《治安调解协议书》对后续发生的损害赔偿纠纷不具有约束力。

同时，在2009年12月13日事发当日，厦门市公安局湖里派出所即对该案进行治安调解，形成《现场治安调解协议书》一份，载明甲方(王某林)乙方(杨某华)双方达成协议:“甲方乙方共同到湖里医院治疗刘某华受伤情况，刘某华伤与今日之事无关则双方和调无事，若刘某华因今天摔倒致新伤，则治疗费用由乙方负担(含第一次叫120车的费用)，乙方参与刘某华治疗过程，如需进一步治疗双方再协商如何治疗。”双方明确刘某华进一步治疗问题应双方协商解决，治疗费用由杨某华承担。因此，刘某华有权要求杨某华赔偿后续治疗费用。

三、退一步讲，即使《治安调解协议书》对协议订立时尚未发生的损害后果具有约束力，刘某华在知道中山医院误诊事实后一年内向人民法院起诉，应视为行使了撤销权，其诉讼请求依法应得到支持

刘某华在2010年11月得知中山医院误诊、其腰4椎体骨折后，于2011年9月6日向湖里区人民法院提起民事诉讼(〔2011〕湖民初字第3429号案件)，请求判令杨某华赔偿各项损失。刘某华在知道撤销事由后一年内起诉杨某华的行为，实质上否定了《治安调解协议书》中关于“双方不得再因此事向对方追究其他责任或索要其他任何赔偿”的规定，应视为其已依法行使撤销权，根据《中华人民共和国合同法》第五十五条第一项的规定，刘某华的撤销权并未消灭，其要求杨某华承担赔偿责任的诉讼请求应当得到支持。湖里区人民法院在审理该案过程中行使释明权，告知刘某华本案存在医疗事故与人身损害相结合的因素，建议对医疗事故部分先作认定，但湖里区人民法院却从未告知刘某华应当对《治安调解协议书》单独提起撤销之诉，刘某华重新起诉后，湖里区人民法院又以刘某华未行使撤销权为由对其要求杨某华承担赔偿责任的诉讼请求不予支持，厦门市中级人民法院〔2014〕厦民终字第1号民事判决予以维持，将湖里区人民法院不

正确行使释明权的法律后果判由刘某华承担，既违反了法律规定，又对当事人显失公平。

综上，厦门市中级人民法院〔2014〕厦民终字第1号民事判决存在适用法律错误的情形，根据《中华人民共和国民事诉讼法》第二百条第六项、第二百零八条第一款的规定，特提出抗诉，请依法再审。

此致

福建省高级人民法院

福建省人民检察院

2017年3月10日[①]

二、行政检察法律文书

行政抗诉书，是人民检察院对人民法院已经发生法律效力的行政判决、裁定，依据《行政诉讼法》第91条、第93条的规定，认为符合抗诉条件，按照审判监督程序提出抗诉，要求再审予以纠正时所制作的文书。该文书是检察机关对行政诉讼实行法律监督的重要载体。制作该文书更应当准确、规范。

根据《行政诉讼法》第93条的规定，最高人民检察院对各级人民法院已经发生法律效力的判决、裁定，上级人民检察院对下级人民法院已经发生法律效力的判决、裁定，发现有本法第91条规定的情形之一，或者发现调解书损害国家利益、社会公共利益的，应当提出抗诉。地方各级人民检察院对同级人民法院已经发生法律效力的判决、裁定，发现有本法第91条规定的情形之一，或者发现调解书损害国家利益、社会公共利益的，可以向同级人民法院提出检察建议，并报上级人民检察院备案；也可以提请上级人民检察院向同级人民法院提出抗诉。各级人民检察院对审判监督程序以外的其他审判程序中审判人员的违法行为，有权向同级人民法院提出检察建议。

根据《行政诉讼法》第91条的规定，当事人的申请符合下列情形之一的，人民法院应当再审：(1)不予立案或者驳回起诉确有错误的；(2)有新的证据，足以推翻原判决、裁定的；(3)原判决、裁定认定事实的主要证据不足、未经质证或者系伪造的；(4)原判决、裁定适用法律、法规确有错误的；(5)违反法律规定的诉讼程序，可能影响公正审判的；(6)原判决、裁定遗漏诉讼请求的；(7)据以作出原判决、裁定的法律文书被撤销或者变更的；(8)审判人员在审理该案件时有贪污受贿、徇私舞弊、枉法裁判行为的。

三、公益诉讼检察法律文书

公益诉讼检察法律文书，是人民检察院就破坏生态环境和资源保护、食品药品安全

① 2017年12月22日，福建省高级人民法院再审采纳了检察机关的抗诉意见，改判杨某华对刘某华的损失承担30%的赔偿责任，赔偿刘某华各类损失费用共计5.7万余元。

领域侵害众多消费者合法权益等损害社会公共利益的行为，向人民法院提起诉讼所制作的法律文书。

《民事诉讼法》第55条规定，对污染环境、侵害众多消费者合法权益等损害社会公共利益的行为，法律规定的机关和有关组织可以向人民法院提起诉讼。人民检察院在履行职责中发现破坏生态环境和资源保护、食品药品安全领域侵害众多消费者合法权益等损害社会公共利益的行为，在没有前款规定的机关和组织或者前款规定的机关和组织不提起诉讼的情况下，可以向人民法院提起诉讼。

第四章
刑事裁判文书

第一节　概　　述

一、概念

刑事裁判文书，是指人民法院在刑事诉讼过程中，依照刑事法律及有关司法解释的规定，为处理案件的实体问题和程序问题而制作的具有法律效力的文书。刑事裁判文书制作的主体，是代表国家行使审判权的人民法院。刑事裁判文书必须依法制作，即依照《刑事诉讼法》《刑法》等法律、司法解释进行制作。刑事裁判文书只适用于人民法院审理的刑事案件，包括公诉案件、自诉案件、刑事附带民事诉讼案件和申请没收违法所得案件。人民法院在刑事诉讼过程中依法制作的文书，在生效后均具有法律效力。

我国早期的刑事裁判文书比较简单，从20世纪50年代的"主文—事实—理由"三段论形式，逐步演化为"事实—理由—判决(主文)"形式。1980年后，文书抬头"人民法院刑事判决"逐步规范为"人民法院刑事判决书"；1990年后，首部的"公诉人"逐步规范为"公诉机关"。1992年6月20日，最高人民法院办公厅下发了《法院诉讼文书样式(试行)》。1999年4月6日，最高人民法院审判委员会讨论通过了《法院刑事诉讼文书样式》(样本)并于同年7月1日起施行。这是最高人民法院为全面贯彻执行刑事诉讼法和刑法，大力推进控辩式审理方式，改革诉讼文书的制作，提高诉讼文书质量而采取的重要措施。2001年6月15日，最高人民法院办公厅颁布了《关于实施〈法院刑事诉讼文书样式〉若干问题的解答》(以下简称《解答》)，为正确理解和执行《法院刑事诉讼文书样式》作出了60条解答。此后刑事诉讼法几经修正，刑法也出台了多个修正案，但《法院刑事诉讼文书样式》及《解答》仍是当前人民法院制作刑事文书格式的法定参照。

二、作用和意义

（一）作用

刑事裁判文书作为人民法院行使刑事审判权的载体，其作用首先在于告知裁判结果，这也是司法实践中案件当事人最为关注的核心问题。其次，刑事裁判文书也有记录审理程序、展现程序正义的重要作用。同时，它还是宣示裁判依据、宣传法治理念的生动教材，文书中的说理部分是整篇文书的灵魂。

（二）意义

刑事裁判文书是展示司法形象的平台，让广大人民群众感受到"看得见的正义"；也是惩罚犯罪、保护人民的法治教育素材，展示出"活的法律"；同时也必然成为体现法官素质和理念的窗口，成为"法官的名片"。文书写作能力对于刑事法官而言其重要性不言而喻，和庭审驾驭能力一样，成为刑事法官职业素养最直观的体现。

三、种类

根据不同的标准，可以对刑事裁判文书作出不同的分类。在司法实践中，从结案方式来看，主要分为刑事判决书、刑事裁定书、决定书、调解书等，同时还有一些以报告、函、笔录等形式存在的其他内部刑事文书。

刑事判决书按照判决结果，可以分为有罪判决书和无罪判决书；按照审理程序，可以分为第一审刑事判决书、第二审刑事判决书、死刑复核刑事判决书和再审刑事判决书，还包括刑事附带民事判决书；按照不同的案件类型，还可以分为单位犯罪案件刑事判决书、未成年人案件刑事判决书、简易程序刑事判决书等；在司法实践中，还出现了为实现案件繁简分流进行探索的表格式刑事判决书等。

刑事裁定书按照审理程序，可以分为第一审刑事裁定书、第二审刑事裁定书、死刑复核刑事裁定书、再审刑事裁定书、执行程序刑事裁定书、没收违法所得裁定书等；第二审刑事裁定书按照裁定结果，又包括维持原判的裁定书、准予撤诉的裁定书和发回重审的裁定书；执行程序刑事裁定书按照内容，又包括减刑、假释裁定书和减免罚金裁定书等。决定书常见的包括强制医疗决定书、暂予监外执行决定书等。

本章根据司法实践中运用的频率及重要性，重点阐述第一审刑事判决书、第二审刑事判决书、刑事裁定书和决定书中的若干主要种类，分析其制作方法并展示相应样式和文书范例。

第二节　第一审刑事判决书

一、概念

第一审刑事判决书，是指人民法院依照刑事诉讼法规定的第一审程序，对审理终结的刑事案件实体问题作出处理决定所制作的具有法律约束力的司法文书。

从起诉主体看，第一审刑事判决书包括公诉案件刑事判决书和自诉案件刑事判决书两大类。从判决结果看，第一审刑事判决书包括有罪判决书和无罪判决书。《刑事诉讼法》第三编第二章对第一审程序作了专章规定。《刑事诉讼法》第200条规定："根据已经查明的事实、证据和有关的法律规定，分别作出以下判决：(一)案件事实清楚，证据确实、充分的，依据法律认定被告人有罪的，应当作出有罪判决；(二)依据法律认定被告人无罪的，应当作出无罪判决；(三)证据不足，不能认定被告人有罪的，应当作出证据不足、指控的犯罪不能成立的无罪判决。"第203条规定："判决书应当由审判人员和书记员署名，并且写明上诉的期限和上诉的法院。"在司法实践中，第一审公诉案件有罪刑事判决书较为常见，以下以此为例进行阐释。

二、内容

第一审刑事判决书的结构模式包括首部、正文、尾部三个部分，正文是核心部分，包括事实和证据、判决理由、判决依据和判决主文。

(一)首部

1.审判主体

判决书上部正中应当写明审判刑事案件的人民法院全称，不能简写，一般与院印保持一致。基层人民法院应当冠以省、自治区、直辖市的名称，涉外案件应当冠以"中华人民共和国"的国名。

2.文书名称

审判主体名称之下应当写明"刑事判决书"或者"刑事附带民事判决书"。附带民事诉讼案件无论附带民事部分是否与刑事部分一并审理，均应当写明"刑事附带民事判决书"。

3.案号

文书名称的下一行右端应当标明案号，包括立案年度、审判主体、案件性质、审判程序及顺序号等信息。2016年1月1日起施行的《最高人民法院关于人民法院案件案号

的若干规定》对此进行了规范。如福建省厦门市中级人民法院2020年立案的第1号一审刑事案件，案号编排应当为"（2020）闽02刑初1号"。

4.控方基本情况

公诉案件应当写明公诉机关全称，直接表述"公诉机关×××人民检察院"作为一段。附带民事诉讼案件还需另起一段，写明附带民事诉讼原告人的自然情况，包括姓名、性别、出生年月日、公民身份号码、民族、户籍地、与被害人的关系等信息。自诉案件应当写明自诉人的自然情况，包括姓名、性别、出生年月日、公民身份号码、民族、户籍地等，自诉人同时提起附带民事诉讼的，应当表述为"自诉人暨附带民事诉讼原告人×××"。

5.被告人基本情况

被告人为自然人的，应当写明被告人的姓名、性别、出生年月日、出生地、民族、公民身份号码、文化程度、职业、户籍地（或居住地）、前科与刑满释放日期、被采取强制措施情况及羁押场所。被告人为外国人的，应当在其中文译名后用括号标注外文姓名，另需写明国籍情况和护照号码。

被告人的姓名应当与居民身份证、户籍资料所载一致。户籍资料载有曾用名的，用括号注明"曾用名×××"。被告人的别名、化名、绰号，一般不在判决书首部表述，确实与犯罪事实有关联的，可以在事实和证据部分释明。

在司法实践中，存在被告人骗领、冒用身份证明材料的情形。对此应当以其合法真实的姓名为准，骗领、冒用的姓名当作曾用名处理，对于其骗领、冒用他人身份的情况可以在"经审理查明"部分释明。

有的被告人不如实供述其真实姓名或者户籍地等自然情况，司法机关确实无法查明的，可以按照被告人自报的情况表述，用括号注明"自报"。另需注意的是，在涉及个人隐私的案件中，判决书中出现被害人名字时应当仅写明姓氏，名字用"某某"代替；该类案件如附带民事诉讼原告人系被害人的，宜将刑事诉讼与附带民事诉讼分别审理，刑事判决书中被害人名字用"某某"代替，附带民事诉讼判决书中应当表述真实姓名，因为民事诉讼当事人的身份必须明确。

被告人的出生日期涉及其刑事责任年龄问题，应当写明具体的年月日。如果证明被告人达到法定刑事责任年龄的证据不足，且确实无法查明的，应当依据有利于被告人的原则推定其没有达到相应的法定刑事责任年龄，用括号注明"自报"。

被告人的前科情况涉及是否构成累犯的量刑情节，应当写明被依法判处的主刑和附加刑、刑满释放的具体日期。犯罪的时候不满18周岁，被判处5年有期徒刑以下刑罚的未成年被告人的犯罪记录，依照《刑事诉讼法》第286条的规定，应当予以封存，不在被告人基本情况部分列写。

被告人被采取强制措施的情况涉及刑期的计算，应当逐一写明被采取监视居住、取保候审、拘留、逮捕的具体年月日。被抓获时间与被拘留、逮捕的时间不一致的，应当写明被抓获的具体时间。

对于被告单位，应当写明该单位的全称、住所地和法定代表人。此外，还应当另起一行写明诉讼代表人的姓名、性别、民族、公民身份号码、户籍地、工作单位和职务等信息。被告单位的名称应当与工商登记注册的信息一致。

6.法定代理人

未成年被告人的法定代理人应当参加诉讼，判决书首部应当写明法定代理人的姓名、与被告人的关系、住址、工作单位及职务等信息。如果被告人犯罪时未成年，开庭审理时已经成年的，则不写明法定代理人。附带民事诉讼原告人系未成年人的，亦应当写明其法定代理人。

7.辩护人和诉讼代理人

辩护人系律师的，仅写明辩护人的姓名、工作单位和职务，即"辩护人×××，×××律师事务所律师"。如辩护人系普通公民，应当写明姓名、性别、出生年月日、民族、文化程度、住址、工作单位和职务、与被告人的关系。

附带民事诉讼原告人的诉讼代理人，应当在其后写明代理人的身份情况、代理权限。被告人的辩护人同时作为其附带民事诉讼代理人的，应当表述为"辩护人暨附带民事诉讼代理人"。

8.翻译人员

案件有翻译人员出庭的，应当写明翻译人员的姓名、性别、工作单位和职务。一般排列在所有诉讼参与人的最后面。

9.案件由来、审判组织和审理经过

该段内容系首部与事实之间的过渡，应当写明案件的来源、起诉的案由，审判程序是合议制还是独任制，是否公开开庭审理(及不公开的理由)，诉讼参与人参加庭审的情况及审理经过。同时，还要写明是否存在延期审理、指定管辖、曾被发回重审、指令再审或者简易程序转为普通程序等情况。

(二)正文

1.控方意见

公诉机关的指控意见，应当写明三个方面的内容。一是起诉书指控被告人犯罪的事实，应当根据公诉机关起诉书的内容进行表述；二是指控被告人犯罪的证据，以公诉机关向法庭提交的证据内容为限，概括列举或者逐一罗列证据名称即可；三是公诉机关对案件的处理意见，主要包括对被告人行为定性的意见、对量刑的意见和具体法律适用的意见。附带民事诉讼案件，应当在其后写明附带民事诉讼原告人诉请的主要内容，包括事实、情节、证据、诉讼请求事项及其理由等。

2.被告人的辩解与辩护意见

被告人对公诉机关的指控无不同意见的，可简写为“被告人×××对起诉指控的事实及罪名均不持异议”。如果被告人对指控的事实或者罪名有异议的，应当整理概括其各项辩解与自行辩护意见。

3.辩护人的辩护意见

对于辩护人提出对案件定性和法律适用的辩护意见，应当逐条列示，根据具体情况亦可概括叙明，但不得遗漏相关内容或者作偏离原意的归纳。

4.经审理查明的事实

刑事判决书中的事实是根据证据推断出来的“法律事实”，因此在刑事判决书的“经审理查明”部分应当尽力完整再现举证、质证和认证的过程。即使判决认定指控的事实成立，也不宜照搬照抄起诉书的内容。叙述经审理查明的事实时，应当围绕犯罪构成要件，详细写明案件发生的时间、地点、涉及人员、犯案原因（动机、目的）、犯罪行为的准备、实施过程、危害后果和被告人案发后的表现等，同时还要叙述影响量刑的各种情形。凡是涉及定罪量刑的事实都必须在该部分加以相应表述，做到叙事清晰、层次分明、重点突出、详略得当，同时还要注意表述规范，使用法言法语，避免口语化。该部分所有内容，都应当得到后文中相关证据的印证。

被告人涉及多个罪名、多起事实的，可以在事实段落前加小标题。如“（一）故意杀人事实”、“（二）盗窃事实”，但不能以罪名作为叙述事实的标题，写成“（一）故意杀人罪”等，因为该部分系叙述事实，尚未认定为犯罪。排序上，一般按照罪行主次的顺序叙述，主罪事实在前，次罪事实在后。根据案件情况亦可按照犯罪时间先后叙述。如果数罪的犯罪过程密切相关，如故意杀人后又实施盗窃被害人财物行为的，可以作为同一段落事实进行叙述。在同一罪名下有多起犯罪事实的，应当归纳被告人的全部犯罪次数、犯罪金额、致死伤人数、犯罪后果等。

对于集团犯罪案件如黑社会性质组织犯罪，可以先综述犯罪集团的形成和共同犯罪行为，再按照首要分子、主犯、从犯或者罪行先重后轻的顺序分别叙述各被告人的犯罪事实。

被告人有自首、立功、坦白、赔偿被害人经济损失等量刑情节的，可以在叙述完犯罪事实后另起一段进行叙述。

附带民事部分的事实和证据，一般在刑事部分的事实和证据之后，另起一段写“另查明，……”进行叙述。亦可根据案件的具体情况先写完刑事和民事的全部事实，再一并列举证据。

5.证据

据以定案的证据必须具备客观性、关联性、合法性，且均经过庭审举证、质证。在叙明“经审理查明”的事实之后，另起一段表述为：“认定上述事实，有下列经庭审举证、质证的证据证实，本院予以确认。”

证据的罗列一般按照先客观性证据、后主观性证据，先被害人陈述和证人证言、后被告人供述与辩解的原则排列。根据案件事实、案情发展和案件侦破过程等具体情况，可适当调整叙述方式和排列顺序，但要做到条理清晰、相互印证、合乎逻辑，如不能将鉴定意见罗列在现场勘验检察笔录之前。如对于证据庞杂的案件，可以对证据进行归类，表述为“一、物证……；二、书证……；三、证人证言……”等，再分项罗列具体的证据内容。首次使用的证据，如有其他种类的证据予以辅助或者关联的，应当同时列举，如罗列物证时可以同时列举该物证的提取笔录。对于多个罪名、多起事实的案件，应当在叙述每个罪名的事实后罗列相应的证据，不应在所有事实叙述完毕后再集中叙述证据。

证据内容的引用既要全面，又要突出重点。对于言词证据尤其应当注意归纳提炼，准确、客观地引用与案情有关联的内容，除个别关键言辞外一般不引用原话，而应使用第三人称表述。在司法实践中，一般对证人证言在证人姓名之后用括号注明其身份或者与被告人、被害人的关系。对案件事实有重要证明作用的鉴定意见，视情详细表述鉴定内容，如尸检鉴定应当引述创口的形状、数量、位置等，以准确反映被害人的伤情。对涉案物品的表述要前后一致，避免出现同一物品先后不同名称的情况。

对于控辩双方没有异议的证据，可以集中、简化表述，如对简单的案件高度概括为“被告人×××对上述事实供认不讳”；对于控辩双方有异议的证据，应当进行重点分析、认证。有关证据材料未作为定案依据的，应当写明不采纳的理由，但法庭已当庭释明的除外。叙述事实和证据时，应当注意保守国家秘密和个人隐私，如保护报案人、举报人、特情人员、证人的安全和名誉。

6.判决理由

判决理由是刑事判决书的核心，写作时应当搭建起“证据—事实—规范”之桥，将犯罪事实和判决结果紧密连接在一起。阐述判决理由，包括争点评判和“本院认为”两个部分的内容。

争点评判部分一般在证据之后，另起一段写“关于本案争议的焦点问题，本院根据事实和证据综合评判如下：……”进行叙述，对控辩双方存在争议的意见进行分析论述，表明是否采纳并阐明理由。在对事实证据和诉辩理由评判时，要做到说理透彻、层次清晰、逻辑严密。防止部分不说理或者说理不充分，直接引用法律条文而不阐明适用的原因；切忌出现空话套话或者感情色彩夸张的词汇，文字应当规范精炼、通俗易懂。在叙述顺序上，应当先针对定罪事实证据、后针对量刑事实证据进行评判，亦可按照先程序后实体、先主要后次要的顺序展开。附带民事诉讼部分的分析评判，可以在刑事部分之后另起一段进行叙述。

“本院认为”部分主要是通过对案件事实证据的分析认定，对控辩双方的意见给予相应的确认或者反驳，同时围绕犯罪构成要件对被告人的行为进行分析论证，在明确法

律适用依据的基础上，考虑被告人的各种犯罪情节进行定罪处刑。该部分应当按照先定罪后量刑、先法定情节后酌定情节、先从严情节后从宽情节的顺序表述。罪状的表述应当做到规范、简明，准确反映出被告人犯罪的主客观要件，避免照搬法条表述。被告人一人犯数罪的，一般先定重罪后定轻罪，先确定各罪罪名再分别评价各罪的量刑情节；共同犯罪的，根据各被告人在共同犯罪中的地位作用顺序，由重到轻依次表述各自情节。被告人具有多个情节的，可以作出综合结论，表述为："综合以上各项情节，本院决定对被告人×××从重处罚。"

7.判决依据

在"本院认为"部分之后，应当写明判决的法律依据，即定罪量刑的具体法律条文。2009年11月4日起施行的《最高人民法院关于裁判文书引用法律、法规等规范性法律文件的规定》第3条规定："刑事裁判文书应当引用法律、法律解释或者司法解释。刑事附带民事诉讼裁判文书引用规范性法律文件，同时适用本规定第四条规定。"在明确判决的法律依据时，应当准确、具体、完整。有多项依据的，应当先引用法律，再引用相关的法律解释、司法解释；先引用实体法，再引用程序法。引用多个条文的，应当先引用定罪和确定量刑幅度的条文，再引用从严和从宽处罚的条文；先引用适用主刑的条文，再引用适用附加刑的条文。

需要引用1997年3月14日修订前的刑法条文时，应当表述为"1979年《中华人民共和国刑法》第××条"。涉及经刑法修正案修正前后的刑法条文如何具体表述的问题时，应当按照2012年6月1日施行的《最高人民法院关于在裁判文书中如何表述修正前后刑法条文的批复》规范表述。尤其注意刑法条文经过两次以上修正，需要引用的为最后一次修正前的条文时，应当表述为"经××××年《中华人民共和国刑法修正案(×)》修正的《中华人民共和国刑法》第×条"。

8.判决主文

判决主文是判决的结论部分，也称判决结果，是指人民法院依照法定程序审理案件后，根据查明的事实和法律规定，对被告人作出定性处理的结论。

判决主文根据不同情况有不同的表述。定罪判刑的应当表述为："被告人×××犯××罪，判处……(主刑、附加刑)。"定罪免刑的应当表述为："被告人×××犯××罪，免予刑事处罚。"宣告无罪及不负刑事责任的应当表述为："被告人×××无罪(或者不负刑事责任)。"

判处的各种刑罚应当按照法律规定写明全称，不能简写。如"判处死刑，缓期二年执行"不能简化为"判处死缓"。判处死刑缓期二年执行，同时决定限制减刑的，应当另起一项写明"对被告人×××限制减刑"；同时决定终身监禁的，应当另起一项写明"被告人×××在死刑缓刑执行二年期满依法减为无期徒刑后，终身监禁，不得减刑、假释"。有期限的刑罚应当写明刑种、刑期和羁押时间的计算方法和起止日期。对被告人判处管制、拘役、有期徒刑的，应当在判项下用括号注明刑期的起止日期和折抵情况，表述为："刑期自判决执行之日起计算。判决执行以前先行羁押的，羁押一日折抵刑期一日(管制折抵二日)。即自××××年××月××日起至××××年××月××日止。"对被告人宣告缓刑的，应当在判项下用括号注明缓刑考验期限的起算，表述为"缓刑考验期限，从判决确定之日起计算。"

判处没收部分财产或者罚金的，应当写明财产的名称、数量或者金额并指定缴纳期限，表述为："罚金限于本判决生效后×日内缴纳。"如已经预缴或者部分预缴的，应当写明已预缴的情况和还需要缴纳的数额及期限。对赃款赃物的处理，应当正确理解追缴、责令退赔和没收的适用范围，在判项中写明具体的数额。赃款赃物数量庞杂的，可以开列清单作为附件。

判处从业禁止或者宣告禁止令的，应当另起一项表述为："禁止被告人×××从事×××职业×年。""禁止被告人×××在×个月内……(禁止从事的活动、进入的区域或者接触的人)。"

附带民事诉讼的判决主文应当列于刑事部分判决主文之后，写明"被告人×××应当赔偿附带民事诉讼原告人×××经济损失人民币×××元"。或者"被告人×××不承担民事赔偿责任"。

(三)尾部

1.告知上诉权

在判决主文之后，应当另起一行写明："如不服本判决，可在接到判决书的第二日起十日内，通过本院或者直接向×××人民法院提出上诉。书面上诉的，应当提交上诉状正本一份，副本×份。"如果适用《刑法》第63条第2款规定，在法定刑以下判处刑罚的，还需要在告知上诉权之后，另起一行写明："本判决依法报请最高人民法院核准后生效。"

2.审判人员署名

参加审判案件的合议庭组成人员或者独任审判员署名在判决书右下方。合议庭的审判长无论担任何审判职务均署名为"审判长"，其他成员根据身份署名为"审判员"或者"人民陪审员"。独任审理的署名为"审判员"。

3.判决日期

作出判决的日期写在审判人员署名下方。当庭宣判的写明宣判的日期，定期或者委托宣判的写明签发判决书的日期。

4.法官助理和书记员署名

在判决日期下方，分别由法官助理和书记员署名。

5.印戳

判决日期的居中位置,应当加盖院印。判决书正本与原本核对无异之后,应当在判决日期和法官助理、书记员署名之间的空行左对齐加盖“本件与原本核对无异”印戳。

6.附录

在判决书尾部之后,可以附录本案适用的法律、法律解释和司法解释条文。

三、写作要点

(一)事实论证写作要点

刑事判决书中的事实部分是作出判决的基础,具体写作时应当注意几项特定要求。一是结构严谨、逻辑严密。要清晰体现刑事诉讼控、辩、审三方的诉讼格局和人民法院居中裁判的特点,严格按照证据裁判原则认定事实,在事实论证结构上应当严格遵循控辩的顺序格局和法院审理查明的逻辑前提。二是条理清晰、详略得当。对案件事实的叙写应当体现出一个完整的犯罪行为系统,既不能遗漏某个因素,又要做到详略得当、重点突出、前后呼应。可以按照案情发展、罪行主次、被告人地位作用的顺序来安排叙事结构,确保全面认定和准确表述事实。三是用语规范、行文流畅。在展开事实论述时应当注意用语规范、严谨、中性,同时将法言法语和通俗易懂的表述相结合,文字要精当流畅,文风要朴实、庄重。

(二)证据审查分析要点

在对定案证据进行审查分析时,要围绕证据的合法性、真实性、关联性进行论述,还要审查其证明力的大小、是否足以排除合理怀疑,对被告人和辩护人的质证意见应当加以评判并说明理由,充分展示认证过程。证据摘录要紧扣查明的事实,重点关注影响定罪量刑的关键信息;证据罗列要符合逻辑,条理清晰,前后呼应。根据不同案件的特征可以采取不同的写作方法,如案件事实清楚,证据确实、充分且被告人无异议的,可以作整体概括分析,无须展开论述;案情复杂或者被告人、辩护人有异议的案件,可以逐项进行论证,或者采用正反分析来排除与定案证据有矛盾的证据。凡是未经法庭举证、质证的证据,不能写入判决书。

(三)判决说理要点

刑事判决书中的说理被视为文书制作的灵魂,说理水平的高低直接反映了裁判水平的高低,加强说理是有效提高文书质量的重要抓手。2018 年 6 月 1 日,最高人民法院印发了《关于加强和规范裁判文书释法说理的指导意见》,规定了裁判文书说理的基本原则、方式、方法、规范等。基本要求包括:全面性,即说理论证要兼顾控辩双方的意见和证据、事实、法律适用各项问题;针对性,即说理论证要结合具体案情,准确把握案件争议焦点，针对重点问题重点论述；逻辑性，即遵循刑事法律逻辑的内在要求进行论证，运用好“司法三段论”，使得逻辑推演过程具有高度的说服力和思想性；综合性，即在说理时综合运用法律规则和经验法则，力争做到情、理、法的有机统一。

四、样式

1.一审公诉普通程序刑事判决书

××××人民法院

刑事判决书

（一审公诉案件适用普通程序用）

（××××）×××××刑初××号

公诉机关×××人民检察院。

被告人……（写明姓名、性别、出生年月日、民族、出生地、文化程度、职业或者工作单位和职务、住址和因本案所受强制措施情况等，现羁押处所）。

辩护人……（写明姓名、工作单位和职务）。

×××人民检察院以×检×诉[××××]××号起诉书指控被告人×××犯××罪，于××××年××月××日向本院提起公诉。本院依法组成合议庭，公开（或者不公开）开庭审理了本案。×××人民检察院指派检察员×××出庭支持公诉，被害人×××及其法定代理人×××，诉讼代理人×××，被告人×××及其法定代理人×××、辩护人×××，证人×××，鉴定人×××，翻译人员×××等到庭参加诉讼。现已审理终结。

×××人民检察院指控……（概述人民检察院指控被告人犯罪的事实、证据和适用法律的意见）。

被告人×××辩称……（概述被告人对指控的犯罪事实予以供述、辩解、自行辩护的意见和有关证据）。辩护人×××提出的辩护意见是……（概述辩护人的辩护意见和有关证据）。

经审理查明，……（首先写明经庭审查明的事实；其次写明经举证、质证定案的证据及其来源；最后对控辩双方有异议的事实、证据进行分析、认证）。

本院认为，……（根据查证属实的事实、证据和有关法律规定，论证公诉机关指控的犯罪是否成立，被告人的行为是否构成犯罪，犯的什么罪，应否从轻、减轻、免除处罚或者从重处罚。对于控辩双方关于适用法律方面的意见，应当有分析地表示是否予以采纳，并阐明理由）。依照……（写明判决的法律依据）的规定，判决如下：

……[写明判决结果。分三种情况：

第一，定罪判刑的，表述为：

"一、被告人×××犯××罪，判处……（写明主刑、附加刑）。

（刑期从判决执行之日起计算。判决执行以前先行羁押的，羁押一日折抵刑期一日，即自××××年××月××日起至××××年××月××日止。）

二、被告人×××……（写明决定追缴、退赔或者发还被害人、没收财物的名称、种类和数额）。"

第二，定罪免刑的，表述为：

"被告人×××犯××罪，免予刑事处罚（如有追缴、退赔或者没收财物的，续写第二项）。"

第三，宣告无罪的，无论是适用《中华人民共和国刑事诉讼法》第二百条第（二）项还是第（三）项，均应表述为：

"被告人×××无罪。"］

如不服本判决，可在接到判决书的第二日起十日内，通过本院或者直接向×××人民法院提出上诉。书面上诉的，应当提交上诉状正本一份，副本×份。

审判长　×××
审判员　×××
审判员　×××

××××年××月××日
（院印）

本件与原本核对无异

法官助理　×××
书记员　×××

2.一审公诉简易程序刑事判决书

××××人民法院

刑事判决书

（一审公诉案件适用简易程序用）

（××××）×××××刑初××号

公诉机关×××人民检察院。

被告人……（写明姓名、性别、出生年月日、民族、出生地、文化程度、职业或者工作单位和职务、住址、因本案所受强制措施情况等，现羁押处所）。

辩护人……（写明姓名、工作单位和职务）。

×××人民检察院以×检×诉［××××］××号起诉书指控被告人×××犯××

罪,于××××年××月××日向本院提起公诉。本院依法适用简易程序,实行独任审判,公开(或者不公开)开庭审理了本案。×××人民检察院检察员×××、被告人×××、辩护人×××等到庭参加诉讼。现已审理终结。

×××人民检察院指控……(概述人民检察院指控被告人犯罪的事实和适用法律的意见)。

被告人×××的供述、辩解和辩护人×××的辩护意见……(予以概述)。

经审理查明,……(写明经法庭审理查明的被告人的犯罪事实和据以定案的证据)。

本院认为,……(写明判决的理由)。依照……(写明判决的法律依据)的规定,判决如下:

被告人×××犯××罪,判处……(写明判处的具体内容)。

(刑期从判决执行之日起计算。判决执行以前先行羁押的,羁押一日折抵刑期一日,即自××××年××月××日起至××××年××月××日止。)

如不服本判决,可在接到判决书的第二日起十日内,通过本院或者直接向×××人民法院提出上诉。书面上诉的,应当提交上诉状正本一份,副本×份。

审 判 员 ×××

××××年××月××日

(院印)

本件与原本核对无异

法官助理 ×××

书 记 员 ×××

3.一审自诉案件刑事判决书

××××人民法院

刑事判决书

(一审自诉案件用)

(××××)×××××刑初××号

自诉人……(写明姓名、性别、出生年月日、民族、出生地、文化程度、职业或者工作单位和职务、住址等)。

诉讼代理人……(写明姓名、工作单位和职务)。

被告人……(写明姓名、性别、出生年月日、民族、出生地、文化程度、职业或者工作单位和职务、住址等)。

辩护人……(写明姓名、工作单位和职务)。

自诉人×××以被告人×××犯××罪,于××××年××月××日向本院提起控诉。本院受理后,依法实行独任审判(或者组成合议庭),公开(或者不公开)开庭审理了本案。自诉人×××及其诉讼代理人×××、被告人×××及其辩护人×××等到庭参加诉讼。现已审理终结。

自诉人×××诉称……(概述自诉人指控被告人犯罪的事实、证据和诉讼请求)。

被告人×××辩称……(概述被告人对自诉人的指控予以供述、辩解、自行辩护的意见和有关证据)。辩护人×××提出的辩护意见是……(概述辩护人的辩护意见和有关证据)。

经审理查明,……(首先写明经法庭审理查明的事实;其次写明据以定案的证据及其来源;最后对控辩双方有异议的事实、证据进行分析、认证)。

本院认为,……(写明根据查证属实的事实、证据和有关法律规定,论证自诉人的指控是否成立,被告人的行为是否构成犯罪,犯的什么罪,应否从轻、减轻、免除处罚或者从重处罚。对于控辩双方关于适用法律方面的意见,应当有分析地表示是否予以采纳,并阐明理由)。依照……(写明判决的法律依据)的规定,判决如下:

……[写明判决结果。分三种情况:

第一,定罪判刑的,表述为:

"被告人×××犯××罪,判处……(写明判处的刑罚)。

(刑期从判决执行之日起计算。判决执行以前先行羁押的,羁押一日折抵刑期一日,即自××××年××月××日起至××××年××月××日止。)"

第二,定罪免刑的,表述为:

"被告人×××犯××罪,免予刑事处罚。"

第三,宣告无罪的,表述为:

"被告人×××无罪。"

如不服本判决,可在接到判决书的第二日起十日内,通过本院或者直接向×××人民法院提出上诉。书面上诉的,应当提交上诉状正本一份,副本×份。

审 判 员 ×××

××××年××月××日

(院印)

本件与原本核对无异

法官助理 ×××

书 记 员 ×××

4.一审刑事附带民事判决书

×××人民法院
刑事附带民事判决书

（一审公诉案件适用普通程序用）

（××××）×××××刑初××号

公诉机关×××人民检察院。

附带民事诉讼原告人……（写明姓名、性别、出生年月日、民族、出生地、文化程度、职业或者工作单位和职务、住址等）。

被告人……（写明姓名、性别、出生年月日、民族、出生地、文化程度、职业或者工作单位和职务、住址和因本案所受强制措施情况等，现羁押处所）。

辩护人……（写明姓名、工作单位和职务）。

×××人民检察院以×检×诉[××××]××号起诉书指控被告人×××犯××罪，于××××年××月××日向本院提起公诉。在诉讼过程中，附带民事诉讼原告人×××向本院提起附带民事诉讼。本院依法组成合议庭，公开（或者不公开）开庭进行了合并审理。×××人民检察院指派检察员×××出庭支持公诉，附带民事诉讼原告人×××及其法定（诉讼）代理人×××，被告人×××及其法定代理人×××、辩护人×××，证人×××，鉴定人×××，翻译人员×××等到庭参加诉讼。现已审理终结。

×××人民检察院指控……（概述人民检察院指控被告人犯罪的事实、证据和适用法律的意见）。

附带民事诉讼原告人诉称……（概述附带民事诉讼原告人的诉讼请求和有关证据）。

被告人×××辩称……（概述被告人对指控的犯罪事实和附带民事诉讼原告人的诉讼请求予以供述、辩解、自行辩护的意见和有关证据）。辩护人×××提出的辩护意见是……（概述辩护人的辩护意见和有关证据）。

经审理查明，……（首先写明经法庭审理查明的事实，既要写明经法庭查明的全部犯罪事实，又要写明由于被告人的犯罪行为使附带民事诉讼原告人遭受经济损失的事实；其次写明据以定案的证据及其来源；最后对控辩双方有异议的事实、证据进行分析、认证）。

本院认为，……（根据查证属实的事实、证据和有关法律规定，论证公诉机关指控的犯罪是否成立，被告人的行为是否构成犯罪，犯的什么罪，应否追究刑事责任；论证附带民事诉讼原告人是否由于被告人的犯罪行为而遭受经济损失，被告人对附带民事诉讼原告人的经济损失应否负民事赔偿责任；应否从轻、减轻、免除处罚或者从重处罚。对

于控辩双方关于适用法律方面的意见，应当有分析地表示是否予以采纳，并阐明理由）。依照……（写明判决的法律依据）的规定，判决如下：

……[写明判决结果。分四种情况：

第一，定罪判刑并应当赔偿经济损失的，表述为：

一、被告人×××犯××罪，判处……（写明主刑、附加刑）。

（刑期从判决执行之日起计算。判决执行以前先行羁押的，羁押一日折抵刑期一日，即自××××年××月××日起至××××年××月××日止。）

二、被告人×××赔偿附带民事诉讼原告人×××……（写明受偿人的姓名、赔偿的金额和支付的日期）。

第二，定罪免刑并应当赔偿经济损失的，表述为：

一、被告人×××犯××罪，免予刑事处罚。

二、被告人×××赔偿附带民事诉讼原告人×××……（写明受偿人的姓名、赔偿的金额和支付的日期）。

第三，宣告无罪但应当赔偿经济损失的，表述为：

一、被告人×××无罪。

二、被告人×××赔偿附带民事诉讼原告人×××……（写明受偿人的姓名、赔偿的金额和支付的日期）。

第四，宣告无罪且不赔偿经济损失的，表述为：

一、被告人×××无罪。

二、被告人×××不承担民事赔偿责任。

如不服本判决，可在接到判决书的第二日起十日内，通过本院或者直接向×××人民法院提出上诉。书面上诉的，应当提交上诉状正本一份，副本×份。

审判长　×××
审判员　×××
审判员　×××

××××年××月××日
（院印）

本件与原本核对无异

法官助理　×××
书记员　×××

五、文书范例

××省××市中级人民法院
刑事判决书

（2019）×02 刑初 85 号

公诉机关××省××市人民检察院。

被告人洪××，男，19××年××月××日出生，公民身份号码××××××××××××××××××××，汉族，本科文化，无业，户籍地××省××市××大道××号，暂住地××省××市××区××号××室。因涉嫌犯故意杀人罪于 2019 年××月××日被刑事拘留，同年××月××日被逮捕。现羁押于××市第一看守所。

辩护人林××，××律师事务所律师。

××市人民检察院以×检刑诉[2019]50 号起诉书指控被告人洪××犯故意杀人罪，于 2019 年××月××日向本院提起公诉。本院经审查受理后，依法组成合议庭，于 2019 年××月××日公开开庭审理了本案。××市人民检察院指派检察员成××出庭支持公诉。被告人洪××及其辩护人林××到庭参加诉讼。现已审理终结。

××市人民检察院指控：

被告人洪××与被害人李××（女，殁年 40 岁）系同居关系。两人因赌博欠下巨额债务无力偿还，萌生一同自杀的念头。2019 年××月××日，两人共同准备了盆具、木炭、沙子、封门的胶带等物品，并用胶带纸将暂住处××市××区××号××室的次卧窗缝封住。次日晚，两人在该暂住处一起吃饭、喝酒，并服用催眠用的三唑仑。凌晨，被告人洪××将三个点燃的炭盆放置于次卧内，待被害人李××进入该卧室后，用胶带纸将该卧室房门缝隙封死，之后两人躺于床上。

次日凌晨 6 时许，被告人洪××醒来，发现被害人李××已经死亡。中午，被告人洪××出门先后购买了木炭、安眠药、胶带，返回暂住处再次准备用同样方式自杀，并服下安眠药佐匹克隆。下午 14 时许，被害人李××的母亲到该暂住处，发现被告人洪××躺在客厅沙发上呈睡眠状态，其女儿躺在次卧床上已经死亡。被告人洪××后被到场公安人员带回公安机关接受调查。经法医鉴定，被害人李××系饮酒及服入三唑仑后因一氧化碳中毒而死亡。

被告人洪××到案后如实供述上述犯罪事实。

为支持指控，公诉人当庭讯问了被告人洪××，并宣读和出示了以下证据：1.胶带纸、佐匹克隆药物包装、烟头、木炭残渣、水晶杯、夹子、剪刀、矿泉水瓶、手机等物证照

片;2.遗书、借条、收条、账户交易记录、出入境记录和户籍证明、到案经过、情况说明及相关诉讼法律文书等书证;3.证人陈××等人的证言;4.被告人洪××的供述和辩解;5.××市公安局法医学尸体检验鉴定书和手印鉴定书、文检鉴定书和毒品检验报告、××司法鉴定中心电子数据检验鉴定报告、××物证鉴定中心鉴定报告等鉴定意见;6.现场勘验、检查笔录和辨认笔录,监控视频、手机微信记录等。

起诉书认为,被告人洪××漠视生命权利,与他人相约自杀并积极实施,致一人死亡,其行为已触犯《中华人民共和国刑法》第二百三十二条,犯罪事实清楚,证据确实、充分,应以故意杀人罪追究其刑事责任。被告人洪××到案后尚能如实供述基本犯罪事实,根据《中华人民共和国刑法》第六十七条第三款之规定,系坦白,可以从轻处罚。提请本院依法判处。

被告人洪××对起诉指控的事实不持异议,但认为其行为不构成犯罪。被告人洪××的辩护人对起诉指控的事实及罪名均无异议,提出的辩护意见是:1.被告人洪××明知他人报案而在现场等待,到案后如实供述自己的主要犯罪事实,应认定为自首;2.本案因相约自杀引发,犯罪情节具有特殊性,未对被害人实施强制、教唆或者诱骗行为,且以放弃自己的生命为代价,作案动机平和,社会危害性较轻,应认定为情节较轻;3.洪××系初犯,因欠债及感情纠纷走上相约自杀的道路,案发偶然,且其家庭状况困难,请求予以从轻处罚。

经审理查明:

2017年,被告人洪××与被害人李××(女,殁年40岁)认识后发展为同居关系。后二人因赌博欠下巨额债务无力偿还,遂萌生一起密闭烧炭自杀的念头。2019年××月××日,二人在暂住处××市××区××号××室商定一起自杀后,共同准备了盆具、木炭、沙子、胶带等物品,洪××用胶带将住处次卧的窗缝封住。××日20时许,二人在住处一起吃饭、喝酒,并服用洪××提供的用于催眠的药品三唑仑。次日凌晨,二人分别写下遗书,洪××将三只盛有燃着木炭的不锈钢盆放置于次卧内,待李××进入该卧室后,用胶带将卧室的门缝封住,之后二人一起躺于床上。

凌晨6时许,被告人洪××醒来,发现被害人李××已经死亡。中午,洪××出门购买了木炭、安眠药、胶带,返回住处继续烧炭,准备用同样的方法再次自杀,并服下安眠药佐匹克隆。15时许,李××的母亲林××到达该暂住处,发现洪××躺在客厅沙发上睡着,李××躺在次卧床上已经死亡。小区物业保安拨打"110"电话报案后,公安民警到达现场将洪××抓获。经法医鉴定,被害人李××系饮酒及服入三唑仑后因一氧化碳中毒而死亡。到案后,被告人洪××如实供述了基本犯罪事实。

认定上述事实,有下列经庭审举证、质证的证据证实,本院予以确认。

1.公安机关接报警单、受案登记表、立案决定书、到案经过、出警经过、"120"出警记录及相关强制措施等法律手续。证实本案的案发经过及被告人洪××被抓获及被采取强制措施的情况。

2.被告人洪××、被害人李××的户籍资料。证实被告人洪××、被害人李××的自然身份情况。

3.胶带纸、佐匹克隆药物包装、烟头、木炭残渣、水晶杯、夹子、剪刀、矿泉水瓶、呕吐物、手机、银行卡等物证照片。证实被告人洪××在实施本案过程中所使用的工具情况。

4.被告人洪××、被害人李××的遗书。证实二人案发前已萌生自杀意图写下遗书的情况。

5.被害人李××向××公司借款的借条、被告人洪××向曾××借款的借条。证实被害人李××、被告人洪××案发前向他人借款的情况。

6.被告人洪××、被害人李××的乘机、出境记录,证明二人案发前多次赴澳门的情况。

7.现场勘验检查笔录及现场照片。证实案发现场××市××区××号××室的地理位置、内部结构、被害人尸体方位,现场提取到胶带纸等物品。

8.××市公安局××号《手印鉴定书》。证实案发现场提取的指纹与被告人洪××指纹为同一人所留。

9.××市公安局××号《法医学尸体检验鉴定书》。证实被害人李××系饮酒及服入三唑仑后因一氧化碳中毒死亡。

10.××物证鉴定中心××号鉴定书。证实案发现场呕吐物为李××所留的可能性是其他无关个体所留可能性的 4.8633762×10^{20} 倍。

11.××物证鉴定中心××号检验报告、提取笔录。证实被害人李××的胃壁、水晶杯、呕吐物、破碎水晶杯及碎片检出三唑仑,被告人洪××的血、尿液检出佐匹克隆,被害人李××心血碳氧血红蛋白含量饱和度58.1%,被告人洪××的血碳氧血红蛋白含量饱和度3.3%。

12.××市公安局××号《毒品检验报告》。证实被告人洪××血样中未检出乙醇成分,被害人李××血样中检出乙醇成分,含量为148.4mg/100ml。

13.××市公安局××号《文检鉴定书》。证实现场提取的两份遗书分别系被告人洪××、被害人李××书写。

14.证人陈××(小区保安,报警人)的证言及辨认笔录。证实案发当日其在小区保安室上班时,看到一名老太太边打电话边哭泣,叫其不要让房间内的男子跑掉。其走到××号楼××室门口,看到一名女子躺在床上像是睡觉,一名男子在场。老太太称女儿死了,其当即打"110"电话报警,过了一会儿警察就到了。证人陈××辨认出被告人洪××。

15.证人林××(被害人李××之母)的证言及辨认笔录。证实案发当日15时许,其

到达女儿李××暂住处本市××区××小区××号××室，看见李××的男友洪××身穿短裤、短袖躺在客厅沙发上睡觉。其叫醒洪××问李××在哪里，并拧开卧室门，看见李××穿睡衣、睡裤躺在床上，床尾摆放着两盆燃烧的木炭，门窗紧闭。其上前拉李××的手一动不动，面部已经发黑，便到客厅叫洪××将炭盆搬出并打开窗户。其走到小区大门保安室叫保安帮忙看住洪××不要让他跑了，后保安当即报警，没过一会儿警察到达现场，将洪××带走。证人林××辨认出被告人洪××。

……

40.被告人洪××的供述与辩解及辨认笔录。供称其于2017年通过网上聊天认识李××，之后两人逐渐发展为同居关系。其爱好赌博，李××曾多次陪其去澳门赌博。交往期间，两人为了偿还赌债欠下100余万元债务，经济压力很大，逐渐有了轻生的想法，经研究觉得密闭烧炭的方式最好。案发当日，其和李××在暂住处一起吃饭、喝酒，其将次卧门窗缝隙用塑料胶带密封，以防止烧炭自杀时不够密闭死不了。喝酒时其在杯中加入3片三唑仑，两人用洋酒冲入喝掉。凌晨1时许，其取出家中木炭引燃，分别装入3只铺好沙子的盆中，端进次卧，两人分别写了遗书。其先进入次卧躺在床上等死，之后李××也进来躺到床上，其便起床用胶带纸将房门缝隙都密封起来，再一起躺在床上。直到早上不知几点，其因呼吸困难醒来，发现身边的李××已经没有呼吸和脉搏。其情绪崩溃，后便再出门去买了些木炭回来想继续自杀。其吃下安眠药后，在客厅等药性发作后再进次卧自杀。不知过了多久，李××的母亲突然来到住处，见现场情形便对其怒骂。不久后民警到达现场将其控制。被告人洪××辨认出购买作案工具的地点。

关于控辩双方争议的焦点问题，本院综合评判如下：

1.关于被告人洪××提出其行为不构成犯罪的辩护意见。本院认为，相约自杀是指两人以上相互约定自愿共同自杀的行为，实践中有多种具体表现形式，从刑法角度应分别作不同评价。相约双方均自杀身亡的，不存在犯罪问题；相约双方各自实施自杀行为，一方死亡而另一方未逞的，未逞者的行为与对方的死亡结果之间不具有因果关系，故也不构成犯罪；相约一方先杀死对方后，再实施自杀行为未逞的，其行为应以故意杀人罪论处；相约双方同时实施自杀行为，一方未逞的，是否构成故意杀人罪，应以其行为与对方的死亡结果之间是否存在因果关系来综合判定。

经查，在案证据证实，本案中被告人洪××与被害人相约自杀，洪××明知一氧化碳中毒可能导致被害人死亡的后果，仍主动实施了密闭烧炭的行为，其主观上对于被害人的死亡持放任态度，具有以自己的行为剥夺对方生命的故意，符合故意杀人罪的主观要件。同时其客观上也实施了非法剥夺他人生命的行为，符合故意杀人罪的客观要件。首先，洪××实施了刑法所规制的非法剥夺他人生命的行为。洪××与被害人共同准备好自杀工具、物品之后，提供三唑仑给被害人服用作为催眠，用胶带纸将卧室门窗的

缝隙封死，将点燃的炭盆放置于卧室内产生一氧化碳，上述行为不仅为被害人自杀提供了条件、实施了帮助，而且已经形成明确、具体的杀害行为。其次，洪××的行为与被害人的死亡结果之间具有因果关系。在案的《法医学尸体检验鉴定书》证实，被害人系饮酒及服入三唑仑后因一氧化碳中毒死亡，该鉴定意见得到在案其他证据的充分印证。洪××的杀害行为直接导致了被害人死亡结果的发生，二者在刑法意义上成立直接因果关系。再次，洪××的行为具有刑事违法性，且不存在违法性阻却事由。我国宪法、法律明确尊重和保障人权，生命权作为公民个体至高无上的基本人权，并非本案被害人有处分权限的个人法益，被害人承诺不能成为杀人犯罪的违法性阻却事由。本案被害人虽系在自愿情形下由洪××实施杀害行为，但洪××所侵害的生命权已经超出被害人承诺可处分的范围，不能以此排除其行为的刑事违法性，仍然具有社会危害性和可责难性，应当以犯罪论处。

综上，被告人洪××的行为符合刑法规定的故意杀人罪的构成要件，应当以指控的故意杀人罪定罪处罚。被告人相关辩护意见与法不符，不予采信。

2.关于被告人洪××的辩护人提出的洪××系自首的辩护意见。经查，首先，公安机关接报警单、到案经过、出警经过等证据证实了被告人洪××的到案情况。公安机关接到小区物业保安的报警，到达现场后经初查发现被害人死亡，在场的洪××具有重大犯罪嫌疑，当即将其控制。洪××在罪行已被公安机关发觉的情况下，并未主动直接投案，而是被公安机关当场抓获归案。其次，证人陈××等人的证言证实，陈××打电话报案的地点并非案发现场，而在小区保安值班室。在此期间洪××一直身处案发现场室内，不可能对他人报案具有明知，且其并不认为自身行为涉嫌犯罪，故主观上并无“明知他人报案”一说，本案不属于“明知他人报案而在现场等待”的情形，依法不能认定为自首。辩护人该节辩护意见与查明事实不符，不予采信。

3.关于被告人洪××的辩护人提出的本案应认定为情节较轻的辩护意见。首先，从客观方面来看，洪××的犯罪行为社会危害性相对较小。本案由二人相约自杀而引发，该杀害行为的社会危害性相对较小，与其他严重危害社会治安的故意杀人犯罪存在显著区别。其次，从主观方面来看，洪××的主观恶性和人身危险性相对较小。案发前二人系因欠下赌债而欲自杀避世，犯罪动机不属于卑劣情形，洪××的主观恶性较小。其采用密闭烧炭产生一氧化碳的手段致被害人中毒死亡，犯罪手段相对平和轻缓，人身危险性较小。综合本案上述主客观情节，可以认定为故意杀人罪中的情节较轻。辩护人相关辩护意见有理，予以采信。

本院认为，被告人洪××无视生命权利，与他人相约自杀，采用密闭烧炭产生一氧化碳的手段，放任被害人中毒致死，其行为构成故意杀人罪。公诉机关指控的罪名成立。被告人洪××犯罪行为的社会危害性相对较小，主观恶性和人身危险性相对较轻，应当认定为情节较轻。被告人洪××到案后如实供述基本犯罪事实，依法可以从轻处

罚。依照《中华人民共和国刑法》第二百三十二条、第六十七条第三款之规定，判决如下：

被告人洪××犯故意杀人罪，判处有期徒刑五年。

（刑期从判决执行之日起计算。判决执行以前先行羁押的，羁押一日折抵刑期一日，即自2019年××月××日起至2024年××月××日止。）

如不服本判决，可在接到判决书的第二日起十日内，通过本院或者直接向××省高级人民法院提出上诉。书面上诉的，应当提交上诉状正本一份，副本二份。

审　判　长　吕××
审　判　员　王××
人民陪审员　张××

二〇一九年××月××日
（院印）

本件与原件核对无异

法官助理　徐××
书　记　员　许××

附：本案适用的有关法律及司法解释

《中华人民共和国刑法》

第二百三十二条　故意杀人的，处死刑、无期徒刑或者十年以上有期徒刑；情节较轻的，处三年以上十年以下有期徒刑。

第六十七条　犯罪以后自动投案，如实供述自己的罪行的，是自首。对于自首的犯罪分子，可以从轻或者减轻处罚。其中，犯罪较轻的，可以免除处罚。

被采取强制措施的犯罪嫌疑人、被告人和正在服刑的罪犯，如实供述司法机关还未掌握的本人其他罪行的，以自首论。

犯罪嫌疑人虽不具有前两款规定的自首情节，但是如实供述自己罪行的，可以从轻处罚；因其如实供述自己罪行，避免特别严重后果发生的，可以减轻处罚。

第三节　第二审刑事判决书

一、概念

第二审刑事判决书，是指第二审人民法院依照刑事诉讼法规定的第二审程序，对不

服第一审判决的上诉、抗诉案件，审理终结后作出全部或者部分改判处理所制作的具有法律约束力的司法文书。

第二审人民法院制作第二审刑事判决书的法律依据是刑事诉讼法及其司法解释。《刑事诉讼法》第三编第三章对第二审程序作了专章规定。《刑事诉讼法》第236条规定："第二审人民法院对不服第一审判决的上诉、抗诉案件，经过审理后，应当按照下列情形分别处理：……（二）原判决认定事实没有错误，但适用法律有错误，或者量刑不当的，应当改判；（三）原判决事实不清楚或者证据不足的，可以在查清事实后改判……"《最高人民法院关于适用〈中华人民共和国刑事诉讼法〉的解释》也以专章对第二审程序的适用作出了解释。

第二审刑事判决书适用于以下改判案件：(1)第一审判决认定事实没有错误，但适用法律有错误的；(2)第一审判决认定事实没有错误，但量刑不当的；(3)第一审判决认定的事实不清或者证据不足，在查清事实后予以改判的。需要注意的是，对于共同犯罪案件，部分被告人提出上诉的，第二审人民法院决定对上诉部分予以改判的同时，发现没有上诉的部分内容也有错误应予改判的，应当一并制作第二审刑事判决书予以改判，但同样应当符合上诉不加刑原则。

第二审刑事判决书可以及时有效纠正第一审判决的错误，切实保护当事人的合法权益，准确惩罚犯罪分子，确保人民法院公正行使刑事审判权，有利于上级人民法院加强对下级人民法院的业务指导和审判质量的提高。

二、内容

第二审刑事判决书的内容和制作方法与第一审刑事判决书基本相同，可以参照后者进行制作，但也具有一定的自身特点需要注意，以下主要结合二者不同之处进行阐述。

（一）首部

与第一审刑事判决书不同之处：

1.案号

文书名称的下一行右端应当标明案号，根据2016年1月1日《最高人民法院关于人民法院案件案号的若干规定》规范表述。如福建省厦门市中级人民法院2020年立案的第1号二审刑事案件，案号编排应当为"(2020)闽02刑终1号"。

2.抗诉人和上诉人基本情况

公诉案件的被告人提出上诉的，第一项写"原公诉机关"，第二项写"上诉人"，并用括号注明"原审被告人"。共同犯罪案件中，部分被告人提出上诉的，没有提出上诉的被告人写"原审被告人"列于"上诉人(原审被告人)"之后。

检察机关提出抗诉的，将“原公诉机关”改为“抗诉机关”，将“上诉人（原审被告人）”改为“原审被告人”。如果同一案件既有检察机关抗诉又有被告人上诉的，应当先写抗诉机关，再写上诉人。

自诉案件的自诉人提出上诉的，第一项写“上诉人（原审自诉人）”，第二项写“原审被告人”；被告人提出上诉的，第一项写“上诉人（原审被告人）”，第二项写“原审自诉人”；双方都上诉的，第一项写“上诉人（原审自诉人）”，第二项写“上诉人（原审被告人）”。

附带民事诉讼的当事人提出上诉的，第一项写“上诉人”，第二项写“被上诉人”，即对方当事人，并分别用括号注明其在原审中的诉讼地位。

3.案件由来、审判组织和审理经过

该段内容应当根据不同案件的具体情况进行表述。一般可以表述为：

“×××人民法院审理×××人民检察院指控原审被告人×××犯××罪一案，于××××年××月××日作出（××××）××××刑初××号刑事判决。宣判后，原审被告人×××不服，提出上诉。本院经审查于×××年××月××日立案受理后，依法组成合议庭，于×××年××月××日公开（或者不公开）开庭审理了本案。×××人民检察院指派检察员×××出庭履行职务。上诉人×××（原审被告人）及其辩护人×××等到庭参加诉讼。现已审理终结。”

检察机关提出抗诉的，可以表述为“×××人民检察院提出抗诉”。同时，将“履行职务”改为“支持抗诉”。如果二审系不开庭审理的案件，可以表述为“经阅卷，讯问上诉人，听取辩护人的意见，认为本案不属于依法应当开庭审理的案件，决定不开庭审理。现已审理终结”。

（二）正文

与第一审刑事判决书不同之处：

1.各方意见

该部分应当概述原判决认定的事实、证据、判决的理由和结果，再概述上诉或者抗诉、辩护的意见。要针对上诉或者抗诉的重点问题进行叙述，对上诉或者抗诉理由中与原判决认定的事实、证据有异议的问题要详细分析论述，同时还要注意对第一审判决书的内容进行全面审查。

2.经审理查明的事实和证据

二审判决认定的事实和证据与一审不同的，或者需要重新调整的，可以概述原判决认定的事实和证据，详细叙述二审认定的内容。二审判决认定的事实和证据与原判决没有变化的，可以详细叙述原判决认定的内容，简要概括二审认定的内容。如表述为：“经审理查明，原判认定上诉人×××××犯罪的事实清楚。认定的证据均经原审庭审举证、质证并列明在案，证据之间能够相互印证，足以认定，本院予以确认”。对于二审期间查明的新的事实，可以用“另查明”进行表述。

3.判决理由

阐述判决理由时，应当根据二审查明的事实、证据和有关法律规定，论证原判决认定的事实、证据和法律适用是否正确。一是针对原判决中的错误进行分析评判；二是对上诉、抗诉的意见和理由进行分析评判，充分阐明肯定或者否定的理由；三是对上诉、抗诉没有提出意见的部分，予以简略概述，避免冗长和重复。对于诉讼各方争议不多的二审案件，可以省略争点评判部分，直接在“本院认为”部分进行分析评判。

4.判决主文

在司法实践中，第二审改判的判决结果可以分为三种情况表述：

(1)原判决认定事实没有错误，但适用法律有错误，或者量刑不当，应当改判的，主文的表述有两种情况：

第一，全部改判的，首先写明撤销原审法院的判决，然后写明改判的内容。可以表述为：

一、撤销×××人民法院(××××)××××刑初××号刑事判决；

二、上诉人(原审被告人)×××……(写明改判的具体内容)。

第二，部分改判的，应当分三项具体写明维持、撤销原判的内容和改判的内容。可以表述为：

一、维持×××人民法院(××××)××××刑初××号刑事判决的第×项，即……(写明维持的具体内容)；

二、撤销×××人民法院(××××)××××刑初××号刑事判决的第×项，即……(写明撤销的具体内容)；

三、上诉人(原审被告人)×××……(写明部分改判的具体内容)。

(2)原判决认定的事实不清或者证据不足，在查清事实后予以改判的，可以表述为：

一、撤销×××人民法院(××××)××××刑初××号刑事判决；

二、上诉人(原审被告人)×××……(写明改判的具体内容)。

(3)原判决认定事实、罪名和适用法律均不当，原审被告人无罪的，应当撤销原判，宣告上诉人无罪。可以表述为：

一、撤销×××人民法院(××××)××××刑初××号刑事判决；

二、上诉人(原审被告人)×××无罪。

(三)尾部

与第一审刑事判决书不同之处：

在判决主文之后，应当另起一行写明：“本判决为终审判决。”

如果需要报请最高人民法院核准的，须将该表述改为“本判决依法报请最高人民法院核准”。部分内容需要报请最高人民法院核准的，则分别叙述。

三、写作要点

(一)要体现二审判决的特点

第二审刑事判决书主要作用在于纠正一审判决的错误，指导第一审人民法院提高审判质量。在写作时应当围绕需要改判的重点问题和上诉、抗诉的理由进行阐述，不必面面俱到，要体现出详略得当、重点突出的特点，根据案件具体情况尽量减少不必要的重复。

(二)要贯彻全面审查原则

人民法院审理二审案件应当遵守全面审查原则，对上诉、抗诉意见涉及的内容应当充分阐明，对其他没有意见分歧的内容也应当进行审查，但可以高度概述。二审期间新认定的事实和证据不能遗漏。在法律适用上，应当注意既要引用程序法，也要引用实体法、相关司法解释。

(三)要注意先撤销原判

第二审刑事判决书制作的前提是二审法院依法改判，对于全部改判的，要先写明撤销原审法院的判决，再写明改判的内容；对于部分改判的，要注意分别写明维持原判决的具体内容和撤销原判决的具体内容。

四、样式

×××人民法院

刑事判决书

(二审改判用)

(××××)××刑终××号

原公诉机关×××人民检察院。

上诉人(原审被告人)……(写明姓名、性别、出生年月日、民族、出生地、文化程度、职业或者工作单位和职务、住址和因本案所受强制措施情况等，现羁押处所)。

辩护人……(写明姓名、工作单位和职务)。

×××人民法院审理×××人民检察院指控原审被告人×××犯××罪一案，于

××××年××月××日作出(××××)×××××刑初××号刑事判决。原审被告人×××不服,提出上诉。本院依法组成合议庭,公开(或者不公开)开庭审理了本案。×××人民检察院指派检察员×××出庭履行职务。上诉人(原审被告人)×××及其辩护人×××等到庭参加诉讼。现已审理终结。

……(首先概述原判决认定的事实、证据、理由和判处结果;其次概述上诉、辩护的意见;最后概述人民检察院在二审中提出的新意见)。

经审理查明,……(首先写明经二审审理查明的事实;其次写明二审据以定案的证据;最后针对上诉理由中与原判认定的事实、证据有异议的问题进行分析、认证)。

本院认为,……(根据二审查明的事实、证据和有关法律规定,论证原审法院判决认定的事实、证据和适用法律是否正确。对于上诉人、辩护人或者出庭履行职务的检察人员等在适用法律、定性处理方面的意见,应当有分析地表示是否予以采纳,并阐明理由。)依照……(写明判决的法律依据)的规定,判决如下:

……[写明判决结果。分两种情况:

第一,全部改判的,表述为:

一、撤销×××人民法院(××××)××××刑初××号刑事判决;

二、上诉人(原审被告人)×××……(写明改判的具体内容)。

(刑期从……)。]

第二,部分改判的,表述为:

一、维持×××人民法院(××××)××××刑初××号刑事判决的第×项,即……(写明维持的具体内容);

二、撤销×××人民法院(××××)××××刑初××号刑事判决的第×项,即……(写明撤销的具体内容);

三、上诉人(原审被告人)×××……(写明部分改判的具体内容)。

(刑期从……)。]

本判决为终审判决。

审 判 长　×××
审 判 员　×××
审 判 员　×××

××××年××月××日
(院印)

本件与原本核对无异

法官助理　×××
书 记 员　×××

五、文书范例

××省××市中级人民法院
刑事判决书

(2019)×××刑终171号

原公诉机关××市××区人民检察院。

上诉人(原审被告人)杨××,男,1955年10月2日出生,公民身份号码×××××××××××××××××××,汉族,初中文化,无业,户籍地×××省×××市×××街××号,暂住地××市××区××号。因涉嫌犯贩卖毒品罪于2018年12月31日被刑事拘留,2019年2月3日被逮捕。现羁押于××市第一看守所。

辩护人赵××,××律师事务所律师。

上诉人(原审被告人)钟××,女,1974年1月12日出生,公民身份号码×××××××××××××××××××,汉族,高中文化,无业,户籍地×××省×××市×××区×××号××室。因涉嫌犯贩卖毒品罪于2019年1月3日被刑事拘留,同年2月3日被逮捕。现羁押于××市第一看守所。

辩护人陈××,××律师事务所律师。

原审被告人周××,女,1949年2月1日出生,公民身份号码××××××××××××××××××,汉族,初中文化,无业,户籍地×××省×××市××区××号×××室,暂住地××市××区××号××室。因涉嫌犯运输毒品罪于2018年12月31日被刑事拘留,2019年2月3日被逮捕。现羁押于××市第一看守所。

××市××区人民法院审理××市××区人民检察院指控原审被告人杨××犯贩卖毒品罪、钟××、周××犯运输毒品罪一案,于2019年3月23日作出(2019)×××××刑初101号刑事判决。宣判后,原审被告人杨××、钟××不服,提出上诉。本院经审查于2019年4月15日立案受理后,依法组成合议庭,于2019年5月20日公开开庭审理了本案。××市人民检察院指派检察员陈××出庭履行职务。上诉人杨××、钟××及其辩护人,原审被告人周××到庭参加诉讼。现已审理终结。

原判认定:

2018年12月27日,被告人钟××在××省××市电话联系本市××区的被告人杨××,谈妥以每克100元(币种人民币,下同)的价格购买40余克毒品甲基苯丙胺。钟××指使其母亲被告人周××找杨××取毒品。次日,周××至本市××区××巷××号杨××的暂住处,用现金4000元向杨××购买了一包甲基苯丙胺(净重47.9

克）。后周××在钟××的指导下，将该包毒品藏于棉鞋底部，并通过快递邮寄给在××市的钟××。同月30日，钟××至××市某快递站点取包裹时被民警当场抓获，并被随身缴获包裹1个、棉鞋1双、快递单1张。民警从该包裹中缴获上述毒品甲基苯丙胺1包。周××在本市××区暂住处被民警抓获。归案后，被告人钟××如实供述了自己的罪行。

被告人钟××被抓获后，表示愿意配合公安机关抓获其上线杨××，主动电话联系被告人周××，让周××积极协助公安机关抓获杨××。后在民警的安排下，钟××于12月30日电话联系杨××，约定向其购买50克甲基苯丙胺。次日，周××在民警的安排下，至本市××区××巷××号杨××暂住处交易时，民警将杨××当场抓获并从其暂住处缴获甲基苯丙胺1包（净重50.2克）、作案工具手机3部。毒品已依法上缴有关部门，其余物品暂扣于××市公安局××分局。

原判认定上述事实，有抓获经过、到案经过，常住人口基本信息，搜查笔录、扣押清单，作案工具手机及毒品称重照片，快递信息单，手机通话记录和录音录像，搜查被告人杨××暂住处的录音录像，被告人钟××被查获时的录音录像，毒品检验报告、毒品实物缴交收据，证人杨××等人的证言及辨认笔录，被告人杨××、钟××、周××的供述与辩解及辨认笔录等证据证实。

原判认为，被告人杨××贩卖毒品甲基苯丙胺98.1克，其行为已构成贩卖毒品罪。被告人钟××、周××结伙运输毒品甲基苯丙胺47.9克，其行为均已构成运输毒品罪。本案运输毒品罪系共同犯罪。被告人钟××、周××协助公安机关抓捕其他被告人，有立功表现，可以对二被告人从轻处罚。被告人钟××归案后如实供述自己罪行，当庭自愿认罪，可以从轻处罚。被告人周××在共同犯罪中的作用相对被告人钟××较小，可酌情从轻处罚。依照《中华人民共和国刑法》第三百四十七条第一款、第二款、第三款、第二十五条第一款、第六十八条、第六十七条第三款、第六十四条之规定，判决：一、被告人杨××犯贩卖毒品罪，判处有期徒刑十五年，并处罚金人民币三万元。二、被告人钟××犯运输毒品罪，判处有期徒刑九年四个月，并处罚金人民币一万元。三、被告人周××犯运输毒品罪，判处有期徒刑八年九个月，并处罚金人民币五千元。四、暂扣于××市公安局××分局的作案工具手机3部、快递单1份、棉鞋1双，均予没收。

上诉人杨××上诉称，原判认定其第一起贩卖毒品的证据不足，第二起被查获毒品部分用于吸食，应当认定为非法持有毒品罪。请求二审从轻改判。其辩护人提出同样的辩护意见。

上诉人钟××上诉称，其购买毒品系用于自己吸食，主观恶性较小，归案后认罪悔罪态度好，有立功表现，原判量刑过重。请求二审减轻处罚。其辩护人提出同样的辩护意见。

××市人民检察院出庭检察员当庭发表意见认为，本案一审判决认定的事实清楚，

证据确实充分,适用法律正确,量刑适当,建议二审法院依法驳回上诉,维持原判。

经审理查明,原判认定上诉人杨××贩卖毒品犯罪及钟××、原审被告人周××运输毒品犯罪的事实清楚。认定的证据均经原审庭审举证、质证并列明在案,证据之间能够相互印证,足以认定,本院予以确认。二审庭审时,原审被告人周××的建设银行卡交易明细单亦经当庭举证、质证,本院一并予以确认。

关于上诉人杨××及其辩护人提出的第一起证据不足及第二起应认定为非法持有毒品罪的上诉意见。首先,上诉人钟××和原审被告人周××到案后稳定供述了杨××向钟××贩卖甲基苯丙胺47.9克的事实,并得到在案的搜查笔录、扣押清单、毒品检验报告、称重照片、银行卡交易明细单及通话记录的印证。从钟××和杨××电话商议第二起交易的经过看,亦可佐证双方实施第一起交易时已对价格、取货方式等形成共识,符合侦查逻辑,第一起犯罪事实清楚,足以认定。其次,钟××在接收毒品被当场抓获后,为配合公安机关抓捕,向杨××提出再次购买甲基苯丙胺50克,双方按照惯有方式交易,公安人员将杨××当场抓获并依法搜查出甲基苯丙胺50.2克,该住处被查获的部分毒品依法应当计入犯罪数量。综上,上诉人杨××及其辩护人的上诉、辩护意见与查明事实不符,不予采信。

关于上诉人钟××及其辩护人提出的原判量刑过重的上诉意见。经查,钟××从杨××处购买47.9克甲基苯丙胺之后,指使周××采用隐匿于鞋底邮寄的方式,将甲基苯丙胺运输至××市。钟××和周××对该节事实均无异议,原判已综合考量钟××各项量刑情节,所作量刑并无不当。上诉人钟××及其辩护人的上诉、辩护意见理由不足,不予采纳。

本院认为,上诉人杨××违反国家毒品管制规定,贩卖甲基苯丙胺98.1克,其行为已构成贩卖毒品罪。上诉人钟××、原审被告人周××采用邮寄的方式运输甲基苯丙胺47.9克,其行为均已构成运输毒品罪。本案运输毒品罪部分系共同犯罪。钟××、周××协助公安机关抓捕同案犯,有立功表现,可以对二人从轻或者减轻处罚。上诉人钟××归案后如实供述自己罪行,当庭自愿认罪,可以从轻处罚。原审被告人周××在运输毒品共同犯罪中的地位作用相对较小,毒品的购买和运输细节由钟××决定,隐匿方式和寄送地址由钟××提供,其作为受指使者犯罪目的并非牟利,而是出于亲情所迫,主观恶性小,且年事已高,人身危险性小,认罪悔罪态度较好,具有立功表现,应予减轻处罚。原判定罪准确,审判程序合法,但对周××量刑不当。依照《中华人民共和国刑法》第三百四十七条第一款、第二款、第三款、第四款、第二十五条第一款、第六十八条、第六十七条第三款、第六十四条,《中华人民共和国刑事诉讼法》第二百三十六条第一款第(二)项之规定,判决如下:

一、维持××市××区人民法院(2019)×××××刑初101号刑事判决第一项、第二项、第四项和第三项中对原审被告人周××的定罪判决部分;

二、撤销××市××区人民法院(2019)×××××刑初101号刑事判决第三项中对原审被告人周××的量刑判决部分;

三、原审被告人周××犯运输毒品罪,判处有期徒刑五年九个月,并处罚金人民币三千元。

(刑期从判决执行之日起计算。判决执行以前先行羁押的,羁押一日折抵刑期一日,即自2018年12月31日起至2024年9月30日止。罚金应于本判决发生法律效力第二日起三十日内缴纳)。

本判决为终审判决。

审 判 长　吕××
审 判 员　王××
审 判 员　杨××

二〇一九年五月三十一日
(院印)

本件与原件核对无异

法官助理　徐××
书 记 员　张　×

附:本案适用的有关法律和司法解释

《中华人民共和国刑法》

第三百四十七条　走私、贩卖、运输、制造毒品,无论数量多少,都应当追究刑事责任,予以刑事处罚。

走私、贩卖、运输、制造毒品,有下列情形之一的,处十五年有期徒刑、无期徒刑或者死刑,并处没收财产:

(一)走私、贩卖、运输、制造鸦片一千克以上、海洛因或者甲基苯丙胺五十克以上或者其他毒品数量大的;

(二)走私、贩卖、运输、制造毒品集团的首要分子;

(三)武装掩护走私、贩卖、运输、制造毒品的;

(四)以暴力抗拒检查、拘留、逮捕,情节严重的;

(五)参与有组织的国际贩毒活动的。

走私、贩卖、运输、制造鸦片二百克以上不满一千克、海洛因或者甲基苯丙胺十克以上不满五十克或者其他毒品数量较大的,处七年以上有期徒刑,并处罚金。

走私、贩卖、运输、制造鸦片不满二百克、海洛因或者甲基苯丙胺不满十克或者其他

少量毒品的，处三年以下有期徒刑、拘役或管制，并处罚金；情节严重的，处三年以上七年以下有期徒刑，并处罚金。

第二十五条第一款　共同犯罪是指二人以上共同故意犯罪。

第六十八条　犯罪分子有揭发他人犯罪行为，查证属实的，或者提供重要线索，从而得以侦破其他案件等立功表现的，可以从轻或者减轻处罚；有重大立功表现的，可以减轻或者免除处罚。

第六十七条第三款　犯罪嫌疑人虽不具有前两款规定的自首情节，但是如实供述自己罪行的，可以从轻处罚；因其如实供述自己罪行，避免特别严重后果发生的，可以减轻处罚。

第六十四条　犯罪分子违法所得的一切财物，应当予以追缴或者责令退赔；对被害人的合法财产，应当及时返还；违禁品和供犯罪所用的本人财物，应当予以没收。没收的财物和罚金，一律上缴国库，不得挪用和自行处理。

《中华人民共和国刑事诉讼法》

第二百三十六条　第二审人民法院对不服第一审判决的上诉、抗诉案件，经过审理后，应当按照下列情形分别处理：

（一）原判决认定事实和适用法律正确、量刑适当的，应当裁定驳回上诉或者抗诉，维持原判；

（二）原判决认定事实没有错误，但适用法律有错误，或者量刑不当的，应当改判；

（三）原判决事实不清楚或者证据不足的，可以在查清事实后改判；也可以裁定撤销原判，发回原审人民法院重新审判。

原审人民法院对于依照前款第三项规定发回重新审判的案件作出判决后，被告人提出上诉或者人民检察院提出抗诉的，第二审人民法院应当依法作出判决或者裁定，不得再发回原审人民法院重新审判。

第四节　刑事裁定书

一、概念

刑事裁定书，是指人民法院在刑事案件的审理或者判决执行的过程中，依法对程序问题和部分实体问题作出处理所制作的具有法律约束力的司法文书。

按照诉讼程序，可以将刑事裁定书分为第一审程序刑事裁定书、第二审程序刑事裁定书、死刑复核程序刑事裁定书、审判监督程序刑事裁定书、执行程序刑事裁定书等。

按照内容和作用，可以将刑事裁定书分为程序问题裁定书和实体问题裁定书，前者如裁定中止审理、裁定终止审理等;后者如裁定减刑和裁定维持原判等。

按照裁定的形式,可以将刑事裁定书分为口头裁定和书面裁定。

二、内容

刑事裁定书的格式、内容和制作方法与刑事判决书大体相同,但内容相对简单。在司法实践中,常见的刑事裁定书为第一审刑事裁定书、第二审刑事裁定书、减刑、假释刑事裁定书等,以下主要围绕几种常见格式进行阐述。

(一)第一审刑事裁定书

第一审刑事裁定书主要适用于以下几种情况:

1.不予受理自诉裁定书

案件由来和审理经过部分,可以简单表述为"自诉人×××以被告人×××犯××罪,于××××年××月××日向本院提起控诉"。

经审理查明的事实和证据部分,可以根据案件情况,简要写明或者省略自诉人指控的事实、证据和诉讼请求。

"本院认为"部分,可以表述为"本院审查认为,……(写明不予受理的理由)。"裁定主文可以表述为"不予受理自诉人×××的起诉"。

2.驳回自诉裁定书

与不予受理自诉裁定书的不同之处在于,"本院认为"部分应当写明驳回自诉的理由,裁定主文表述为"驳回自诉人×××的起诉"。

3.一审终止审理刑事裁定书

案件由来和审理经过部分,可以简单表述为"×××人民检察院以×检×诉[××××]××号起诉书指控被告人×××犯××罪,于××××年××月××日向本院提起公诉。在审理过程中,……(写明应当终止审理的具体事由)"。

经审理查明的事实和证据部分,可以根据案件情况,写明与是否符合终止审理情形相关的事实和证据,并对控辩双方的意见进行分析评判,双方并无异议的,可以省略。

裁定主文可以表述为"本案终止审理(或者终止对被告人×××的审理)"。

(二)第二审刑事裁定书

第二审刑事裁定书主要适用于以下几种情况。(1)原判决认定事实和适用法律正确、量刑适当的,裁定驳回上诉或者抗诉,维持原判;(2)原判决事实不清或者证据不足的,裁定撤销原判,发回原审人民法院重新审判;(3)第二审人民法院发现第一审人民法院的审理严重违反法律规定的诉讼程序,可能影响公正审判的,裁定撤销原判,发回原审人民法院重新审判;(4)上诉人在上诉期满后要求撤回上诉,第二审人民法院经审查

认为原判认定事实和适用法律正确，量刑适当的，裁定准许撤回上诉。在司法实践中，裁定维持原判和裁定准许撤诉的第二审刑事裁定书最为常见。

1.二审维持原判刑事裁定书

经审理查明的事实和证据部分，写法和二审改判刑事判决书基本相同。应当重点叙述原判认定的事实和证据，二审查明的事实可以概述，表述为："经审理查明，原判认定上诉人×××××犯罪的事实清楚。认定的证据均经原审庭审举证、质证并列明在案，证据之间能够相互印证，足以认定，本院予以确认。"

裁定理由部分，应当重点围绕上诉理由、抗诉意见进行分析评判。争议较多的，应当在概述完审理查明的事实和证据之后进行叙述；仅就量刑提出上诉的，可以在"本院认为"部分一并分析评判。

裁定主文可以表述为："驳回上诉（或者抗诉），维持原判。"另起一行注明："本裁定为终审裁定。"

2.二审发回重审刑事裁定书

二审发回重审刑事裁定书仅对案件的程序作出处理，故行文上不需要具体叙述原判认定的事实、证据、理由和上诉、抗诉的意见、理由等，只需要在"本院认为"部分写明原判事实不清或者证据不足或者违反法定程序的情形，概括阐明发回重审的理由。在司法实践中，对于需要发回原审法院进一步查证的内容，一般采用内部函的形式向原审法院指出。

裁定主文可以表述为："一、撤销×××人民法院（××××）×××××刑初××号刑事判决；二、发回×××人民法院重新审判。"另起一行注明："本裁定为终审裁定。"

3.二审准许撤诉刑事裁定书

案件由来和审理经过部分，可以表述为："本院审理过程中，被告人×××申请撤回上诉。"

行文上不再叙述原判认定的事实和证据等内容，只需要在"本院认为"部分写明上诉人申请撤回上诉，符合法律规定。

裁定主文可以表述为："准许上诉人×××撤回上诉。"另起一行注明："×××人民法院（××××）×××××刑初××号刑事判决自本裁定书送达之日起发生法律效力。"

（三）减刑、假释刑事裁定书

减刑、假释刑事裁定书主要适用于以下几种情况。(1)依法减刑的案件；(2)依法假释的案件；(3)适用"特殊情况"假释的案件，即《中华人民共和国刑法》第 81 条规定的"如果有特殊情况，经最高人民法院核准，可以不受上述执行刑期的限制"。

1.减刑裁定书

首部与其他刑事裁定书的不同之处主要在于：被减刑的人表述为“罪犯”，写明其身份事项时包括现服刑监所（监狱、看守所、未成年犯管教所），写明服刑期间是否有减刑记录，以及执行机关提出的减刑理由。

经审理查明的事实和证据部分，概述执行机关提供的罪犯确有悔改表现或者立功、重大立功表现等应予减刑的事实，检察机关、罪犯对减刑建议的意见，还要写明财产刑和附带民事判决的执行情况、退赃退赔等情况。

裁定理由部分，应当对罪犯是否符合减刑条件以及减刑幅度进行分析论证。

裁定主文根据不同结论有两种表述：予以减刑的，可以表述为：“对罪犯×××减去……（写明罪犯姓名和对其减刑的具体内容）。（减刑后的刑期自××××年××月××日起至××××年××月××日止。）”不予减刑的，可以表述为：“对罪犯×××不予减刑。”

2.假释裁定书

假释裁定书的内容和制作方法与减刑裁定书基本相同。

裁定主文根据不同结论有两种表述：予以假释的，可以表述为：“对罪犯×××予以假释……。（假释考验期限从假释之日起计算，即自××××年××月××日起至××××年××月××日止。）”不予假释的，可以表述为：“对罪犯×××不予假释。”

三、样式

1.驳回自诉裁定书

×××人民法院

刑事裁定书

（驳回自诉用）

（××××）×××××刑初××号

自诉人……（写明姓名、性别、出生年月日、民族、出生地、文化程度、职业或者工作单位和职务、住址等）。

被告人……（写明姓名、性别、出生年月日、民族、出生地、文化程度、职业或者工作单位和职务、住址等）。

自诉人×××以被告人×××犯××罪，于××××年××月××日向本院提起控诉。本院受理后，依法审理了本案。

本院认为，……（简写驳回自诉的理由）。依照……（写明裁定的法律依据）的规定，裁定如下：

驳回自诉人×××对被告人×××的控诉。

如不服本裁定，可在接到裁定书的第二日起五日内，通过本院或者直接向×××人民法院提出上诉。书面上诉的，应当提交上诉状正本一份，副本×份。

审 判 员 ×××
××××年××月××日
（院印）

本件与原本核对无异

法官助理 ×××
书 记 员 ×××

2.一审终止审理刑事裁定书

×××人民法院
刑事裁定书
（终止审理用）

（××××）×××××刑初××号

公诉机关××××人民检察院。

被告人……（写明姓名、性别、出生年月日、民族、出生地、文化程度、职业或者工作单位和职务、住址等。现已死亡）。

×××人民检察院以被告人×××犯××罪，于××××年××月××日向本院提起公诉。本院依法受理后，组成合议庭（或者依法由审判员×××独任审判）对本案进行了审理。在审理过程中，被告人×××于××××年××月××日死亡。依照……（写明裁定的法律依据）的规定，裁定如下：

（裁定结果，分两种情况：）

第一，根据已有材料能够确认被告人有罪的，表述为：

本案终止审理，不追究被告人×××的刑事责任。

第二，根据已有材料尚难认定被告人有罪的，表述为：

本案终止审理。

本裁定送达后即发生法律效力。

审 判 长　×××
审 判 员　×××
审 判 员　×××
××××年××月××日

（院印）

本件与原本核对无异

法官助理　×××
书 记 员　×××

3.二审维持原判刑事裁定书

×××人民法院
刑事裁定书
（二审维持原判用）

（××××）×××××刑终××号

原公诉机关××××人民检察院。

上诉人（原审被告人）……（写明姓名、性别、出生年月日、民族、出生地、职业或者工作单位和职务、住址和因本案所受强制措施情况等，现羁押处所）。

辩护人……（写明姓名、性别、工作单位和职务）。

×××人民法院审理×××人民检察院指控原审被告人×××犯××罪一案，于××××年××月××日作出（××××）×××××刑初××号刑事判决。原审被告人×××不服，提出上诉。本院依法组成合议庭，公开（或者不公开）开庭审理了本案。×××人民检察院指派检察员×××出庭履行职务。上诉人（原审被告人）×××及其辩护人×××等到庭参加诉讼。现已审理终结。

……（首先概述原判决认定的事实、证据、理由和判决结果；其次概述上诉、辩护意见；最后概述人民检察院在二审中提出的新意见）。

经审理查明，……（首先写明经二审审理查明的事实；其次写明二审据以定案的证据；最后针对上诉理由中与原判认定的事实、证据有异议的问题进行分析、认证）。

本院认为，……（根据二审查明的事实、证据和有关法律规定，论证原审法院判决认定的事实、证据和适用法律是正确的。对于上诉人、辩护人或者出庭履行职务的检察人员等在适用法律、定性处理方面的意见，应当逐一作出回答，阐明不予采纳的理由）。依照……（写明裁定的法律依据）的规定，裁定如下：

驳回上诉，维持原判。

本裁定为终审裁定。

审 判 长 ×××
审 判 员 ×××
审 判 员 ×××

××××年××月××日
（院印）

本件与原本核对无异

法官助理 ×××
书 记 员 ×××

4.二审发回重审刑事裁定书

×××人民法院
刑事裁定书
（二审发回重审用）

（××××）×××××刑终××号

原公诉机关××××人民检察院。

上诉人（原审被告人）……（写明姓名、性别、出生年月日、民族、出生地、职业或者工作单位和职务、住址和因本案所受强制措施情况等，现羁押处所）。

辩护人……（写明姓名、性别、工作单位和职务）。

×××人民法院审理×××人民检察院指控原审被告人×××犯××罪一案，于××××年××月××日作出（××××）×××××刑初××号刑事判决，认定被告人×××犯××罪，判处……（写明判决结果）。原审被告人×××不服，以……（概述上诉的理由）为由，提出上诉。本院依法组成合议庭审理了本案。现已审理终结。

本院认为，……（具体写明原判事实不清、证据不足，或者违反法律规定的诉讼程序的情形，阐明发回重审的理由）。依照……（写明裁定的法律依据）的规定，裁定如下：

一、撤销×××人民法院（××××）×××××刑初××号刑事判决；

二、发回×××人民法院重新审判。

本裁定为终审裁定。

审 判 长 ×××
审 判 员 ×××
审 判 员 ×××

××××年××月××日
（院印）

本件与原本核对无异

法官助理 ×××
书 记 员 ×××

5.二审准许撤诉刑事裁定书

×××人民法院
刑事裁定书

（准许撤回上诉、抗诉用）

（××××）×××××刑终××号

原公诉机关××××人民检察院。

上诉人（原审被告人）……（写明姓名、性别、出生年月日、民族、出生地、职业或者工作单位和职务、住址和因本案所受强制措施情况等，现羁押处所）。

×××人民法院审理×××人民检察院指控原审被告人×××犯××罪一案，于××××年××月××日作出（××××）×××××刑初××号刑事判决，判处……（写明判决结果）。原审被告人×××不服，提出上诉。本院审理过程中，上诉人（原审被告人）×××申请撤回上诉。

本院认为，……（写明准许上诉人撤回上诉的理由）。依照……（写明裁定的法律依据）的规定，裁定如下：

准许上诉人×××撤回上诉。

×××人民法院（××××）×××××刑初××号刑事判决自本裁定书送达之日起发生法律效力。

本裁定为终审裁定。

审 判 长 ×××
审 判 员 ×××
审 判 员 ×××

××××年××月××日
（院印）

本件与原本核对无异

法官助理 ×××
书 记 员 ×××

6.减刑、假释裁定书

×××人民法院
刑事裁定书
（减刑、假释用）

（××××）×××××刑更××号

罪犯……（写明姓名、性别、出生年月日、民族、出生地，现服刑处所）。

×××人民法院于××××年××月××日作出（××××）×××××刑初××号刑事判决，以被告人×××犯××罪，判处……（写明主刑、附加刑）。被告人×××不服，提出上诉（或者×××人民检察院提出抗诉）。×××人民法院于××××年××月××日作出（××××）×××××刑终××号刑事判决（或者裁定），……（写明二审裁判结果）。……（写明执行中的刑罚变更情况）。

执行机关……（写明执行机关名称）于××××年××月××日以该犯在服刑期间确有悔改表现（或者立功表现或者有特殊情节），提出减刑（或者假释）建议书，报送本院审理。本院依法组成合议庭进行了审理。现已审理终结。

经审理查明，……（写明确认罪犯在服刑期间确有悔改表现或者立功、重大立功表现的具体事实和证据。或者假释后不致再危害社会或者具有特殊情况的具体事实和证据）。

本院认为，……（写明应予减刑或者假释的理由）。依照……（写明裁定的法律依据）的规定，裁定如下：

……（写明罪犯姓名和对其减刑或者假释的具体内容）。

本裁定送达后即发生法律效力。

审 判 长 ×××
审 判 员 ×××
审 判 员 ×××

××××年××月××日
（院印）

本件与原本核对无异

法官助理 ×××
书 记 员 ×××

四、文书范例

××省××市中级人民法院
刑事裁定书

（2019）×××刑终217号

原公诉机关××市××区人民检察院。

上诉人（原审被告人）江××，男，1969年12月3日出生，公民身份号码××××××××××××××××××，汉族，大专文化，无业，户籍地××省××市××区××路×号×××室。因涉嫌犯放火罪于2018年9月2日被刑事拘留，同年9月15日被逮捕。现羁押于××市第一看守所。

辩护人陈××，××律师事务所律师。

××市××区人民法院审理××市××区人民检察院指控原审被告人江××犯放火罪一案，于2019年1月24日作出（2019）×0203刑初79号刑事判决。宣判后，原审被告人江××不服，提出上诉。本院经审查于2019年3月1日立案受理后，依法组成合议庭，经过阅卷，讯问上诉人，听取辩护人辩护意见，认为事实清楚，决定不开庭审理。现已审理终结。

原判认定，2018年9月1日23时许，被告人江××因向陈××（江××前妻）要钱还债未果，在××市××区××号店面（系陈××经商使用的仓库，内存放有纸箱、乳胶枕、化妆品等物。店面位于七层楼的一楼，楼上均为居民住宅，该店面相邻其他店面）喝酒，酒后用打火机将店内纸箱点燃，引发火情，并用手机拍摄着火视频，后其欲自行将火扑灭，陈××家人见江××放火立即报警，民警接报后赶赴现场，消防人员也随之赶到现场，共同将火扑灭，被告人江××因此被抓获。

原判认定上述事实的证据，有到案经过、现场勘验笔录、现场照片，微信聊天记录截图、手机视频、现场执法记录仪视频，扣押清单、户籍资料、诉讼文书，××医院出具的检验报告单、被害人陈××的陈述，证人夏××的证言及被告人江××的供述与辩解等，足以认定。

原判认为，被告人江××故意放火，危害公共安全，尚未造成严重后果，其行为已构成放火罪。被告人江××到案后如实供述自己的罪行，依法可以从轻处罚，并结合被告人能主动灭火等具体情节，决定对被告人江××从轻处罚。依照《中华人民共和国刑法》第一百一十四条及第六十七条第三款之规定，判决：被告人江××犯放火罪，判处有期徒刑三年三个月。

上诉人江××上诉称：其因酒后情绪失控，点火后马上报警并自行着手灭火，应当认定为犯罪中止；其得知家人报警后留在现场等待直至民警到达，应当认定为自首；一审对其量刑过重，请求本院从轻改判。其辩护人提出同样的辩护意见。

经审理查明，原判认定上诉人江××放火犯罪的事实清楚。认定的证据均经原审庭审举证、质证并列明在案，证据之间能够相互印证，足以认定，本院予以确认。

关于上诉人江××提出的应认定为犯罪中止和自首的上诉意见。经查，首先，犯罪中止是指在犯罪过程中，自动放弃犯罪或者自动有效地防止犯罪结果发生。而本案中的放火罪系危险犯，行为人一旦着手实施了放火行为，且具有造成严重后果的危险，即构成放火罪的既遂。上诉人江××放火的场所系七层居民住宅楼的底楼仓库，内存有大量可燃物品，其点燃纸箱后即引发火情，具有造成不特定范围内重大公私财产损失和不特定多数人人身安全的危险，已经构成放火罪既遂，其在犯罪既遂之后的扑救行为依法不能成立犯罪中止。其次，上诉人江××虽系明知他人报案而在现场等待民警到达，但其到案后始终否认自己故意放火的基本犯罪事实，辩称可能系自燃或失火，直至两个多月后公安机关掌握大量犯罪证据时才作出如实供述，依法不能认定为自首。综上，上诉人江××及其辩护人相关上诉、辩护意见于法无据，不予采纳。

本院认为，上诉人江××故意放火，危害公共安全，尚未造成严重后果，其行为已构成放火罪。上诉人江××虽不具有自首情节，但如实供述自己罪行，依法可以从轻处罚，且在放火犯罪既遂后有参与灭火挽损行为，原判已综合考虑江××各项量刑情节，所作量刑并无不当。综上，原判定罪准确，量刑适当，审判程序合法。依照《中华人民共和国刑事诉讼法》第二百三十六条第一款第（一）项之规定，裁定如下：

驳回上诉，维持原判。

本裁定为终审裁定。

审判长　　吕××
审判员　　王××
审判员　　杨××

二〇一九年四月二十日
（院印）

本件与原件核对无异

法官助理　徐××
书 记 员　张　×

附：本案适用的有关法律和司法解释

《中华人民共和国刑事诉讼法》

第二百三十六条　第二审人民法院对不服第一审判决的上诉、抗诉案件，经过审理后，应当按照下列情形分别处理：

（一）原判决认定事实和适用法律正确、量刑适当的，应当裁定驳回上诉或者抗诉，维持原判；

（二）原判决认定事实没有错误，但适用法律有错误，或者量刑不当的，应当改判；

（三）原判决事实不清楚或者证据不足的，可以在查清事实后改判；也可以裁定撤销原判，发回原审人民法院重新审判。

第五节　决定书及其他

一、概念

刑事裁判文书中的决定书，是指人民法院为了保证刑事诉讼的顺利进行，对刑事诉讼过程中发生的某些特定事项进行处理时所作出的具有法律约束力的司法文书。

在刑事司法实践中，法院制作的常见决定书有指定管辖决定书、强制医疗决定书、暂予监外执行决定书等。

最高人民法院1999年发布的《法院刑事诉讼文书样式》（样本）一共包括法院刑事诉讼文书9类164种，其中裁判文书类（判决书、裁定书）45种，决定、命令、布告类24种，报告类19种，笔录类13种，证票类5种，书函类16种，通知类27种，其他类8种，书状类7种。除了刑事判决书、刑事裁定书、决定书之外，人民法院在行使刑事审判职权时常运用的其他司法文书还包括：刑事和解书、刑事附带民事调解书、审理报告、法庭笔录、合议庭评议笔录、讯问笔录等。限于篇幅，本章不再逐一介绍。

二、内容

决定书的主要作用在于处理某些特定事项，故与刑事判决书相比，内容相对简洁明了。以下主要阐述强制医疗决定书和监外执行决定书的内容和制作方法。

（一）强制医疗决定书

《刑事诉讼法》第302条规定："实施暴力行为，危害公共安全或者严重危害公民人身安全，经法定程序鉴定依法不负刑事责任的精神病人，有继续危害社会可能的，可以予以强制医疗。"第303条规定："根据本章规定对精神病人强制医疗的，由人民法院决定。公安机关发现精神病人符合强制医疗条件的，应当写出强制医疗意见书，移送人民检察院。对于公安机关移送的或者在审查起诉过程中发现的精神病人符合强制医疗条件的，人民检察院应当向人民法院提出强制医疗的申请。人民法院在审理案件过程中发现被告人符合强制医疗条件的，可以作出强制医疗的决定。……"这是制作强制医疗决定书的主要法律依据。

首部的名称为"强制医疗决定书"或者"驳回强制医疗决定书"，案号为（××××）×××刑医××号。

申请机关写"申请机关×××人民检察院"，被申请人应当写明姓名、性别等基本情况。

案件由来和审理经过参照一审刑事判决书进行阐述。

事实和证据部分，主要概述以下内容：一是人民检察院申请强制医疗的事实和理由；二是法定代理人的意见和有关证据；三是诉讼代理人的代理意见和有关证据；四是审理查明的事实和证据。

决定主文部分，根据不同决定有不同的表述。决定强制医疗的，可以表述为"对被申请人×××强制医疗。"驳回强制医疗申请的，可以表述为："驳回×××人民检察院对被申请人×××强制医疗的申请。"

人民法院作出强制医疗的决定时，并未同时决定强制医疗的期限。一旦被强制医疗的精神病人经治疗后不具有人身危险性，不再需要强制医疗的，应当作出解除强制医疗决定书。

（二）暂予监外执行决定书

《刑事诉讼法》第265条规定："对被判处有期徒刑或者拘役的罪犯，有下列情形之一的，可以暂予监外执行：（一）有严重疾病需要保外就医的；（二）怀孕或者正在哺乳自己婴儿的妇女；（三）生活不能自理，适用暂予监外执行不致危害社会的。对被判处无期徒刑的罪犯，有前款第二项规定情形的，可以暂予监外执行。对适用保外就医可能有社会危险性的罪犯，或者自伤自残的罪犯，不得保外就医。对罪犯确有严重疾病，必须保外就医的，由省级人民政府指定的医院诊断并开具证明文件。在交付执行前，暂予监外执行由交付执行的人民法院决定；在交付执行后，暂予监外执行由监狱或者看守所提出书面意见，报省级以上监狱管理机关或者设区的市一级以上公安机关批准。”这是制作暂予监外执行决定书的主要法律依据。

首部的名称为“暂予监外执行决定书”，案号为（××××）×××刑执××号。

首部先写明罪犯的姓名、性别等基本情况。然后写明作出生效判决的情况，对罪犯进行检查、会诊，听取人民检察院意见的经过也要逐一阐明。暂予监外执行的期限在作出决定时能够确定的，应当在决定书中写明；不能确定的，可以待期限确定时另行制作决定书。

三、样式

×××人民法院

强制医疗决定书

（决定强制医疗用）

（××××）×××××刑医××号

申请机关×××人民检察院。

被害人……（写明姓名、性别、出生年月日、民族、出生地、住址等情况）。

被申请人……（写明姓名、性别、出生年月日、民族、出生地、住址等情况）。

成年亲属×××（写明与被申请人的关系）。

诉讼代理人……（写明姓名、性别、工作单位和职务）。

×××人民检察院以×××医申[××××]××号强制医疗申请书，于××××年××月××日向本院申请对被申请人×××强制医疗。本院于××××年××月××日立案后，依法组成合议庭，公开（或者不公开）开庭审理了本案。×××人民检察院指派检察员×××出庭履行职务。被害人×××，被申请人×××及其成年亲属×××，诉讼代理人×××均到庭参加诉讼。现已审理终结。

×××人民检察院申请称……（写明人民检察院申请的内容）。

……（写明检察机关提供的证据；概述检察机关提出的对被申请人强制医疗的意见，被申请人及其成年亲属、诉讼代理人的意见，被害人的意见）。

经审理查明，……（写明经审理查明的事实、证据，并对被申请人的意见与人民检察院意见有异议的问题进行分析、认证）。

本院认为，……（根据查明的事实、证据和有关法律规定，论证被申请人符合法律规

定的强制医疗条件)。依照……(写明决定的法律依据)的规定,决定如下:

对被申请人×××强制医疗。

如不服本决定,可在接到决定书的第二日起五日内,通过本院或者直接向×××人民法院申请复议。书面申请复议的,应当提交申请复议书正本一份,副本×份。复议期间不停止决定的执行。

审 判 长 ×××
审 判 员 ×××
审 判 员 ×××

××××年××月××日
(院印)

本件与原本核对无异

法官助理 ×××
书 记 员 ×××

四、文书范例

××省××市中级人民法院
暂予监外执行决定书

(2019)×02 刑执 96 号

罪犯章××,女,1989 年 6 月 23 日出生,公民身份号码××××××××××××××××××,汉族,大学文化,无业,户籍地××省××市××区××号×××室,暂住××省××市××区××号×××室。因涉嫌犯开设赌场罪于 2017 年 12 月 2 日被取保候审。

××市××区人民法院于 2018 年 12 月 1 日以开设赌场罪判处罪犯章××有期徒刑四年六个月,并处罚金人民币十万元。本院于 2019 年 5 月 19 日裁定维持××市××区人民法院判决。罪犯章××以其系怀孕的妇女为由申请暂予监外执行。

经本院委托,×××医院对章××进行了检查,根据会诊结果,本院司法鉴定技术处认为章××属怀孕状态,符合暂予监外执行条件。××市人民检察院出具意见认为章××符合“可以暂予监外执行”的情形。

经查,罪犯章××系晚期妊娠,确系怀孕的妇女,不宜收监执行。依照《中华人民共和国刑事诉讼法》第二百六十五条第一款第（二）项之规定，决定如下：

将罪犯章××暂予监外执行。

二〇一九年五月二十二日

（院印）

附：本案适用的有关法律和司法解释

《中华人民共和国刑事诉讼法》

第二百六十五条　对被判处有期徒刑或者拘役的罪犯，有下列情形之一的，可以暂予监外执行：

（一）有严重疾病需要保外就医的；

（二）怀孕或者正在哺乳自己婴儿的妇女；

（三）生活不能自理，适用暂予监外执行不致危害社会的。

……

第五章
民事裁判文书

第一节 概 述

一、概念

民事裁判文书是指法院(审判机关)在主导民事诉讼活动过程中对民事诉讼阶段性或终局性程序作出决定,和对当事人争议的权利义务纠纷作出裁决的法律文件。广义上包含着诉讼过程中各种通知、传票和告知类的文书和各种裁决类文书,狭义上仅指能够产生、变更或消灭民事诉讼法律关系,对当事人民事权利义务进行调整的法律文件,有民事裁定书、民事决定书、民事调解书和民事判决书等。本教程仅就狭义的民事裁判文书进行阐述。

二、作用

民事裁判文书主要有如下几个方面的作用:

(一)决定受理

对当事人提起诉讼,申请启动诉讼程序,寻求司法救济的请求,经过审查,认为当事人起诉符合法律规定的起诉条件和请求事项属于法院民事诉讼管辖范围,决定受理,发出《受理案件通知书》;若不符合受理条件的,则作出不予受理民事裁定书。

(二)确定管辖

受诉法院受理原告起诉后,被告认为受诉法院没有管辖权,或者不属于法院民事诉讼受案范围的,可以提出管辖权异议。当事人一旦提出管辖权异议,则法院必须用裁定文书的形式予以回复。受诉法院的管辖权依《民事诉讼法》第 119 条及第二章关于管辖的规定确定。受诉法院审查当事人管辖权异议申请，认为本院行使管辖权符合《民事诉讼法》及司法解释的规定，以民事裁定书裁定驳回异议申请，若异议申请符合法律规定，则以民事裁定书裁定移送有管辖权法院受理。

（三）决定保全

《民事诉讼法》规定，为保障诉讼得以顺利进行，确保案件切实得到执行，当事人可以在提供担保的前提下[①]，向法院申请证据保全、财产保全或先予执行，法院准许的，裁定保全。在审理过程中，法院也可以依职权作出保全证据和保全财产裁定，对追索赡养费、扶养费、抚育费、抚恤金、医疗费用，追索劳动报酬和情况紧急的还可以裁定先予执行。裁定用民事裁定书形式出具。

（四）中止、终结诉讼程序

在诉讼过程中，可能出现某种事由或事件[②]，如当事人丧失诉讼行为能力、死亡、拟制人格的法人或其他组织被注销，诉讼程序需要暂停，待确定死亡当事人的继承人或其他有权利的人参加到诉讼中来，诉讼程序才能继续进行，法院需要作出民事裁定书，中止诉讼。若死亡者没有继承人或继承人放弃诉讼权利或没有应当承担义务的人，或离婚案件一方当事人死亡，婚姻关系消亡，法院作出终结诉讼裁定书，告知当事人诉讼终结[③]。

（五）调整权利义务关系

在诉讼过程中，法院根据案件的具体情况，运用裁判文书，调整当事人程序和实体的权利义务。如当事人经过协商调解，达成合意协议，不违反法律规定，法院可以出具民事调解书赋予协议强制执行效力；法院综合当事人举证质证，以民事判决书形式认定争议的事实，适用法律，对当事人权利义务进行调整，并赋予强制执行效力，达到定分止争的目的。

（六）具有强制执行保障力

民事裁判文书全面、完整地体现了审判的全过程，对当事人的程序权利和实体权利进行调整，是“公开法官被说服的过程，包括公开各种影响法官的心证的主、客观因素——常识、经验、演绎、推理、反证……表明法官在认定事实方面的自由裁量受证据规则约束从而使裁判获得正当性”的书面材料，它记载的裁判结果是由国家强制力保障实

---

① 在某些特殊情况下，法院也可以允许当事人在不提供担保的情况下，裁定保全证据或保全财产。

② 《民事诉讼法》第 150 条。

③ 《民事诉讼法》第 151 条。

现的，体现了国家审判机关的尊严、权威，是司法公正得到体现的最终载体。可以说，民事裁判文书“浓缩了诉讼程序制度、司法制度过程，以及构成司法制度运作环境的各种经济、政治、文化因素”，是“窥探一国司法制度和法律文化的窗口”。

三、基本特征

(一)规范性

裁判文书的格式由法律、司法解释作出相应的规定，要求要素齐全、结构完整、用词准确、语意规范——规范使用法言法语。在某种意义上，可以说一份规范齐整的裁判文书，就是对一个法条，甚至是一个法律制度的实务诠释。

(二)公开性

程序公开是现代诉讼制度的基本原则，也是司法公正的一种外在体现。裁判文书公开地记录诉讼过程，对当事人在诉讼程序过程中合法或不合法的诉讼行为给予权威性公开干预，如公开管辖或不管辖的理由，公开程序运行过程中撤诉、调解、中止的处理，公开裁判的理由等等，同时，文书公开宣判的制度要求和上网公开，充分地把司法活动置于包括当事人在内的所有民众的监督之下。

(三)宣示性

裁判文书是法庭或法官运用程序规范认定案件事实，抽象法律要素，运用法律逻辑演绎，向社会公开宣称审判机关代表国家对某种社会行为、社会现象的评价、态度和意见。这种宣示是对争议的社会行为、社会现象用法律方法和形式展示司法态度，告知人们这种行为、现象的正当性在哪里，失当性和错误性在哪里，民众应当具有什么样的社会行为。

(四)教化性

裁判文书具有教化、引导性的作用，法院通过对某种纠纷处理，对一定社会行为的调整，对社会现象的干预，从而告诉全社会，该行为、现象法律是支持还是反对，告诉人们什么可为，什么不可为。

(五)宣传性

裁判文书中的事实认定是各种证据运用证明规则推理演绎出来的法律事实，有一定的故事性，裁判理由部分具有充分的说理性，又有常理、事理、法理的逻辑演绎，易于传播；加上公开宣判和上网公开，从形式到内容都具有天然的宣传性。

四、意义

民事裁判文书是法院审判活动、裁判理由、裁判依据和裁判结果的最重要载体，是法官规则意识、规范追求、价值取向、法律素养、社会责任、文字功底的集中反映，也是社会公众认识司法的重要途径。它不仅是法院案件审理裁判过程的记录，也是法官运用专业修养、人生阅历、智慧经验衡平个体、集体、社会公众利益，解决社会纠纷，诠释社会规则的载体，更是法律规则和法治正义的生动再现，它彰显法治正义的过程，是展示法治面貌的一张名片，其意义有：

（一）规范社会秩序

法律是用固定化的模式指引社会活动的人们把自己的行为纳入这个模式当中来，给人们行为设定一个期待，防止社会关系出现紊乱和失调，使社会关系保持一定的规则性和秩序性。法院的司法活动就是当社会活动出现失调、紊乱时，运用国家的强制力为后盾，强制将失调、紊乱的社会行为调整到规则、秩序当中来，让人们在行使自由的权利过程中，尊重和不损害他人的自由、权利。民事裁判文书就是将这个调整过程记录下来，告诉人们社会活动的秩序性、规范性、谦抑性，体现了现代社会生存和发展路径和渠道。

（二）公开促进公平

法院根据法律赋予的审判职能，主导当事人的民事诉讼活动、调整诉讼当事人的民事法律关系的权利义务和民事诉讼法律关系的权利义务。这个过程法律明确规定必须公开地展示在社会面前，即法律规定所有的案件审理都必须是公开的，除非有法律允许不公开的情形，所有案件的宣判都必须是公开的。这些活动集中到民事裁判文书内容当中和文书的展示形式（公开宣判、上网）上，所以民事裁判文书体现诉讼活动的公开性和公平性。

（三）谦抑司法行为

民事裁判文书要求当事人和审判人员的诉讼活动须遵循程序规则，它内容上既要有事实依据、证据依据，也要有法律规则依据和社会伦理依据；既需要从细节上解决当下的矛盾纠纷，也要从发展的趋势上符合社会发展的方向；既要让当事人感受到司法的公信力，也要让民众在心中树立起法律的神圣性，因此，司法行为必定是统一的、谦抑的。

（四）滋养法律意识

民事裁判文书制作要求标准规范统一，体现规则、秩序的科学性，理念、原则的人民

性，拓展司法公开内容，以润物无声的方式，培育公民规则意识，树立司法权威，促进法治社会建设。

（五）凸显法治文明

民事裁判文书是审判人员对参与社会活动民事主体的行为指引，是当事人感受司法正义和法律精神载体，是民众培育法治信仰和法律意识的土壤，是培养公民规则意识的重要途径，进而促进法治文明与社会进步。所以，民事裁判文书是法治建设的重要形式，是法治文明的重要标志。

五、种类

民事裁判文书按照不同的划分标准，可以分为不同的种类。

（一）按照作用来划分，可以分为功能性文书和决定性文书

功能性文书有：管辖权异议裁定书、准许或不准许撤诉裁定等。决定性文书有：保全裁定书、处罚决定书、民事判决书等。

（二）按照实体和程序来划分，可以分为程序类文书和实体类文书

程序决定类的文书，不予受理、驳回起诉、终结诉讼、准许撤诉和推定撤诉、中止裁定。实体处理类的文书有民事调解书、民事判决书。

（三）按照形式来划分，可以分为表格式的文书和叙述式的文书

表格式的文书，有小额诉讼程序的要素式的判决书；叙述式的文书，有民事调解书、民事判决书等。

（四）按照审级来划分，可以分为一审文书、二审文书和再审文书

如一审裁定书、调解书、判决书；二审裁定书、调解书、判决书；再审裁定书、调解书、判决书。

六、写作基础

（一）程序基础

民事诉讼源于当事人起诉，这是司法被动性原则的体现。也就是法院要履行司法裁判职能时，需要由当事人向法院提起诉讼，且所提诉讼属于法院民事诉讼受案范围，

诉讼程序才正式启动。当事人起诉必须符合起诉条件[①],即当事人必须享有程序的请求权和实体请求权,才能获得法院立案和支持,否则,存在不予受理,驳回起诉或者驳回诉讼请求的法律后果。同时程序启动后,在不同的诉讼阶段法院须对相关的程序或权利进行处理,就产生各种民事裁判文书,因此起诉是民事裁判文书形成的程序基础。

(二)职能基础

法院民事诉讼主管的事项是民事裁判文书的职能基础。职能基础是现代诉讼制度的一个重要特征,审判机关的职能是由法律授权的,法院履行审判职能必须有法律依据,只有法律授权范围的事项才是法院主管的范围,不是所有的纠纷、冲突、矛盾都由法院来受理,要区分不同的情形,分门别类,确定司法边界,“把属于上帝的给上帝,属于恺撒的归恺撒”,即法院民事受案范围是有边界的,要“分别情形,予以处理”,[②]不是无所不包的。《民事诉讼法》第124条第1项、第2项、第3项排除了行政诉讼受案范围、当事人约定仲裁主管、法律规定应当由其他机关处理的争议等情形,确定了民事诉讼受案范围的边际是平等主体之间因民事权益产生的纠纷,强调两个要素:一是平等主体,即只有平等主体在社会活动中产生的纠纷才能成为法院民事诉讼受案的第一要素;一是民事权益,社会活动的主体有各种各样的形态,有民事、行政、刑事、科学技术、艺术人文等等,只有在民事权益范围内,才是民事司法的职能范围,非民事权益,则不属于民事诉讼的主管范围。法院也只有在职权范围内行使的司法裁判才是正当的。所以,职能基础是民事裁判文书的重要基础之一。

(三)事实基础

事实是法院履行民事诉讼审判职权的客观基础。我国《宪法》和《民事诉讼法》明确规定法院履行职权是“以事实为根据”的。法院在主导民事诉讼的过程中,都必须有相应的程序运行事实和实体法律事实为依据,这是法院作出民事裁判文书的逻辑基础。法律规定的“以事实为根据”中的事实,是通过当事人在民事诉讼程序运行过程中,用举证、质证的方式予以证明的事实,该事实必须有实质客观基础和程序规范基础。

(四)法律基础

法院裁判依据的规则是既定法,“以法律为准绳”就是法院用来衡量裁判的尺牍,所有的裁判都要有法律规则依据。民事裁判活动是对产生冲突的民事行为的法律干预,是按既定程序,由证据证明当事人之间民事权利义务发生、变更、消灭的法律事实,该事

---

① 《民事诉讼法》第119条。

② 全国人大常委会法制工作委员会民法室编:《〈中华人民共和国民事诉讼法〉条文说明、立法理由即相关规定》,北京大学出版社2012年版,第205页。

实有法律规范映射对照。所以,民事裁判文书法律基础包含着法律事实基础和法律规则基础。

(五)正义基础

公平正义是司法活动的永恒追求。法的形成和实施滞后于社会活动,社会活动的发展变化也促使制定法内涵不断发展变化。从法的发展历程上,也存在着某些法的规则随着社会发展进步,已经不适应发展了的社会,而法律的废、改需要一定的时间和程序,司法者显然不能适用陈旧、过时的规则和伦理作为自己的裁判尺牍,也不能以法无明文或法律规定滞后拒绝裁判。这就要求司法者必须寻找符合中立裁判,符合社会发展需要和推动社会发展的标准、尺牍作为依据,司法裁判要"让人民群众在每一个司法案件中感受到公平正义",就要以不断发展的社会公平正义为基础。

第二节　一审民事判决书

一、简易程序下的一审民事判决书

(一)概念

简易程序下的一审民事判决书,是指基层法院及其派出法庭运用民事诉讼简易程序,由一名法官独任审理事实清楚、权利义务关系明确、争议不大的简单民事案件作出判决的法律文件。

简易程序按照《民事诉讼法》设计,包含一审终审的小额诉讼程序,即争议的标的额为所在省、自治区、直辖市上年度就业人员平均工资30%以下简易案件所适用的程序。最高人民法院根据全国人大常委会的授权,在《民事诉讼程序繁简分流改革试点实施办法》第5条,确定在全国25个改革试点城市提高了小额诉讼程序的管辖标的额标准,即5万元以下的,适用小额诉讼程序,实行一审终审,在5万到10万之间的简单金钱给付类案件,当事人双方约定适用小额诉讼程序的,可以适用小额诉讼程序审理。除非人身关系、财产确权纠纷、涉外民事纠纷、需要评估、鉴定或者对诉前评估、鉴定结果有异议的纠纷、一方当事人下落不明的纠纷、其他不宜适用小额诉讼程序审理的纠纷。[①] 对小额诉讼程序的纠纷,文书还可以采取更简单的方式,如表格式、要素式等等。

---

① 最高人民法院《民事诉讼程序繁简分流改革试点实施办法》第4条、第5条。

(二)内容

简易程序下的一审民事判决书一般包含如下几个要素：

1.主体要素

主体要素是判决书的第一要素。判决书首先交代不同诉讼地位的当事人，如原告、被告，或第三人(无论自然人或者法人或其他组织)的基本情况，自然人包括姓名、性别、出生日期、民族、户籍地或经常居住地；法人或其他组织则需要将法定名称、住所地或经常营业地、代表人等交代清楚。

关于主体问题，有两个问题需要特别注意：一是主体的诉讼行为能力问题，自然人若是无行为能力或限制行为能力，则需要通知其法定代理人参加诉讼。自然人死亡，若是在诉讼前死亡的，则由其权利承继人作为当事人参加诉讼①，若是在诉讼期间死亡的，则根据《民事诉讼法》第150条的规定，由其继承人参加诉讼。法人为限制行为能力——被吊销，仍以法人自己为诉讼当事人，有清算组织的，可以由其清算组织作为诉讼代表人来参加诉讼，无清算组织的，仍由其法定代表人作为诉讼代表人参加诉讼，或委托诉讼代理人参加诉讼；若法人为无行为能力——被注销，则需要变更当事人的主体，即要追加相关的清算组织或者股东作为案件的当事人参加诉讼。二是主体的合并或分立问题，则由承继合并或分立的主体中承担前法人权利义务一方参加诉讼。

2.程序要素

判决书中必须将案件的由来，适用简易程序或小额速裁程序(若是适用普通程序、特别程序案件也要交代相应程序)交代清楚。随着文书的展开要逐一将法定程序展现出来，比如是否公开开庭，不公开的理由是什么，传唤程序是否适当，当事人到庭与否均须交代清楚，否则可能因程序违法而被撤销(发回重审)。通常程序要素在文书案件的由来部分明确本案适用的程序，如用简易程序还是小额诉讼程序，是否公开、当事人未到庭是否缺席进行审理等等。此外，有些案件，尤其是涉外和涉港澳台案件，在文书的裁判理由部分还须阐释受诉法院依法享有管辖权依据。

3.诉辩要素

民事诉讼秉承不告不理原则，裁判文书尤其是判决书须有诉和辩的内容，如原告的诉包括：具体的诉讼请求、事实理由、启动诉讼的缘由和时间节点等；被告的抗辩包括：答辩方对起诉方主张的事实和证据、事实真相、权利义务的抗辩。《民事诉讼法》只规定答辩期限，但未强制答辩②，这就意味着答辩可以在庭前、庭中提出，也可以放弃，答辩的形式或书面或口头。

---

① 最高人民法院《关于审理人身损害赔偿若干问题的意见》第2条明确规定了侵权损害赔偿的权利人和义务人。

② 《民事诉讼法》第125条第2款规定，被告在15日的答辩期内不提出答辩状的，不影响人民法院的审理。

4.证据要素

用证据证明的事实才是裁判所依据的事实，所以判决书中必须要有证据要素。主要有两种形式：一是证据直接证明的事实，如物证或书面证据记载的内容、勘验笔录、视听资料、电子数据等，直接证明某种事实的存在；一是数个证据相互印证证明的事实。文书中证据要素贯穿认定事实始终。

5.事实要素

事实要素就是运用证据证明固定了的事实，包含行为主体、主观过错、行为（作为或不作为）、行为的结果等。具体有如下几项内容：一是行为人是谁，即行为的主体的认定，是一人，还是两人、多人？二是行为的具体内容是什么，即民事主体做了什么事。三是行为的对象是什么？对象是人？是物？是他人的行为？四是行为是否完成？或行为进展到何种阶段？五是行为人是否有主观过错。六是行为的后果是什么？危害性是什么？七是行为是否波及相对人以外的其他人，即所谓的第三人。八是行为的性质，如当事人的行为是否属于正当防卫或紧急避险？

从文字的表述上主要采取两种方式记叙。无论顺叙、插叙还是倒叙，基本要求就是将事实叙述清楚明白。所谓的叙述清楚明白不是事无巨细地描述，而是根据法律关系的构成要素，将事实要素叙述清楚。文法上所谓"剪裁"，即事实要素是将法律关系的构成要件通过证据证明，形成完整的符合要件的事实行为和逻辑链条叙述清楚，与法律关系无关的事实行为不予赘述，以免干扰判断。这就是法律事实的认定。

在事实认定中，证据的认定是关键问题。证据的认定最常用的方式是运用一证一质的方式，采取每份证据分别运用证明规则，予以论证得出该证据能证明的事实情节，再综合所有的事实情节，归纳出事实。例外情况是当事人自认，当事人陈述是证据种类之一，也是各种证据中最具主观性的证据，当事人陈述一方面是八种证据中活的灵魂，另一方面又是最具主观欺骗性的证据，尤其是自认。审查判断证据必须主动、综合、合逻辑、合情理，对某些行为尚需要在规则维度上判定，比如农村的违章建房、城市的违章搭盖，行为客观上是建房行为和搭盖行为，只有用规则维度（法律、行政法规、规章）衡量才有违章建房、违章搭盖的判断，经过规则维度判断，才有民事权利义务承担的判断，这种规则维度上的判断仍然是一个事实。有了事实基础，裁判文书才能对发生在当事人间的社会活动、社会行为予以法律评价、判断。

6.规则要素

法律是裁判的出发点和落脚点，即"以法律为准绳"。法律规则是裁判逻辑的大前提，缺乏这个前提，逻辑链条不能形成，所以裁决文书须有规则要素。比如，合同成立，按照合同法的规定，当事人之间有要约的意思表示行为和承诺的意思表示行为，二者结合合同成立。合同成立后，不需要经过审批等法律规定的条件时，合同即生效；要审批的，需待审批完成后合同才生效。这就是最基本的规则逻辑。在文书中需要将这个逻

辑过程交代清楚。

7.文字要素

裁判是用语言的方式对客观的争议作出评判衡量，裁判文书尚需要受到文字规则要素的制约。文书要求语句通顺，用词准确，词要达意，段落清晰，使用法言法语必须符合法律规范，运用要精准。文字不使用模棱两可或不确定的词语：如“也许、可能……”，句法运用陈述句，少用祈使句、感叹句、反问句和假设句、虚拟句，切忌使用文学色彩的用语，谨慎使用修辞法。能用简单句就用简单句，能不用复句的就不用复句。复句运用要准确使用关联词，不因关联词使用不当造成语意错误、模糊、逻辑混乱。标点符号要准确，少用或不用省略号。裁判文书在此基础上要求用词精准，朴实庄重、逻辑严谨，在情在理在法。

简易程序审理的一审民事判决书可以分为几个种类：传统的简易程序的判决书，要素式的判决书和表格式的判决书等。

2019 年 12 月 28 日全国人大常委会决定，授权最高人民法院赋予部分中级法院适用简易程序审理部分二审民事案件。① 这样简易程序下的民事判决书，就不仅仅有一审判决书，还会有二审简易程序的民事判决书。

（三）写作要点

简易程序的一审判决书一般采用简单“三段论式”写作方式。所谓“三段论式”民事裁判文书，就是法院根据当事人的诉辩主张直接查明认定事实，简单阐述裁判理由作出的裁判文书。三段是主体和案件来源一段，诉辩事实一段，理由裁判一段。每一段的写作要点：

1.主体和案件来源。(1)是当事人诉讼主体资格审查事项，就是根据两造对抗的逻辑顺序，记载原告的基本情况、诉讼代表人、委托代理人的基本情况；被告的基本情况、诉讼代表人、委托代理人的基本情况；第三人的基本情况、诉讼代表人、委托代理人的基本情况。(2)是案件的来源。原告基于何种诉权启动诉讼，即案由，由某个法官适用简易程序独任审理，依法公开开庭审理，或者基于何种原因不公开开庭审理，当事人出庭情况，是否存在缺席审理情形。该部分属于判决书的首部部分。

2.诉辩请求与事实认定。(1)诉辩请求及事实理由。首先对原告的诉讼请求和依据的事实理由，忠实原意简要转述，可以采取概述式描述，无须原本转述或照抄。其次是忠实地转述被告答辩意见，对原告诉讼请求承认与否的事实和理由提炼转述。再次是转述第三人陈述的意见和事实理由，同样只需概述式的描述。(2)事实认定。通常按照

---

① 最高人民法院：印发《民事诉讼程序繁简分流改革试点方案》(以下简称《试点方案》)和《民事诉讼程序繁简分流改革试点实施办法》确定：“在二审程序中，中级法院及专门法院可采取独任制审理一审以简易程序审结的上诉案件以及民事裁定上诉案件，实现二审程序繁简分流。”

事实发生的时间顺序，将当事人之间形成法律关系的意思表示、法律行为、法律事件、约定的权利义务和履行情况、结果状态一一叙述。一般采用记叙文叙述方式进行写作。

在事实认定后，用列举式列举证明上述事实的证据。必须强调的是，所有认定事实的证据都必须经过庭审举证、质证，才能成为证明案件事实的证据，这是证据合法性的程序要求。传统对举证质证的记录方式是用法庭笔录（业内也称庭审笔录）①，因此法庭笔录作为一种程序性的证据应当明确列举在内。随着科技的发展，信息技术引入审判活动中，庭审同步录音录像、语音识别记录逐步被作为现代诉讼过程中证明庭审举证、质证的记录媒介，若是运用这种媒介记录庭审过程的，则该数据资料为证据，应予列举。

3.裁判理由和裁判主文。首先，一般直接表述："本院认为"，从原告请求权切入阐述，确定双方争议的法律关系，即定性。其次，对法律关系的形态进行分析判断，即法律关系成立或不成立、生效或不生效、有效或无效进行论证，对原告主张的法律关系是否符合法律规定，应否支持。当然，若当事人和审判组织对案件的性质都没有争议，也可以直接确认。如离婚纠纷，多数情况不会争议离婚性质（个别争议婚姻效力者除外），可直接认定双方当事人何时建立婚姻关系。再次，判断原告主张的法律关系是否可予支持、被告是否存在不合法的行为即行为的程度、造成法律后果、应承担的民事责任，即定责。若对原告主张的法律关系及形态有不同的判断，则根据相关司法解释，应当向原告释明，并待原告决定是否接受新的法律关系及形态，接受的，则原告要变更诉讼请求，法院根据变更后的诉讼请求进行判决，若不变更，则判决驳回原告的诉讼请求。最后是确定具体的权利义务的承担，属于定量范畴。

需要特别注意的是，由于不诚信诉讼的现象时有发生，为防止当事人恶意串通，制造虚假案件，进行虚假诉讼，一般要当事人提供基本证据证明双方确认的基本事实，在权利义务的具体内容上认可自认。若当事人没有基础法律关系存在的证据，则不宜用自认的规制来确认事实，需要再引导当事人进行举证才能认定。如原告起诉被告借款，称系口头借款，被告认可借款，辩称无钱还款。这种情形就要判断是否存在虚假诉讼情况。《合同法》第210条规定，自然人之间的借款，以实际支付为合同成立要件，就要审查借款是否有实际支付证据，否则就不能认定。此外，身份关系不能用自认规则来认定，必须有相应的证据证明，比如，婚姻关系，必须有婚姻证明文件，亲属关系必须有户籍证据，或医学证明，甚至是生理资料的证明，如DNA鉴定意见文件。

适用法律即裁判的法律依据。所有的裁判文书都必须援引法律，援引法律条文的规则是，先实体法后程序法，先认定法律关系的法律依据，后厘清权利义务；有主从法律关系的，先主法律关系后从法律关系，法律排列的顺序按照立法法规定的效力大小来排列，即按照基本法律、法律、行政法规、地方法规、司法解释，行政规章或规范性文件则属

① 《民事诉讼法》第147条规定："书记员应当将法庭审理的全部活动记入笔录，由审判人员和书记员签名。……法庭笔录由当事人和其他诉讼参与人签名或者盖章。拒绝签名盖章的，记明情况附卷。"

于参照范畴。在审判实践中，有的法官会将规章或规范性文件的内容作为裁判理由事项，而不作为援引的事项，避免了既依照，又参照的尴尬，这也是一种不错的选择。最后是程序法及其司法解释，即民事诉讼法及解释。通常不需要援引适用简易程序的相关法律条文，除非是适用小额诉讼程序，因系一审终审，需要援引《民事诉讼法》第 162 条。对程序条款通常只需要在文书中说明即可，无须援引，只涉及处理具体权利义务时才要援引，最常援引的是举证条款(第 64 条)、缺席条款(第 143 条、第 144 条)、裁定条款(第 154 条)等。举证条款适用较广，凡涉及举证问题都应当援引；缺席条款是当事人经法院传票传唤无正当理由，拒不到庭，法院缺席进行裁判：若原告缺席的，按照自动撤诉，被告拒不到庭的，缺席判决。裁定条款，主要适用于各种裁定书，仅第 154 条就规定有 11 种裁定，其他条款还有要求，文书要根据具体情况选择对应的条款。

裁判事项，通常称为裁判主文。其逻辑顺序如下：

(1)确认法律关系状态：即法律关系及状态的判断，如法律关系成立还是不成立，生效还是不生效，有效还是无效。在司法实践中，简易程序裁判文书法律关系的确认也可以在裁判理由部分说明，除非需对法律关系的状态作出判断，才要作为独立的判项，如法律关系不成立、不生效或无效。

在物权确认之诉中，首先要确认权益归属。

(2)一方对另一方应当履行的义务或相互履行的具体事项。这一判项是确定负有义务(责任)当事人应当对另一方承担义务的具体内容，如，给付金钱的具体数额、履行的具体时间、履行的具体方法等。这个判项要求具体明确，具有可执行性。若是履行多重义务，则分项判决，如离婚纠纷案件，义务人需承担未直接抚养子女的抚育费和共有财产折价款，就需分项判决。

(3)从义务一方对权利一方应当履行的连带义务或从义务。承担从义务一方，或者承担连带责任一方对义务人向权利人承担的义务的全部或部分承担连带责任或补充责任或赔偿责任，根据案件的实际责任区分确定义务、责任范围。

上述第(2)项、第(3)项，在实际操作中要注意，若有多个主体，要区别不同的情况：若是共同责任的，可以在一个判项里直接表述，若是主从责任的，则必须分项目，此其一；其二，不同主体承担不同责任的，应当分项判决，同时注意判项之间的逻辑关系；其三，区分好义务和责任的表述是不同的，在同一个案件中，既有义务承担，又有过错责任承担，要区分开来，比如在离婚案件中，抚育费、扶助费和共有财产分割均属义务性，单独列一项，因家暴给付精神抚慰金，属责任性，另项判决。

(4)其他需要处理的事项。在诉讼过程中产生的保全费、评估鉴定费用、公告费用，系诉讼产生的权利义务关系，应当独立主张。这部分主张可以在起诉的同时主张，也可以在诉讼过程中出现相关费用后，再增加请求。在实务中，当事人未主张的，有两种做法：一种是由法官予以释明，释明后，当事人增加请求，在本案并案下判；若未增加主张，

则不予审理。另一种是由当事人在本案诉讼过后,另行起诉主张该部分费用。这两种做法都符合《诉讼费用交纳办法》的规定,可以根据实际情况进行处理。

对当事人有金钱给付义务的,根据最高人民法院的司法解释,在判项之后,另起一段,注明履行义务一方当事人未按判决确定的期限履行义务,应当依照《民事诉讼法》第253条的规定,支付迟延履行金。

4.尾部。(1)诉讼费用的承担。按照《诉讼费用交纳办法》的规定,案件的受理费由败诉方承担。原告方全部胜诉的,诉讼费用由败诉方被告承担,只有部分胜诉,或者大部分胜诉的,根据胜诉比例,由败诉方承担,未胜诉的部分,自行承担。若存在有从义务人的情况,考虑从义务人所承担的从义务,确定案件受理费用承担比例或承担方式(直接承担或连带责任或不承担)。

(2)告知上诉期限、上诉法院。简易程序下的民事裁判文书,不因程序简易,而使当事人丧失上诉权利,因此民事裁判文书交代上诉期限和上诉法院是必备要件,除小额程序案件直接确定一审终审外。适用小额程序进行审理,是一审终审案件,不能上诉。案件在文书结尾独立一行:“本判决为终审判决。”

(3)落款。审判组织:独任审判员、裁判决定的时间、法官助理、书记员,法院公章印戳。在司法改革中,出现新的司法活动主体——法官助理。法官助理的职责是辅助审判员(法官)处理审判过程中一些具体事项,属于审判人员中的一种,属于可申请回避人员,文书落款法官助理名字。关于落款时间,我们认为,落款的时间应该是法官签发文书的时间,即签发才是裁判最终决定,文书应落款该时间。该时间是表明裁判决定的时间,不影响当事人的其他诉讼权利,比如上诉权,申请复议权,法律规定都是在文书送达到才起算权利行使期限。文书应当加盖法院公章,根据相关法律的规定,法院独立行使审判权,法官受权行使审判权,是职务职责,所以加盖法院公章。

(四)样式

××××法院
民事判决书[①]

(简易程序中当事人对事实有争议时适用)

(××××)……民初……号

原告:×××,男/女,××××年××月××日出生,×族,……(工作单位和职务或者职业),住……。

法定代理人/指定代理人/法定代表人/主要负责人:×××,……。

委托诉讼代理人:×××,……。

被告:×××,……。

法定代理人/指定代理人/法定代表人/主要负责人:×××,……。

委托诉讼代理人:×××,……。

(以上写明当事人和其他诉讼参加人的姓名或者名称等基本信息)

原告×××与被告×××……(写明案由)一案,本院于××××年××月××日立案后,依法适用简易程序,公开/因涉及……(写明不公开开庭的理由)不公开开庭进行了审理。原告×××、被告×××(写明当事人和其他诉讼参加人的诉讼地位和姓名或者名称)到庭参加诉讼。本案现已审理终结。

×××向本院提出诉讼请求:1.……;2.……(明确原告的诉讼请求)。事实和理由:……(概述原告主张的事实和理由)。

×××辩称,……(概述被告答辩意见)。

本院经审理认定事实如下:对于当事人双方没有争议的事实,本院予以确认。……(概述当事人有争议的事实的质证和认定情况)。

本院认为,被告承认原告的诉讼请求部分,不违反法律规定,本院予以支持。……(对当事人诉讼请求进行简要评判)[②]。

---

① (1)本样式根据《中华人民共和国民事诉讼法》第152条、第157条、第160条制定,供基层法院适用简易程序开庭审理民事案件终结后,对于当事人对案件事实争议较大的作出判决用。(2)案号类型代字为“民初”。(3)不公开审理的,写明不公开审理的理由,例:“因涉及国家秘密”或者“因涉及个人隐私”或者“因涉及商业秘密,×××申请”或者“因涉及离婚,×××申请”。诉讼参加人均到庭参加诉讼的,可以合并写明,例:“本案当事人和委托诉讼代理人均到庭参加诉讼。”(4)单方负担案件受理费的,写明:“案件受理费……元,减半收取计……元,由×××负担。”分别负担案件受理费的,写明:“案件受理费……元,减半收取计……元,由×××负担……元,×××负担……元。”(5)落款中的署名为“审判员”。

② 根据确认的事实,对原告的诉讼请求给予支持部分的理由简要予以论证。

综上所述,……(对当事人的诉讼请求是否支持进行评述[①])。依照《中华人民共和国……法》第×条、……(写明法律文件名称及其条款项序号)规定,判决如下:

……(写明判决结果)。

如果未按本判决指定的期间履行给付金钱义务,应当依照《中华人民共和国民事诉讼法》第二百五十三条规定,加倍支付迟延履行期间的债务利息(没有给付金钱义务的,不写)。

案件受理费……元,由……负担(写明当事人姓名或者名称、负担金额)。

如不服本判决,可以在判决书送达之日起十五日内,向本院递交上诉状,并按对方当事人的人数提出副本,上诉于××××法院。

审 判 长 ×××
审 判 员 ×××
审 判 员 ×××

××××年××月××日
(院印)

本件与原本核对无异

法官助理 ×××
书 记 员 ×××

(五)文书范例

福建省厦门市翔安区人民法院

民事判决书

(2019)闽0213民初1740号[②]

原告:彭某燕,女,1977年××月×日出生,汉族,住福建省厦门市翔安区新店镇。

委托诉讼代理人:苏××,福建翔联律师事务所律师。

被告:苏某堂,男,1987年××月××日出生,汉族,住福建省厦门市翔安区新店镇。

被告:彭某雄,男,1991年××月×日出生,汉族,住福建省厦门市翔安区新店镇。

原告彭某燕与被告苏某堂、彭某雄民间借贷纠纷一案,本院立案后,依法适用简易

① 概括说明对诉讼请求是否予以支持。

② 由于篇幅所限,本判决文书范例对部分非关键信息进行删减。

程序，公开开庭进行审理。原告彭某燕及其委托诉讼代理人苏律师到庭参加诉讼，被告苏某堂、彭某雄经本院传票传唤无正当理由拒不到庭参加诉讼，本院依法缺席进行审理。本案现已审理终结。

原告彭某燕向本院提出诉讼请求：1.判令苏某堂立即偿还借款60000元及其利息(利息按月利率2%自2018年6月1日起计至实际还款之日)；2.判令彭某雄对上述借款本息承担连带清偿责任；3.判令苏某堂、彭某雄负担本案全部诉讼费用。事实和理由：苏某堂与彭某燕弟弟彭某林系朋友关系。苏某堂因生意资金周转需要于2015年5月21日、6月6日、2016年6月12日、2017年7月1日向彭某燕借款20000元、10000元、20000元、10000元，共计60000元，约定借款利息按月利率2%。上述借款由彭某雄提供担保，有借条为凭。彭某燕多次要求苏某堂返还本金及利息未果，因借款协议约定该纠纷由×××人民法院管辖，为维护合法权益，遂诉至本院。

苏某堂、彭某雄未到庭答辩，亦未提交书面答辩意见。但苏某堂、彭某雄在本案诉前调查阶段曾到庭答辩，并提交相关证据。

经审理查明，彭某燕向法庭提交四张借条。其中，第一张载明“今2015年5月21日兹有向彭某燕借来人民币贰万元整……借款利息：月利率为百分之二(2%)，借期期限为12个月……借款人：苏某堂”。第二张载明“今2015年6月6日兹有向彭某燕借来人民币壹万元整……借款利息：月利率为百分之二(2%)，借期期限为(空白)个月……借款人：苏某堂”。第三张载明“兹向彭某燕借款人民币贰万元整(小写20000)。借款期限：自2016年6月12日起至2016年12月12日止……若借款人未及时还款导致出借人起诉至法院，借款人愿意承担自借条签订之日起至实际还款日止，按欠款数额月2%支付给出借人利息。借款人：苏某堂……收条。现收到彭某燕出借款现金贰万元整(小写20000)。收款人：苏某堂。16年6月12日”。第四张载明“兹向彭某燕借款人民币壹万元整(小写10000)。借款期限：自2017年7月1日起至2018年7月1日止……若借款人未及时还款导致出借人起诉至法院，借款人愿意承担自借条签订之日起至实际还款日止，按欠款数额月2%支付给出借人利息。借款人：苏某堂……收条。现收到彭某燕出借款现金壹万元整(小写10000)。收款人：苏某堂。2017年7月1日”。上述四张借条均有担保人彭某雄签字捺印，且约定由福建省厦门市×××人民法院管辖。

另查，彭某燕在庭审中承认苏某堂先后于2017年11月16日和2018年1月1日、5月26日、5月27日偿还利息1500元、2000元、1500元、500元，合计5500元。

本院认为，彭某燕以民间借贷纠纷为由，主张苏某堂向其借款，并提交借条为凭，依法可以确定本案为民间借贷纠纷。彭某燕提供的借条、部分收条和二被告诉前的答辩意见，可以证明双方借贷关系成立。关于借款本金数额的问题，彭某燕诉称借款本金为60000元，并提供4张借条为凭。二被告辩称借款本金为50000元，2017年借条所载10000元系对前3张借条利息的结算，并非实际借款，但未提供相应的证据予以佐证。

本院根据在案的4张借条、收条可以认定借款本金为60000元。彭某燕请求苏某堂偿还到期借款本金于法有据，本院予以支持。依照相关法律规定，借款人未按照约定期限返还借款的，彭某燕请求苏某堂支付逾期利息，应当支持。关于逾期利息的起算时间。2015年6月6日的借条未约定借期，依照相关法律规定，彭某燕可随时主张权利，但彭某燕未提交相应证据证明其在起诉前向二被告主张权利，因而该逾期利息应自其向本院主张权利之日，即2019年2月26日起诉之日起算。其余3张借条均有约定借款期限，彭某燕请求逾期利息的起算时间为2018年6月1日，前述3张借条所载借期均于请求时间前届满，故该请求可予支持。关于逾期利率。2016年、2017年的2张借条约定了逾期利率且符合法律规定，本院予以照准。2015年的2张借条未约定逾期利率，但约定了月利率2%的借期利息，依照相关法律规定，可以支持。彭某雄以担保人名义在4张借条中签字捺印，系其真实意思表示，其应对前述借款承担担保责任。因借条未明确约定保证方式，依照《中华人民共和国担保法》的相关规定，彭某雄应承担连带保证责任，彭某雄承担保证责任后，有权向苏某堂追偿。苏某堂、彭某雄在诉前调查阶段提出答辩意见和提交相关证据后，在转入诉讼阶段经传票传唤无正当理由拒不到庭参加诉讼，也未提出书面答辩意见和能相互印证的相关证据，视为放弃抗辩权利，本院依法缺席判决。

依照《中华人民共和国合同法》第二百零五条、第二百零六条、第二百零七条，《中华人民共和国担保法》第十九条，《最高人民法院关于审理民间借贷案件适用法律若干问题的规定》第十八条、第二十六条、第二十七条、第二十九条，《中华人民共和国民事诉讼法》第六十四条第一款、第一百四十四条之规定，判决如下：

一、被告苏某堂应于本判决生效之日起七日内偿还原告彭某燕借款本金60000元及利息（其中，以50000元为基数的逾期付款利息，自2018年6月1日起计算；以10000元为基数的逾期付款利息，自2019年2月26日起计算，上述均按月利率2%计至实际还款之日止）；

二、被告彭某雄对上述款项承担连带保证责任；被告彭某雄承担保证责任后，有权向被告苏某堂追偿；

三、驳回原告彭某燕的其他诉讼请求。

如果未按本判决指定的期间履行给付金钱义务，应当依照《中华人民共和国民事诉讼法》第二百五十三条之规定，加倍支付迟延履行期间的债务利息。

案件受理费1300元，由被告苏某堂负担。

如不服本判决，可在本判决书送达之日起十五日内，向本院递交上诉状，并按对方当事人的人数提出副本，上诉于福建省厦门市中级人民法院。

审 判 员 ×××

二〇一九年六月二十八日
（院印）

本件与原本核对无异

法官助理 ×××
书 记 员 ×××

二、普通程序下的一审民事判决书

（一）概念

普通程序下的一审民事判决书是指法院依照第一审普通程序由合议庭审理的民事纠纷，经过当事人在法定程序内进行举证、质证，由法官对当事人争议的事实进行认定，并对争议的权利义务进行法律评价的民事法律文书。

根据《人民陪审员法》第 15 条的规定，[①]涉及群体利益、公共利益或者人民群众广泛关注或者其他社会影响较大的、案件复杂或者有其他情形，需要由人民陪审员参加审判的第一审民事案件，由人民陪审员和法官组成合议庭进行审理。《人民陪审员法》第 16 条则规定了在涉及征地拆迁、生态环境保护、食品药品安全、社会影响重大或公益诉讼民事案件，可以由四名人民陪审员和三名法官组成七人合议庭进行审理。[②]

（二）内容

普通程序下的一审民事判决书的主要内容，根据《民事诉讼法》第 152 条的规定，应当写明判决结果和作出该判决的理由。内容包括：案由、诉讼请求、争议的事实和理由；判决认定的事实和理由、适用的法律和理由；判决结果和诉讼费用负担；上诉期间和上诉法院。判决书由审判人员、书记员署名，加盖法院印章。在实务中，根据不同的案情裁判文书写作有三种模式：一与简易程序相同，采用“三段论式”，直接将诉辩和法院通过认证认定的事实直接予以查明，省略了举证、质证过程。二对无争议事实与争议事实分述认定，实务界称之为“诉辩式”的文书。三为“证据不足式”，该种模式因为当事人举

---

① 《人民陪审员法》第 15 条的规定：“法院审判第一审刑事、民事、行政案件，有下列情形之一的，由人民陪审员和法官组成合议庭进行：（一）涉及群体利益、公共利益的；（二）人民群众广泛关注或者其他社会影响较大的；（三）案情复杂或者有其他情形，需要由人民陪审员参加审判的。法院审判前款规定的案件，法律规定由法官独任审理或者由法官组成合议庭审理的，从其规定。”

② 《人民陪审员法》第 16 条规定：“法院审判下列第一审案件，由人民陪审员和法官组成七人合议庭进行：（一）可能判处十年以上有期徒刑、无期徒刑、死刑，社会影响重大的刑事案件；（二）根据民事诉讼法、行政诉讼法提起的公益诉讼案件；（三）涉及征地拆迁、生态环境保护、食品药品安全，社会影响重大的案件；（四）其他社会影响重大的案件。”

证不能证明自己所主张的请求,在写作中只对证据证明对象、证明力进行论述,因无法相互印证证明符合法律关系构成要件的法律事实,主张缺乏事实或法律依据,被以证据不足判决驳回诉讼请求。

(三)写作要点

普通程序下的一审民事判决书,与简易程序下的一审民事判决书同样要有主体、程序、诉辩、事实、证据、法律、逻辑和语言诸要素,只是要更翔实完整地叙述各要素的具体内容,我们用八个“定”来叙述:

1.定人——主体恒定

诉讼主体恒定是民事诉讼法的基本要求之一。法律关系三要素,主体是第一要素,只有恒定的主体,法律关系才是确定的,所以裁判文书的首要任务就是将诉讼主体明确下来。无论诉讼理论还是审判实务惯例,一个案件的当事人,无论是当事人起诉或申请追加,还是法院依职权追加当事人,都是以必要共同诉讼为前提。普通的共同诉讼合并进行审理,只是在审理程序中简单的合并,判决应当用不同案号分别下判。

集团诉讼的,根据《民事诉讼法》第 54 条第 4 款的规定,法院经公告对集团诉讼案件作出判决、裁定后,未参加登记的权利人在诉讼时效期间提起诉讼,适用该判决、裁定,操作中也是采取单独一个判决或裁定的方式来实现的。

在一审判决书中描述当事人的基本情况是民事裁判文书的最基本要求。包括原告(法人的还须记载法定代理人的姓名及所担任的职务)及其委托诉讼代理人、被告及其委托诉讼代理人、第三人及其委托诉讼代理人。在记载这些内容时,应注意诉讼主体和诉讼参与人描述的区别,诉讼主体(原告、被告、第三人)需要详细描述姓名、性别、出生年月、住所地或者户籍地、注册地址等信息,对诉讼参与人,如委托诉讼代理人一般只需要记载姓名与委托人的关系即可,或受委托律师事务所、法律服务所的名称即可。裁判中有遗漏应当参加诉讼而未参加诉讼主体的,《民事诉讼法》规定,通过再审程序和第三人撤销之诉的方式来解决主体恒定问题。

2.定诉——请求恒定或请求权恒定

《民事诉讼法》第 119 条第 3 项要求,当事人起诉必须有具体的诉讼请求和事实、理由,诉讼请求具体就是要求请求权明确,该请求权延伸出的诉讼请求也要具体明确,如合同纠纷中关于履行的请求权,其延伸的请求可以要求继续履行或者解除合同,同时可以要求违约方支付违约金和赔偿金等合同约定或法定的合同义务。请求权是依据实体法赋予当事人的权益,享有相应权益的当事人依照程序法的规定,请求公权力机构支持其要求对方履行义务的权利。“在明确的请求权基础上,当事人始能知悉其权利义务关系，律师始能判断法院见解是否妥当，法律学者始能探讨适用……具有何种规范功能。”①请求权只有恒定了，案件审理才能在一个逻辑关系下演进，否则审理范围处于不断变动的状态，诉讼程序便难以运行，简而言之，固定请求权是所有程序运转的逻辑起点，也是裁判文书的逻辑起点。法院遵循不告不理的“告”而“理”，超越了“告”即“不理”。有异议者称，《民事诉讼法》第140条规定原告可增加诉讼请求、被告可反诉，第三人可提出与本案有关的诉讼请求，即否定请求恒定原则。我们认为，该条规定，与请求恒定原则并不矛盾。该条规定的当事人增加诉讼请求，在法条体例上安排在法庭调查结束之后，法庭辩论之前，《最高人民法院关于适用〈中华人民共和国民事诉讼法〉的解释》（以下简称《民事诉讼法解释》）第232条扩大规定在法庭辩论终结前提出，但强调增加的诉讼请求须与本案有关，即须在本案请求权范围内，才可以合并审理。被告提起反诉，本身是一个独立的诉，要构成反诉，系可与本诉相互吞并而合并审理，应当强调的是，这是合并审理，而不是请求不恒定。诉的合并，尚要符合三个相同的条件，即：主体相同、法律关系相同、诉讼请求基于相同事实或诉讼请求之间有因果关系，②且是“可以合并审理的”，不能或不可以合并审理的应当另案处理。《民事诉讼法》还规定了准许当事人在诉讼过程中撤诉（部分撤诉——减少请求和全部撤诉），但未规定当事人变更诉讼请求，此处增减、撤回，仅仅是量上的变化，而不是质上的变更。所以我们说，请求权恒定，是诉的权利恒定，而不是诉权量上的变化。

3.定序——管辖恒定和程序合法规范

（1）确定管辖权。管辖恒定是民事诉讼第三个恒定原则，是确定受诉法院的基本法理。受诉法院是否有管辖权《民事诉讼法》用专章规定了四级法院的管辖权分配和地域管辖规则，从而确定了受诉法院的管辖权，受诉法院一旦确定，则管辖法院就确定，除上级法院另行指定外。行使管辖权是受诉法院的法定职责，法院之间就管辖权有争议时，法律设定了报请共同的上级法院指定的原则。一审管辖法院确定，二审管辖法院随之确定，因为一、二审法院是垂直层级的国家机构。所以在民事裁判文书中，就本国平等主体案件，用“本院依法受理”一句话，确定受诉法院管辖的合法性；若受诉法院认为自己没有管辖权的，由受诉法院依法裁定移送到有管辖权的法院，受移送的法院认为也不属于自己管辖的，不得再移送，要提请上级法院指定管辖。③ 在涉外案件中，从司法主权出发，凡是与本国有连接点的案件，当事人中有本国人、民事行为的发生、过程、结果发生在本国，当事人约定在本国管辖等等，本国都有管辖权。当本国有管辖权之后，按照本国民事诉讼法的规定确定管辖法院。在我国由于“一国两制”的基本国策，对涉香港特别行政区、澳门特别行政区和台湾地区的案件，在一定范围内比照涉外程序进行民事

---

① 王泽鉴：《法律思维与民法文书范例——请求权基础理论体系》，中国政法大学出版社2001年版，第52页。

② 《最高人民法院关于适用〈中华人民共和国民事诉讼法〉的解释》第233条。

③ 《民事诉讼法》第36条。

诉讼。

(2)确定诉讼程序。我们知道,民事诉讼有简易程序(包含小额诉讼程序)、普通程序、特别程序、审判监督程序等审理程序,不同的程序存在着程序权利、审理模式等差异,所以在受理原告起诉后,就必须确定审理的程序,在判决书案件由来部分,要交代审理程序,一般表述为:"本院依法组成合议庭,适用普通程序进行审理。"在涉外、涉港澳台案件一般直接适用普通程序,除非当事人选择适用简易程序。

(3)在案件由来部分尚需要载明三项内容:一是原告起诉的时间(以解决诉讼时效或起诉时限问题①)。二是是否公开开庭进行审理,不公开开庭审理的,说明不公开的理由,如离婚案件,当事人申请不公开开庭的,可以准许,就表述为"因当事人申请不公开开庭,本院予以准许,决定不公开开庭进行审理"。三是要载明当事人出庭情况,或者公告送达方式,是否缺席审理等程序范畴的事项。

4.定事——确定证据证明的法律事实

法律事实认定是根据当事人的举证和质证,运用双方证据证明力的大小证明事实过程,固定所争议的事实。这个过程是运用证明规则甄选证据、甄别事实,认定事实的过程,是司法的核心工作之一。当事人通过举证证明各自主张的事实的真实性、合法性,法官则通过辨析双方的举证、质证,去伪存真,梳理认定讼争事实。必须强调的是,客观事实只有一个,但证据材料有真伪、会灭失,运用证据证明的事实往往与客观事实有一定的差距,这是司法活动滞后性的必然存在,所以用证据证明的事实只是程序意义上的事实,即所谓的法律事实。在裁判文书写作方法上,通常采取叙述或论证或叙述+论证交互使用的方式进行。

对事实争议较大的案件,可以采取叙述+论证或综合的方式认定。首先对无争议事实经当事人确认后用直叙的方式直接认定。其次,争议事实,采取一事一证的方式进行认定,即争议某一事实,由原告举证证明其主张的事实,由被告抗辩原告证据的真实性、合法性和关联性,出现新的事实争议,则双方继续举证、质证证明。再次,证据真伪争议,则采取一证一质的方式进行论证。最后,被告举证证明抗辩主张,同样采取一事一证或一证一质的方式,由相对方反驳证明,或者根据已有证据否定,经过若干回合,法院梳理双方的诉辩,认定本案的法律事实。这个过程,文书中可用叙述和论证方法分别叙述,逐段论证,再将经过叙述和论证的事实连串起来,作为认定的事实。

普通程序下的民事判决书在查明事实之后另一个重要的部分是裁判理由。这是法院进行定纷止争的权威阐释。该部分内容包括三个方面:定性、定责、定量,通过这三方面将法官的裁判理念、价值取向和权威阐释展现出来。

---

① 起诉时限是指民事诉讼案件的起诉时间法律是有特别规定的,如被驳回诉讼请求的离婚纠纷案件(判决不准离婚和调解和好),判决、调解维持收养关系的案件,没有新情况、新理由,原告再次起诉,必须在被驳回后的6个月以后才能提起。劳动争议纠纷,对劳动争议仲裁委员会(或劳动争议仲裁院)仲裁不服,向人民法院提起诉讼,必须在仲裁裁决送达之日起15日或30日提出起诉或申请撤销仲裁裁决。

5.定性——认定法律关系及形态

定性是裁判理由的核心内容，是以认定的法律事实为基础，分析出事实映射的法律要件，综合法律要件，证明民事法律关系的必要条件和充分条件已经具备，本案法律关系确定。直接或简便的方法就是以案由作为参照系，因为案由就是最高审判机关根据法律规范提炼出来的法律关系，找到案由，法律关系即可确定。继而对法律关系的形态进行认定，因为法律关系形态决定权利义务质的规定性，比如合同纠纷，双方订立的合同是否成立、是否生效、存在不存在导致合同无效的事由等；再如婚姻关系是否有效，物权效力是否确定，合同是否生效或无效等等。

6.定责——划分法律责任范围

在确定了法律关系及形态后，就是对当事人责任进行划分。如合同纠纷案件，要对合同当事人是否按照合同约定履行合同义务进行评判，对没有履行合同义务的一方给予确定法律责任。责任形式是共同责任、连带责任、补充责任，违约责任还是赔偿责任。而法律关系形态不同，责任形式也不同，缔约责任、违约责任、担保责任，侵权纠纷案件，有赔偿责任、过错相抵、连带赔偿责任等。

7.定量——确定义务人具体的义务

按责任划分，确定责任人应当承担具体的责任大小。如合同纠纷案件，对未履行合同或不完全履行合同的当事人，应当承担继续履行的义务，承担违约责任，造成守约方损失的应当承担赔偿的具体数额。侵权纠纷案件，侵权人的侵权行为造成的损害后果，根据过失相抵原则或责任比例，责任人应当承担责任的比例和具体的数额。

8.定执——确定执行方式和时间

普通程序下的民事判决书的判决主文部分，与简易程序下的民事判决书的判决主文要求是一致的，就是要求在判决书判决主文表述中，应当以直截了当、简明扼要为基本要求，且具有可执行性。判决主文逐项表述：(1)定性或确认之诉范畴或类确认之诉的判项，如：确认法律关系或解除法律关系或履行合同。(2)被告承担责任的范围比例和具体内容，如被告应当支付原告违约金、赔偿金的具体数额，履行的期限。(3)从属责任的被告承担的责任范围和责任方式，如对主债务人所承担的债务负连带责任、补充责任或承担赔偿责任。(4)驳回未被支持的部分。若有反诉事项可以支持的，要求先判本诉支持部分，再判反诉支持部分，分别逐项下判，之后再加一个抵消项，即本反诉可以相互抵消部分直接抵消，确定抵消后责任承担方在指定的期限内履行相应的义务。在这些判项中，所有的表述都要求准确，简明扼要，不产生歧义。

上述判项中有金钱给付事项的，最高人民法院要求按照《民事诉讼法》第 253 条的规定，应独立一段：被执行人未按判决、裁定和其他法律文书指定的期间履行金钱给付义务的，应按照《民事诉讼法》第 253 条规定加倍支付迟延履行金。

结尾部分，与简易程序下的一审判决书一致，决定案件受理费的承担，交代上诉期

限和上诉法院。合议庭、判决决定时间、法官助理、书记员落款,加盖法院公章印戳。

(四)样式

×××××法院

民事判决书

(普通程序下一审民事判决适用)

(××××)……民初……号

原告:×××,男/女,××××年××月××日出生,×族,……(工作单位和职务或者职业),住……。

法定代理人/指定代理人:×××,……。

委托诉讼代理人:×××,……。

被告:×××,住所地……。

法定代表人/主要负责人:×××,……。

委托诉讼代理人:×××,……。

第三人:×××,……。

法定代理人/指定代理人/法定代表人/主要负责人:×××,……。

委托诉讼代理人:×××,……。

(以上写明当事人和其他诉讼参加人的姓名或者名称等基本信息)

原告×××与被告×××、第三人×××……(写明案由)一案,本院于××××年××月××日立案后,依法适用普通程序,公开/因涉及……(写明不公开开庭的理由)不公开开庭进行了审理。原告×××、被告×××、第三人×××(写明当事人和其他诉讼参加人的诉讼地位和姓名或者名称)到庭参加诉讼。本案现已审理终结。

×××向本院提出诉讼请求:1.……;2.……(明确原告的诉讼请求)。事实和理由:……(概述原告主张的事实和理由)。

×××辩称,……(概述被告答辩意见)。

×××诉/述称,……(概述第三人陈述意见)。

当事人围绕诉讼请求依法提交了证据,本院组织当事人进行了证据交换和质证。对当事人无异议的证据,本院予以确认并在卷佐证。对有争议的证据和事实,本院认定如下:1.……;2.……(写明法院是否采信证据,事实认定的意见和理由)。

本院认为,……(写明争议焦点,根据认定的事实和相关法律,对当事人的诉讼请求作出分析评判,说明理由)。

综上所述,……(对当事人的诉讼请求是否支持进行总结评述)。依照《中华人民共

和国……法》第×条、……(写明法律文件名称及其条款项序号)规定,判决如下:

一、……;

二、……。

(以上分项写明判决结果)

如果未按本判决指定的期间履行给付金钱义务,应当依照《中华人民共和国民事诉讼法》第二百五十三条规定,加倍支付迟延履行期间的债务利息(没有给付金钱义务的,不写)。

案件受理费……元,由……负担(写明当事人姓名或者名称、负担金额)。

如不服本判决,可以在判决书送达之日起十五日内,向本院递交上诉状,并按照对方当事人或者代表人的人数提出副本,上诉于××××法院。

审 判 长　×××
审 判 员　×××
审 判 员　×××

××××年××月××日
(院印)

本件与原本核对无异

法官助理　×××
书 记 员　×××

关于本样式的说明:

1. 依据

本样式根据《中华人民共和国民事诉讼法》第一百五十二条等制定,供法院适用第一审普通程序开庭审理民事案件终结后,根据已经查明的事实、证据和有关的法律规定,对案件的实体问题作出判决用。除有特别规定外,其他民事判决书可以参照本判决书样式和说明制作。

2. 标题

标题由法院名称、文书名称、案号组成。依照《中华人民共和国民事诉讼法》第一百五十三条规定就一部分事实先行判决的,第二份民事判决书开始可在案号后缀"之一""之二"……,以示区别。

3. 首部

首部依次写明诉讼参加人基本情况、案件由来和审理经过。

(1)诉讼参加人基本情况

①诉讼参加人包括当事人、诉讼代理人。全部诉讼参加人均分行写明。

②当事人诉讼地位写明“原告”“被告”。反诉的写明“原告(反诉被告)”“被告(反诉原告)”。有独立请求权第三人或者无独立请求权第三人,均写明“第三人”。

③当事人是自然人的,写明姓名、性别、出生年月日、民族、工作单位和职务或者职业、住所。外国人写明国籍,无国籍人写明“无国籍”;港、澳、台地区的居民分别写明“香港特别行政区居民”“澳门特别行政区居民”“台湾地区居民”。共同诉讼代表人参加诉讼的,按照当事人是自然人的基本信息内容写明。

④当事人是法人或者其他组织的,写明名称、住所。另起一行写明法定代表人或者主要负责人及其姓名、职务。

⑤当事人是无民事行为能力人或者限制民事行为能力人的,写明法定代理人或者指定代理人及其姓名、住所,并在姓名后括注与当事人的关系。

⑥当事人及其法定代理人有委托诉讼代理人的,写明委托诉讼代理人的诉讼地位、姓名。委托诉讼代理人是当事人近亲属的,近亲属姓名后括注其与当事人的关系,写明住所;委托诉讼代理人是当事人本单位工作人员的,写明姓名、性别及其工作人员身份;委托诉讼代理人是律师的,写明姓名、律师事务所的名称及律师执业身份;委托诉讼代理人是基层法律服务工作者的,写明姓名、法律服务所名称及基层法律服务工作者执业身份;委托诉讼代理人是当事人所在社区、单位以及有关社会团体推荐的公民的,写明姓名、性别、住所及推荐的社区、单位或有关社会团体的名称。诉讼代理人排列顺序,近亲属或者本单位工作人员在前,律师、法律工作者、被推荐公民在后。委托诉讼代理人为当事人共同委托的,可以合并写明。

(2)案件由来和审理经过

案件由来和审理经过,依次写明当事人诉讼地位和姓名或者名称、案由、立案日期、适用普通程序、开庭日期、开庭方式、到庭参加诉讼人员、未到庭或者中途退庭诉讼参加人、审理终结。

不公开审理的,写明不公开审理的理由,例:“因涉及国家秘密”或者“因涉及个人隐私”或者“因涉及商业秘密,×××申请”或者“因涉及离婚,×××申请”。当事人及其诉讼代理人均到庭的,可以合并写明。例:“原告×××及其委托诉讼代理人×××、被告××× 、第三人×××到庭参加诉讼。”诉讼参加人均到庭参加诉讼的,可以合并写明,例:“本案当事人和委托诉讼代理人均到庭参加诉讼。”当事人经合法传唤未到庭参加诉讼的,写明:“×××经传票传唤无正当理由拒不到庭参加诉讼。”或者“×××经公告送达开庭传票,未到庭参加诉讼。”当事人未经法庭许可中途退庭的,写明:“×××未经法庭许可中途退庭。”

诉讼过程中,如果存在指定管辖、移送管辖、程序转化、审判人员变更、中止诉讼等情形,应当同时写明。

4. 事实

事实部分主要包括:原告起诉的诉讼请求、事实和理由,被告答辩的事实和理由,法院认定的证据和事实。

(1)当事人诉辩意见

诉辩意见包括原告诉称、被告辩称,有第三人的,还包括第三人诉(述)称。

①原告诉称包括原告诉讼请求、事实和理由先写诉讼请求,后写事实和理由。诉讼请求两项以上的,用阿拉伯数字加点号分项写明。在诉讼过程中增加、变更、放弃诉讼请求的,应当连续写明。增加诉讼请求的,写明:“诉讼过程中,×××增加诉讼请求:……。”变更诉讼请求的,写明:“诉讼过程中,×××变更 …… 诉讼请求为:……。”放弃诉讼请求的,写明:“诉讼过程中,×××放弃 …… 的诉讼请求。”

②被告辩称包括对诉讼请求的意见、事实和理由被告承认原告主张的全部事实的,写明:“×××承认×××主张的事实。”被告承认原告主张的部分事实的,先写明:“×××承认×××主张的……事实。”后写明有争议的事实。被告承认全部诉讼请求的,写明:“×××承认×××的全部诉讼请求。”被告承认部分诉讼请求的,写明被告承认原告的部分诉讼请求的具体内容。

被告提出反诉的,写明:“×××向本院提出反诉请求:1……;2……。”后接反诉的事实和理由。再另段写明:“×××对×××反诉辩称,……。”被告未作答辩的,写明:“×××未作答辩。”

③ 第三人诉(述)称包括第三人主张、事实和理由有独立请求权的第三人,写明:“×××向本院提出诉讼请求:……。”后接第三人请求的事实和理由。再另段写明原告、被告对第三人的诉讼请求的答辩意见:“×××对×××的诉讼请求辩称,……。”

无独立请求权第三人,写明:“×××述称,……。”第三人未作陈述的,写明:“×××未作陈述。”原告、被告或者第三人有多名,且意见一致的,可以合并写明;意见不同的,应当分别写明。

(2)证据和事实认定

对当事人提交的证据和法院调查收集的证据数量较多的,原则上不一一列举,可以附证据目录清单。对当事人没有争议的证据,写明:“对当事人无异议的证据,本院予以确认并在卷佐证。”对有争议的证据,应当写明争议证据的名称及法院对争议证据的认定意见和理由;对争议的事实,应当写明事实认定意见和理由。

争议的事实较多的,可以对争议事实分别认定;针对同一事实有较多争议证据的,可以对争议的证据分别认定。对争议的证据和事实,可以一并叙明;也可以先单独对争议证据进行认定后,另段概括写明认定的案件基本事实,即“根据当事人陈述和经审查确认的证据,本院认定事实如下:……。”对于法院调取的证据、鉴定意见,经庭审质证后,按照是否有争议分别写明。

召开庭前会议或者在庭审时归纳争议焦点的,应当写明争议焦点。争议焦点的摆

放位置，可以根据争议的内容处理。争议焦点中有证据和事实内容的，可以在当事人诉辩意见之后写明。争议焦点主要是法律适用问题的，可以在本院认为部分，先写明争议焦点，再进行说理。

5. 理由

理由应当围绕当事人的诉讼请求，根据认定的事实和相关法律，逐一评判并说明理由。理由部分，有争议焦点的，先列争议焦点，再分别分析认定，后综合分析认定。没有列争议焦点的，直接写明裁判理由。被告承认原告全部诉讼请求，且不违反法律规定的，只写明："被告承认原告的诉讼请求，不违反法律规定。"就一部分事实先行判决的，写明："本院对已经清楚的部分事实，先行判决。"

经审判委员会讨论决定的，在法律依据引用前写明："经本院审判委员会讨论决定……"

6. 裁判依据

在说理之后，作出判决前，应当援引法律依据。分项说理后，可以另起一段，综述对当事人诉讼请求是否支持的总结评价，后接法律依据，直接引出判决主文。说理部分已经完成，无须再对诉讼请求进行总结评价的，直接另段援引法律依据，写明判决主文。

援引法律依据，应当依照《最高人民法院关于裁判文书引用法律、法规等规范性法律文件的规定》处理。法律文件引用顺序，先基本法律，后其他法律；先法律，后行政法规和司法解释；先实体法，后程序法。实体法的司法解释可以放在被解释的实体法之后。

7. 判决主文

判决主文有两项以上的，各项前依次使用汉字数字分段写明。单项判决主文和末项判决主文句末用句号，其余判决主文句末用分号。如果一项判决主文句中有分号或者句号的，各项判决主文后均用句号。判决主文中可以用括注，对判项予以说明。括注应当紧跟被注释的判决主文，例如：(已给付……元，尚需给付……元)；(已给付……元，应返还……元)；(已履行)；(按双方订立的《××借款合同》约定的标准执行)；(必须事先经本院审查)；(清单详见附件)等。

判决主文中当事人姓名或者名称应当用全称，不得用简称。金额，用阿拉伯数字。金额前不加"人民币"；人民币以外的其他种类货币的，金额前加货币种类。有两种以上货币的，金额前要加货币种类。

8. 尾部

尾部包括迟延履行责任告知、诉讼费用负担、上诉权利告知。

(1)迟延履行责任告知判决主文包括给付金钱义务的，在判决主文后另起一段写明："如果未按本判决指定的期间履行给付金钱义务，应当依照《中华人民共和国民事诉讼法》第二百五十三条规定，加倍支付迟延履行期间的债务利息。"

(2)诉讼费用负担根据《诉讼费用交纳办法》决定案件受理费,写明:“案件受理费……元。”减免费用的,写明:“减交……元”或者“免予收取”。单方负担案件受理费的,写明:“由×××担。”分别负担案件受理费的,写明:“由×××负担……元,×××负担…… 。”

(3)告知当事人上诉权利。当事人上诉期为15日,在中华人民共和国领域内没有住所的当事人上诉期为30日。同一案件既有当事人的上诉期为15日,又有当事人的上诉期为30日的,应分别写明,如:“××× 可以在判决书送达之日起十五日内,×××可以在判决书送达之日起三十日内,……。”

9. 落款

落款包括合议庭署名、日期、书记员署名、院印,靠右排版。

合议庭的审判长,不论审判职务,均署名为“审判长”;合议庭成员有审判员的,署名为“审判员”;有陪审员的,署名为“人民陪审员”。合议庭按照审判长、审判员、人民陪审员的顺序分行署名。

落款日期为作出判决的日期,即判决书的签发日期。当庭宣判的,应当写宣判的日期。

书记员署名为“书记员”。目前各地法院有一些聘用制的书记员,也有采用“代书记员”来表述的。两名以上书记员的,分行署名。落款应当在同一页上,不得分页。落款所在页无其他正文内容的,应当调整行距,不写“本页无正文”。

院印加盖在审判人员和日期上,要求骑年盖月、朱在墨上。左侧空白处加盖蓝色“本件与原本核对无异”印戳。

10.附录

确有必要的,可以另页附录。

(五)文书范例

福建省厦门市中级人民法院

民 事 判 决 书

(2014)厦民初字第1514号[①]

原告:叶某德,男,1963年××月××日出生,汉族,住××××。

委托诉讼代理人:张律师,福建××联合律师事务所律师。

被告:苏某伦,男,1948年××月××日出生,汉族,住××××。

---

① 由于篇幅所限,本判决文书范例对部分非关键信息进行删减。

委托诉讼代理人:王律师,福建××律师事务所律师。

被告:苏某捷,男,1976年××月××日出身,汉族,住××××。

委托诉讼代理人:王律师,福建××律师事务所律师。

被告:彭某南,女,1949年××月××日出生,汉族,住××××。

委托诉讼代理人:王律师,福建××律师事务所律师。

被告:谢某静,女,1983年××月××日出生,汉族,住××××。

委托诉讼代理人:王律师,福建××律师事务所律师。

原告叶某德与被告苏某伦、苏某捷、彭某南、谢某静民间借贷纠纷一案,本院受理后,依法组成合议庭公开开庭进行了审理。原告叶某德的委托诉讼代理人张律师与被告苏某伦、苏某捷、彭某南、谢某静的委托诉讼代理人王律师到庭参加诉讼。本案现已审理终结。

原告叶某德诉称,2014年6月5日,苏某伦、苏某捷共同向叶某德借款600万元,承诺按每月5%付息,借款期限6个月。苏某伦、苏某捷共同出具一张《借条》交由叶某德收执。2014年6月7日、6月8日叶某德分别向苏某伦、苏某捷交付借款500万元和100万元,但苏某伦、苏某捷自2014年8月6日起停止支付利息。经多次催告,仍拒绝支付,其行为已构成根本性违约。根据《中华人民共和国合同法》第一百零八条的规定,叶某德有权要求苏某伦、苏某捷立即共同偿还全部借款本金并支付利息。彭某南系苏某伦的配偶,谢某静系苏某捷的配偶,依法均应对上述债务承担共同还款责任。据此,请求判令:(1)苏某伦、苏某捷、彭某南、谢某静共同向叶某德偿还借款本金600万元及利息(利息按中国人民银行同期同类贷款利率的4倍标准计算,自2014年8月6日起计算至实际还清欠款之日止,暂计至2014年10月6日为246000元);(2)本案诉讼费、保全费由苏某伦、苏某捷、彭某南、谢某静承担。

被告苏某伦、苏某捷、彭某南答辩称,一、叶某德起诉的借款600万元及利息,苏某伦、苏某捷、彭某南没有异议。因款项均投入四川省西部商贸物流园区项目,一时无法偿还。但苏某伦、苏某捷、彭某南在叶某德起诉前后都有积极与叶某德协商愿意以巴中盘兴中国西部商贸物流园区的房产抵给叶某德,叶某德不同意。苏某伦、苏某捷、彭某南会积极筹款还给叶某德。二、本案借款与谢某静无任何关系。苏某捷于2013年4月25日已经与谢某静办理离婚手续,自该日起双方已经不存在夫妻关系。2014年2月25日经厦门市湖里区人民法院调解确认苏某捷名下的新景七星公馆×单元、新景七星公馆地下室×车位房产归谢某静所有,苏某捷同意配合谢某静办理过户更名手续,现仍在厦门市湖里区人民法院执行过程中。讼争借款发生在2014年6月5日,系在苏某捷与谢某静离婚之后,谢某静对借贷行为不知晓,不应承担任何还款责任。

被告谢某静答辩称,2013年4月25日谢某静已经与苏某捷办理离婚手续,自该日起不存在夫妻关系。且2014年2月25日经厦门市湖里区人民法院调解确认苏某捷名

下的新景七星公馆×单元、新景七星公馆地下室××车位房产归谢某静所有，苏某捷同意配合谢某静办理过户更名手续，现仍在厦门市湖里区人民法院执行过程中。叶某德起诉的借款发生在2014年6月5日，发生在谢某静与苏某捷离婚之后，与谢某静没有关联。谢某静不应承担任何还款责任。因上述房产归谢某静所有，法院查封谢某静的上述房产错误，请求解除对上述房产的查封保全措施。

经审理查明，苏某伦、苏某捷2014年6月5日向叶某德出具一份《借条》，载明：兹向叶某德借款陆佰万元整，按月息5%计，按月付息，期限六个月，也可提前还款。叶某德2014年6月7日、6月8日向苏某伦的银行账户分别转款500万元、100万元。

彭某南与苏某伦系夫妻关系。苏某捷与谢某静原系夫妻关系，双方于2013年4月25日登记离婚。厦门市湖里区人民法院2014年2月25日出具(2014)湖民初字第1011号民事调解书，确认苏某捷与谢某静达成的如下协议：一、双方一致确认苏某捷名下的新景七星公馆×单元、新景七星公馆地下室××车位以及苏某捷名下的闽D×××××号车辆归谢某静所有；二、苏某捷同意在2014年3月25日前配合谢某静办理闽D×××××号车辆的过户更名手续；三、苏某捷同意在厦门新景地集团有限公司交付新景七星公馆×单元及地下室××车位之后，配合谢某静办理过户更名手续；四、自2014年3月份起，上述归谢某静所有的财产的按揭贷款由谢某静负责偿还。厦门市湖里区人民法院已立案执行(2014)湖民初字第1011号民事调解书。

庭审中，原、被告双方确认叶某德分别于2014年7月6日、8月5日收到苏某伦、苏某捷支付的利息各30万元；讼争借款2014年6月5日至7月5日的计息按银行同期同类贷款利率的4倍计算为12.3万元，实际支付的利息30万元超出中国人民银行同期同类贷款利率4倍的部分为17.7万元，该部分款项折抵本金后，讼争借款本金为582.3万元；2014年7月6日至2014年8月5日的利息按银行同期同类贷款利率4倍计算为11.93715万元，实际支付的利息30万元超出中国人民银行同期同类贷款利率4倍的部分为18.06285万元，该部分款项折抵本金后，讼争借款本金为564.23715万元。

本案审理过程中，叶某德向本院提出财产保全的申请，请求查封、扣押或冻结苏某伦、苏某捷、彭某南、谢某静价值600万元的财产。叶某德提供其所有的闽D×××××捷豹轿车、林炳灿所有的闽C×××××奔驰轿车及厦门××融资担保有限公司出具的担保范围为600万元的诉讼财产保全担保函作为担保。本院依法作出(2014)厦民初字第1514号民事裁定书，裁定：一、查封叶某德名下的闽D×××××捷豹轿车及林炳灿名下的闽C×××××奔驰轿车；二、查封、扣押、冻结苏某伦、苏某捷、彭某南、谢某静的银行存款或其他财产，价值以600万元为限。

以上事实，有叶某德提供的《借条》、银行转账记录、人员基本信息，苏某伦、苏某捷、彭某南、谢某静提供的《离婚证》、厦门市湖里区人民法院(2014)湖民初字第1101号民事调解书、受理执行案件通知书，及庭审笔录为证。

本院认为,苏某伦、苏某捷、彭某南对叶某德主张的借款事实予以确认,并同意承担还款责任,本院认定苏某伦、苏某捷向叶某德借款600万元的事实。苏某伦、苏某捷与叶某德关于利息的约定已超过中国人民银行同期同类贷款基准利率的4倍(包含利率本数),对超出银行同期同类贷款基准利率4倍的利息不予保护。本案双方当事人均确认苏某伦、苏某捷实际支付的利息中超出中国人民银行同期同类贷款利率4倍的部分折抵相应本金后,讼争借款本金为564.23715万元,本院依法予以确认。鉴于苏某伦、苏某捷、彭某南均同意偿还本案讼争借款,现讼争借款已到期,故苏某伦、苏某捷、彭某南需偿还叶某德借款本金564.23715万元。叶某德主张按中国人民银行同期同类贷款利率4倍自2014年8月6日起计算利息于法有据,依法予以采纳,但相应利息应支付至本判决所确定的还款之日止。

苏某捷、谢某静已于2013年4月25日登记离婚,讼争债务并非发生于两人夫妻关系存续期间,叶某德要求谢某静共同承担还款责任于法无据,依法不予采纳。

综上所述,叶某德的部分诉讼请求成立,本院依法予以支持,其余诉讼请求予以驳回。依照《中华人民共和国合同法》第二百零六条、第二百零七条、第二百一十一条,《最高人民法院关于适用〈中华人民共和国婚姻法〉若干问题的解释(二)》第二十四条,《中华人民共和国民事诉讼法》第六十四条、第一百四十四条之规定,判决如下:

一、苏某伦、苏某捷、彭某南应于本判决生效之日起十日内偿还叶某德借款本金564.23715万元及利息(参照中国人民银行同期同类贷款基准利率的四倍,自2014年8月6日起计算至本判决所确定的还款之日止);

二、驳回叶某德的其他诉讼请求。

如果苏某伦、苏某捷、彭某南未按本判决指定的期间履行给付金钱义务,应当按照《中华人民共和国民事诉讼法》第二百五十三条之规定,加倍支付迟延履行期间的债务利息。

本案案件受理费53800元,由苏某伦、苏某捷、彭某南负担50593元,叶某德负担3207元;本案保全费5000元,由苏某伦、苏某捷、彭某南负担。

如不服本判决,可在判决书送达之日起十五日内,向本院递交上诉状,并按对方当事人的人数提出副本,上诉于福建省高级人民法院。

审 判 长 ×××
审 判 员 ×××
审 判 员 ×××

××××年××月××日
（院印）

本件与原本核对无异

法官助理 ×××
书 记 员 ×××

第三节　二审民事判决书

一、维持原判的二审民事判决书

（一）概念

维持原判的二审民事判决书是指第二审法院对当事人不服一审民事判决提起上诉，经过审理，认为原判决认定事实清楚、适用法律正确，判决驳回上诉人上诉，维持原审判决的法律文书。

（二）内容

维持原判的二审民事判决书主要内容有如下几项：

1.主体。说明当事人的诉讼地位。主要说明二审上诉人与被上诉人与一审程序中当事人的诉讼地位的对应关系，如上诉人是原审原告的，在上诉人后加注原审原告：如上诉人（原审原告），被上诉人（原审被告）；若上诉人是原审被告或第三人的，则表述为：上诉人（原审被告），或上诉人（原审第三人）。在原审诉讼中，基于当事人诉讼权利的平等原则，当事人都可以提起上诉，除非不承担责任的无独立请求权的第三人，才没有上诉权，因此，在诉讼地位的描述中，要根据案件上诉人的具体情况，描述好与一审审理过程中的对应的关系。若原审有反诉的，要同时交代清楚本诉的诉讼地位和反诉的诉讼地位，如上诉人（原审本诉被告、原审反诉原告），以此类推。对被上诉人的表述，同样要与一审诉讼地位相对应，如被上诉人（原审被告）或（原审本诉被告、反诉原告）等等。

当事人上诉还有三个特殊的情况：第一种情况是原审当事人都上诉的。这时，当事人之间互为上诉人和被上诉人，则在二审文书中都直接列明上诉人，无须再列出被上诉

人,在顺序上,按照诉讼秩序原则,一审当事人都提起上诉的,在二审当事人的排列顺序,依然按照一审的顺序排列,即按照原告、被告、第三人的顺序,列出上诉人(原审原告),上诉人(原审被告),上诉人(原审第三人)这样的顺序来排列。需要提醒的是,这种情况列出的当事人顺序与不服劳动争议仲裁委员会的仲裁裁决,双方当事人都向法院提起劳动争议诉讼的情况不同。按照劳动争议司法解释和司法解释(二)的规定,不服劳动争议仲裁裁决,向法院提起诉讼的当事人,是按照起诉的先后顺序来排列的,因为在劳动争议解释中双方当事人都不服劳动仲裁裁决先后起诉的,先起诉的为原告,后起诉的为被告。在劳动争议解释(二)中,则修改为分别起诉,互为原被告,在实务操作中,都是将先起诉的列在前面,后起诉的列在后面,上诉时遵从一审所列的顺序。第二种情况是上诉人并没有将所有的相对方的当事人列为被上诉人的,只将部分相对方甚至是本方(如共同承担责任的被告)当事人作为被上诉人的。在这种情形下则仅将被作为被上诉人的当事人列为被上诉人,未被列为被上诉人的,则列明原审原告、原审被告,或原审第三人。第三种情况是有独立请求权的第三人提起上诉。这种情况应将一审的原告和被告作为共同的被上诉人,则表述为:上诉人(原审第三人),被上诉人(原审原告)、被上诉人(原审被告)。

上述诉讼地位的表述,要注意不能混乱,按照《民事诉讼法》第168条的规定,第二审法院应当对上诉请求的有关事实和适用法律进行审查。《民事诉讼法解释》第323条规定,第二审法院应当围绕当事人的上诉请求进行审理,当事人没有提出请求的,不予审理,除非一审判决违反法律禁止性规定,或者损害国家利益、社会公共利益、他人合法权益。这条修改的是1992年民事诉讼法的司法解释第二审法院针对当事人的上诉请求进行审理,也可以对全案进行审理规定的限缩,对第二审法院按照不告不理原则进行审理的法律依据。当事人诉讼地位确定后,直接影响了二审诉讼程序的运行,至关重要。

二审是否能够追加主体的问题,《民事诉讼法解释》第327条规定①,可以根据当事人自愿原则进行调解,不能调解的则不能追加。这也是体现主体恒定的一种例外处理方式。

2.第二审案件的来源。在该部分仍属于文书的首部内容。该部分要交代第二审法院取得管辖权的程序依据和事实依据,二审合议庭可以根据案件的实际情况决定是否开庭进行审理:

(1)书面审理。当事人没有提出新的事实、证据或理由,合议庭认为符合《民事诉讼法》第169条规定,决定不需要开庭审理的,经过阅卷、调查和询问当事人后直接作出判决。这种情况表述为:“上诉人×××因与被上诉人×××何种纠纷,不服×××法

---

① 《民事诉讼法解释》第327条:“必须参加诉讼的当事人或者有独立请求权的第三人,在第一审程序中未参加诉讼,第二审人民法院可以根据当事人自愿的原则予以调解;调解不成的,发回重审。”

院××字号的民事判决书，向本院提起上诉，本院受理后，依法组成合议庭进行了审理，上诉人×××、被上诉人×××及其委托代理人等到庭参加诉讼。本案现已审理终结。”

(2)开庭审理。《民事诉讼法》第169条规定，二审案件应当组成合议庭，开庭审理。裁判文书找那个表述为：“上诉人×××因与被上诉人×××何种纠纷，不服××××法院××字号的民事判决书，向本院提起上诉，本院受理后，依法组成合议庭公开开庭(或因……事由，决定不公开开庭)进行了审理，上诉人×××、被上诉人×××及其委托代理人等到庭参加诉讼。本案现已审理终结。”

无论开庭审理，还是书面审理，若出现当事人缺席的，则对当事人出庭情况的描述，改变为：被上诉人或原审原告(或被告、第三人)经本院传票传唤，无正当理由拒不到庭参加诉讼，本院依法缺席进行审理。本案现已审理终结。若是上诉人缺席的，则视为自动撤回上诉，用裁定书的方式裁定。对当事人缺席的情况，要强调两个方面：一是合法传唤，普通程序中传唤当事人使用传票，简易程序可以灵活使用口头或电话或传票传唤，这些都是传唤的合法手段，在文书中要强调“合法传唤”，或者“传票传唤”，是否“无正当理由拒不到庭”，若当事人有正当理由，则可以延期审理。亲历性是民事诉讼活动的一个特性，所以要求当事人或委托代理人到庭，不到庭缺席是例外情况，要例外进行审理必须将程序落实到位、完整。

(3)案由确定。在二审法院审理过程中，可能存在一、二审对案由有不同的意见，当事人基于自身的权利和义务的承担，也会针对一审确定的案由进行上诉，所以定性问题就成为二审判决书中一个特别重要的环节。通常当事人对一审案由没有争议，二审法院审查认可，则直接将一审案由确定为二审案由。当事人对一审案由提起上诉，请求二审改判或二审审查认为一审案由确定错误，在二审裁判文书案件来源部分是否要进行变更表述，有不同的意见。一种意见认为，在案件来源部分对案由的确定是二审审理的逻辑起点，直接影响到二审审理的范围，应该表述二审确定的案由，至于变更的理由可以在裁判理由中去阐述。一种意见则认为，该部分属于交代案件的来源，此时二审程序才启动未审理，应按一审案由，待审理后，在裁判理由部分论述案件性质改变，确定新案由。二者实务操作都有，最高人民法院相关文书也没有统一的做法。我们倾向于第一种做法，即在案件来源部分直接将二审经过审理确定的案由作为二审文书的案由。

3.陈述一审查明的事实、裁判理由和结果。这部分内容主要将一审查明的事实和裁判理由以及裁判事项转述出来，作为二审审理的基础性材料。该部分注意几个细节处理：

(1)当事人诉讼地位的表述问题，通常一审法院在表述事实和裁判理由时，基于写作上的方便(尤其是简易程序案件)，会直接将当事人的诉讼地位作为当事人的指代在查明的事实和阐释裁判理由中指代，于是文书中出现的主体身份都用诉讼地位：原告、

被告或第三人来指代，在二审中，当事人诉讼地位出现审级上的变化，此时当事人的诉讼地位是上诉人、被上诉人、原审原告、原审被告或原审第三人，若再用诉讼地位指代，容易出现一、二审诉讼地位杂陈、混用，指代不清，如一审的原告、被告同时上诉的情形下，用上诉人指代究竟是指原审原告还是原审被告，难以确定，所以按行文规范要求直接用诉讼主体的姓名、单位名称(可以在文书首部第一次出现时之间交代下文的缩略简称)来作为二审文书当事人主体名称的表述，段落需要说明诉讼地位的，则在段首第一次出现时加上诉讼地位，其余部分不再出现，以此避免一份文书诉讼地位繁杂、混乱不清，同时也避免了撰写时出错，造成裁判的错误。(2)对事实的转述要忠实于原审认定，除语句错误，经过二审核对，当事人没有争议，直接变更过来外，不要进行缩略。(3)一审法院已经裁定更正过的文书错漏、笔误，直接转述更正后的内容。(4)一审所适用的法律名称、条、款、项，必须忠实地引述，不能予以调整，因为这是二审必须审查的事项，二审经过审理对一审适用法律错误必须给予纠正，无论是程序法还是实体法。

4.上诉诉辩意见。上诉请求必须原原本本地引述，对上诉的诉辩意见可在忠实原意的基础上归纳转述，不必原文引述。对上诉文书中有不文明语言的，可责成当事人先行更正，不更正的，也不引述。应当注意的是：(1)上诉人上诉请求是否与原审审理范围一致的问题。这是请求权恒定原则在二审的体现，当事人在一审提出诉讼请求，要贯穿本案诉讼的全过程，即一个案件在诉讼各个阶段、审级都要围绕同一个请求权的请求来审理。上诉的具体请求与一审请求会有所变化，但请求权不能变化。上诉请求超出一审诉讼请求的，不予审理，告知另行起诉。① 一审遗漏审理诉讼请求的，二审可以调解，调解不成的发回重审。② (2)当事人在二审提出证据，要审查是否重复举证、举证时限的执行情况，是否属于一审期间不知道或客观上无法及时提供的新证据，该证据是否影响到主要事实和主要法律责任的认定。(3)诉辩中是否提出新的理由，该理由是否为了证明其请求权，若是，二审可予审理，否则予以驳回。

5.核实一审事实认定二审新事实。二审审理期间系围绕一审诉讼请求和上诉请求来审理。(1)对一审查明事实进行核实，通常由当事人对一审查明的事实进行核对、确认，当事人没有争议的事实直接进行确认，除非有新的证据影响到一审的认定或一审认定错误。一般表述为："一审查明：……，双方当事人没有争议，本院予以确认。"(2)对一审认定有错误或不准确的事实，结合一、二审证据予以更正认定。(3)描述二审期间查明的新事实，表述为："另查明，……"。

6.二审裁判理由及法律适用。二审裁判理由首先对上诉人的上诉请求予以分析、评价，从案件性质认定、责任(过错)分析到具体权利义务的划分逐一进行评析，继而对一审裁判进行评价，区分出可以支持或不能支持的事项及其原因。二审选择适用的法

---

① 《民事诉讼法解释》第325条。

② 《民事诉讼法解释》第326条。

律条款。从维持原判的角度，一般直接援引《民事诉讼法》第170条第1款第1项，就可以直接下判，无须再援引实体法或其他程序法的规定。若出现一审事实认定清楚，援引的法律出现不恰当，裁判准确的情形的，则需要在上述的裁判理由中予以说明，之后再援引法律的时候，就应当将准确的实体法和程序法援引出来，准确地适用法律。此种情形，在《民事诉讼法》第170条中是没有规定的，主要是理论界对出现此种情形通说认为属于适用法律错误，应当采取改判、撤销或变更的方式，立法上支持了该观点。但在实务中，由于基层法院审判人员的理论水准差强人意，判决适用法律错误而结果适当的情形也时常出现，若一味地予以改判、撤销或变更，其实就是撤销，再重新判一次而已，这样似乎满足了理论和立法上的要求，但有多此一举之嫌，也影响到司法的权威性和稳定性。我们主张直接在阐述理由中说明一审适用具体法条不当，应当适用什么法条，但处理结果符合新的法条，判决适当予以维持。

7.二审的判项。二审维持原判的判项，比较简单，一般表述为："驳回上诉人上诉，维持原判"，或者更简单地表述为："驳回上诉，维持原判"。这里需要强调的是，在判项的表述上，驳回上诉必须表述在先，因为二审应围绕上诉请求进行审理，此时审理终结，二审要给出一个态度或权威的说法，对上诉人的上诉不予支持，先行驳回，之后再维持原判。若出现一审遗漏诉讼请求的，当事人同意在二审一并处理的，可以对一审遗漏的部分给予加判。当事人不同意一并处理的，则需要裁定发回重审。

8.尾部。主要诉讼费用的承担问题，维持原判二审受理费，按照《诉讼费用交纳办法》的规定，由败诉方负担，维持原判，即上诉人败诉，二审案件受理费应由上诉人负担。

由于我国民事诉讼制度采取二审终审制，所以在文书的尾部，要表述"本判决为终审判决"字样。表述本案已经终审完毕。

落款部分与一审普通程序的落款形式一致。

（三）写作要点

1.把住事实。二审维持原判要求原判决认定事实清楚，适用法律正确[①]，制作二审维持原判的民事判决书首先要把握住事实。对上诉人上诉中是否提出了原审判决认定事实错误，或遗漏认定的问题进行有针对性的审查。具体体现在文书中，要确认一审认定的事实，明确二审新认定的事实和（或）更正一审事实。若二审认定的事实与一审认定的事实略有差异，但不影响当事人权利义务的，则以尊重一审认定为原则。若存在遗漏认定的，要审查所遗漏的事实是否影响到当事人的权利义务，若影响，则属于改判范畴；若没有影响，则需要考虑遗漏的事实可否作为加强责任义务承担的补强事实，若可以补强则可以增加认定，若属于可有可无的，可不予增加认定。所以在二审维持原判的判决书中，对事实认定仍然是关键。

---

① 《民事诉讼法》第170条。

2.锁住证据。在二审审理中，当事人运用一审的证据进行上诉的，要审查一审对证据的证明对象是否判断正确，或者当事人所举的证据是否能够证明其要证明的对象，尤其是对未上诉的一方当事人在一审的举证，相关证据的证明力是否足以证明一审认定的事实。若当事人提供新的证据，则要审查该举证的时限是否已经超过，该证据是否影响到基本事实的认定，若足以影响基本事实的认定，按照民事诉讼法及相关解释的规定，则不受举证时限的限制，二审予以认定，只需在诉讼费用负担上考虑由延迟举证的一方当事人负担相应的费用。简而言之，就是对一审认定事实是否清楚、对当事人提供的新证据是否影响一审事实进行认定。

3.盯住上诉。评价上诉请求是二审法院的基本职责，民事诉讼法明确二审法院针对上诉请求的事实和适用法律进行审查，除非一审判决违反了法律禁止性规定，或者损害国家利益、社会公共利益、他人合法权益。二审裁判理由要针对上诉人上诉请求、事实和理由，对案件的事实认定、定性、定责和定量四个方面入手，对上诉提出一审认定的错误或不准确的事实，或有新事实得到证实逐一阐述；对上诉人提出定性问题，要结合二审认定或确认的事实进行法律诠释，予以定性；对上诉提出适用法律不准确、不适当的理由，论证相关法律规范内涵，评价一审裁判理由中所适用法律是否正确；对上诉提出的责任划分不合法、不合理的理由进行分析，评价一审责任划分是否得当。二审法院对一审判决的评判是在评判上诉请求基础之上的司法行为，是二审判决书的核心内容。

4.梳理甄别。二审维持原判判决书在撰写中应注意：(1)案件定性。一审认定的法律关系恰当，上诉人未对法律关系提出上诉，符合法律规定的，可直接确认一审认定的法律关系。若上诉人有上诉，则二审文书就必须着重阐述上诉理由和事实不是或不符合法律关系构成要件，确认一审认定法律关系正确，驳回上诉，维持一审认定。(2)关于责任认定。这既是上诉的重点，也是二审审理的重点，要着重阐述。对一审认定上诉人及相关当事人责任承担的依据、方式、形式、比例等方面证据确实充分，依法有据，合理恰当逐一进行阐述，补强说理论证。(3)准确计算责任承担的量。这也是当事人上诉的一个重要的方面，尤其在合同纠纷和侵权纠纷这两个领域，量上的争议普遍存在，在二审审理过程中要给予重视，在判决书的撰写过程中要花一定的篇幅分析、阐述、解释、说明每一种责任量上的分担。

5.精准适用。认为一审适用法律不准确，不恰当，甚至错误也是上诉的主要内容。二审维持原判的判决书着重从文义解释和立法解释两个方面去阐述一审适用法律的正确性，以二审认定的事实作为事实论据，以相关法律规则作为法律论据，要从通常人的视角用立法解释和司法解释作为阐述的理由，周延地进行逻辑演绎。二审对一审法院适用法律的评判，就是通过法律解释方法进行评判的。

6.严谨逻辑。二审裁判理由须就所选择适用法律的逻辑关系进行阐释，评价。从一审和二审查明的事实，论证该法律事实所映射的法律关系要件是否充分、是否必要，由

此产生的权利义务关系承担是否得当，当事人在这一法律关系下应承担的法律义务是否适当。其逻辑思维导图是，主张与抗辩—举证与质证—认证（确定法律事实）—定性—法律规则—案由选择—权利义务的内容—由谁承担相应的义务事项。

（四）样式

×××××法院

民事判决书

（二审维持原判使用）

（××××）……民终……号

上诉人（原审诉讼地位）：×××，……。

法定代理人/指定代理人/法定代表人/主要负责人：×××，……。

委托诉讼代理人：×××，……。

被上诉人（原审诉讼地位）：×××，……。

法定代理人/指定代理人/法定代表人/主要负责人：×××，……。

委托诉讼代理人：×××，……。

原审原告/被告/第三人：×××，……。

法定代理人/指定代理人/法定代表人/主要负责人：×××，……。

委托诉讼代理人：×××，……。

（以上写明当事人和其他诉讼参加人的姓名或者名称等基本信息）

上诉人×××因与被上诉人×××/上诉人×××及原审原告/被告/第三人×××……（写明案由）一案，不服××××法院（××××）……民初……号民事判决，向本院提起上诉。本院于××××年××月××日立案后，依法组成合议庭，开庭/因涉及……（写明不开庭的理由）不开庭进行了审理。上诉人×××、被上诉人×××、原审原告/被告/第三人×××（写明当事人和其他诉讼参加人的诉讼地位和姓名或者名称）到庭参加诉讼。本案现已审理终结。

×××上诉请求：……（写明上诉请求）。事实和理由：……（概述上诉人主张的事实和理由）。

×××辩称，……（概述被上诉人答辩意见）。

×××述称，……（概述原审原告/被告/第三人陈述意见）。

×××向一审法院起诉请求：……（写明原告/反诉原告/有独立请求权的第三人的诉讼请求）。

一审法院认定事实：……（概述一审认定的事实）。一审法院认为，……（概述一审

裁判理由)。判决:……(写明一审判决主文)。

本院二审期间,当事人围绕上诉请求依法提交了证据。本院组织当事人进行了证据交换和质证(当事人没有提交新证据的,写明:二审中,当事人没有提交新证据)。对当事人二审争议的事实,本院认定如下:……(写明二审法院采信证据、认定事实的意见和理由,对一审查明相关事实的评判)。

本院认为,……(根据二审认定的案件事实和相关法律规定,对当事人的上诉请求进行分析评判,说明理由)。

综上所述,×××的上诉请求不能成立,应予驳回;一审判决认定事实清楚,适用法律正确,应予维持。依照《中华人民共和国民事诉讼法》第一百七十条第一款第一项规定,判决如下:

驳回上诉,维持原判。

二审案件受理费……元,由……负担(写明当事人姓名或者名称、负担金额)。

本判决为终审判决。

审 判 长 ×××
审 判 员 ×××
审 判 员 ×××

××××年××月××日
(院印)

本件与原本核对无异

书 记 员 ×××

关于本样式的说明:

1.本样式根据《民事诉讼法》第170条等制定,供二审法院对当事人不服一审判决提起上诉的民事案件,按照第二审程序审理终结,就案件的实体问题依法维持原判用。

2.上诉人在一审诉讼地位有两个的,按照本诉、反诉的顺序列明,中间以顿号分割。例如上诉人(原审被告、反诉原告)。

3.有多个上诉人或者被上诉人的,相同身份的当事人之间,以顿号分割。双方当事人提起上诉的,均列为上诉人。写明:上诉人×××、×××因与上诉人×××(列在最后的上诉人写明上诉人的身份,用“因与”与前列当事人连接)。原审其他当事人按照一审判决列明的顺序写明,用顿号分割。

4.多个当事人上诉的,按照上诉请求、针对该上诉请求的答辩的顺序,分别写明。如当事人未答辩的,也要写明。

5.一审认定事实清楚、当事人对一审认定事实问题没有争议的,写明:本院对一审查明的事实予以确认。一审查明事实有遗漏或者错误的,应当写明相应的评判。

6.判决结果分不同情形写明。

情形一:一审判决认定事实清楚,适用法律正确,维持原判的

写明:综上所述,×××的上诉请求不能成立,一审判决认定事实清楚,适用法律正确。本院依照《中华人民共和国民事诉讼法》第一百七十条第一款第一项规定,判决如下:驳回上诉,维持原判。

情形二:一审判决认定事实或者适用法律虽有瑕疵,但裁判结果正确,维持原判的

写明:综上,一审判决认定事实……(对一审认定事实作出概括评价,如存在瑕疵应指出)、适用法律……(对一审适用法律作出概括评价,如存在瑕疵应指出),裁判结果正确,故对×××的上诉请求不予支持。依照《中华人民共和国×××法》第×条(适用法律有瑕疵的,应当引用实体法)、《中华人民共和国民事诉讼法》第一百七十条第一款第一项、《最高人民法院关于适用〈中华人民共和国民事诉讼法〉的解释》第三百三十四条规定,判决如下:驳回上诉,维持原判。

7.诉讼费用。维持原判时,对一审诉讼费用负担问题不需调整的,不必重复一审诉讼费负担。如一审诉讼费,负担错误需要调整的,应当予以纠正。

8.按本样式制作判决书时,可以参考第一审适用普通程序民事判决书样式的说明。

(五)文书范例

福建省厦门市中级人民法院

民事判决书

(2019)闽02民终2955号①

上诉人(原审原告):代某廷,男,1978年××月××日出生,汉族,住安徽省长丰县×组。

委托诉讼代理人:吴律师,福建××律师事务所律师。

上诉人(原审被告):厦门市江头K小区第四届业主委员会,住所地福建省厦门市长青路×号。

负责人:陈主任。

委托诉讼代理人:钟律师、陈律师,福建××律师事务所律师。

上诉人代某廷、厦门市江头K小区第四届业主委员会(以下简称K小区业委会)因提供劳务受害者责任纠纷一案,不服福建省厦门市思明区法院作出的(2018)闽0203民

① 由于篇幅所限,本判决对部分非关键信息进行删减。

初 16390 号民事判决，向本院提起上诉。本院立案后，依法组成合议庭进行了审理。本案现已审理终结。

代某廷上诉请求：撤销一审判决第一项，改判支持代某廷一审的全部诉讼请求。事实与理由：

一、代某廷到 K 小区业委会处清理楼道里的杂物是受 K 小区业委会指令而行。代某廷职业为收取废品及清理装修垃圾、土头。因与 K 小区业委会保安认识熟络，碍于情面协助清理 K 小区业委会楼道里的杂物。一审代某廷提交的图片可证明，其协助清理的是较大废弃物，如木板、破柜子桌椅等，本身并无价值，不能回收或二次利用。时值年关，该物品在较长时间内无法变卖，只能放在小区内指定地点，由 K 小区业委会待节后自行清理。代某廷协助清理是无偿的，一审认定代某廷系为了取得其中有价值的物品，系认定事实不清，应予纠正。二、双方的法律关系应为无偿帮工关系或者劳务合同关系，不应由代某廷分担 K 小区业委会的赔偿责任。代某廷仅是协助将杂物从楼道运送到 K 小区业委会指定地点，由 K 小区业委会年后处理，并未对杂物进行分拣回收，更未将任何物品收归所有或支配。代某廷没有接受赠与的意思表示，故赠与合同关系不能成立。退一步说，即便该物品存在价值或者可变卖，可视为代某廷协助清理杂物的报酬，双方之间系劳务合同关系。三、代某廷受伤属意外事件，并非其过失所致。代某廷受伤是因 K 小区业委会老旧小区灯光不明，且物品堆积杂乱，即使再谨慎，也无法防止意外事故的发生。因此，代某廷在该起事故中不存在过错，不应要求其承担责任。

K 小区业委会辩称，双方之间是赠与法律关系。

K 小区业委会上诉请求：撤销一审判决第一项，改判由代某廷承担人身损害的全部责任。事实与理由：1.双方之间是附条件的赠与关系。依照《中华人民共和国合同法》第一百九十条的规定，代某廷将楼道大件杂物赠给 K 小区业委会，附带义务为清理楼道。2.一审认定赠与物存在瑕疵，加重赠与人的义务，有失公平。导致代某廷受伤的为食品工作机器上的玻璃，该机器高 80CM、厚 50CM、长 110CM，为大件物品，在杂物中显而易见，且非包裹在杂物中。该机器玻璃是钢化玻璃，代某廷是擅自使用锤子砸碎玻璃，后在挪动机器时脚下勾到其他杂物，失去平衡后手掌压到机器上残留的玻璃，才将右手手腕划伤。如代某廷正常清理杂物，则不会发生事故。3.一审认定误工费计算标准有误。代某廷为收废品人员，并非农、林、牧、渔行业，其主张按居民服务、修理和其他服务业标准计算误工费，故应按照其主张的标准(即 139 元/天)计算。

代某廷辩称，一审认定法律关系有误，双方应是劳务关系，至少应该是无偿帮工关系。

代某廷在一审法院起诉的请求是：K 小区业委会向代某廷赔偿医疗费 26800.06 元、误工费 17431.84 元、护理费 15000 元、住院伙食补助费 500 元、营养费 6250 元、交通费 50 元、精神损害抚慰金 2000 元、伤残鉴定费 800 元，以上项目共计 68831.91 元。

一审法院认定事实如下:2018 年 2 月 8 日,代某廷在 K 小区业委会管理的 K 小区内清理楼道杂物过程中,右手手腕被玻璃书柜的玻璃划伤。2018 年 2 月 8 日至 2018 年 2 月 13 日期间,代某廷在厦门大学附属中山医院住院治疗,经诊断为右腕割伤:1.正中、尺神经断裂;2.尺动脉断裂;3.拇长屈、示中环小指浅屈、示中环小指深屈、桡侧屈腕、掌长、尺侧屈腕肌腱断裂;4.右腕韧带部分断裂,出院后门诊 4 次,花费医疗费 25284.06 元。厦门大学附属中山医院 2018 年 2 月 13 日出院诊断证明书,建议代某廷休息一个月,加强营养。

代某廷受伤住院期间,代某廷亲属、老乡前往 K 小区要求与物业主任、保安见面协商赔偿事宜未果,录音录像中有如下对话:徐(代某廷姑父):“主任怎么说? 年后再来? ……”女(K 小区业委会工作人员):“对对,说年后再来处理这个……”徐:“你有没有跟他说,我们要出院了,出院了。”女(K 小区业委会工作人员):“有,(跟主任说)要出院了,即使有些证明该担去担,他们要求一个人过去,他说那这边就你一个人怎么过去? (他说)诊断书你什么都有的,到时候就以这个为依据,行啦!”……老乡:“那那个保安呢,他至少要(在)……”女(K 小区工作人员):“他早上出去了……”老乡:“到现在还没回来?”女(K 小区工作人员):“他陪他亲戚出去了,他亲戚从老家来的,不信你明天过来看他有亲戚(过来)。”徐(代某廷姑父):“他老家黑龙江的?”女(K 小区工作人员):“对,如果你说我骗你的话,你明天后天过来看他家有亲戚的。”2018 年 3 月 10 日,代某廷报警称 2018 年 2 月 8 日在本市思明区怡祥花园,被该小区物业保安(具体信息不详)雇做散工,清理长青路 452 号楼道时,不慎被玻璃割伤右手腕,要求报警回执到法院起诉对方,厦门市嘉莲派出所当日向代某廷出具了报警回执。

关于代某廷为何到 K 小区清理垃圾,代某廷一审庭审中陈述,因年关将近,K 小区清洁工阿姨无法清理大件的物品,K 小区保安和代某廷认识,看到代某廷经过,就叫代某廷将垃圾从楼道清理出来放在一个拐角。大件物品无法变卖,代某廷的工具也无法长途运输,只能做简单搬运,先放在小区指定的一个地点,之后由 K 小区业委会自行处理。K 小区业委会陈述的事件经过为:代某廷长期从事废品回收工作,代某廷自己看到这些废品后和 K 小区业委会工作人员沟通同意后由代某廷去回收,K 小区业委会没有支付报酬,所回收的废品是赠与代某廷的。K 小区业委会另确认 K 小区物业管理系由 K 小区业委会负责管理。

在一审审理过程中,代某廷申请鉴定。经法院委托福建历思司法鉴定所鉴定,福建历思司法鉴定所于 2019 年 1 月 11 日出具闽历思司鉴所【2019】临鉴字号第 5 号鉴定意见书,评定代某廷出院后的护理期期限为 120 日。代某廷为鉴定需要支出医疗费 1516 元、鉴定费用 800 元。

一审法院认为,首先,本案事实方面的争议焦点在于,代某廷清理 K 小区楼道垃圾的行为是否系接受 K 小区业委会的请求进行。从代某廷所提交的代某廷亲属、老乡在

代某廷住院期间前往K小区业委会交涉赔偿事宜的录音录像看,代某廷所陈述的请其清理垃圾的K小区保安确实存在,且从对话看,K小区业委会工作人员并未否认代某廷所提赔偿要求,故代某廷清理垃圾系接受K小区保安的请求具有较大可信度,可予以采信。代某廷身份系专门从事废品收购业务的人员,其并无义务清理K小区楼道垃圾,代某廷接受保安请求清理垃圾应当是具有一定的目的性的,结合代某廷的身份,应当是为了取得楼道垃圾中具有价值的废品。K小区抗辩称系将所清理的垃圾中有价值的物品赠与给代某廷较为符合生活常理,予以采信。K小区业委会的这种赠与行为应当是附条件的赠与,即K小区业委会将楼道垃圾中有价值的物品赠与给代某廷,但代某廷负有将楼道垃圾清理干净的义务。代某廷虽未获得K小区业委会直接的经济报酬,但K小区的赠与行为客观上使其取得了废品的所有权,与无偿的帮工行为有所不同,故本案不宜认定双方的法律关系为帮工关系,就清理垃圾的活动应当认定为劳务关系。本案讼争法律关系应认定为赠与合同(废物的所有权)与劳务合同(楼道垃圾清理干净的劳务)的复合形态。代某廷接受K小区保安的请求对K小区楼道进行清理,而K小区业委会系K小区的管理主体,该保安的行为应视为经过了K小区业委会的授权,故该赠与合同与劳务关系应直接约束代某廷与K小区业委会。

其次,关于双方责任大小问题。根据《中华人民共和国合同法》第一百九十条、第一百九十一条的规定,赠与可以附义务,附义务的赠与,赠与的财产有瑕疵的,赠与人在附义务的限度内承担与出卖人相同的责任。K小区赠与给代某廷的大件垃圾包含带有容易伤人的玻璃书柜,该物品堆放环境处于楼道大量杂物之中,K小区业委会负有在附义务的限度内承担物的瑕疵担保责任,且K小区业委会系K小区物业管理人,对其所请清理楼道劳务的人员具有保护职责,对于潜在的风险应具有提示义务,现K小区并未举证证明其履行了必要的防护义务,存在一定程度的过错;同时鉴于K小区业委会系将废品赠与代某廷,对于代某廷并不具有直接的管理权限,代某廷自身属于专门回收废品的人员,其在实施垃圾清理活动中未能尽到对自身的安全防范义务,亦存在过错,代某廷本人应承担更大的责任。综合双方过错情况,酌定代某廷自行承担60%的责任,K小区业委会应承担40%的赔偿责任。

再次,关于具体赔偿项目问题。1.医疗费,代某廷提供医疗收费发票证明其支出医疗费25284.06元,另,代某廷为鉴定支出的医疗费1516元,系为查明代某廷损伤程度和后续治疗费用所支出的必要费用,可计入总的医疗费损失范围。据此,代某廷医疗费用损失应为26800.06元。2.误工费,中山医院出具的诊断书建议代某廷休息一个月,加上住院5天,总计误工时长为35天。代某廷未提供证据证明其有固定收入及收入水平,其误工费可按厦门市2017年度职工农林牧渔行业标准计算,即175元/日×35天=6125元。3.护理费,代某廷住院5天,护理依赖程度为全部依赖,按每天70元的标准计算护理费。经鉴定出院后护理期限120天,护理依赖程度未作鉴定,依照部分护理依赖

计算(比例50%),应当按每天35元(70元/天×50%)的标准计算护理费,因此代某廷护理费为70元/天×5天+35元/天×120天=4550元。4.住院伙食补助费,酌按100元/天的标准计算,总计为100元/天×5天=500元。5.营养费,根据医嘱建议加强营养,酌定营养费为2500元。6.交通费,代某廷未提供相关票据,依其住院及门诊情况,代某廷主张交通费50元,酌情予以支持。7.精神损害抚慰金,代某廷人身损害未构成伤残,对该部分诉求不予支持。8.鉴定费,该鉴定系为查明代某廷损失所必须支出的必要费用,代某廷提供发票证明支出鉴定费用800元,予以支持。以上各项费用总计为41325.06元,依照责任比例,K小区业委会应承担41325.06元×40%=16530元。

综上,依据《中华人民共和国合同法》第一百九十条、第一百九十一条、第一百二十二条,《中华人民共和国侵权责任法》第三十五条,《最高人民法院关于审理人身损害赔偿案件适用法律若干问题的解释》第十七条第一款、第十九条、第二十条、第二十一条、第二十二条、第二十三条、第二十四条,《最高人民法院关于确定民事侵权精神损害赔偿责任若干问题的解释》第八条之规定,判决:一、厦门市江头K小区第四届业主委员会于判决生效之日起十日内赔偿代某廷医疗费、误工费、护理费、交通费、营养费、住院伙食补助费、鉴定费等各项损失共计16530元;二、驳回代某廷的其他诉讼请求。

经审理查明,双方当事人对于一审查明的事实均无异议,本院予以确认。二审中,双方当事人均没有提交新证据。另,代某廷一审主张误工费按139元/天的标准计算。

关于事发经过,代某廷一审中陈述,因年关将近,K小区清洁工阿姨无法清理大件的物品,K小区保安因和代某廷认识,看到代某廷经过,就叫代某廷将垃圾从楼道清理出来在一个拐角。大件物品无法变卖,代某廷的工具也无法长途运输,只能做简单搬运,先放在小区指定的一个地点,之后由K小区业委会自行处理。K小区业委会一审中陈述,代某廷长期从事废品回收工作,代某廷自己看到这些废品后和K小区业委会工作人员沟通同意后由代某廷去回收,K小区业委会没有支付报酬,所回收的废品是赠与给代某廷的。K小区业委会二审中陈述,因为代某廷本身就是做废品回收工作的,K小区正好要清理这些物品。所以当时让代某廷将这些物品搬走,这些东西就赠予代某廷,而小区也无须支付代某廷搬运的费用。

本院分析认为,代某廷和K小区业委会对代某廷进入小区搬运和清理杂物的事实陈述基本一致,该事实可予以确认。对于代某廷所搬运和清理的杂物的归属问题,双方陈述不一。但根据案涉杂物的性质和双方的行为可以合理推断,案涉杂物对于K小区业委会而言并无利用价值,故K小区业委会述称其将杂物的处置权交给代某廷符合常理,可予以采信。

本院认为,本案系提供劳务者受害责任纠纷。一方面,根据所查明的事实,K小区保安为清理楼道让代某廷进入小区搬运杂物,在清理杂物的事项方面,代某廷客观上为K小区提供了劳务。另一方面,K小区并未另外支付代某廷劳务费,而是将清理出的杂

物的处置权交由代某廷行使，因此可以视为K小区和代某廷之间形成了将杂物的处置权作为代某廷提供劳务报酬的默契。代某廷在为K小区提供劳务的过程中受伤，根据《中华人民共和国侵权责任法》第三十五条之规定，提供劳务一方因劳务自己受到损害的，根据双方各自的过错承担相应的责任。代某廷作为成年人，应认识到清理、搬运废品过程中存在被尖锐物品割伤、划伤的风险，却未尽到谨慎注意义务和采取有效防护措施，应对损害后果承担主要责任。K小区让代某廷清理杂物，没有尽到相应的安全提醒责任，亦存在一定的过失，应对代某廷受伤的后果承担次要责任。一审酌定双方责任比例适宜，可予以维持。

关于本案误工费金额的认定问题。一审法院按厦门市2017年度职工农林牧渔行业标准计算误工费，虽然计算标准略高于代某廷诉求的误工费标准，但一审判决的误工费总额低于代某廷主张的误工费金额。结合代某廷的伤情，一审实际判决的误工费金额并无明显不合理，故该项判决可予以维持。此外，一审认定的其他赔偿项目和金额并无不当，且双方当事人亦无异议，本院予以确认。综上所述，依照《中华人民共和国民事诉讼法》第一百七十条第一款第一项规定，判决如下：

驳回上诉，维持原判。

本案二审案件受理费538元，由代某廷负担413元，由厦门市江头K小区第四届业主委员会负担125元。

本判决为终审判决。

审 判 长 ×××
审 判 员 ×××
审 判 员 ×××

二〇一九年十二月三日
（院印）

本件与原本核对无异

法官助理 ×××
书 记 员 ×××

二、改判或部分改判的二审民事判决书

（一）概念

改判或部分改判的二审民事判决书是指第二审法院对当事人不服一审民事判决提

起上诉，经过审理，认为原判决认定事实错误（或部分错误）或者适用法律错误（或部分错误），判决改判、撤销、变更原审判决的法律文书。

（二）内容

《民事诉讼法》第170条第1款第2项及第3项规定，原判决、裁定认定事实错误或者适用法律错误的，以判决、裁定的方式依法改判、撤销或者变更，原判决认定基本事实不清的，可以查清事实后改判。所以二审改判或部分改判的民事判决书，只有基于事实错误或基本事实不清、适用法律错误两种情形。基于这两种情形，在文书中必须要体现出原判决认定的事实错误或者基本事实不清，适用法律错误在什么地方、哪个环节存在基本错误。所以，二审改判或部分改判的民事判决书内容，除了与维持原判的文书同样必须具备主体事项、来源事项，一审判决认定的事实、裁判理由以及判决的具体判项，上诉人与被上诉人的诉辩之外，主要体现在如下几个方面：

1.改判、撤销与变更

这几个概念属于二审行使审判监督职责的范畴。改判，就是对一审判决事项中不准确的事项予以变更的判项。撤销，是对一审判决事项不正确的事项予以撤除的判项。变更是对一审判决事项不合适的事项予以调整的判项。三种形式对修正一审判项中的程度各有不同。在一份二审判决书中，根据实际案情，可以使用一种或多种修正的方式，即可以同时使用改判、撤销或变更，视案情和一审判决状况而定。

2.事实部分

二审改判或部分改判的判决书对事实部分要转述当事人对一审判决认定事实意见，并要重新查明。根据实务，可归纳如下情形：

（1）一审认定的事实准确，有证据可以证明，双方当事人没有争议。这种情况出现改判的原因是一审对事实的法律评价出现问题，对所适用的法律规则构成要件：必要要件和充分的要件掌握或认识不准确引起的。在这种情况下，事实部分可以直接认定，而在裁判理由部分阐述二审法院与一审法院认定上不同的法律和法理依据。

（2）一审认定的事实不准确。主要有两种原因，一是对主要证据的证明力或证明对象判断出现错误，二是二审中出现新的证据，影响一审的事实认定，要重新认定或部分调整。这两种情况在二审文书中要做不同的处理，对证据证明力或证明对象判断出现错误的，应当着重分析出现证据的证明力究竟有多大，是否足以直接认定事实，对证明对象出现错误，则要纠正该证据证明对象。对二审出现新的证据，改变或影响一审认定的事实，则要从新的证据客观性、合法性和关联性三个层面，结合其他证据，重新认定或更正、补充一审认定的事实。

（3）一审认定的事实无法证明本案原审原告主张的法律关系构成，这种情况下，在事实认定部分可以不再重新认定，而直接在裁判理由中阐述案件的定性变化或补强论

证证据理由。

(4)一审认定的事实,部分不准确,或有新的证据,影响到当事人的权利义务量上的变化,则对一审认定不准确予以更正,与一审认定事实结合,形成二审认定的新事实。

3.裁判理由部分

撤销,要围绕上诉人的上诉请求,分析一审判决需要撤除的理由,对案件定性进行阐述、固定或修正。一是法律关系认定错误,即对一审认定的事实所体现的法律关系的内容判断出现失误,造成了法律关系认定错误,从而使得对当事人权利义务判断不正确。通常将甲关系认定为乙关系,或者出现请求权竞合,却没有让当事人选择或明确请求权径行审理。二是证据证明力判断出现偏差,影响到事实的认定,出现了权利义务判断错误。三是新的证据影响了事实认定,需要用新的事实来评判权利义务。以上三种情况属于比较常见的需要撤销的事由,当然在实务中还有其他情形,要根据实际情况予以判别。

改判。二审改判的案件系因一审事实认定错误或适用法律错误,以及事实认定不清,二审重新认定三种情形。一是对事实认定错误情形,这里包括主要事实认定错误和部分事实认定错误。出现事实认定错误,文书要着重阐述一审认定事实出现了哪些错误,直接影响当事人哪些权利义务,二审查明事实影响到当事人权利义务的内容有哪些,应改判的事实理由。二是法律适用错误。这种情况出现有两种情形:一种与前一种事实认定错误有关,即事实认定错误,造成法律适用错误;另一种是事实认定正确,但对事实的分析映射的法律关系要件出现了错误,造成了适用法律错误,需要调整法律适用,一审判决不准确,予以改判。三是一审认定事实不清,二审查明直接认定,按照重新认定的事实予以判决。

部分改判或变更。部分改判或变更主要有两种情形:一是对当事人权利义务的判断不精准,在责任划分上不够精当,或者出现新的证据,造成了部分事实认定上的调整,影响到权利义务的判断。比如,离婚纠纷中的财产分割问题,原则上五五分割,若出现一方有过错的证据、事实,则过错方应按四六分割,判决需要调整。若一方恶意转移共有财产的情形,则属于重大过错,则分割比例为三七分割,转移财产一方少分。在实务中有时还会根据具体情况进行调整,并不拘泥于三七、四六此等固定的比例。

超越了诉讼请求范围进行判决。按照不告不理的原则,受诉法院审理范围是当事人请求的范围,当事人没有请求的,不予审理。在实务中,当事人可能对某项权利具体的请求小于法定权利范围,这种情形,一般情况采取照准的方式直接支持当事人该请求,至于当事人未得到支持的部分权益,当事人可以在诉讼时效内再次向法院主张。在实务中,有的法官会采取释明的方式给予当事人增加诉讼请求的机会,这属于程序上允许的,可以根据实际情况灵活处置。

变更判决。变更判决主要针对一审判决中出现了不准确的情形,可以采取变更判决的方式。

4.适用法律部分

首先对一审判决不当适用法律的部分进行阐述，然后选择适用新的法律。选择适用法律按照先实体后程序，先大法后小法的原则来排列。即实体法中基本法、法律、行政法规、地方法规、司法解释；程序法部分，适用《民事诉讼法》第一百七十条第一款第(二)项或第(三)项、第六十四条以及其他相关的条文。

5.判决主文部分

二审改判的判决书主文，通常采取的逻辑顺序是：一是维持一审判项，二是撤销一审判判项，三是变更一审判项内容，四是驳回未支持的上诉请求，五是驳回原审原告(反诉原告)一审、二审未被支持的诉讼请求。具体表述为：

一、维持×××法院××××字号民事判决第×项；

二、撤销×××法院××××字号民事判决第×项；

三、判决×××(当事人)履行×××义务；

或者：改判×××法院××××字号民事判决第×项判决为：……；

四、变更×××法院××××字号民事判决第×项为：……；

五、驳回上诉人×××的其他上诉请求；

六、驳回原审原告×××其他诉讼请求，反诉原告×××其他反诉请求。

对上述判项有金钱给付的，交代义务人未按时履行判决事项，依《民事诉讼法》第二百五十三条要支付迟延履行金。

6.尾部

二审改判或部分改判的民事判决书的尾部主要是案件受理费的处理，由于进行了改判，对案件一、二审案件受理费要根据二审终审判决所确定的胜诉、败诉的比例，让当事人负担一、二审的案件受理费。

在结束语上，表述为：本判决为终审判决。

落款部分与一审普通程序的落款形式一致。

(三)写作要点

改判或部分改判的二审民事判决与维持原判的二审判决的不同之处主要在阐明事实之后，文书的前半部分，即首部(含主体、案件来源)、原审认定的事实、裁判理由及裁判结果、上诉人与被上诉人的诉辩情况都与维持原判的文书一致。从二审查明事实部分开始侧重点有所变化。

1.事实部分。(1)当事人对原审认定的事实没有争议部分，可以描述“当事人对一审认定事实没有异议，予以确认”，无须多费笔墨。(2)对当事人全面否认一审查明的事实或者二审认为一审查明事实不清的情况，二审应当根据一审和二审庭审举证、质证过的

证据，重新认定事实，这种情形就需要对案件的事实重新进行认定。(3)若只是对部分事实有争议，或者经过审查，认为部分事实一审认定不准确的，二审需要予以变更认定，将不准确的部分予以变更认定。(4)若一审采取诉辩式认定事实，当事人有争议，二审经过审查，认为一审认证正确的，就驳回当事人上诉，确认一审认定；若二审经过审查，对一审认定事实或部分事实有不同的意见，则采取重新分析论证相关证据的证明对象，作出重新认定，或变更认定。(5)对遗漏认定，或者二审有新的证据可以证明有新的事实，二审直接增加认定，用："另查明……"的方式增加新的事实认定。(6)对一审认定基本事实不清，二审经过重新举证、质证、补充新的证据进行质证等庭审程序后，重新认定事实。表述为，"当事人对一审认定事实有异议，二审经过审理查明"。

2.裁判理由部分。二审改判或部分改判的裁判理由，围绕着两个评价，一是对上诉人上诉依据和理由是否应当得到支持进行评价；二是对一审裁判事实依据和法律依据是否准确进行评价。在整个评价过程，采取定性、定责、定量这样的逻辑过程来进行。(1)定性：上诉人就定性提出上诉，二审支持一审定性的，就阐述上诉人上诉意见不符合事实、不符合法律，不符合情理的事项，驳回其上诉请求；不支持一审定性的，则根据二审认定的事实和法律关系构成要件，重新定性。(2)定责：针对一审判决对当事人责任认定是否合适进行评价。二审经过审查认为不合适的，指出不合适之处，另行认定；缺乏依据的予以驳回或者不予支持。(3)定量：分析诉讼主体各自具体的权利义务的承担，评价一审判决对各当事人所承担的权利义务在量的方面是否合适。应特别注意的是，定量部分法律上一般没有非常明确的规定，更多的属于用自由裁量权去考量的，所以在定量上，二审法院一般秉承尊重一审裁量权的原则去考量一审定量上的得失，这需要二审法官从价值取向、司法裁判稳定性、政治效果、法律效果、社会效果等等去综合考虑。

3.二审法律适用。需要改判、撤销的案件，往往是一审法院在适用法律上出现偏差、失误，甚至是错误，需要二审予以正本清源，选择适当的法律予以适用，所以二审判决要对一审判决所适用的法律进行评价。对变更判决的案件，一般属于裁量权方面的调整，更多地考虑合理性和裁判的民众可接受性，所以对法律适用上通常仅仅是对法律条文的解释上的差异，二审可以通过对所适用的法律予以诠释，直接适用即可。

4.判决主文。二审改判的判决主文，在撰写方面主要注意三个方面，第一是逻辑关系，二审判项更强调严谨的逻辑关系，在判项排列上采取的逻辑方法是维持、撤销、改判、变更、驳回的逻辑关系；在内容的逻辑关系上采取定性、定责、定量，其余驳回的路径。第二是尊重一审判决，这是司法权威性和稳定性的综合体现。首先，一审判决事项能够维持的，无论维持的事项大或小，都要采用维持判决的方式予以支持。其次，能够变更调整的就采用变更调整的方式予以变更。再次，只有一审判项中出现无法采用变更的方式予以调整的，才采取改判的方式；上述三种方式都不能得到妥善处理的，即一审裁判事项完全错误的，采取撤销的方式。第三是二审判项之间的关系，一般从抽象到具体的过程，所有的判项要涵盖当事人全部诉讼请求和上诉请求，不能遗漏请求。能维持的维持、该撤销的撤销，应改判的改判，需变更的变更，其余不能支持的，无论事项大小，驳回，不遗漏所有的请求。

（四）样式

××××法院

民事判决书

（部分改判适用）

（××××）……民终……号

上诉人（原审诉讼地位）：×××，……。

……

被上诉人（原审诉讼地位）：×××，……。

……

原审原告/被告/第三人：×××，……。

……

（以上写明当事人和其他诉讼参加人的姓名或者名称等基本信息）

上诉人×××因与被上诉人×××/上诉人×××及原审原告/被告/第三人×××……（写明案由）一案，不服××××法院（××××）……民初……号民事判决，向本院提起上诉。本院于××××年××月××日立案后，依法组成合议庭，开庭/因涉及……（写明不开庭的理由）不开庭进行了审理。上诉人×××、被上诉人×××、原审原告/被告/第三人×××（写明当事人和其他诉讼参加人的诉讼地位和姓名或者名称）到庭参加诉讼。本案现已审理终结。

×××上诉请求：……（写明上诉请求）。事实和理由：……（概述上诉人主张的事实和理由）。

×××辩称，……（概述被上诉人答辩意见）。

×××述称，……（概述原审原告/被告/第三人陈述意见）。

×××向一审法院起诉请求：……（写明原告/反诉原告/有独立请求权的第三人的诉讼请求）。

一审法院认定事实：……（概述一审认定的事实）。一审法院认为，……（概述一审裁判理由）。判决：……（写明一审判决主文）。

本院二审期间，当事人围绕上诉请求依法提交了证据。本院组织当事人进行了证

据交换和质证(当事人没有提交新证据的,写明:二审中,当事人没有提交新证据)。

对当事人二审争议的事实,本院认定如下:……(写明二审法院是否采信证据、认定事实的意见和理由,对一审查明相关事实的评判)。

本院认为,……(根据二审认定的案件事实和相关法律规定,对当事人的上诉请求进行分析评判,说明理由)。

综上所述,×××的上诉请求部分成立。本院依照《中华人民共和国×××法》第×条(适用法律错误的,应当引用实体法)、《中华人民共和国民事诉讼法》第一百七十条第一款第×项规定,判决如下:

一、维持××××法院(××××)……民初……号民事判决第×项(对一审维持判项,逐一写明);

二、撤销××××法院(××××)……初……号民事判决第×项(将一审判决错误判项逐一撤销);

三、变更××××法院(××××)……民初……号民事判决第×项为……;

四、……(写明新增判项)。

一审案件受理费……元,由……负担(写明当事人姓名或者名称、负担金额)。二审案件受理费……元,由……负担(写明当事人姓名或者名称、负担金额)。

本判决为终审判决。

审 判 长 ×××
审 判 员 ×××
审 判 员 ×××

××××年××月××日
(院印)

本件与原本核对无异

法官助理 ×××
书 记 员 ×××

(五)文书范例

福建省厦门市中级人民法院
民事判决书

(2019)闽02民终568号①

上诉人(原审被告):厦门市振×盛五金制品有限公司,住所地福建省厦门市翔安区新圩南路××号。

法定代表人:王×江。

委托诉讼代理人:郭××,福建××律师事务所律师。

被上诉人(原审原告):陈某圣,男,2012年××月××日出生,汉族,住福建省厦门市翔安区新圩镇×号。

法定代理人:罗×娥(系陈某圣之母),女,1987年××月××日出生,汉族,住福建省厦门市翔安区新圩镇×号。

委托诉讼代理人:谢××,福建××律师事务所律师。

被上诉人(原审被告):国网福建省电力有限公司厦门供电公司,住所地福建省厦门市思明区×号。

法定代表人:周×东,总经理。

委托诉讼代理人:陈××,公司员工。

委托诉讼代理人:卢××,福建××律师事务所律师。

上诉人厦门市振×盛五金制品有限公司(以下简称"振×盛公司")因与被上诉人陈某圣、国网福建省电力有限公司厦门供电公司(以下简称"国网供电公司")高度危险活动损害责任纠纷一案,不服福建省厦门市翔安区法院(2018)闽0213民初2747号民事判决,向本院提起上诉。本院依法组成合议庭审理了本案。本案现已审理终结。

振×盛公司上诉请求:撤销一审判决第一项,驳回陈某圣针对振×盛公司的全部诉求。事实和理由:一、一审判决事实认定错误,导致责任分配错误,错误认定由振×盛公司承担全部损害赔偿责任。第一,一审法院事实认定自相矛盾,其既确认了维护、管理案涉高压油浸式组合互感器的责任系由国网供电公司承担,又认为案涉互感器爆燃是由于振×盛公司管理维护不到位造成,自相矛盾。第二,一审法院错误认定振×盛公司与国网供电公司的合同责任,导致责任分配错误。根据振×盛公司与国网供电公司的《高压供用电合同》,用电方(振×盛公司)负责保护并监视其(用电计量装置)正常运行。

① 由于篇幅所限,本判决文书范例对部分非关键信息进行删减。

《高压供用电合同》已经约定振×盛公司只负责监视和保护案涉互感器运行,防止他人破坏互感器,而非代替国网供电公司行使合同约定的互感器维护、管理职责。"监视、保护防止他人破坏"与"维护、管理"具有本质区别。振×盛公司尽到了监视、保护责任,维护、管理责任方理应为国网供电公司。同时,根据原审证据厦翔经信(2017)72号文件关于责任认定,本案互感器爆炸的主要原因系雷暴天气,系意外事故。振×盛公司在意外发生前均正常用电,案涉互感器亦无发生任何异常。既然一审法院认为发生异常后振×盛公司有"通知义务"那么至少应当有证据证明案发前,有"异常发生"。而本案没有任何证据证明案发前案涉互感器有任何异常。一审判决认定"只有在振×盛公司发现异常并及时通知国网供电公司后……"没有任何事实依据。振×盛公司作为正常用电的普通的用户,不可能,也没有义务判断案涉互感器是否存在设备老化等问题,既然国网供电公司在平时的管理维护中从未表示案涉互感器存在设备老化等问题,那么振×盛公司更加不可能知道该互感器存在老化问题,并"及时向国网供电公司反映案涉互感器异常",一审判决将"报告责任"强加给振×盛公司,既无事实和法律依据,也不符合常理。第三,一审法院无视本案事故认定,错误分配振×盛公司与国网供电公司的责任。振×盛公司提交的厦翔经信(2017)72号文件,也提到在本案事故发生后,国网供电公司在区经信局的强制要求下,对翔安辖区内的高压油浸式组合互感器排查出10处隐患,足以证明国网供电公司平时对案涉互感器的管理维护中明显未尽到管理维护责任。经信局并未要求用电企业对变电站等用电设施进行排查而是要求供电公司进行排查,也足以表明维护管理责任在供电方一方。第四,案外人(陈某圣的母亲罗某娥)、国网供电公司均应当承担责任。即便是根据厦翔经信(2017)72号文件,该文件也认定天气异常等不可抗力因素是造成事故的主要原因,国网供电公司和陈某圣的母亲罗某娥本人也是事故发生的次要原因。但由于厦翔经信(2017)72号文件系未通知振×盛公司的情况下出具的,其出具该文件时并不知晓振×盛公司与国网供电公司的关系,也不知晓案涉互感器系国网供电公司的维护责任范围,因此,振×盛公司认为,本案的赔偿责任应当由国网供电公司及陈某圣的母亲罗某娥承担。二、一审判决赔偿项目和金额认定不清。第一,一审法院并未查清陈某圣实际支出医疗费数额,未扣除他人指定赠与的医疗费,存在因侵权而非法获利的情形。第二,在无相关票据证明实际支出的情况下,一审法院酌定交通费亦于法无据。第三,营养费应参照医疗机构的意见确定,在医疗机构未强调加强营养的情形下,一审法院酌定营养费于法无据。三、案涉互感器是计量电量装置,是普通物品,本案应适用过错责任原则。

陈某圣辩称,一审判决认定事实清楚,适用法律正确,应予维持。一、本案系占有、使用高度危险物损害责任纠纷。振×盛公司作为案涉高压油浸式组合互感器的所有人和使用人,对其所有的设备使用管理维护不到位,致使使用设备老化,最终导致互感器爆燃,烧伤路过的行人陈某圣,其应当对陈某圣因案涉事故造成的全部损失承担赔偿责

任。罗某娥不是事故发生的原因，且其对损害的发生不存在故意或者重大过失，振╳盛公司主张罗某娥在高压设备附近种植香蕉树缺乏依据，事实上，高压设备下的香蕉树并非罗某娥种植，罗某娥无须承担任何责任。二、一审判决对赔偿项目数额认定合理、合法，尤其是营养费，陈某圣的伤情经福建正泰司法鉴定中心司法鉴定，分别构成人体损伤伤残程度分级八级、九级伤残，伤势严重，花费医疗费用 184120.92 元，医嘱加强康复治疗，因此一审法院认定营养费损失为 20000 元合理、合法。三、根据《厦门市振╳盛五金制品有限公司关于定向捐助新圩东寮罗某娥家庭的函》，其已明确罗某娥母子二人是骑车路过东寮社区下洋路口被烧烫伤，厦翔经信(2017)72 号文件也明确了该事实。

国网供电公司辩称，一、案涉用电设施即“桂青线 10KV2 支Ⅰ甲和 10KV2 支Ⅰ甲付”是振╳盛公司投资建设的“专用变”系振╳盛公司所有。一审法院以《供电营业规则》第七十二条的规定为由认定互感器属于用电计量装置，与事实不符。首先，《高压供用电合同》第八条第三款约定的“用电计量装置”特指“电表箱”中的电能表，不包括发生事故的“油浸式互感器”，国网供电公司不是“油浸式互感器”的所有人和管理者。国网供电公司进行维护管理仅仅是为了防止振╳盛公司实施窃电行为而对电能表进行管理，而振╳盛公司所有的整个专用变的安全管理责任依然是由振╳盛公司承担。其次，根据《供电营业规则》第四十六条和《电力供应和使用条例》第二十七条的规定，“用户专用的供电设施建成投产后，由用户维护管理”，也能够确定案涉供电设施包括互感器的所有人和管理者是振╳盛公司。二、本案系占有、使用高度危险物纠纷，振╳盛公司作为案涉高压油浸式组合互感器的所有人和使用人，对其所有的设备使用管理维护不到位、使用设备老化，导致案涉高压油浸式组合互感器在遭遇大电流时引起爆燃，烧伤路过的行人即罗某娥和陈某圣，应当承担相应的赔偿责任，即承担无过错责任。具体到本案，侵权责任主体依法应当是案涉油浸式互感器的“占有人和使用权人”，即振╳盛公司。三、一审法院认定“用电方即振╳盛公司负有负责保护并监视用电计量装置等的正常运行，如有异常应及时通知供电方即国网供电公司的义务”，并据此认为“只有在振╳盛公司发现异常并及时通知国网供电公司后，国网供电公司才能对用电计量装置等进行维护管理”，既有合同依据，也与上述所说的振╳盛公司的保护、监视、检查和维护责任不矛盾。四、一审判决责任分配正确。首先，振╳盛公司负有整个用电设施的保护、监视、检查和维护义务。其次，本案系占有、使用高度危险物纠纷，振╳盛公司承担的是无过错责任。再次，从振╳盛公司出资更换互感器的事实来说，可以印证互感器系其所有和占有、使用，振╳盛公司负有维护管理、更换包括互感器在内的整个“专用变”的责任。五、振╳盛公司以翔安区经信局下达排查任务而认为国网供电公司应当承担“没有及时排查”即未尽到维护管理的职责的责任，是错误的。首先，要求国网供电公司作为供电公司对用户所有的用电设施(包括互感器)进行排查，没有法律根据和合同依据。其次，排查与否与本案事故没有因果关系，因为本案事故的发生是因为振╳盛公司对其

所有的设备使用管理维护不到位、使用设备老化。最后,国网供电公司根据翔安区政府特别是电力管理部门即区经信局的指示和安排,参与排查有关隐患,不能由此推定国网供电公司是案涉“油浸式互感器”的管理人,更不能作为国网供电公司应负管理责任的依据。六、振╳盛公司以厦翔经信(2017)72号文件提到的国网供电公司“督促不力”而认为国网供电公司也应承担责任,也是错误的,该文件并没有说电力公司应承担管理责任。七、“专用变”是振╳盛公司自行聘请有资质的公司进行安装的,“专用变”要求振╳盛公司要有专业的电工维护,电力公司只是负责供电,并不进行维护或安装。

陈某圣一审诉讼请求:判令振╳盛公司、国网供电公司共同赔偿经济损失713118.8元。一审庭审中,陈某圣增加了关于鉴定费1800元的诉讼请求。

一审法院认定事实:2017年8月10日下午6时许,陈某圣与其母亲罗某娥经过厦门市翔安区新圩镇东寮社区下洋村口时,振╳盛公司的高压油浸式组合互感器发生爆燃,烧烫伤陈某圣与罗某娥。陈某圣受伤后被送往厦门大学附属第一医院治疗,诊断为:1.全身多处三度烧伤(15%);2.全身多处二度烧伤(15%)。厦门大学附属第一医院治疗于2017年9月21日出具的《出院记录》载明陈某圣住院天数42天。陈某圣因住院治疗产生医疗费166303.94元。陈某圣出院后至中国人民解放军第一七四医院门诊治疗,陆续产生的医疗费计17816.98元。

2018年4月8日,福建正泰司法鉴定中心出具《司法鉴定意见书》:1.被鉴定人陈某圣因变压器爆炸致全身多处烧伤的损伤及后遗症,分别构成人体损伤致残程度分级八级、九级伤残。2.根据被鉴定人陈某圣的原发损伤,结合其临床治疗及恢复情况,综合评定其出院后护理期90日。

2017年8月21日,振╳盛公司向厦门市翔安区红十字会发出《关于定向捐助新圩东寮罗某娥家庭的函》,载明8月10日18时许,振╳盛公司所属的高压油浸式组合互感器发生爆燃,烧烫伤罗某娥、陈某圣母子2人;振╳盛公司出于人道主义考虑,决定通过厦门市翔安区红十字会向罗某娥家庭紧急提供20万元医疗款,用于患者的医疗救助。同日,振╳盛公司向厦门市翔安区红十字会转账支付20万元。庭审中,振╳盛公司确认其中10万元用于支付本案所涉陈某圣的医疗费,另外10万元用于罗某娥的医疗费。

2017年12月25日,厦门市翔安区经济和信息化局作出《关于厦门市振╳盛五金制品有限公司高压油浸式组合互感器爆燃伤人事件的调查报告》,载明8月10日下午6时许,位于新圩镇东寮社区下洋村口振╳盛公司所属的高压油浸式组合互感器发生爆燃,烧烫伤路过群众母子2人及电动车1辆,母亲罗某娥烧伤面积30%,小孩陈某圣烧伤面积30%。……经过初步调查,该用电设备属振╳盛公司所有。……此次事故主要由气象(雷电)或自然因素(强对流产生的导电漂浮物)导致变压器高压侧发生短路产生瞬时大电流,高压油浸式组合互感器在大电流下引起爆裂,最终高温绝缘器油喷洒而出,烧烫伤路人及电动车、香蕉树。经振╳盛公司高压油浸式组合互感器发生爆燃伤人事件

的调查和认定工作领导小组研究，一致认为该事故是一起意外事故；间接构成事故次要原因由三方面组成：1.振×盛公司安全生产主体责任落实不到位，对企业的设备使用管理维护不到位，使用设备老化、未设置安全警示标志等，是构成事故次要原因的关键因素；2.供电公司对客户存在安全隐患的老旧设备督促整改不够有力，导致振×盛公司的变压器能够带隐患运行，是构成事故次要原因的一般性因素；3.个别村民在用电设备旁边种植香蕉树安全意识差等问题，也是间接构成事故次要原因的一般性因素。

振×盛公司与厦门市同安电力公司于2007年12月29日签订的《高压供用电合同》第八条第三款约定：在用电方受电装置内安装的用电计量装置及电力负荷管理装置由供电方维护管理，用电方负责保护并监视其正常运行……如有异常应及时通知供电方。

一审法院认为：本案的争议焦点为振×盛公司、国网供电公司是否应对陈某圣所受的损害承担责任。

振×盛公司认为，其已经尽到了注意义务，本次事故发生的主要原因在于国网供电公司未尽到合同约定的维护和管理义务，理由为振×盛公司与国网供电公司签订的《高压供用电合同》第八条第三款约定，在用电方受电装置内安装的用电计量装置及电力负荷管理装置由供电方维护管理；本案爆裂的互感器即用电计量装置。对此国网供电公司不予认可，认为用电计量装置与互感器为不同的设备。一审法院认为，电力工业部于1996年10月8日发布的《供电营业规则》第七十二条规定：用电计量装置包括计费电能表（有功、无功电能表及最大需量表）和电压、电流互感器及二次连接线导线。根据该规定，互感器确属于用电计量装置。但上述《高压供用电合同》亦约定了用电方负有负责保护并监视其正常运行，如有异常应及时通知供电方的义务。据此，只有在振×盛公司发现异常并及时通知国网供电公司后，国网供电公司才能对用电计量装置等进行维护管理。因此振×盛公司关于国网供电公司未尽到合同约定维护和管理义务的抗辩一审法院不予采纳。

《中华人民共和国侵权责任法》第七十二条规定，占有或者使用易燃、易爆、剧毒、放射性等高度危险物造成他人损害的，占有人或者使用人应当承担侵权责任，但能够证明损害是因受害人故意或者不可抗力造成的，不承担责任。被侵权人对损害的发生有重大过失的，可以减轻占有人或者使用人的责任。振×盛公司作为案涉高压油浸式组合互感器的所有人、使用人，对其所有的设备使用管理维护不到位、使用设备老化，导致案涉高压油浸式组合互感器在遭遇大电流时引起爆燃，烧烫伤路过的陈某圣，应承担侵权责任。振×盛公司称变电箱发生爆裂的原因是由于陈某圣的母亲罗某娥在高压变电箱下种植香蕉树并在事故发生之日带陈某圣采摘香蕉，导致香蕉树碰触到高压油浸式组合互感器而引起互感器爆裂缺乏相关证据予以证明，该抗辩不能成立。

关于陈某圣主张的各项赔偿项目及金额，一审法院认定如下：

1.医疗费。陈某圣提交的医疗机构住院收费专用票据、门诊收费票据等体现陈某

圣因本次事故产生医疗费184120.92元，振×盛公司无异议，故予以认定。

2.残疾赔偿金。福建正泰司法鉴定中心出具的鉴定意见书体现陈某圣因案涉事故分别构成人体损伤致残程度分级八级、九级伤残。陈某圣系2012年11月20日出生，残疾赔偿金计算年限为20年。参照2017年厦门市城镇居民人均可支配收入50019元/年计算，陈某圣的残疾赔偿金为320121.6元(50019元/年×20年×32%)。

3.住院伙食补助费。陈某圣因案涉事故住院42天。参照厦门市国家机关一般工作人员的出差伙食补助100元/天的标准计算，陈某圣的住院伙食补助费为4200元(100元/天×42天)。

4.营养费。根据受害人伤残情况参照医疗机构的意见确定，结合本案医疗费情况，酌定陈某圣的营养费为20000元。

5.护理费。陈某圣住院42天，鉴定机构评定护理期90日，参照厦门市护工劳务报酬每日70元标准计算护理费，陈某圣的护理费为9240元(70元/天×132天)。

6.交通费。根据受害人及其必要的陪护人员因就医或者转院治疗实际发生的费用计算。陈某圣主张交通费4200元，但未提供相应的证据，结合陈某圣住院的天数，酌定交通费为1260元。

7.鉴定费。陈某圣提交的厦门市增值税普通发票证明陈某圣已支付鉴定费1800元，故予以认定。

陈某圣因本案事故所造成的合理损失共计540742.52元。

振×盛公司占有、使用案涉高压油浸式组合互感器。因互感器爆燃，造成陈某圣损害，应当承担侵权责任，向陈某圣支付上述赔偿金540742.52元。关于陈某圣主张的精神损害抚慰金100000元，根据《中华人民共和国侵权责任法》第二十二条的规定，侵害他人人身权益，造成他人严重精神损害的，被侵权人可以请求精神损害赔偿。因陈某圣受伤后造成伤残，且其尚年幼，伤残势必对其今后造成较大的精神痛苦，故酌定其精神损害抚慰金以25000元为宜。陈某圣主张教育补习费缺乏依据，不予支持。陈某圣主张国网供电公司为案涉互感器的所有人和管理者依据不足，其诉请国网供电公司与振×盛公司共同承担赔偿责任，不予支持。据此，振×盛公司应赔偿陈某圣的损失共计为543242.52元。振×盛公司已向陈某圣支付医疗费100000元，故振×盛公司尚应向陈某圣支付赔偿款443242.52元。

依照《中华人民共和国侵权责任法》第十五条、第十六条、第二十二条、第七十二条，《最高人民法院关于审理人身损害赔偿案件适用法律若干问题的解释》第十七条、第十九条、第二十一条、第二十二条、第二十三条、第二十四条、第二十五条，《中华人民共和国民事诉讼法》第六十四条第一款，最高人民法院《关于适用〈中华人民共和国民事诉讼法〉的解释》第九十条的规定，判决：一、厦门市振×盛五金制品有限公司应于判决生效之日起十日内向陈某圣支付赔偿款443242.52元；二、驳回陈某圣的其他诉讼请求。

经审理查明，对一审法院查明认定的事实，振×盛公司提出如下异议：1.对“陈某圣与其母亲罗某娥经过厦门市翔安区新圩镇东寮社区下洋村口时”有异议并认为，实际情况是，陈某圣的母亲罗某娥在高压变电箱下种植香蕉树，并在事故发生当日带着陈某圣去采摘香蕉。2.厦门市翔安区经济和信息化局作出《关于厦门市振×盛五金制品有限公司高压油浸式组合互感器爆燃伤人事件的调查报告》时，并没有通知振×盛公司参与，无法客观反映所有情况。此外，各方当事人对一审认定的其他事实均无异议，本院对当事人均无异议的事实予以确认。对于振×盛公司主张的罗某娥系在高压变电箱下种植香蕉树，并在事故发生当日带陈某圣去采摘香蕉的事实，因缺乏充分证据，且陈某圣与罗某娥亦不认可，故本院不予采纳。

二审期间，振×盛公司提交《高压供电合同》和互感器的现场照片，用以证明：1.根据“术语定义”，互感器属于用电计量装置；2.根据第7.1条“供用电设施产权分界点”、第7.2条“供用电设施的运行维护管理及责任认定”，案涉互感器处于国网供电公司的产权范围内，应由其承担案涉互感器的运行维护管理责任。经依法组织各方当事人进行证据交换及质证，本院分析认为，鉴于该《高压供用电合同》签订于2019年3月18日，即本案事件发生之后，且无证据表明该合同的内容与案发时双方实际履行的高压供用电合同的内容是一致的，振×盛公司以上述证据主张案涉互感器系国网供电公司所有并管理依据不足，本院不予采纳。

二审期间，对于案涉互感器的具体安装时间，国网供电公司主张安装于1996年至1999年之间，振×盛公司主张安装于2004年，但均未提供充分的证据予以证明。

另查明，厦门市同安电力公司与振×盛公司在2007年12月29日签订的《高压供用电合同》约定：“本合同有效期自合同生效之日起至2010年12月28日止有效，到期双方若无异议，本合同继续生效。”2008年3月4日双方签订的《高压供用电合同》约定：“本合同有效期自合同生效之日起至2011年3月3日止有效，到期双方若无异议，本合同继续生效。”上述两份合同在“供电设备维护管理责任”部分均约定：“在用电方受电装置内安装的用电计量装置及电力负荷管理装置由供电方维护管理，用电方负责保护并监视其正常运行。”

本院认为，公民的健康权依法受到法律的保护。本案中，各方当事人对案涉互感器爆燃导致陈某圣烧伤的事实均无异议，该事实可予以确认。案涉互感器属于高压供电设施的组成部分，从事高压供用电属于法律规定的高度危险活动，故本案应确定为高度危险活动损害责任纠纷。

本案的争议焦点主要在于责任主体如何确定。振×盛公司上诉主张其无须承担任何责任，应由国网供电公司及陈某圣的母亲罗某娥就陈某圣的损害承担赔偿责任。但是，根据《中华人民共和国侵权责任法》第七十三条的规定，从事高空、高压、地下挖掘活动或者使用高速轨道运输工具造成他人损害的，经营者应当承担侵权责任，但能够证明

损害是因受害人故意或者不可抗力造成的,不承担责任。被侵权人对损害的发生有过失的,可以减轻经营者的责任。本案没有证据表明陈某圣及其母亲罗某娥对损害的发生具有故意或过失,振╳盛公司主张陈某圣的母亲罗某娥分担部分损失缺乏事实和法律依据,本院不予采纳。

根据电力工业部第八号《供电营业规则》第七十二条的规定:"用电计量装置包括计费电能表(有功、无功电能表及最大需量表)和电压、电流互感器及二次连接线导线。计费电能表及附件的购置、安装、移动、更换、校验、拆除、加封、启封及表计接线等,均由供电企业负责办理,用户应提供工作上的方便。"国网供电公司主张案涉互感器不属于用电计量装置,既与上述部门规章的规定不符,亦与双方签订的《高压供用电合同》中有关"计量装置"的术语定义相悖,本院不予采纳。

根据厦门市同安电力公司与振╳盛公司在2008年3月4日签订的《高压供用电合同》中有关"到期双方若无异议,本合同继续生效"的约定,鉴于双方均未能提供案发前双方还签订了其他供用电合同,本院认定案发时该合同继续有效。该合同明确约定"在用电方受电装置内安装的用电计量装置及电力负荷管理装置由供电方维护管理",国网供电公司主张其对互感器不具有维护管理的职责和义务与双方的约定不符,本院不予采纳。

振╳盛公司作为案涉互感器的实际占有使用人,国网供电公司作为对互感器具有维护管理义务的单位,均应尽到必要的注意义务,保证其安全运行,否则应对其疏于维护管理造成的损害承担责任。虽然厦门市翔安区经济和信息化局作出的《关于厦门市振╳盛五金制品有限公司高压油浸式组合互感器爆燃伤人事件的调查报告》认定该事故是一起意外事故,但该调查报告亦认为振╳盛公司对企业的设备使用管理维护不到位,国网供电公司对客户存在安全隐患的老旧设备督促整改不够有力。鉴于振╳盛公司和国网供电公司在管理维护案涉互感器上均存在过错,双方应共同就本案的损失承担赔偿责任。一审法院认为国网供电公司无须承担赔偿责任不当,依法予以纠正。

至于本案的赔偿项目及数额,一审法院根据陈某圣的伤情、年龄、治疗需求等实际情况酌定营养费20000元、交通费1260元尚属合理,且在计算赔偿总额时已经对振╳盛公司提前支付给陈某圣的医疗费10万元进行了抵扣,振╳盛公司对医疗费、营养费、交通费提出的主张均不能成立,本院不予采纳,一审法院认定陈某圣因本案事故所造成的合理损失共计540742.52元并无不当,本院予以确认。一审法院还根据陈某圣的伤情、年龄酌定精神损害抚慰金25000元,亦属合理范围,可予维持,但一审法院在计算金额时出现了笔误,依法予以纠正。扣除振╳盛公司提前支付给陈某圣的医疗费100000元,振╳盛公司和国网供电公司还应连带赔偿陈某圣540742.52元－100000元＋25000元＝465742.52元。

综上所述,一审判决认定事实基本清楚,但对责任主体的认定存在不当,本院予以部分改判。依照《中华人民共和国侵权责任法》第七十三条、《中华人民共和国民事诉讼法》第一百七十条第一款第(二)项,判决如下:

一、撤销福建省厦门市翔安区法院(2018)闽0213民初2747号民事判决;

二、厦门市振×盛五金制品有限公司、国网福建省电力有限公司厦门供电公司应于判决生效之日起十日内连带赔偿陈某圣465742.52元;

三、驳回厦门市振×盛五金制品有限公司的其他上诉请求;

四、驳回陈某圣一审的其他诉讼请求。

本案一审案件受理费3675元,适用简易程序减半收取1837.5元,由陈某圣负担698.5元,厦门市振×盛五金制品有限公司和国网福建省电力有限公司厦门供电公司各负担569.5元;二审案件受理费2428元,由厦门市振×盛五金制品有限公司和国网福建省电力有限公司厦门供电公司各负担1214元。

本判决为终审判决。

审 判 长　×××
审 判 员　×××
审 判 员　×××

二〇一九年七月二十四日
(院印)

本件与原本核对无异

法官助理　×××
书 记 员　×××

第四节　民事裁定书

一、概念

民事裁定书是法院在案件受理、审理、终结诉讼和执行过程中,为解决程序事项作出的权威性判定出具的法律文书。"裁定书可以成为决定民事诉讼程序进展方向的法律文书,也可以成为决定案件结局的法律文书,同判决书一样具有既判力、确定力和执行力。"①

① 全国人大常委会法制工作委员会民法室编:《中华人民共和国民事诉讼法条文说明、立法理由及相关规定》,北京大学出版社2012年版,第255页。

二、内容

《民事诉讼法》第154条第3款规定，裁定书应当写明裁定结果和作出该裁定的理由，所以裁定书的主要内容是记载作出程序性判定的事实、法律依据及判定事项。这里的事实是指影响诉讼程序运行的事实，比如起诉条件、保全条件、上诉期间等诉讼行为发生的事实；理由则是诉讼法的相关规定，起诉要求有明确的被告、有具体的诉讼请求等，保全要求提供担保，上诉必须在上诉期间内提出等诉讼行为、事件等事实论据，适应的法律规则论据。

裁定种类有多种，《民事诉讼法》第154条第1款就规定了11种，分为：一起诉阶段的裁定：不予受理、驳回起诉、诉前保全等；二诉讼期间的裁定，有诉讼保全或先予执行裁定、准许或不准许撤诉裁定、中止或终结诉讼裁定、补正判决书中笔误裁定等等；三执行阶段的裁定，有中止或终结执行裁定；四非诉执行裁定：撤销或不予执行仲裁裁决裁定、不予执行公证机关赋予强制执行效力的债权文书裁定；五兜底条款，其他需要裁定解决的事项，比如，破产程序中需要有法院裁定的事项，执行过程中除中止、终结之外的裁定等等。裁定书虽是解决程序性问题的法律文书，但在程序处置之后亦会直接影响当事人的实质权益。裁定书是诉讼程序、特别程序、执行程序和非诉程序中非常重要的法律文书。

三、写作要点

1.主体描述

裁定书的主体描述根据不同的裁定书对主体的诉讼地位作出不同的描述，主要有两种情况，一种是在诉讼阶段的裁定，直接用诉讼主体的诉讼地位进行描述：原告、被告或第三人。另一种是在诉讼前，即法院受理案件前提出的诉前保全申请，或者申请撤销仲裁裁决申请，申请不予执行公证机关赋予执行公证债权文书，则使用申请人与被申请人称谓。

2.程序判断

裁定解决的是诉讼过程中的程序性问题，对诉讼程序运行合不合规范的判断是基础。比如，驳回起诉裁定，就是受诉的审判组织——独任法官或者合议庭要对原告的诉权是否符合《民事诉讼法》第119条规定的4个要件进行判断，要求审查原告是否与本案有直接利害关系，从保护诉权立法主旨上看，对被告的要求只需明确，而不必适格，要有具体的诉讼请求，属于法院民事诉讼受案范围和受诉法院管辖等要件，这些要件有许多相对应的法条作为依据，比如受诉法院管辖的问题，民事诉讼法有专章、又有多个司法解释规定管辖事宜，都是判断依据，所以说判断是关键。应当指出的是，程序一处出错，可能造成了整个诉讼程序、特别程序或非诉程序全过程都会出错，要学懂、悟透、弄

通程序规则的要义，准确判断和运用。

3.程序时限

程序性时限是程序运行中必须立即作出处理的问题，程序性时限一般较短，比如保全问题，有的就需要在 48 小时之内作出裁定，不予受理裁定必须在审查期限 7 日内作出等等，其依据的事实都是直接的诉讼行为，无须提供证据进行证明，所以在写作时采取直接表述的方式。

4.裁定理由

裁定书在阐述理由时，要直观干净利落，直接与相关的程序规范对应说明，直截了当，无须过多地阐述立法理由或法理理由。

5.裁定内容

要求简洁明了具有可执行性。比如保全裁定，直接裁定保全：查封、扣押、冻结被告（被申请人）的财产、账户，限制其出入边境等等。

四、样式

民事裁定的样式有多种，在此提供根据最高人民法院推荐的民事文书样式，摘取驳回起诉的裁定、保全裁定、二审发回重审裁定、终结本次执行程序裁定和撤销仲裁裁决裁定五种样式。

（一）驳回起诉民事裁定书

XXXX法院

民事裁定书①

（XXXX）……民初……号

原告：XXX，XXXX。

……

被告：XXX，XXXX。

……

（以上写明当事人和其他诉讼参加人的姓名或者名称等基本信息）

---

① （1）本样式根据《中华人民共和国民事诉讼法》第 119 条、第 124 条、第 154 条第 1 款第 3 项以及《最高人民法院关于适用〈中华人民共和国民事诉讼法〉的解释》第 208 条第 3 款制定，供第一审法院在立案后发现不符合起诉条件或者属于《中华人民共和国民事诉讼法》第 124 条规定情形的，裁定驳回起诉用。（2）案号类型代字为“民初”。（3）当事人在中华人民共和国领域内没有住所的，尾部上诉期改为 30 日，即“可以在裁定书送达之日起 30 日内”。（4）小额诉讼程序裁定驳回起诉的，适用民事裁定书（小额诉讼程序驳回起诉用）。

原告×××与被告×××……(写明案由)一案,本院于××××年××月××日立案后,依法进行审理。

×××向本院提出诉讼请求:1. ……;2. ……(明确原告的诉讼请求)。事实和理由:……

(概述原告主张的事实和理由)。

本院经审查认为,……(写明驳回起诉的理由)。

依照《中华人民共和国民事诉讼法》第一百一十九条/第一百二十四条第×项、第一百五十四条第一款第三项、《最高人民法院关于适用〈中华人民共和国民事诉讼法〉的解释》第二百零八条第三款规定,裁定如下:

驳回×××的起诉。

如不服本裁定,可以在裁定书送达之日起十日内,向本院递交上诉状,并按照对方当事人或者代表人的人数提出副本,上诉于××××法院 。

审 判 长 ×××
审 判 员 ×××
审 判 员 ×××

××××年××月××日
(院印)

本件与原本核对无异

法官助理 ×××
书 记 员 ×××

(二)诉讼财产保全民事裁定书

××××法院
民事裁定书[①]

（××××）……民……号

申请人：×××，……。

……

被申请人：×××，……。

……

（以上写明申请人、被申请人及其代理人的姓名或者名称等基本信息）

……（写明当事人及案由）一案，申请人×××于××××年××月××日向本院申请财产保全，请求对被申请人×××……（写明申请采取财产保全措施的具体内容）。申请人×××/担保人×××以……（写明担保财产的名称、数量或者数额、所在地点等）提供担保。

本院经审查认为，……（写明采取财产保全措施的理由）。依照《中华人民共和国民事诉讼法》第一百条、第一百零二条、第一百零三条第一款规定，裁定如下：

查封/扣押/冻结被申请人×××的……（写明保全财产名称、数量或者数额、所在地点等），期限为××××年××月××日（写明保全的期限）。

案件申请费×××元，由×××负担（写明当事人姓名或者名称、负担金额）。

本裁定立即开始执行 。

如不服本裁定，可以自收到裁定书之日起五日内向本院申请复议一次。复议期间不停止裁定的执行。

---

① (1)本样式根据《中华人民共和国民事诉讼法》第100条、第102条、第103条第1款制定，供法院在诉讼中，依当事人申请裁定采取财产保全措施用。(2)本裁定书案号用诉讼案件的类型代字。(3)独任审判的，裁定书署独任审判员的姓名。(4)对当事人不服一审判决提起上诉的案件，在第二审法院接到报送的案件之前，当事人有转移、隐匿、出卖或者毁损财产等行为，必须采取保全措施的，由第一审法院依当事人申请或者依职权采取。第一审法院的保全裁定，应当及时报送第二审法院。

审判长 ×××
审判员 ×××
审判员 ×××

××××年××月××日
（院印）

本件与原本核对无异

法官助理 ×××
书记员 ×××

（三）二审发回重审民事裁定书

××××法院
民事裁定书①

（××××）……民终……号

上诉人（原审诉讼地位）：×××，××××。

……

被上诉人（原审诉讼地位）：×××，××××。

……

原审原告/被告/第三人：×××，××××。

……

（以上写明当事人和其他诉讼参加人的姓名或者名称等基本信息）

上诉人×××因与被上诉人×××/上诉人×××及原审原告/被告/第三人×××（写明案由）一案，不服××××法院（××××）民初××号民事判决，向本院提起上诉。本院依法组成合议庭对本案进行了审理。

本院认为，……（写明原判决认定基本事实不清或者严重违反法定程序的问题）。依照《中华人民共和国民事诉讼法》第一百七十条第一款第×项规定，裁定如下：

一、撤销××××法院（××××）民初××号民事判决；

① （1）本样式供上一级法院在对民事二审案件进行审理时，发现一审判决存在认定基本事实不清，或者严重违反法定程序的情形，发回一审法院重审用。如果一审判决认定基本事实不清被发回重审的，引用《民事诉讼法》第170条第1款第3项；如一审判决严重违反法定程序被发回重审的，引用《民事诉讼法》第170条第1款第4项。（2）本裁定书不写当事人起诉情况以及二审认定事实情况，应全面阐述发回重审的理由，不再另附函。

二、本案发回××××法院重审。

上诉人×××预交的二审案件受理费……元予以退回。

审 判 长　×××
审 判 员　×××
审 判 员　×××

××××年××月××日
（院印）

本件与原本核对无异

法官助理　×××
书 记 员　×××

（四）终结本次执行裁定书

××××法院
执行裁定书[①]

（××××）……执……号

申请执行人：×××，……。

法定代理人/指定代理人/法定代表人/主要负责人：×××，……。

委托诉讼代理人：×××，……。

被执行人：×××，……。

……

（以上写明申请执行人、被执行人和其他诉讼参加人的姓名或者名称等基本信息）

本院在执行×××与×××……（写明案由）一案中，……（写明终结本次执行程序的事实和理由）。依照《最高人民法院关于适用〈中华人民共和国民事诉讼法〉的解释》第五百一十九条规定，裁定如下：

终结本次执行程序。

申请执行人发现被执行人有可供执行财产的，可以再次申请执行。

本裁定送达后立即生效。

---

① 本样式根据《最高人民法院关于适用〈中华人民共和国民事诉讼法〉的解释》第519条的规定制定，供法院裁定终结本次执行程序时用。

审判长　×××
审判员　×××
审判员　×××

××××年××月××日
（院印）

本件与原本核对无异

法官助理　×××
书记员　×××

（五）撤销仲裁裁决申请民事裁定书

××××法院
民事裁定书[①]

（××××）××民特××号

申请人：×××，……。

被申请人：×××，……。

（以上写明申请人、被申请人及其代理人的姓名或者名称等基本信息）

申请人×××与被申请人×××申请撤销仲裁裁决一案，本院于××××年××月××日立案后进行了审查。现已审查终结。

×××称，……（概述申请人的请求、事实和理由）。

×××称，……（概述被申请人的意见）。

经审查查明，××××年××月××日，××××仲裁委员会作出（××××）……号裁决：……（写明裁决结果）。……（写明撤销裁决的事实根据）。

① （1）本样式根据《中华人民共和国仲裁法》第58条、第59条、第60条以及《最高人民法院关于适用〈中华人民共和国仲裁法〉若干问题的解释》第19条制定，供仲裁委员会所在地的中级法院，在受理申请撤销民商事仲裁裁决后，裁定撤销全部或者部分裁决用。（2）当事人提出证据证明裁决有下列情形之一的，可以向仲裁委员会所在地的中级法院申请撤销裁决：①没有仲裁协议的；②裁决的事项不属于仲裁协议的范围或者仲裁委员会无权仲裁的；③仲裁庭的组成或者仲裁的程序违反法定程序的；④裁决所根据的证据是伪造的；⑤对方当事人隐瞒了足以影响公正裁决的证据的；⑥仲裁员在仲裁该案时有索贿受贿，徇私舞弊，枉法裁决行为的。法院经组成合议庭审查核实裁决有前款规定情形之一的，应当裁定撤销。法院认定该裁决违背社会公共利益的，应当裁定撤销。（3）法院应当在受理撤销裁决申请之日起两个月内作出撤销裁决或者驳回申请的裁定。（4）当事人以仲裁裁决事项超出仲裁协议范围为由申请撤销仲裁裁决，经审查属实的，法院应当撤销仲裁裁决中的超裁部分。但超裁部分与其他裁决事项不可分的，法院应当撤销仲裁裁决。

本院认为，……（写明撤销裁决的理由）。依照《中华人民共和国仲裁法》第五十八条、第五十九条、第六十条规定，裁定如下：

（撤销全部裁决的，写明：）撤销××××仲裁委员会（××××）……号裁决。

申请费……元，由被申请人×××负担。

（撤销部分裁决的，写明：）撤销××××仲裁委员会（××××）……号裁决第×项，即：……。

申请费……元，由申请人×××负担……元，被申请人×××负担……元。

审判长　×××
审判员　×××
审判员　×××

××××年××月××日
（院印）

本件与原本核对无异

法官助理　×××
书记员　×××

五、文书范例

（一）一审驳回起诉

福建省厦门市翔安区法院

民事裁定书

（2019）闽0213民初3614号①

原告：陈甲，女，1966年××月××日出生，汉族，住福建省厦门市翔安区马巷镇山亭村×号。

原告：陈乙，女，1968年××月××日出生，汉族，住福建省厦门市翔安区马巷镇山亭村××号。

原告：陈某娜，女，1991年××月××日出生，汉族，住福建省厦门市翔安区马巷镇山亭村××号。

委托诉讼代理人：陈甲，系陈某娜的母亲。

① 由于篇幅所限，本裁定文书范例对部分非关键信息进行删减。

被告:陈某进,男,1963年××月××日出生,汉族,住福建省厦门市翔安区马巷镇山亭村××号。

原告陈甲、陈乙、陈某娜与被告陈某进土地承包经营权纠纷一案,本院于2019年11月5日立案后,依法适用简易程序,公开开庭进行了审理。原告陈甲(同时是原告陈某娜的委托诉讼代理人)、陈乙到庭参加诉讼。被告陈某进经本院传票传唤,未到庭参加诉讼,本院依法缺席审理。本案现已审理终结。

陈甲、陈乙、陈某娜向本院提出诉讼请求:一、判令陈某进交付给陈甲、陈乙、陈某娜属于编号为064117土地承包经营权证项下的位于翔安区马巷镇山亭村宅口的承包土地约0.78亩和鱼池下承包土地约0.24亩中属于原告份额0.855亩;二、判令陈某进立即支付征地补偿费用28057.5元给陈甲、陈乙、陈某娜;三、本案的诉讼费由陈某进承担。事实与理由:陈某进与陈甲、陈乙是兄妹关系,陈某娜是陈甲的女儿。1998年第二轮土地承包时,陈某进作为户主,代表包括陈甲、陈乙、陈某娜在内的8人与翔安区马巷镇山亭村签订土地承包合同。根据1998年12月31日《厦门市同安区农村承包土地登记发证审批表》的记载:位于龟山后、赤头、新坛口、五人井的承包土地共3.14亩(水田0.60亩,旱地2.54亩),由陈甲、陈乙、陈某娜、陈某进等8人共同承包。从承包至今,该承包土地一直由陈某进占有使用。2004年陈甲、陈乙、陈某娜与陈某进分户。

陈甲、陈乙、陈某娜多次向陈某进要求将属于陈甲、陈乙、陈某娜3人的份额划归陈甲、陈乙、陈某娜自行管理使用,但陈某进拒绝。涉案承包土地0.86亩被征用,相应的征收补偿费用74820元由陈某进领取,陈某进拒绝将属于陈甲、陈乙、陈某娜3人的相应份额的征收补偿费28057.5元支付给陈甲、陈乙、陈某娜。剩余承包土地3.14－0.86＝2.28亩,其中有部分承包土地陈某进与其他村民置换,置换到宅口的土地约0.78亩、置换到鱼池下的土地约0.24亩。位于宅口承包土地的四至为:东临陈经祥土地,西临陈桂花土地,南临陈东秋土地,北临陈荣土地。位于鱼池下承包土地四至为:东临洪娇土地,西临林枪土地,北临鱼池,南临路。由于无法经营自己的承包土地,没有收入保障,陈甲、陈乙、陈某娜到处打零工,生活不好。陈某进的行为严重侵犯了陈甲、陈乙、陈某娜的合法权益,特起诉,恳请法院判如所请。

陈某进未到庭参加诉讼,亦未向本院提交任何答辩意见。

本院经审查认为,农村土地承包系为了巩固和完善以家庭承包经营为基础、统分结合的双层经营体制,保持农村土地承包关系稳定并长久不变,维护农村土地承包经营当事人的合法权益,促进农业、农村经济发展和农村社会和谐稳定。农村集体经济组织成员有权依法承包由本集体经济组织发包的农村土地。农户内家庭成员依法平等享有承包土地的各项权益。1998年第二轮土地承包时,被告陈某进作为户主,代表包括原告陈甲、陈乙、陈某娜在内的8人承包了厦门市翔安区马巷镇山亭村的承包地。根据1998年12月31日《厦门市同安区农村承包土地登记发证审批表》的记载,原、被告家庭户共同承包了位于龟山后、赤头、新坛口等的土地共 3.14 亩(水田 0.6 亩,旱地 2.54 亩)。承包期限为 1998 年 12 月 31 日至 2028 年 12 月 31 日。陈甲、陈乙、陈某娜作为家庭成员,依法平等享有所承包土地的各项权益。2019 年 3 月 21 日陈甲、陈乙、陈某娜向本院提起诉讼,请求确认编号 064117 土地承包经营权证记载的承包土地共 3.14 亩(水田 0.6 亩,旱地 2.54 亩)中陈甲、陈乙、陈某娜份额为八分之三,本院经审理,作出(2019)闽 0213 民初 972 号民事判决,支持了陈甲、陈乙、陈某娜的诉讼请求。现陈甲、陈乙、陈某娜以土地承包经营权纠纷为案由,提起诉讼主张判令陈某进交付给陈甲、陈乙、陈某娜属于编号为 064117 土地承包经营权证项下的位于翔安区马巷镇山亭村宅口的承包土地约 0.78 亩和鱼池下承包土地约 0.24 亩中属于陈甲、陈乙、陈某娜的份额 0.855 亩及判令陈某进立即支付征地补偿费用 28057.5 元给陈甲、陈乙、陈某娜,因农村土地承包制度采取农村集体经济组织内部的家庭承包方式,家庭承包的承包方是本集体经济组织的农户,现行法律、法规及司法解释等均未对农户内家庭成员之间就依法平等享有承包土地的各项权益受侵害作出具体规定,农户内的部分家庭成员在农村土地承包经营合同履行期限内要求对该合同项下的承包地进行分割所产生的纠纷目前宜由相关行政机关依据国家法律、政策进行调处,而不宜纳入法院主管范围。据此,依照《中华人民共和国农村土地承包法》第三条、第十二条、第十六条,《中华人民共和国民事诉讼法》第一百一十九条第一款第(四)项、第一百五十四条第一款第(三)项、《最高人民法院关于适用〈中华人民共和国民事诉讼法〉若干问题的意见》第一百三十九条、第二百零八条第三款之规定,裁定如下:

驳回原告陈甲、陈乙、陈某娜的起诉。

本案不交纳案件受理费。

如不服本裁定,可在裁定书送达之日起十日内,向本院递交上诉状,并按对方当事人的人数提出副本,上诉于福建省厦门市中级人民法院。

审 判 员 ×××

二〇一九年十二月十二日

(院印)

本件与原本核对无异

法官助理 ×××

书 记 员 ×××

(二)二审发回重审民事裁定书

福建省厦门市中级人民法院
民事裁定书

(2019)闽02民终5567号①

上诉人(原审被告):郑某田,男,1958年××月××日出生,汉族,住厦门市翔安区新店镇吕塘村××号。

上诉人(原审被告):郑某日,男,1984年××月××日出生,汉族,住厦门市翔安区新店镇吕塘西林××号。

被上诉人(原审原告):郑某鸣,男,1969年××月××日出生,汉族,住厦门市翔安区田墘××号。

委托诉讼代理人:孙律师,福建××律师事务所律师。

上诉人郑某田、郑某日因与被上诉人郑某鸣机动车交通事故责任纠纷一案,不服厦门市翔安区法院(2019)闽0213民初1729号民事判决,向本院提起上诉。本院依法组成合议庭进行了审理。

经查,本案一审判决作出后,厦门市公安局翔安分局交警大队出具一份《郑某田信访件笔迹鉴定情况说明》,其中载明,有关案涉交通事故《交通事故认定书》的送达凭证中,"郑某田"字迹不是郑某田本人书写。

本院认为,本案中,当事人对交警部门所作《交通事故认定书》的责任认定存在较大争议。二审期间,郑某田提交新证据证明其并未收到《交通事故认定书》,并认为,案涉《交通事故认定书》所作责任认定存在程序和实体问题。在本案出现新证据的情况下,为进一步查明事实,明确认定双方责任,宜将本案发回重审,以便一审法院对案涉交通事故的发生原因、事故责任等基本事实进行充分查证,并在厘清双方当事人责任的基础上依法判决。依照《中华人民共和国民事诉讼法》第一百七十条第一款第三项的规定,裁定如下:

一、撤销厦门市翔安区法院(2019)闽0213民初1729号民事判决;

二、本案发回厦门市翔安区法院重审。

上诉人郑某田、郑某日预交的二审诉讼费予以退回。

---

① 由于篇幅所限,本裁定文书范例对部分非关键信息进行删减。

审 判 长 ×××
审 判 员 ×××
审 判 员 ×××

二〇一九年十二月二十六日
（院印）

本件与原本核对无异

法官助理 ×××
书 记 员 ×××

第五节　民事调解书

一、概念

民事调解书是指法院在审理民事纠纷案件时，主持双方当事人在查明事实、分清是非的基础上，自愿协商，互谅互让，达成解决纠纷协议而出具的法律文书。法院出具的民事调解书与判决书、裁定书具有同等的法律效力。

二、内容

民事调解书记载的调解内容应有如下要件：

一是当事人双方自愿。自愿性是法院调解的一个重要的前提，“居于核心地位”①，含有两重含义：一是当事人自愿采取调解的方式，二是协议是双方当事人意思表示一致的协议。

二是案件事实基本清楚，是非基本分清。《民事诉讼法》第 93 条规定法院进行调解的前提是事实清楚、分清是非。这里的事实清楚，是基本事实清楚，而不拘泥于细枝末节，这个基本事实能够明确当事人之间的法律关系，可以划分当事人的责任。至于具体量的问题，通过互谅互让的协议方式予以解决。

三是调解的内容不违反法律规定。也就是在不违反法律规定的前提下，当事人可以自由地处分自己的程序权利和实体权利。这里不违反法律规定是不违反法律禁止性规定，不违反公序良俗；属于赋权的法律规则，当事人可以通过协商予以让渡，《最高人民法院关于人民法院民事调解工作若干的规定》第 12 条规定，“（1）侵害国家利益、社会

① 全国人大常委会法制工作委员会民法室编：《中华人民共和国民事诉讼法条文说明、立法理由及相关规定》，北京大学出版社 2012 年版，第 149 页。

公共利益的;(2)侵害案外人利益的;(3)违背当事人真实意思的;(4)违反法律、行政法规禁止性规定的"等,人民法院不予确认。

四是调解协议的内容具有保密性。根据《民事诉讼法》第146条的规定,调解过程不公开,除当事人同意公开的外,调解协议内容不公开,但为保护国家利益、社会公共利益、他人合法权益,人民法院认为确有必要公开的除外。所以保密性是调解协议的另一个特征。

五是法院调解有限性。法律规定,民事案件可以进行调解,但不是所有的案件都可以调解,适用特别程序、督促程序、公示催告程序的案件,婚姻等身份关系确认案件以及其他根据案件性质不能进行调解的案件,不得调解。[①] 但有一个例外,根据《婚姻法》和《民事诉讼法解释》的规定,法院审理离婚纠纷案件,必须进行调解,调解不成的才判决,所以调解成了离婚诉讼案件的必经程序。

三、写作要点

民事调解书在写作上有几个特点:

1.民事主体方面要严格按照诉讼主体来表述,法院在一审诉讼过程中可以调解、二审诉讼过程也可以调解,所以调解书的诉讼主体是由不同审级诉讼地位来确定的。

2.概述当事人的诉辩请求和意见。这是法院审理的范围,在文书中既体现司法权的来源(主管权和管辖权的被动性),即明确诉讼请求;有必要时,也可以概述相对人提出抗辩意见,至于事实和理由部分,可以从略或者扼要转述。

3.关于基本事实方面。法律规定法院调解是在查明事实、分清是非的前提下进行的,所以在制作调解书时,通常要把查明的基本事实、厘清的基本责任简明扼要地概述下来,作为调解的基础。但对简易程序、小额诉讼程序的案件,也可以忽略该部分。

4.调解协议的内容。协议的内容是调解书的核心部分,要注意协议的事项既要符合当事人的真实意思表示,便于当事人自愿履行,也不得违反法律禁止性规定,同时协议事项的表述简洁明了,便于执行。在这三个方面的基本要求下,考虑协议事项的逻辑关系,协议内容是:(1)确认民事行为、法律关系是否存在、生效,双方是否自愿继续履行或自愿解除;(2)民事行为、法律关系继续履行各方当事人各自履行何种具体的义务,履行的期限;若是解除法律关系,则双方如何相互赔偿、补偿、填补各自的损失;(3)需要协议的其他内容。包括案件的诉讼费用,公告费、评估鉴定费用的分担,案件受理费的分担。对案件受理费当事人可以协商,若当事人协商不成,法院也可以作出决定,由一方或双方负担。

5.协议事项审查,以不违反法律禁止性规定为原则,一般表述为,"上述协议系当事人自愿达成,不违反法律规定,本院予以确认"。

---

① 《最高人民法院关于适用〈中华人民共和国民事诉讼法〉》的解释,第143条。

6.调解书生效时间，一般表述为："本调解协议经双方当事人签字盖章即发生法律效力。"或"本调解书经双方当事人签收后即具有法律效力。"或"本调解书送达双方当事人后即发生法律效力。"这有三个不同的生效时间，一是协议签订的时间为生效时间；二是调解书送达签收的时间为生效时间；三是调解书送达最后一个当事人的时间为生效时间。

四、样式

根据最高人民法院文书样式推荐，民事调解书也有各种程序上达成的调解书，鉴于篇幅安排，仅提供小额诉讼程序民事调解书、第一审普通程序民事调解书、二审民事调解书样式为样本。

（一）小额诉讼程序民事调解书

××××人民法院

民 事 调 解 书①

（××××）××民初××号

原告：×××，……。

……

被告：×××，……。

……

（以上写明当事人和其他诉讼参加人的姓名或者名称等基本信息）

原告×××与被告×××……（写明案由）一案，本院于××××年××月××日立案后，依法适用小额诉讼程序进行了审理。

……（写明当事人的诉讼请求、事实和理由）。

本案审理过程中，经本院主持调解，当事人自愿达成如下协议/经本院委托……（写明受委托单位）主持调解，当事人自愿达成如下协议：

一、……；

二、……。

① （1）本样式根据《民事诉讼法》第50条、第95条、第96条、第97条、第98条以及《最高人民法院关于适用〈中华人民共和国民事诉讼法〉的解释》第151条、第282条制定，供人民法院在适用小额诉讼程序审理案件过程中，当事人自行和解达成协议请求人民法院确认、人民法院主持调解达成协议、人民法院委托有关单位主持调解达成协议由人民法院确认后，制作民事调解书用。（2）小额诉讼案件，可以不写案件事实。

(分项写明调解协议内容)

上述协议,不违反法律规定,本院予以确认。

案件受理费……元,由……负担(写明当事人姓名或者名称、负担金额。调解协议包含诉讼费用负担的,则不写)。

本调解书经各方当事人签收后,即具有法律效力/本调解协议经各方当事人在笔录上签名或者盖章,本院予以确认后即具有法律效力(各方当事人同意在调解协议上签名或者盖章后发生法律效力的)。

审 判 员 ×××

××××年××月××日

(院印)

本件与原本核对无异

法官助理 ×××

书 记 员 ×××

(二)第一审普通程序民事调解书

××××人民法院

民 事 调 解 书①

(××××)××民初××号

原告:×××,……。

法定代理人/指定代理人/法定代表人/主要负责人:×××,……。

委托诉讼代理人:×××,……。

被告:×××,……。

法定代理人/指定代理人/法定代表人/主要负责人:×××,……。

委托诉讼代理人:×××,……。

第三人:×××,……。

法定代理人/指定代理人/法定代表人/主要负责人:×××,……。

---

① (1)本样式根据《民事诉讼法》第50条、第95条、第96条、第97条、第98条制定,供人民法院在适用第一审普通程序审理案件过程中,当事人自行和解达成协议请求人民法院确认、人民法院主持调解达成协议、人民法院委托有关单位主持调解达成协议由人民法院确认后,制作民事调解书用。(2)案号类型代字为"民初"。(3)调解书应当写明诉讼请求、案件事实和调解结果。(4)调解协议的内容不得违反法律规定。(5)诉讼请求和案件事实部分的写法力求简洁、概括,可以不写审理过程及证据情况。

委托诉讼代理人：×××，……。

（以上写明当事人和其他诉讼参加人的姓名或者名称等基本信息）

原告×××与被告×××、第三人××× ……（写明案由）一案，本院于××××年××月××日立案后，依法适用普通程序，公开/因涉及……（写明不公开开庭的理由）不公开开庭进行了审理（开庭前调解的，不写开庭情况）。

……（写明当事人的诉讼请求、事实和理由）。

本案审理过程中，经本院主持调解，当事人自愿达成如下协议/当事人自行和解达成如下协议，请求人民法院确认/经本院委托……（写明受委托单位）主持调解，当事人自愿达成如下协议：

一、……；

二、……。

（分项写明调解协议内容）

上述协议，不违反法律规定，本院予以确认。

案件受理费……元，由……负担（写明当事人姓名或者名称、负担金额。调解协议包含诉讼费用负担的，则不写）。

本调解书经各方当事人签收后，即具有法律效力/本调解协议经各方当事人在笔录上签名或者盖章，本院予以确认后即具有法律效力（各方当事人同意在调解协议上签名或者盖章后发生法律效力的）。

审 判 长 ×××
审 判 员 ×××
审 判 员 ×××

××××年××月××日
（院印）

本件与原本核对无异

法官助理 ×××
书 记 员 ×××

(三)第二审程序普通程序民事调解书

××××人民法院
民事调解书[①]

(××××)××民终××号

上诉人(原审原告/被告/第三人):×××,……。

……

被上诉人(原审原告/被告/第三人):×××,……。

……

原审原告/被告/第三人:×××,……。

……

(以上写明当事人和其他诉讼参加人的姓名或者名称等基本信息)

上诉人×××因与被上诉人×××/上诉人×××、第三人×××……(写明案由)一案,不服××××人民法院(××××)……民初……号民事判决,向本院提起上诉。本院于××××年××月××日立案后,依法组成合议庭审理了本案(开庭前调解的,不写开庭情况)。

×××上诉称,……(概述上诉人的上诉请求、事实和理由)。

本案审理过程中,经本院主持调解,当事人自愿达成如下协议/当事人自行和解达成如下协议,请求人民法院确认:

一、……;

二、……。

(分项写明调解协议内容)

上述协议,不违反法律规定,本院予以确认。

一审案件受理费……元,由……负担;二审案件受理费……元,由……负担(写明当事人姓名或者名称、负担金额。调解协议包含诉讼费用负担的,则不写)。

本调解书经各方当事人签收后,即具有法律效力。

---

① (1)本样式根据《中华人民共和国民事诉讼法》第172条以及《最高人民法院关于适用〈中华人民共和国民事诉讼法〉的解释》第339条制定,供人民法院在审理第二审民事案件审理过程中,当事人自行达成和解协议请求人民法院确认或者人民法院主持调解达成协议,制作民事调解书用。(2)本调解书送达后,原审人民法院的判决即视为撤销。

审 判 长 ×××
审 判 员 ×××
审 判 员 ×××

××××年××月××日
（院印）

本件与原本核对无异

法官助理 ×××
书 记 员 ×××

五、文书范例

（一）一审简易程序的民事调解书

福建省厦门市翔安区人民法院

民事调解书

（2019）闽0213民初2301号

原告：洪某摇，男，1968年××月××日出生，汉族，住厦门市翔安区新店镇下××村××号。

被告：陈某环，女，1957年××月××日出生，汉族，住厦门市湖里区台湾街××号×。

被告：洪某奖，男，1955年××月××日出生，汉族，住厦门市湖里区台湾街××号×。

委托诉讼代理人：陈某环（系洪某奖的妻子）。

原告洪某摇与被告陈某环、洪某奖民间借贷纠纷一案，本院于2019年7月4日立案后，依法适用简易程序进行审理。

洪某摇向本院提出诉讼请求：1.判令陈某环、洪某奖立即向其归还借款40000元及利息（利息从2015年5月16日起至实际还款日止，按月利率1.5%计算）；2.诉讼费由陈某环、洪某奖承担。事实与理由：2013年5月16日，陈某环以做生意资金周转困难为由向洪某摇借款40000元，并约定月利息1.5%，每季度支付一次利息，陈某环出具借条一份交给洪某摇，同日，洪某摇根据约定以现金方式将款项支付给陈某环。借款之后，陈某环于2013年5月16日至2015年5月16日期间向洪某摇偿还利息累计14400元，剩

余借款本金40000元及利息未偿还。嗣后，陈某环、洪某奖均未偿还借款本金及利息。另，洪某奖系陈某环配偶，该借款发生在二人婚姻关系存续期间，且用于公司经营，所以洪某奖理应承担夫妻关系存续期间的共同债务。后洪某摇多次向陈某环、洪某奖催讨，二人均不履行还款义务，为了维护洪某摇合法权益，特向贵院提起诉讼，望判如所请。

本案在审理过程中，经本院主持调解，当事人自愿达成如下协议：

一、洪某摇与陈某环、洪某奖共同确认：陈某环、洪某奖尚欠洪某摇借款本金40000元及利息（利息以尚欠的借款本金为基数，按月利率1.5%自2015年5月16日起计算至实际还款之日止，暂计算至2019年5月16日为28800元）；

二、洪某摇同意2015年5月16日至2019年5月16日期间的利息减免为20000元。陈某环、洪某奖同意分二期还清借款本金40000元及利息20000元，即于2019年9月30日前偿还借款本金20000元，利息10000元；于2019年10月30日前偿还借款本金20000元，利息10000元；以上款项均支付至洪某摇指定收款账户（户名：洪某摇，账号：322184××××××1170697，开户行：福建省农村信用社联合社汇景支行）；

三、若陈某环、洪某奖未按本协议第二条按期足额偿还款项，则取消利息减免，全部款项视为到期，洪某摇有权按照本协议第一条确认的借款本金及利息一次性向法院申请强制执行（若已支付，则予以扣除）；

四、洪某摇与陈某环、洪某奖共同确认本案再无其他争议；

五、本案案件受理费650元，陈某环自愿负担。

上述协议，不违反法律规定，本院予以确认。

各方当事人一致同意本调解协议自各方当事人在调解协议上签名或捺印后即具有法律效力。

审 判 长 ×××
审 判 员 ×××
审 判 员 ×××

××××年××月××日
（院印）

本件与原本核对无异

法官助理 ×××
书 记 员 ×××

（二）二审普通程序的民事调解书

福建省厦门市中级人民法院
民事调解书

（2019）闽02民终2313号

上诉人（原审原告、被告）：陈某滨，男，1973年××月××日出生，汉族，住福建省厦门市思明区古兴里×号。

委托诉讼代理人：庄律师，北京××（厦门）律师事务所律师。

上诉人（原审被告、原告）：C会计师事务所（特殊普通合伙）厦门分所，住所地福建省厦门市思明区厦禾路×××号。

负责人：陈所长。

委托诉讼代理人：林某荣，员工。

委托诉讼代理人：李律师，福建××律师事务所律师。

上诉人陈某滨、C会计师事务所（特殊普通合伙）厦门分所因劳动争议纠纷一案，不服厦门市思明区人民法院（2018）闽0203民初18753号民事判决，分别向本院提起上诉。本院立案后，依法组成合议庭审理了本案。

陈某滨上诉称：撤销一审判决第六项，改判C会计师事务所厦门分所按照25%的比例向其支付拖欠的2018年市场开发提成340750元和赔偿金201467.2元，并为其办理退伙和注册会计师转所手续。事实和理由：一、基于注册会计师行业的特点，陈某滨要求C会计师事务所厦门分所为其办理退伙和注册会计师转所手续于法有据。二、由于市场开发工作具有提前性、审计工作具有持续性，陈某滨离职前开发的很多客户的收费是分期付款的，这批客户在2018年分期支付的款项的25%应属于陈某滨的市场开拓费。三、C会计师事务所厦门分所违法解除劳动合同，强迫陈某滨离职，陈某滨有权要求其支付违法解除劳动合同赔偿金。

C会计师事务所厦门分所上诉称：撤销一审判决，改判支持C会计师事务所厦门分所在一审的全部诉讼请求，驳回陈某滨的全部诉讼请求。事实和理由：一、市场开拓费及审计报告签字费，实质上是合伙人之间基于合伙关系的分配范畴，而不属于劳动报酬，一审法院将其作为劳动争议中的劳动报酬进行审理，导致认定事实不清、适用法律错误。二、即便市场开拓费及审计报告签字费属于劳动报酬，C会计师事务所厦门分所已依法调整了市场开拓费的发放方法，陈某滨已按照《会议纪要》、《关于对厦门分所实行进一步一体化管理的决定》、《关于对C厦门分所制度提出替代方案的报告》足额领取

了相关款项。

本案审理过程中，经本院主持调解，当事人自愿达成如下协议，请求人民法院确认：

一、C会计师事务所(特殊普通合伙)厦门分所同意于本协议签订之日起三日内一次性支付给陈某滨55000元整，该款项支付至陈某滨指定的如下账号：户名：陈某滨；开户行：建设银行厦门市分行文灶支行；账号：6214××××××3666。如C会计师事务所(特殊普通合伙)厦门分所未能按期足额支付上述款项，则应另外加付迟延履行的利息，逾期利息按每日万分之五计算；

二、双方一致确认，陈某滨名下民生银行卡(户名：陈某滨，账号：6216××××××3583，截至2017年9月11日余额512580.90元)的款项归陈某滨所有，C会计师事务所(特殊普通合伙)厦门分所不得就该款项提出任何权利主张。双方一致确认该款项中陈×芳、黄×斌应得份额由陈某滨负责支付结算；

三、C会计师事务所(特殊普通合伙)厦门分所按照本调解协议的上述约定全面履行后，双方一致确认陈某滨已完成在C会计师事务所(特殊普通合伙)厦门分所的退伙结算，陈某滨就其在C会计师事务所(特殊普通合伙)厦门分所已付的入伙投资款，不得再主张任何权利；

四、C会计师事务所(特殊普通合伙)厦门分所应于本协议签订后一个月内办理完毕其应办理的陈某滨的退伙及注册会计师转所手续，不得以任何借口拖延，否则应按每逾期一日补偿500元的标准向陈某滨支付补偿金；

五、双方一致确认，本调解协议获得全面履行后，双方就本案再无争议，双方之间的其他争议，因涉及其他利害关系人，双方另行通过和解协议的方式进行处理；

六、本案一审案件受理费20元，减半收取10元，二审案件受理费10元，减半收取5元，C会计师事务所(特殊普通合伙)厦门分所自愿负担；

七、双方一致确认本调解协议自当事人或特别授权代理人签字或捺印之日起具有法律效力。

上述协议不违反法律规定，本院予以确认。

上述调解协议已经各方当事人在笔录上签名，本院予以确认后即具有法律效力。

审 判 长 ×××

审 判 员 ×××

审 判 员 ×××

××××年××月××日

(院印)

本件与原本核对无异

法官助理 ×××

书 记 员 ×××

第六章
行政裁判文书

第一节　概　　述

一、概念

行政诉讼，俗称“民告官”，是人民法院根据法律的授权，根据《行政诉讼法》所规定的程序，解决一定范围内的行政争议的活动。①《行政诉讼法》的立法宗旨是“为保证人民法院公正、及时审理行政案件，解决行政争议，保护公民、法人和其他组织的合法权益，监督行政机关依法行使职权”（第 1 条）。因而，“公民、法人或者其他组织认为行政机关和行政机关工作人员的行政行为侵犯其合法权益，有权依照本法向人民法院提起诉讼”（第 2 条）。行政诉讼制度的功能主要有解决纠纷、监督行政、发展法律。②

行政诉讼程序的最终结果是作出行政裁判。“行政诉讼裁判制度是行政诉讼法制度中最关键、最重要的部分之一，行政诉讼法中所有的规定都是围绕能够作出公正、合法和合理的裁判展开的。”③而行政裁判文书则是这一最终结果的载体。本章介绍行政裁判文书写作，相关依据是 2017 年修正的《中华人民共和国行政诉讼法》、最高人民法院 2015 年《行政诉讼文书样式（试行）》、最高人民法院 2018 年《关于加强和规范裁判文书释法说理的指导意见》（法发〔2018〕10 号）。

二、种类

行政裁判文书可分为行政判决书、行政裁定书以及行政赔偿判决书，广义上还包括民事判决书（一并审理的民事案件用）、行政调解书、行政赔偿调解书、行政决定书等。

① 江必新、梁凤云：《行政诉讼法理论与实务（上）》，法律出版社 2016 年第 3 版，第 11 页。
② 何海波：《行政诉讼法》，法律出版社 2016 年第 2 版，第 30 页。
③ 江必新、梁凤云：《行政诉讼法理论与实务（下）》，法律出版社 2016 年第 3 版，第 1579 页。

在司法实务中,较常用的文书有:驳回起诉的行政裁定书、作为类行政判决书、不作为类行政判决书。

在行政诉讼裁判制度中,行政判决较行政裁定、决定更为重要。① 作为类一审行政判决书是行政裁判文书中最具代表性的文书,是写好其他行政裁判文书的基础。② 不作为类一审行政判决书在实践中亦属多用,二审行政判决书重要且影响力大。本章将重点介绍这三类文书。当然,驳回起诉的行政裁定书在行政案件中也具有重要的地位。特别是涉及受案范围和原告诉讼主体资格的驳回起诉,近年来最高人民法院和各地法院都有大量的行政裁定书发布,宣示行政法基本原理,统一司法尺度。但驳回起诉行政裁定书的内容主要是法律阐释,结构上较为简单,本章不作具体介绍。

不论何种裁判文书,基本要求是:"裁判文书释法说理,要阐明事理,说明裁判所认定的案件事实及其根据和理由,展示案件事实认定的客观性、公正性和准确性;要释明法理,说明裁判所依据的法律规范以及适用法律规范的理由;要讲明情理,体现法理情相协调,符合社会主流价值观;要讲究文理,语言规范,表达准确,逻辑清晰,合理运用说理技巧,增强说理效果。"③

三、特点

行政裁判文书与民事裁判书在篇章结构上有诸多相似之处,但也有自己的特点。

《行政诉讼法》第 6 条规定:"人民法院审理行政案件,对行政行为是否合法进行审查。"因此,行政诉讼主要是一种复审程序(review),即对此前已经经历了完整的行政程序(如行政处罚程序、行政许可程序)的行政行为进行审查。④ 法院对被诉行政行为的复审,类似于上诉审,有的国家和地区一般直接称其为向法院上诉。如澳门特别行政区的司法上诉,日本的上诉诉讼,指的都是不服行政行为而提起的诉讼。美国将行政部门视为地区法院,对行政决定不服,直接上诉到上诉法院,在某些情况下也可以上诉到地区法院。

"行政行为的蓝本是法院的裁判"⑤,而非民事法律行为。行政行为直接确定了行政相对人的权利义务,⑥从而使对其进行审查的行政诉讼具有复审性。行政诉讼复审性特

---

① 江必新、梁凤云:《行政诉讼法理论与实务(下)》,法律出版社 2016 年第 3 版,第 1579 页。

② 《行政诉讼文书样式(试行)》在"一审请求撤销或变更行政行为类"行政判决书样式说明中指出:"其他裁判文书可以参照本判决书式样和要求制作。"

③ 《关于加强和规范裁判文书释法说理的指导意见》(法发〔2018〕10 号)。

④ 参阅 review 词条释义:①审查;复审;复议。指为纠正错误而再次进行的审查,尤指上诉审法院或上级行政机关对下级法院的判决或下级行政机关的决定是否正确、合法而进行的复审或复议。②〈美〉司法审查。由司法机关对下级法院的诉讼程序、立法的通过或政府行为等的合法性或合宪性进行的审查。《元照英美法词典》,薛波主编、潘汉典总审订,北京大学出版社 2013 年缩印版,第 1197 页。

⑤ [德]奥托·迈耶:《德国行政法》,刘飞译,商务印书馆 2013 年版,第 100 页。

⑥ 在民事诉讼中,当事人权利义务由法院生效判决确定;在刑事诉讼中,对被告人是否有罪、如何定罪量刑,公诉人并不具有决定权,须由法院裁判。

点，使得一审行政判决书实际上更像二审民事判决书或裁定书。例如，在文书结构上，一审行政判决书需叙述行政行为的内容，类似于二审民事裁判文书要载明一审民事判决认定事实、判决理由、判决结果等内容。又如，在判决结果上，行政行为合法的，一审行政判决“驳回原告的诉讼请求”[①]，类似于二审民事判决“驳回上诉，维持原判”；行政行为违法的，一审行政判决撤销行政行为并判决被告重新作出行政行为，类似于二审民事裁定撤销原判决、发回重审。两者审查的对象主要不同之处在于，一审行政诉讼审查的是已经发生法律效力的行政行为，而二审民事诉讼审查的是尚未发生法律效力的一审民事判决。[②] 这点区别并不影响两者在文书上的相似性。

第二节　一审行政判决书

一、概念

一审行政判决书，是指人民法院依照《行政诉讼法》规定的第一审程序，对审理终结的行政案件实体问题作出处理决定所制作的具有法律约束力的司法文书。

行政诉讼第一审程序是人民法院审理行政案件最基本的程序，在整个行政诉讼程序中占有十分重要的地位。行政诉讼第一审程序最完整地反映了行政诉讼程序的基本结构。[③] 由此，一审行政判决书在行政裁判文书体系中的基础地位亦得以彰显。

二、种类

一审行政判决书大体上可以分为作为类和不作为类。两大类下还可分各个细类。

(一)作为类一审行政判决书

1.一审请求撤销、变更行政行为类。本判决书适用于《行政诉讼法》第 69 条、第 70 条、第 77 条等规定的情形。

2.一审请求确认违法或无效类。本判决书适用于《行政诉讼法》第 69 条、第 74 条、第 75 条等规定的情形。

3.一审行政裁决类。本判决书适用于《行政诉讼法》第 61 条、第 69 条等规定的情形。

---

① 2014 年修订前的《行政诉讼法》规定判决方式是判决维持行政行为，从另一个侧面体现复审性特点。

② 行政行为经送达(通知)即生效，而非待救济期届满才生效。一审民事判决，如未上诉，也需待上诉期届满才生效。

③ 江必新、梁凤云：《行政诉讼法理论与实务(下)》，法律出版社 2016 年第 3 版，第 1133 页。

(二)不作为类一审行政判决书

1.一审请求履行法定职责类。本判决书适用于《行政诉讼法》第 69 条、第 72 条等规定的情形。

2.一审请求给付类。本判决书适用于《行政诉讼法》第 69 条、第 73 条规定的情形。

3.一审请求确认违法类。本判决书适用于《行政诉讼法》第 69 条、第 74 条第 2 款第 3 项等规定的情形。

此外,一审行政协议类、一审行政赔偿类判决书,[①]可根据案件具体情况,参考作为类或不作为类行政判决书样式制作。

三、写作要点

(一)作为类一审行政判决书

1.首部

首部应依次写明标题、案号、当事人及其诉讼代理人的基本情况,以及案件由来、审判组织和开庭审理过程等,具体要求与民事判决书基本相同。

(1)关于行政机关负责人

根据《行政诉讼法》第 3 条第 3 款的规定,"被诉行政机关负责人应当出庭应诉"。《最高人民法院关于适用〈中华人民共和国行政诉讼法〉的解释》第 128 条第 1 款规定:"行政诉讼法第三条第三款规定的行政机关负责人,包括行政机关的正职、副职负责人以及其他参与分管的负责人。"第 129 条第 2 款规定:"被诉行政机关负责人出庭应诉的,应当在当事人及其诉讼代理人基本情况、案件由来部分予以列明。"这里,"其他参与分管的负责人"指行政机关的总经济师、总会计师、其他领导班子成员等。如果副职负责人以及其他参与分管的负责人出庭应诉的,应当在当事人及其诉讼代理人基本情况、案件由来部分予以列明。应注意的是,司法解释对《行政诉讼文书样式(试行)》已作修改。原先不要求在当事人基本情况部分列明出庭应诉的副职负责人以及其他参与分管的负责人,现在则必须列明,从而"督促行政机关负责人积极出庭应诉以及凸显出庭应诉的行政机关负责人地位"[②]。

(2)关于第三人

如有第三人参加诉讼,在案件由来部分可选择使用以下格式:"因×××与本案被诉行政行为或与案件处理有利害关系,本院依法通知其为第三人参加诉讼"(法院通知

① 与其他行政案件判决书称为"行政判决书"不同,行政赔偿案件判决书称为"行政赔偿判决书"。

② 最高人民法院行政审判庭编著:《最高人民法院行政诉讼法司法解释理解与适用(下)》,人民法院出版社 2018 年版,第 600～601 页。

参加用)，或“因×××与本案被诉行政行为有利害关系，经×××申请，本院依法准许其为第三人参加诉讼”(当事人申请参加用)。

(3)关于当事人的全称与简称

在列明当事人基本情况时，应当用全称。之后需要简称的，[①]可在“案件由来”环节注明。原告或第三人如果是企业的，该如何简称？根据《企业名称登记管理规定》第7条的规定，企业名称由以下部分依次组成：企业所在地行政区划名称(有的企业可以不冠所在地行政区划名称)、字号(或者商号，下同)、行业或者经营特点、组织形式。实践中常见的简称方式是“字号＋组织形式”，如“××公司”。笔者认为，如果不加上行业或者经营特点，可能导致混淆同字号的不同企业，也不利于文书检索。较为妥当的简称方式是“字号＋行业或者经营特点＋组织形式”，如“某市××房地产开发有限公司”可简称为“××房地产公司”。当然，行政裁判文书的主要问题是不当自创行政机关的简称。各机关实际上已有官方简称，我们在写作文书时可向其了解后照用，不要自创。以厦门市为例，“自然资源和规划局”应简称为“资源规划局”，不简称为“资规局”。又如，“海洋发展局”应简称为“海洋局”，不简称为“海发局”。

2.事实

广义的案件“事实”部分由以下几个部分组成：行政行为的叙述部分、当事人诉辩意见部分、当事人举证、质证和法庭认证部分、法庭“经审理查明”部分。为便于阐述，本节分为庭审事实和“经审理查明”事实两大部分进行介绍。

(1)庭审事实[②]

①关于行政行为的叙述

行政行为的叙述部分应当注意详略得当。一般应当写明行政行为认定的主要事实、定性依据以及处理结果等核心内容，通过简洁的表述说明案件的诉讼标的；行政行为内容较为简单的，也可以全文引用；行政行为理由表述有歧义，被告在答辩中已经予以明确的，也可以以被告明确后的理由为准。[③] 行政行为的内容在一份行政判决书中可能会出现三次：行政行为的叙述、被告的答辩意见、“经审理查明”部分。因此，要做到“一详两略”，避免重复过多。可根据具体案情，或者在本部分详述，或者在“经审理查明”部分详述。被告答辩意见中的行政行为内容原则上应略写，重点放在被告对原告的反驳意见上。

②关于当事人的诉辩意见

① 在写“判决结果”时，仍须用全称。

② 实在找不出更合适的表述概括行政行为的叙述、当事人诉辩意见、当事人举证质证、法庭认证。这些部分的共同点是庭审活动的重要内容：行政行为的叙述(诉讼标的)、当事人诉辩意见(法庭调查)、当事人举证质证(法庭调查)、法庭认证(法庭调查)。关于法庭认证，虽然可直接认定的当庭认证、不能直接认定的庭后认证，但举证、质证、认证在逻辑上是连贯的一个体系，故放在庭审事实部分更顺当。

③ 《行政诉讼文书样式(试行)》“一审请求撤销或变更行政行为类”行政判决书样式说明。

既要尊重当事人原意，也要注意归纳总结；既避免照抄起诉状、答辩状或者第三人的陈述，又不宜删减当事人的理由要点。对于原告、被告以及第三人诉讼请求的记载，应当准确、完整。① 本部分应注意，当事人表述上的瑕疵应直接更正，不能照抄。特别是法律法规条文用汉字序号的，当事人习惯用阿拉伯数字，在裁判文书中应直接改为汉字，除非法律法规条文序号本来就是用阿拉伯数字。

③关于当事人举证、质证和法庭认证

关于当事人举证。一般情况下，写明当事人的诉辩意见后，即可写明其提供的相关证据。对证据的列举可以结合案情，既可以分别逐一列举证据，写明证据的名称、内容以及证明目的；也可以综合分类列举证据（即所谓的“分组举证”），并归纳证明目的。由于行政诉讼复审性特点，以及《行政诉讼法》关于被告负举证责任的规定，在实践中，行政判决书写作已经形成了详细列举证据及证明目的的习惯。这与简易民事判决书有很大的不同，后者往往在“经审理查明”的收尾部分概括列举当事人的证据。本部分还应将证据和规范性文件分开表述。《行政诉讼法》第 34 条第 1 款规定：“被告对作出的行政行为负有举证责任，应当提供作出该行政行为的证据和所依据的规范性文件。”第 2 款规定：“被告不提供或者无正当理由逾期提供证据，视为没有相应证据。”上述条款将证据和规范性文件并列表述，且不提供或者无正当理由逾期提供的后果也不一样，可见二者是不同的概念。② 证据属于事实问题范畴，规范性文件属于法律问题范畴，不能混淆。将规范性文件列入证据，并予以质证认证，是错误的。

关于当事人质证和法庭认证。应当注意因案而异、繁简得当。既可以一证一质一认，也可以按不同分类综合举证、质证和认证。对于当事人无争议的证据或者与案件明显无关联的证据，可以通过归纳概括等方式简要写明当事人的质证意见；对于证据浩繁的案件，可以归纳概括当事人的主要质证意见。法院对证据的认证意见应当明确，对于当事人有争议的证据，特别是对行政行为的合法性有影响的证据，应当写明采纳或者不予采纳的理由。案件的争议主要集中在事实问题的，也可将对证据的具体质证、认证意见与案件的争议焦点结合起来，置于“本院认为”部分论述。③

关于行政行为文书的质证和认证。无论原告还是被告，都可能将被诉行政行为文书——如《行政处罚决定书》《行政复议决定书》——作为证据提交。有的裁判观点认为，行政行为文书“系本案被诉行政行为，不能作为证据使用，本院不予认证”。本文认为，行政行为文书是行政行为的载体，应当作为证据。在实践中，当事人提交行政行为文书作为证据有不同的情形：A.原告用以证明被告作出了行政行为，其有权提起行政诉讼。这是大多数行政案件的情形。对此，被告往往予以认可。B.原告用以证明行政行

① 《行政诉讼文书样式（试行）》“一审请求撤销或变更行政行为类”行政判决书样式说明。

② 《行政诉讼法》第 34 条第 2 款并未规定被告不提供或者无正当理由逾期提供规范性文件的后果。

③ 《行政诉讼文书样式（试行）》“一审请求撤销或变更行政行为类”行政判决书样式说明。

为主要证据不足、适用法律法规错误、违反法定程序等。这些实际上是法庭审理的内容，需要通过当事人举证质证才能证明和判定；被告在质证时也往往只认可真实性、合法性、关联性，不认可原告的证明目的。反之亦然，被告欲以文书证明其行政行为合法，原告质证予以反驳。C.原告认为行政行为文书本身就可以证明行政行为存在违法之处，如应加盖被告的公章却加盖了其内设机构章，适用法律规范没有援引具体的条、款、项、目。不论哪种情形，行政行为文书都可以证明一定的事实，应当作为证据。但法庭只需认定其真实性即可，因为行政行为文书与本案的关联性显而易见，合法性问题则需待法庭最终评判才能得出结论。

此外，法庭认证应避免对当事人的证明目的进行确认。法庭认证主要是对单个证据的“三性”：真实性、合法性、关联性，而证明目的往往是当事人对案件事实的单方意见。对案件事实，需综合全案证据进行认定，这是“经审理查明”部分的主要内容。法庭认证部分对证明目的进行确认，可能导致“提前”认定事实。申言之，法庭认证是对证据资格进行评判，而“经审理查明”是基于有效证据运用证明方法认定事实。认定证据和认定事实是分属两个阶段的内容，前者涉及证据“能不能用”的问题，后者涉及证据“怎么用”的问题，在文书写作上应适当区分。

(2)“经审理查明”事实部分

查明事实部分是行政判决书的重点之一。法院查明的案件事实，不仅有法院采纳的行政行为所认定的事实、原告所主张的事实，还有背景事实、相关事实、程序事实等。

事实叙述方式一般采取时间顺序法，即按照事实发生的先后进行叙述。叙述事实时要避免事无巨细的罗列，或者简单地记流水账，应当结合案件的争议焦点等，做到繁简适当。在段落安排上要尽可能合并同类项。文风要客观，不带评判色彩。

如果涉及当事人身份关系或行业特点的，可以在开始时先交代一下。例如，在工伤行政认定案件中，诉讼参加人是死亡职工的近亲属，可在查明事实部分先叙述“张某某(已故)原系原告某公司的职工，从事操作工岗位。第三人张某系张某某之子”，然后再按时间顺序叙述其他案件事实。

查明事实部分的结尾，一般叙述被告行政程序的后阶段事项以及原告寻求救济情况。常见叙述方式如下：“××××年××月×日，被告区某局作出《行政处罚决定书》，并于次日送达给原告。原告不服，申请行政复议。××××年××月×日，被告区政府作出行政复议决定，维持了区某局作出的行政处罚决定。原告仍不服，遂提起本案行政诉讼，请求撤销上述行政处罚决定和行政复议决定。”

3.理由

理由即“本院认为”部分。理由部分要根据查明的事实和有关法律、法规和法学理论，就行政主体所作的行政行为是否合法、原告的诉讼请求是否成立等进行分析论证，阐明判决的理由。对于争议焦点，应当详细论述；对于无争议的部分，可以简写。阐述

理由时，应当注意加强对法律规定以及相关法理的阐释，除非法律规定十分明确，一般应当避免援引规定就直接给出结论的简单论述方式。①

论述被诉行政行为的合法性，包括以下事项：(1)被告是否具有法定职权；(2)被告作出被诉行政行为是否符合法定程序；(3)被诉行政行为认定事实是否清楚，主要证据是否充分；(4)适用法律、法规是否正确；(5)被告是否超越职权、滥用职权，行政行为是否明显不当。

第(1)项至第(4)项是理由中的必备要素，不论当事人是否只争执其中几项，除非被告在第(1)项就没过关。第(5)项一般在当事人有争议时或者法院认为需要评判时才论述。其中，第(1)项被告是否具有法定职权问题，不论当事人是否有争议，原则上都应作为"本院认为"的开始内容。如果经评判，被告不具有法定职权，那么后续审查事项可以不予论述，直接撤销行政行为。如果被告具有法定职权，那么继续评判被告是否合法地行使职权。实践中常出现的问题是，被告具有法定职权且原告无争议，判决书就不阐述职权问题。② 这是不妥的。行政判决书中对法定职权问题的评判，就像民事判决书中对合同是否合法有效的评判一样，是不可或缺的。

在实践中，理由部分的阐述方式一般是两种：(1)平铺直叙＋反驳法。即围绕论述行政行为合法性的论述要素作直接正面的阐述，同时对不采纳的观点阐述不采纳的理由。主要用于案情较简单，或行政行为合法的案件。(2)争议焦点＋总结归纳法。即重点对当事人的争议焦点逐项进行评判，最后再总结归纳。总结归纳中包含了对当事人没有争议事项的概要评判，如行政行为"符合法定程序"等。多用于案情复杂或当事人争议焦点较多的案件。

还需要注意的是，"本院认为"部分与"经审理查明"部分应相互呼应。判决理由所立基的事实要件，原则上在"经审理查明"中要有体现，切忌在"本院认为"部分冒出"经审理查明"部分未认定的事实，除非某项事实本来就是争议焦点之一而放在"本院认为"部分评判。

4.判决结果

判决结果是人民法院对当事人之间的行政争议作出的实体处理结论，可分为驳回诉讼请求判决、撤销或者部分撤销判决、变更判决等情形。关于表述方式，《行政诉讼文书样式(试行)》"一审请求撤销或变更行政行为类"行政判决书样式说明作如下具体要求。

第一，驳回原告诉讼请求的，表述为：

"驳回原告×××的诉讼请求。"

第二，撤销被诉行政行为的，表述为：

---

① 《行政诉讼文书样式(试行)》"一审请求撤销或变更行政行为类"行政判决书样式说明。

② 笔者早期制作的文书就是如此。

“一、撤销被告×××(行政主体名称)作出的(××××)……字第×××号……(行政行为名称);

“二、责令被告×××(行政主体名称)在××日内重新作出行政行为(不需要重作的,此项不写;不宜限定期限的,期限不写)。”

第三,部分撤销被诉行政行为的,表述为:

“一、撤销被告×××(行政主体名称)作出的(××××)……字第××号……(行政行为名称)的第××项,即……(写明撤销的具体内容);

“二、责令被告×××(行政主体名称)在××日内重新作出行政行为(不需要重作的,此项不写;不宜限定期限的,期限不写);

“三、驳回原告×××的其他诉讼请求。”

第四,根据行政诉讼法第七十七条的规定,判决变更行政行为的,表述为:

“变更被告×××(行政主体名称)作出的(××××)……字第××号……(写明行政行为内容或者具体项),改为……(写明变更内容)。”

如果行政行为经过行政复议,复议机关作为共同被告的,根据《行政诉讼文书样式(试行)》“一审复议机关作共同被告类案件用”行政判决书样式说明,判决结果写法如下。

第一,原行政行为及复议决定均合法的,写:

“驳回原告×××的诉讼请求。”

第二,原行政行为与复议决定均违法的,写:

“一、撤销(原行政行为,应写明行政机关、作出时间、文号及名称等,下同)及(复议决定,应写明复议机关、作出时间、文号及名称等,下同);

“二、责令原行政机关在×日内重新作出行政行为(不需要重作的,此项不写;不宜限定期限的,期限不写)。”

第三,确认原行政行为违法的,写:

“确认(原行政行为)及(复议决定)违法。”

第四,确认原行政行为无效的,写:

“一、撤销(复议决定);

“二、确认(原行政行为)无效。”

第五,变更原行政行为的,可写:

“一、撤销(复议决定);

“二、(参照判决变更行政行为的主文)。”

第六,原行政机关对原告请求的履行法定职责或给付义务不予答复违法,写:

“一、撤销(复议决定)。(判决主文第二项已经使法律关系明确的,该项亦可不写);

“二、(参照判决被告履行法定职责或者给付义务的判决主文)。”

第七，行政机关对原告请求的履行法定职责或给付义务予以拒绝违法，写：

“一、撤销（原行政行为）及（复议决定）。（如判决主文第二项已经使法律关系明确的，该项亦可不写）；

“二、（参照判决被告履行法定职责或者给付义务的主文）。”

第八，原行政行为合法，但复议决定违反法定程序的，写：

“一、确认（复议决定）程序违法；

“二、驳回原告×××……（写明有关针对原行政行为）的诉讼请求。”

第九，原行政行为合法，但复议决定改变原行政行为的事实或依据错误的，写：

“一、撤销（复议决定）；

“二、驳回原告×××……（写明有关针对原行政行为）的诉讼请求。”

5.其他

行政判决书尾部、附录部分制作要求与民事判决书相同。

（二）不作为类一审行政判决书

不作为类一审行政判决书写作与作为类判决书大体相同。本章以请求履行法定职责类为例介绍不作为类一审行政判决书的写作。

1.事实

在行政争议内容的叙述上，作为类行政判决书在此处是叙述被诉行政行为的内容，不作为类则叙述行政争议产生的来由。

一般情况下，不作为类争议的来由是原告请求被告履行法定职责，而被告不予答复。行政争议内容叙述如下：“原告×××于××××年××月××日向被告×××提出……（写明申请内容）。被告在原告起诉之前未作出处理决定（当事人对原告是否提出过申请或者被告是否作出处理有争议的，或者属于行政机关应当依职权履行法定职责的情形，不写）。”①

针对原告的申请，被告也可能作出拒绝性决定（或者表现为“通知”“告知”）。行政争议内容叙述如下：“××××年××月××日，原告×××向被告×××提出申请（写明申请的内容），被告×××于××××年××月××日对原告×××作出××号××决定（或其他名称），……（简要写明拒绝性决定认定的主要理由和处理结果）。”②

2.理由

“本院认为”部分应当注意履行法定职责类案件的审理重点：③

（1）履行法定职责类案件的重点是原告请求行政机关履行法定职责的请求能否成

① 《行政诉讼文书样式（试行）》“一审请求履行法定职责类”行政判决书样式。

② 《行政诉讼文书样式（试行）》“一审请求履行法定职责类”行政判决书样式。

③ 《行政诉讼文书样式（试行）》“一审请求履行法定职责类”行政判决书样式说明。

立，行政机关针对原告的申请已经作出拒绝性决定的，案件的审查范围当然包含但不限于拒绝性决定的合法性。

(2)判决书应当基于法院根据案件已有的全部证据所能够确认的事实，以及相关法律依据，分析论述原告的请求能否成立，一般不限于原告、被告或者第三人的诉辩理由。

(3)应当注意案件裁判的成熟性，对于行政机关已经没有任何判断和裁量空间的案件，法院可以直接判决行政机关作出原告请求的特定法定职责。如果行政机关尚需要另行调查或者仍有判断、裁量空间的，那么应当判决行政机关针对原告的请求重新作出处理，避免当事人错误理解裁判主文，防止重复诉讼，及时化解争议。同时，应当在“本院认为”部分适当论述或者说明裁判的意见和观点。

3.判决结果

履行法定职责类案件的判决结果分为以下五种情况：①

第一，判决驳回原告诉讼请求的，写：

“驳回原告×××的诉讼请求。”

第二，判决被告履行法定职责的，写：

“一、撤销被告×××(行政主体名称)作出的(××××)……字第××号……(行政行为名称)，即……(写明撤销的具体内容；无拒绝性决定的，该项不写)。

“二、责令被告×××在××日内(法律有明确规定履行职责期限的，也可写为‘在法定期限内’；不宜限定期限的，也可不写)作出……(写明履行法定职责的具体内容)。”

第三，判决被告针对原告的请求重新作出处理的，写：

“一、撤销被告×××(行政主体名称)作出的(××××)……字第××号……(行政行为名称)，即……(写明撤销的具体内容；无拒绝性决定的，该项不写)。

“二、责令被告×××(行政主体名称)在××日内(法律有明确规定履行职责期限的，也可写为‘在法定期限内’；不宜限定期限的，也可不写)……(可写对原告的申请重新作出处理，也可将原告的申请予以精炼概括并写明原告申请的内容)。”

第四，原告的请求成立，但行政机关已经无法履行或者履行已无实际意义的，写：

“一、确认被告(行政主体名称)不履行……(应当履行的法定职责内容)违法；

“二、责令被告×××在××日内(不宜限定期限的，也可不写)……(写明补救措施的内容，无法采取补救措施的，该项可不写)。”

第五，原告的请求不成立，但行政机关有违法情形依法应当确认违法的，写：

“一、确认被告×××(行政主体名称)……违法；

“二、驳回原告×××的诉讼请求(需要判决驳回原告诉讼请求的，予以写明)。”

---

① 《行政诉讼文书样式(试行)》“一审请求履行法定职责类”行政判决书样式说明。

四、样式

(一)一审请求撤销、变更行政行为类案件用①

××××人民法院
行政判决书

(××××)×行初××号

原告×××,……(写明姓名或名称等基本情况)。

法定代表人×××,……(写明姓名、职务)。

委托代理人(或指定代理人、法定代理人)×××,……(写明姓名等基本情况)。

被告×××,……(写明行政主体名称和所在地址)。

法定代表人×××,……(写明姓名、职务)。

出庭行政机关负责人×××,……(写明姓名、职务)。

委托代理人×××,……(写明姓名等基本情况)。

第三人×××,……(写明姓名或名称等基本情况)。

法定代表人×××,……(写明姓名、职务)。

委托代理人(或指定代理人、法定代理人)×××,……(写明姓名等基本情况)。

原告×××不服被告×××(行政主体名称)……(行政行为),于××××年××月××日向本院提起行政诉讼。本院于××××年××月××日立案后,于××××年××月××日向被告送达了起诉状副本及应诉通知书。本院依法组成合议庭,于××××年××月××日公开(或不公开)开庭审理了本案。……(写明到庭参加庭审活动的当事人、行政机关负责人、诉讼代理人、证人、鉴定人、勘验人和翻译人员等)到庭参加诉讼。……(写明发生的其他重要程序活动,如:被批准延长本案审理期限等情况)。本案现已审理终结。

被告×××(行政主体名称)于××××年××月××日作出……(被诉行政行为名称),……(简要写明被诉行政行为认定的主要事实、定性依据和处理结果)。

原告×××诉称,……(写明原告的诉讼请求、主要理由以及原告提供的证据、依据等)。

被告×××辩称,……(写明被告的答辩请求及主要理由。)

被告×××向本院提交了以下证据、依据:1.……(证据的名称及内容等);2.……。

---

① 根据《行政诉讼文书样式(试行)》,并略有更新,如案号使用新格式,列明出庭行政机关负责人、法官助理(如无,不写)。下同。

第三人×××述称，……(写明第三人的意见、主要理由以及第三人提供的证据、依据等)。

本院依法调取了以下证据：……(写明证据名称及证明目的)。

经庭审质证(或庭前交换证据、庭前准备会议)，……(写明当事人的质证意见)。

本院对上述证据认证如下：……(写明法院的认证意见和理由)。

经审理查明，……(写明法院查明的事实。可以区分写明当事人无争议的事实和有争议但经法院审查确认的事实)。

本院认为，……(写明法院判决的理由)。依照……(写明判决依据的行政诉讼法以及相关司法解释的条、款、项、目)的规定，判决如下：

……(写明判决结果)。

……(写明诉讼费用的负担)。

如不服本判决，可以在判决书送达之日起十五日内向本院递交上诉状，并按对方当事人的人数提出副本，上诉于××××人民法院。

审 判 长　×××
审 判 员　×××
审 判 员　×××

××××年××月××日
(院印)

本件与原本核对无异

法官助理　×××
书 记 员　×××

附：本判决适用的相关法律依据

(二)一审复议机关作共同被告类案件

××××人民法院

行政判决书

(××××)×行初××号

原告×××，……(写明姓名或名称等基本情况)。

法定代表人×××，……(写明姓名、职务)。

委托代理人(或指定代理人、法定代理人)×××,……(写明姓名等基本情况)。

被告(原行政机关)×××,……(写明行政主体名称和所在地址)。

法定代表人×××,……(写明姓名、职务)。

出庭行政机关负责人×××,……(写明姓名、职务)。

委托代理人×××,……(写明姓名等基本情况)。

被告(复议机关)×××,……(写明行政主体名称和所在地址)。

法定代表人×××,……(写明姓名和职务)。

出庭行政机关负责人×××,……(写明姓名、职务)。

委托代理人×××,……(写明姓名等基本情况)。

第三人×××,……(写明姓名或名称等基本情况)。

法定代表人×××,……(写明姓名、职务)。

委托代理人(或指定代理人、法定代理人)×××,……(写明姓名等基本情况)。

原告不服被告×××(原行政机关)……(原行政行为)及被告×××(复议机关)……(复议决定),于××××年××月××日向本院提起行政诉讼。本院于××××年××月××日立案后,于××××年××月××日向被告送达了起诉状副本及应诉通知书。本院依法组成合议庭,于××××年××月××日公开(或不公开)开庭审理了本案。……(写明到庭参加庭审活动的当事人、行政机关负责人、诉讼代理人、证人、鉴定人、勘验人和翻译人员等)到庭参加诉讼。……(写明发生的其他重要程序活动,如:追加共同被告或者第三人及被批准延长本案审理期限等情况)。本案现已审理终结。

被告×××(原行政机关)于××××年××月××日作出……(原行政行为名称),……(简要写明原行政行为认定的主要事实、定性依据和处理结果)。原告×××不服,向被告×××(复议机关名称)申请行政复议,被告×××(复议机关名称)于××××年××月××日作出……(复议决定名称),……(简要写明复议决定的处理结果)。

原告×××诉称,……(写明原告的诉讼请求、主要理由以及原告提供的证据、依据等)。

被告×××(原行政机关)及被告×××(复议机关)辩称,……(写明被告的答辩请求及主要理由。如果两被告分别答辩的,可分开写)。

被告×××(原行政机关)及被告×××(复议机关)向本院提交了证明原行政行为合法性的以下证据、依据:1.……(证据的名称及内容等);2.……。

被告×××(复议机关)向本院提交了证明复议程序合法性的以下证据、依据:1.……(证据的名称及内容等);2.……。

第三人×××述称,……(写明第三人的意见、主要理由以及第三人提供的证据、依据等)。

本院依法调取了以下证据:……(写明证据名称及证明目的)。

经庭审质证(或庭前交换证据、庭前准备会议),……(写明当事人的质证意见)。

本院对上述证据认证如下:……(写明法院的认证意见和理由)。

经审理查明,……(写明法院查明的事实。可以区分写明当事人无争议的事实和有争议但经法院审查确认的事实)。

本院认为,……(写明法院判决的理由)。依照……(写明判决依据的行政诉讼法以及相关司法解释的条、款、项、目)的规定,判决如下:

……(写明判决结果)。

……(写明诉讼费用的负担)。

如不服本判决,可以在判决书送达之日起十五日内向本院递交上诉状,并按对方当事人的人数提出副本,上诉于××××人民法院。

审 判 长 ×××
审 判 员 ×××
审 判 员 ×××

××××年××月××日
(院印)

本件与原本核对无异

法官助理 ×××
书 记 员 ×××

附:本判决适用的相关法律依据

(三)一审请求履行法定职责类案件

××××人民法院
行政判决书

(××××)×行初××号

原告×××,……(写明姓名或名称等基本情况)。

法定代表人×××,……(写明姓名、职务)。

委托代理人(或指定代理人、法定代理人)×××,……(写明姓名等基本情况)。

被告×××,……(写明行政主体名称和所在地址)。

法定代表人×××,……(写明姓名、职务)。

出庭行政机关负责人×××,……(写明姓名、职务)。

委托代理人×××,……(写明姓名等基本情况)。

第三人×××,……(写明姓名或名称等基本情况)。

法定代表人×××,……(写明姓名、职务)。

委托代理人(或指定代理人、法定代理人)×××,……(写明姓名等基本情况)。

原告×××因认为被告×××(行政主体名称)……(写明不履行法定职责的案由),于××××年××月××日向本院提起行政诉讼。本院于××××年××月××日立案后,于××××年××月××日向被告送达了起诉状副本及应诉通知书。本院依法组成合议庭,于××××年××月××日公开(或不公开)开庭审理了本案。……(写明到庭参加庭审活动的当事人、行政机关负责人、诉讼代理人、证人、鉴定人、勘验人和翻译人员等)到庭参加诉讼。……(写明发生的其他重要程序活动,如:被批准延长本案审理期限等情况)。本案现已审理终结。

第一,针对原告的履行法定职责的请求,被告已经作出拒绝性决定的案件,可写:

××××年××月××日,原告×××向被告×××提出申请(写明申请的内容),被告×××于××××年××月××日对原告×××作出××号××决定(或其他名称),……(简要写明拒绝性决定认定的主要理由和处理结果)。

第二,针对原告的履行法定职责的请求,被告不予答复的案件,可写:

原告×××于××××年××月××日向被告×××提出……(写明申请内容)。被告在原告起诉之前未作出处理决定(当事人对原告是否提出过申请或者被告是否作出处理有争议的,或者属于行政机关应当依职权履行法定职责的情形,不写)。

原告×××诉称,……(写明原告的诉讼请求、主要理由以及原告提供的证据、依据等)。

被告×××辩称,……(写明被告的答辩请求及主要理由)。

被告×××向本院提交了以下证据、依据:1.……(证据的名称及内容等);2.……。

第三人×××述称,……(写明第三人的意见、主要理由以及第三人提供的证据、依据等)。

本院依法调取了以下证据:……(写明证据名称及证明目的)。

经庭审质证(或庭前交换证据、庭前准备会议),……(写明当事人的质证意见)。

本院对上述证据认证如下:……(写明法院的认证意见和理由)。

经审理查明,……(写明法院查明的事实。可以区分写明当事人无争议的事实和有争议但经法院审查确认的事实)。

本院认为,……(写明法院判决的理由)。依照……(写明判决依据的行政诉讼法以及相关司法解释的条、款、项、目)的规定,判决如下:

……(写明判决结果)。

……(写明诉讼费用的负担)。

如不服本判决,可以在判决书送达之日起十五日内向本院递交上诉状,并按对方当事人的人数提出副本,上诉于××××人民法院。

审 判 长　×××
审 判 员　×××
审 判 员　×××

××××年××月××日
(院印)

本件与原本核对无异

法官助理　×××
书 记 员　×××

附:本判决适用的相关法律依据

五、文书范例

福建省厦门市思明区人民法院

行 政 判 决 书

(2017)闽0203行初××号

原告连××,男,××××年××月×日出生,汉族,住厦门市思明区×里×号×室,公民身份号码(略)。

被告厦门市公安局交通警察支队特勤机动大队,住所地厦门市思明区×路×号。

法定代表人林×甲,大队长。

出庭行政机关负责人林×乙,副大队长。

委托代理人陈××,厦门市公安局交通警察支队民警。

委托代理人金×,厦门市公安局指挥情报中心民警。

被告厦门市公安局交通警察支队,住所地厦门市思明区×路×号。

法定代表人郑××,政委。

委托代理人苗×,厦门市公安局交通警察支队民警。

原告连××因不服被告厦门市公安局交通警察支队特勤机动大队(简称特勤机动大队)行政处罚决定及被告厦门市公安局交通警察支队(简称交警支队)行政复议决定,向本院提起行政诉讼。本院于2017年3月8日立案后,依法组成合议庭,公开开庭审理

了本案。原告连××,被告特勤机动大队副大队长林×乙及委托代理人陈××、金×,被告交警支队委托代理人苗×到庭参加诉讼。本案现已审理终结。

2017年××月×日,特勤机动大队作出编号××号公安交通管理简易程序处罚决定,主要内容如下:2017年××月×日20时50分,连××在洪何路前埔东路口至岭兜路口段0米处实施在禁止停车的道路上停车的违法行为(代码801FD),违反了道路交通安全法第五十六条第一款、道路交通安全法实施条例第六十三条。依据《中华人民共和国道路交通安全法》第一百一十四条、《厦门经济特区道路交通安全若干规定》第四十六条第一款第二项之规定,决定予以200元罚款,记0分。

连××不服,申请行政复议。2017年××月×日,交警支队作出厦公交复决字[2017]第××号行政复议决定,根据《中华人民共和国行政复议法》第二十八条第一款第三项、《中华人民共和国行政复议法实施条例》第四十七条之规定,决定将特勤机动大队处罚决定中"在洪何路前埔东路口至岭兜路口段0米处实施在禁止停车的道路上停车的违法行为(代码801FD)"变更为"在前埔东路实施在禁止停车的道路上停车的违法行为(代码801FD)",其他内容不变。

连××诉称:

第一,被告的证据采集不符合规定。1.没有证据证明涉案监控设备经过国家有关部门检定合格,也没有使用单位自行定期检定报告来证明设备功能的完好性。根据《道路交通安全违法行为处理程序规定》第十五条的规定,交通技术监控设备应当符合国家标准或者行业标准,并经国家有关部门认定、检定合格后,方可用于收集违法行为证据。交通技术监控设备应当定期进行维护、保养、检测,保持功能完好。公安部《道路交通安全违法行为图像取证技术规范》要求"每幅图片上叠加有交通违法日期、时间、地点、方向、图像取证设备编号、防伪等信息"。被告并未提供该违法图像符合上述规定的相关证据。2.被告现场执法程序不符合规定。根据《道路交通安全违法行为处理程序规定》第四十条的规定,交通警察对于当场发现的违法行为,认为情节轻微、未影响道路通行和安全的,应向违法行为人提出口头警告,告知其违法行为的基本事实、依据,纠正违法行为后放行。交通警察没有告知原告纠正违法行为。

第二,被告处罚的法律依据不足。1.根据道路交通安全法第九十三条的规定,对违反道路交通安全法律、法规关于机动车停放、临时停车规定的,可以指出违法行为,并予以口头警告、令其立即驶离。机动车驾驶人不在现场或者虽在现场但拒绝立即驶离,妨碍其他车辆、行人通行的,处20元以上200元以下罚款。被告未证明原告不在现场或者虽在现场但拒绝立即驶离,妨碍其他车辆、行人通行,所以不能对原告处200元罚款。2.不认同被告根据道路交通安全法第一百一十四条对原告进行的罚款。一个不合法律规定的交通技术监控记录资料,不可以作为对原告处罚的证据。3.被告无法证明车辆所在路段有禁止停车的标线与标志,也无法提供该路段机动车道、人行道之间设有隔离设施的直接证据，故不能依据道路交通安全法实施条例第六十三条处罚原告。

第三，判断违法地点证据不足，违法地点不明确，认定事实不清。1.被告作出的处罚决定认定违法地点为“洪何路前埔东路口至岭兜路口段0米”有误，被告无法提供合法合格证据来证明原告当时车辆所处在地是被告认定的违法地点。2.违法地点“洪何路前埔东路口至岭兜路口段0米”在厦门道路上也无法准确找到相应的道路。无法确认原告实际违法地点。

第四，交警支队作出的行政复议决定应用条款错误。根据行政复议法第二十八条及行政行为的定义，本案的行政行为是特勤机动大队对原告的罚款行为，而涉案的地点只是事实依据，而非具体行政行为，交警支队无权对其进行改变，而应改变特勤机动大队对原告的处罚。

据此，提出诉讼请求：1.撤销特勤机动大队对连××作出的编号××号公安交通管理简易程序处罚决定书；2.撤销交警支队对连××作出的厦公交复决字[2017]第××号行政复议决定书；3.退还连××200元罚款。

连××向本院提交以下证据和依据：

1.公安交通管理简易程序处罚决定书；

2.行政复议决定书；

3.缴纳罚款证明。

依据：《中华人民共和国道路交通安全法》《中华人民共和国道路交通安全法实施条例》《道路交通安全违法行为处理程序规定》《道路交通安全违法行为图像取证技术规范》。

特勤机动大队辩称：

2017年××月×日20时50分许，闽D×××××号小型普通客车违法停车，被厦门市公安局指挥中心拍摄记录。连××于2017年××月×日到其处接受处理，其依法受理，并适用简易程序作出××号处罚决定书。1.本案事实清楚，证据确凿。监控图片显示，闽D×××××号小型普通客车停放的道路上，机动车道与非机动车道之间设有隔离设施，依法不得停车，闽D×××××号小型普通客车在此停放构成了在禁止停车的道路上停车的违法行为。监控图片能够反映机动车类型、号牌、外观等特征以及违法时间、事实。公安部《道路交通安全违法行为图像取证技术规范》(GA/T832—2014)属于推荐性行业标准，不具有强制性。监控图片不完全符合该标准，但足以证实相关交通安全违法行为，仍然是合格的、合法的证据。至于违法地点，则是由监控图片采集单位认定，我队在处理时无法核实，当事人在接受处理时也未对违法地点提出异议。且复议机关经核实后已经予以变更。2.本案适用法律正确，原告驾驶闽D×××××号小型普通客车在禁止停车的道路上停车，违反了道路交通安全法实施条例第六十三条第(一)项之规定，我队根据道路交通安全法第一百一十四条和《厦门经济特区道路交通安全若

干规定》第四十六条第一款第二项之规定给予行政处罚，符合法律规定。本案是通过交通技术监控设备查获的违法停车行为，不论是查处程序，还是法律责任模式，都不适合道路交通安全法第九十三条的规定。3.拍照设备无须强制检定。本案使用的交通技术监控设备，主要是通过拍照客观记录现实情况，并不具有测量、计量功能，不属于计量法规定的强制检定范围，可以由使用单位自行检定。从本案的监控图片看，该监控设备功能完好，拍摄的照片能够反映当时道路的客观事实。

特勤机动大队向本院提交以下证据和依据：

1.监控照片；

2.当事人自述材料；

3.公安交通管理简易程序处罚决定书。

依据：《中华人民共和国道路交通安全法》《中华人民共和国道路交通安全法实施条例》《厦门经济特区道路交通安全若干规定》。

交警支队辩称：

连××不服特勤机动大队行政处罚决定书，于处罚当日向其申请行政复议，其依法受理。经采集单位(厦门市公安局指挥情报中心)民警现场核实，该违法行为被发现的地点是在前埔东路上，该路段设有禁止停车交通标志、标线，机动车道与非机动车道(辅道)之间设有隔离设施。因此，其于2017年××月×日作出行政复议决定书，决定变更特勤机动大队作出的××号处罚决定：将“在洪何路前埔东路口至岭兜路口段实施在禁止停车的道路上停车的违法行为(代码801FD)”变更为“在前埔东路实施在禁止停车的道路上停车的违法行为(代码801FD)”，其他内容不变。特勤机动大队作出的违法处罚决定，是在查明事实的情况下，对违法事实进行处罚，均属于具体的行政行为，其变更事实地点符合法律规定。行政复议决定书于2017年2月24日向连××送达。综上，其作出的行政复议决定符合法定程序，请求法院驳回连××的诉讼请求。

交警支队向本院提交以下证据和依据：

1.行政复议申请书；

2.接受行政复议申请回执；

3.行政复议提交答复通知书；

4.行政复议答复书；

5.行政复议决定书；

6.公安送审签发单；

7.市公安局指挥情报中心关于对闽×××××号小型汽车监控抓拍交通违法的情况说明；

8.现场照片；

9.执法车GPS行车轨迹图；

10.送达回执。

依据:《中华人民共和国行政复议法》《中华人民共和国行政复议法实施条例》。

经庭审质证,连××对特勤机动大队提供的证据2、3无异议,对其证据1不予认可;对交警支队提供的证据7、8、9不予认可,对其余证据无异议。二被告对连××提供的证据的真实性予以认可。

对于各方均没有异议的证据,本院予以确认,并分析认为:特勤机动大队提供的证据1监控照片,系厦门市公安局指挥情报中心依法采集,其真实性、合法性予以认可;交警支队提供的证据7、8、9,其真实性、合法性予以认可。

经审理查明:

2017年××月×日20时50分,连××名下的闽D×××××小型普通客车停放在本市思明区"前浦东路禁止停车的道路"上。厦门市公安局指挥情报中心移动监控系统拍摄记录了该行为,但记录的停车地点为"洪何路前埔东路口至岭兜路口段0米"。2017年××月××日,连××到特勤机动大队接受处理,特勤机动大队适用简易程序作出编号为××公安交通管理简易程序处罚决定,就连××的违法停车行为予以200元罚款。同日,连××向交警支队申请行政复议,要求撤销该行政处罚决定。交警支队受理后,厦门市公安局指挥情报中心民警前往案涉现场核实,认为闽D×××××小型普通客车的违法停车行为地应更正为"前埔东路",该路段设有禁止停车交通标志、标线,机动车道与非机动车道(辅道)之间设有隔离设施。据此,交警支队于2017年××月×日作出厦公交复决字[2017]第××号行政复议决定,将"在洪何路前埔东路口至岭兜路口段实施在禁止停车的道路上停车的违法行为(代码801FD)"变更为"在前埔东路实施在禁止停车的道路上停车的违法行为(代码801FD)",其他内容不变。连××仍不服,遂诉至本院。

本院认为,根据道路交通安全法第五条的规定,县级以上地方各级人民政府公安机关交通管理部门负责本行政区域内的道路安全管理工作。特勤机动大队作为县级公安机关交通管理部门,在法定权限内具备行政执法主体资格,有权对案涉交通违法行为作出相应的行政处罚。根据行政复议法的规定,交警支队受理连××对特勤机动大队的行政复议申请,依法审理行政复议案件系其法定职责。

本案存在以下争议焦点:

一、本案的行政处罚决定是否有事实根据?

连××主张,1.被告的证据采集不符合《道路交通安全违法行为图像取证技术规范》等规定的要求,且采集的照片模糊不清,无法证明车辆所在路段有禁止停车的标线与标志,也无法证明该路段机动车道、人行道之间设有隔离设施。2.特勤机动大队判断违法地点证据不足,违法地点不明确,认定事实不清。其认定的违法地点为"洪何路前埔东路口至岭兜路口段0米"有误,该违法地点在厦门道路上无法准确找到相应的

道路。

特勤机动大队辩驳,1.本案事实清楚,证据确凿。监控图片显示,闽D××××× 号小型普通客车停放的道路上,机动车道与非机动车道之间设有隔离设施,依法不得停车。2.违法地点是监控图片采集单位认定的,特勤机动大队在处理时无法核实,当事人在接受处理时也未对违法地点提出异议。且复议机关经核实已经予以变更为该车实际停放的地点。

交警支队辩驳,经民警现场核实,连××的违法行为地应在“前埔东路”,该路段设有禁止停车交通标志、标线,机动车道与非机动车道(辅道)之间设有隔离设施。其在行政复议决定书中已对此进行了变更。

本院认为,根据《厦门经济特区道路交通安全若干规定》第四十六条第一款第二项的规定,在禁止停车的道路上停车的,处以二百元罚款。本案中,监控图片、现场核实照片等证据,共同证明了机动车号牌为闽D×××××的车辆所停放的路段设有禁止停车交通标志、标线,机动车道与非机动车道(辅道)之间设有隔离设施,足以认定连××驾驶的闽D×××××小型普通客车在禁止停车的道路上实施停车行为的事实。至于该违法停车路段的名称问题,厦门市公安局指挥情报中心的移动监控系统不属于固定设施,其移动监控过程中系统定位的位置可能存在一定的偏差。因此,该系统依据自动定位的位置,将连××的违法停车地点记录为“洪何路前埔东路口至岭兜路口段0米”属于合理范围之内。交警支队在行政复议过程中,通过现场核实,查明了连××违法停车路段的准确名称,并在行政复议中予以变更。因此,特勤机动大队所作行政处罚决定认定事实基本清楚,其虽然在违法行为地表述上有瑕疵,但这一瑕疵已被复议机关纠正。

二、本案行政处罚决定的程序是否合法?

连××主张,根据道路交通安全法第九十三条、《道路交通安全违法行为处理程序规定》第四十条之规定,被告在未能证明其不在现场的情况下,应向其指出违法停车的行为,并予以口头警告,其拒不配合时方能对其进行行政处罚。移动执法车的目的在于快速发现交通问题、解决交通隐患,不能为了拍照处罚而拍照,而应现场纠正违法行为。因此,案涉行政处罚的程序不合法。

本院认为,本案属于通过交通技术监控设备查获的违法停车行为,根据道路交通安全法第一百一十四条的规定,公安机关交通管理部门根据交通技术监控记录资料,可以对违法的机动车所有人或者管理人依法予以处罚。此外,交警部门根据技术监控资料对机动车违法行为进行处罚,亦符合人们的一般社会生活经验。相较于数量庞大的机动车驾驶人群体,交通警察的人数毕竟有限,要求交通警察对全部违法行为进行现场执法,既不符合现实情况,也难以达到纠正交通违法的目的。因此,对连××的主张,本院不予采纳。特勤机动大队作出行政处罚决定的程序合法。

三、本案行政复议的程序是否合法？

连××认为本案的行政行为是特勤机动大队对原告的罚款行为，涉案的地点只是事实依据，而非行政行为，交警支队无权对其进行改变，而应改变特勤机动大队对原告的处罚。

本院认为，行政行为不仅包括处理结果，还包括事实和证据、适用依据。根据行政复议法实施条例第四十七条第二项的规定，行政行为认定事实不清，证据不足，但是经行政复议机关审理查明事实清楚，证据确凿的，行政复议机关可以决定变更。根据《最高人民法院关于适用〈中华人民共和国行政诉讼法〉若干问题的解释》第六条第二款的规定，行政诉讼法第二十六条第二款规定的“复议机关改变原行政行为”，是指复议机关改变原行政行为的处理结果。结合上述行政法规和司法解释规定，复议机关可以在不改变原行政行为的处理结果的情况下，对原行政行为的事实和证据进行变更。

本案中，特勤机动大队所作出的行政处罚决定不仅包括处理结果（即连××所称的罚款行为），还包括该处罚决定所认定的相关事实。交警支队受理连××提出的行政复议申请后，厦门市公安局指挥情报中心结合监控图片及移动监控系统的GPRS轨迹，对案涉现场进行勘验核实，确认了连××在禁止停放的道路上违法停车的事实，同时发现其违法停车的路段实际应为“前埔东路”。据此，交警支队有权依法作出行政复议决定，对特勤机动大队所认定的违法道路名称进行纠正，同时维持行政处罚决定的其他内容。该行政复议决定书已依法送达各方当事人，程序合法。

综上，被告特勤机动大队作出的××号公安交通管理简易程序处罚决定和被告交警支队作出的厦公交复决字[2017]第××号行政复议决定，认定事实清楚，证据确凿，适用法律、法规正确，符合法定程序。原告的诉讼请求缺乏事实根据和法律依据，本院不予支持。据此，依照《中华人民共和国行政诉讼法》第六十九条，判决如下：

驳回原告连××的诉讼请求。

本案案件受理费50元，由原告连××负担。如不服本判决，可于判决书送达之日起十五日内向本院提交上诉状，并按对方当事人的人数提出副本，上诉于福建省厦门市中级人民法院。

审　判　长　×××
审　判　员　×××
人民陪审员　×××

二〇一七年××月××日
（院印）

本件与原本核对无异

书　记　员　陈××

附件:本判决所适用的法律法规、司法解释

《中华人民共和国行政诉讼法》

第六十九条 行政行为证据确凿,适用法律、法规正确,符合法定程序的,或者原告申请被告履行法定职责或者给付义务理由不成立的,人民法院判决驳回原告的诉讼请求。

第三节 二审行政判决书

一、概念

二审行政判决书,是指二审人民法院在收到当事人不服一审判决提起上诉的行政案件后,依照《行政诉讼法》规定的第二审程序审理终结,就案件的实体问题依法作出处理决定的司法文书。由于行政诉讼实行二审终审制,二审行政判决书相较于一审行政判决书更具重要性和影响力。

二、内容

制作二审行政判决书,应当体现上诉审的特点,强调针对性和说服力。[①]《行政诉讼法》第 87 条规定:"人民法院审理上诉案件,应当对原审人民法院的判决、裁定和被诉行政行为进行全面审查。"二审行政判决书需体现全面审查的要求,但谋篇布局应有所侧重。

三、写作要点[②]

(一)首部

上诉案件当事人的称谓,写"上诉人"、"被上诉人",并用括号注明其在原审中的诉讼地位。原告、被告和第三人都提出上诉的,可并列为"上诉人"。当事人中一人或者部分人提出上诉,上诉后是可分之诉的,未上诉的当事人在法律文书中可以不列;上诉后仍是不可分之诉的,未上诉的当事人可以列为被上诉人。上诉案件当事人中的代表人、诉讼代理人等,分别在该当事人项下另起一行列项书写。

(二)事实

"经审理查明"部分,包括上诉争议的内容以及二审查明认定的事实和证据。书写

---

① 《行政诉讼文书样式(试行)》"二审维持原判或改判用"行政判决书样式说明。

② 《行政诉讼文书样式(试行)》"二审维持原判或改判用"行政判决书样式说明。

上诉争议的内容时，要概括简练，抓住争议焦点，防止照抄原审判决书、上诉状和答辩状，但又要不失原意。二审审查认定的事实和证据，要根据不同类型的案件书写。如果原审判决事实清楚，上诉人亦无异议的，简要地确认原判认定的事实即可；如果原审判决认定事实清楚，但上诉人提出异议的，应对有异议的问题进行重点分析，予以确认；如果原审判决认定事实不清，证据不足，经二审查清事实后改判的，应具体叙述二审查明的事实和有关证据。

一般情况下，二审认定事实与一审一致的，可写“本院经审理查明的事实与一审判决认定的事实一致，本院予以确认”。与一审认定的主要事实基本一致，但在个别事实作出新的认定的，可写“本院经审理查明的事实与一审判决认定的事实基本一致。但一审认定的……事实不当，应认定为……”本院认定的事实是一审未认定的，可写“本院另查明：……”。

（三）理由

“本院认为”部分，要有针对性和说服力，要注重事理分析和法理分析，兼顾全面审查和重点突出。针对上诉请求和理由，重点围绕争议焦点，就原审判决及被诉行政行为是否合法，上诉理由是否成立，上诉请求是否应予支持等，阐明维持原判或者撤销原判予以改判的理由。具体写法可参照一审判决书理由部分。

（四）判决结果

“判决结果”部分可分为以下四种情形：

第一，维持原审判决的，写：

“驳回上诉，维持原判。”

第二，对原审判决部分维持、部分撤销的，写：

“一、维持××××人民法院（××××）×行初××号行政判决第×项，即……（写明维持的具体内容）；

“二、撤销××××人民法院（××××）×行初××号行政判决第×项，即……（写明撤销的具体内容）；

“三、……（写明对撤销部分作出的改判内容。如无须作出改判的此项不写）。”

第三，撤销原审判决，驳回原审原告的诉讼请求的，写：

“一、撤销××××人民法院（××××）×行初××号行政判决；

“二、驳回×××（当事人姓名）的诉讼请求。”

第四，撤销原审判决，同时撤销或变更行政机关的行政行为的，写：

“一、撤销××××人民法院（××××）×行初××号行政判决；

“二、撤销（或变更）××××（行政主体名称）××××年××月××日（××××）

×××字第××号……(写明具体行政行为或者复议决定名称或其他行政行为);

"三、……(写明二审法院改判结果的内容。如无须作出改判的,此项不写)。"

四、样式

××××人民法院

行政判决书

(二审维持原判或改判用)

(××××)×行终××号

上诉人(原审×告)×××,……(写明姓名或名称等基本情况)。

被上诉人(原审×告)×××,……(写明姓名或名称等基本情况)。

(当事人及其他诉讼参加人的列项和基本情况的写法,除当事人的称谓外,与一审行政判决书样式相同。)

上诉人×××因……(写明案由)一案,不服××××人民法院(××××)×行初字第××号行政判决,向本院提起上诉。本院依法组成合议庭,公开(或不公开)开庭审理了本案。……(写明到庭的当事人、诉讼代理人等)到庭参加诉讼。本案现已审理终结。(未开庭的,写"本院依法组成合议庭,对本案进行了审理,现已审理终结")。

……(概括写明原审认定的事实、理由和判决结果,简述上诉人的上诉请求及其主要理由和被上诉人的主要答辩的内容及原审第三人的陈述意见)。

……(当事人二审期间提出新证据的,写明二审是否采纳以及质证情况,并说明理由。如无新证据,本段不写)。

经审理查明,……(写明二审认定的事实和证据)。

本院认为,……(写明本院判决的理由)。依照……(写明判决依据的法律以及相关司法解释的条、款、项、目)的规定,判决如下:

……(写明判决结果)。

……(写明诉讼费用的负担)。

本判决为终审判决。

审判长 ×××
审判员 ×××
审判员 ×××

××××年××月××日
（院印）

本件与原本核对无异

法官助理 ×××
书记员 ×××

附：本判决适用的相关法律依据

五、文书范例

福建省高级人民法院
行政判决书

（2019）闽行终×××号

上诉人（原审被告）福鼎市海洋与渔业局，住所地福建省福鼎市太姥大道××大厦5层。

法定代表人施××，局长。

委托代理人廖××，福建惠尔（福鼎）律师事务所律师。

委托代理人王××，福建惠尔（福鼎）律师事务所律师。

被上诉人（原审原告）福建省泉州××船舶评估咨询有限公司，住所地福建省泉州市丰泽区丰泽街道东美社区坪山路西侧碧水湾××号楼××室。

法定代表人郭××，总经理。

委托代理人陈××，福建正成功律师事务所律师 。

福建省泉州××船舶评估咨询有限公司（以下简称××船舶评估公司）诉福鼎市海洋与渔业局行政垄断行为一案，福鼎市海洋与渔业局不服厦门市海事法院（2018）闽72行初×号行政判决，向本院提起上诉。本院依法组成合议庭对本案进行了审理，现已审理终结。

原审查明，2018年7月13日，福鼎市海洋与渔业局制定了鼎海渔〔2018〕136号《福鼎市标准化海洋捕捞渔船更新改造项目2015—2016年度实施方案》（以下简称136号文）并印发至该市各沿海乡镇海洋与渔业工作站及下属单位。该方案“渔船造价的认

定”部分第三点“经局油补资金转移支付项目管理领导小组研究决定：第三方评估机构由渔民自行在福建省国资委备案名录中选择有资产评估资质的评估机构对渔船单船进行造价评估”行文明确对渔船造价认定的第三方评估机构需在福建省国资委备案名录中选择。

另查明，原告××船舶评估公司经营范围包括船舶评估、监理、检测、交易服务、代办相关交易手续；提供与海事、交通、水利、港航、路桥、打捞救助、海洋与渔业、水运工程及其海上设施有关的技术服务、造价咨询、信息咨询、可行性研究；从事船舶及其属具、机电设备、海域使用权、水产养殖、航道疏浚、海事海商及货物的估损理算、勘验评估；价格评估等。被告福鼎市海洋与渔业局主要职责包括负责维护海洋与渔业生产秩序工作、负责渔业管理工作等职责，制定案涉海洋捕捞渔船更新改造项目实施方案等渔船监督管理工作是其职责。

原审认为，本案是一起行政垄断案件。本案的争议焦点为：1.原告的诉讼主体是否适格。2.案涉136号文件是否合法，是否有侵犯原告的公平竞争权利，是否构成滥用行政权力限制竞争。

一、关于原告的主体资格问题

被告认为，原告不是被告所印发的136号文的相对人，其与该行为不具有利害关系。根据《行政诉讼法》有关规定原告不符合起诉条件，不具有提起本案行政诉讼的主体资格，案涉136号文不影响和剥夺原告的竞争权，原告不具备起诉资格。

原审认为，原告的经营范围与被告指定行为均涉及渔船评估这一市场领域，其范围存在交叉，原告与被告的行政行为具有利害关系，原告是适格的主体，可以根据《中华人民共和国行政诉讼法》第十二条第一款第八项的规定提起行政诉讼。

二、关于被告136文的合法性问题

《福建省海洋与渔业厅关于加快实施海洋捕捞渔船更新改造项目的通知》(闽海渔〔2018〕125号)中明确评估方式为第三方资产评估机构进行评估，且未指定具体的第三方资产评估机构，而案涉136号文件中第八页第二大项第二小项却明确指定第三方资产评估机构必须是福建省国资委备案名录中有资产评估资质的公司，不符合(闽海渔〔2018〕125号)文件的规定。《反垄断法》第三十七条规定，行政机关不得滥用行政权力，指定含有排除、限制竞争内容的规定。本案中，被告直接指定了第三方资产评估机构必须是福建省国资委备案名录中有资产评估资质的公司，排除了其他可能的市场参与者，构成通过行政权力限制市场竞争。因此，被告136号文中指定渔民限定在国资委清单里面进行选择有资产评估资质的评估机构对渔船单船进行单船造价评估，该指定行为不合法。

在案涉136号文中，大部分条文能依照《福建省海洋与渔业厅关于加快实施海洋捕捞渔船更新改造项目的通知》(闽海渔〔2018〕125号)来推动海洋捕捞渔船更新改造工作进度及加强项目资金管理、项目申报发放等工作，但被诉指定渔民只能在福建省国资委备案名录中选择评估机构的行政行为排除了其他可能的市场参与者包括原告这样有资质的机构，因此原告与被告的指定行为之间存在利害关系，原告作为相关利害关系人有权就被告的行政决定行为提起诉讼。由于被告是具有渔船检验管理职责的行政机关，其指定行为因136号文的存在一直发生效力，并且处于限制竞争的状态，该指定行为将始终成为原告等其他有评估资质的企业正常经营的障碍，侵害了原告的公平竞争权，干扰了辖区渔船更新改造活动的正常运行，构成行政垄断。被告的指定行为明显违反了《反垄断法》第三十七条"行政机关不得滥用行政权力，制定含有排除、限制竞争内容的规定"。

综上，依照《中华人民共和国反垄断法》第八条、第三十二条、第三十七条、《中华人民共和国行政诉讼法》第十二条第八项、第七十条之规定，判决：确认被告福鼎市海洋与渔业局（鼎海渔〔2018〕136号）文中指定渔民在对福鼎市辖区的海洋捕捞渔船更新改造时应委托在福建省国资委备案名录中选择有资产评估资质的评估机构作为第三方评估机构进行渔船造价认定的行政行为违法。一审案件诉讼费100元，由被告福鼎市海洋与渔业局负担。

上诉人福鼎市海洋与渔业局提起上诉称，1.本案并不是一个行政许可行为，公平竞争权人仅指被拒绝行政许可的人，被上诉人的公平竞争权并未受到侵害。原审法院认为公平竞争权受到侵害的人具有原告资格，故认定被上诉人是本案适格的主体，认定事实错误。2.本案案由是滥用行政权力限制竞争，不属于海事法院受案范围，原审法院程序错误。3.对渔船单独单船进行造价评估是渔船更新改造项目的一个程序性环节，不属于行政行为，不具有可诉性。4.上诉人并没有滥用行政权力排除或限制竞争，系合理使用行政权力，原审认定上诉人构成行政垄断，认定事实及适用法律错误。5.渔船改造评估具有补贴起止期限，而反垄断法反的是经常性、重复性行为，而非一次性行为。原审判决认定事实和适用法律错误，请求撤销原审判决，改判驳回被上诉人一审诉讼请求。

上诉人福鼎市海洋与渔业局提出上诉后，原审法院已将双方当事人提供的证据材料随案移送本院，相关证据均已经原审庭审质证。经审查，本院对原审采纳的证据和认定的案件事实予以确认。此外，上诉人福鼎市海洋与渔业局仅委托律师参加一、二审诉讼，违反了《福建省行政应诉办法》第十二条的规定，本院予以指出。

本院认为，本案中，××船舶评估公司认为福鼎市海洋与渔业局作出的136号文中涉及指定相关渔民选择特定范围内评估机构进行评估的行政行为，侵犯其市场公平竞争权而提起行政诉讼。根据双方诉辩主张，就争议焦点问题作如下分析认定：

一、关于上诉人福鼎市海洋与渔业局作出的被诉行政行为是否属于行政诉讼受案范围问题。本案被诉行政行为是上诉人指定渔民在对福鼎市辖区的海洋捕捞渔船更新

改造时应委托在福建省国资委备案名录中选择有资产评估资质的评估机构作为第三方评估机构进行渔船造价认定的行为，实质上是上诉人指定所涉渔船的渔民在一定范围内选择渔船造价评估机构进行评估的行为。根据《中华人民共和国行政诉讼法》第十二条第一款第八项的规定，当事人对行政机关滥用行政权力排除或者限制竞争的行为提起诉讼的，属于行政诉讼受案范围。本案中，根据《福建省海洋与渔业厅关于加快实施海洋捕捞渔船更新改造项目的通知》，海洋捕捞渔船更新改造项目涉及中央财政专项转移支付补助资金发放管理工作，由海洋与渔业主管部门负责实施。又根据《福鼎市人民政府办公室关于印发福鼎市海洋与渔业局主要职责内设机构和人员编制规定的通知》的规定，其主要职责之一是："贯彻执行有关海洋与渔业法律、法规和方针政策，拟定我市海洋与渔业发展战略和相关政策措施，并组织实施。"福鼎市海洋与渔业局对实施海洋捕捞渔船更新改造项目具有管理职责。因此，上诉人为实施海洋捕捞渔船更新改造项目而作出指定所涉渔船的渔民在一定范围内选择渔船造价评估机构进行评估的行为，系其行使行政职权的行为，被上诉人认为该行政行为属于行政机关滥用行政权力排除或者限制竞争而提起诉讼，应属行政诉讼受案范围。

二、关于××船舶评估公司是否具备原告主体资格问题。根据××船舶评估公司提供的《工商营业执照》和《价格评估机构资质登记证书》，证明其具有经营船舶评估和价格评估机构专业类甲级的资质。因××船舶评估公司不属于福建省国资委备案名录中的评估机构，其认为福鼎市海洋与渔业局在海洋捕捞渔船更新改造项目实施方案的规定中，指定所涉渔船的渔民在福建省国资委备案名录中选择评估机构对渔船造价进行评估，排除其参与渔船造价评估市场公平竞争的权利而提起诉讼，其与被诉行政行为具有利害关系，依法应具有原告主体资格。

三、关于本案是否属于海事法院受案范围问题。根据《最高人民法院关于海事法院受理案件范围的规定》第七十九条规定，不服海事行政机关作出的涉及船舶等财产的行政行为而提起的行政诉讼案件属于海事法院受案范围。本案中，福鼎市海洋与渔业局的被诉行政行为涉及船舶价格评估事项，属涉及财产的行政行为，故本案应属海事法院受案范围。

四、关于原审判决确认被诉行政行为违法是否正确问题。(1)上诉人作出的被诉行政行为是否合法。根据《中华人民共和国反垄断法》第八条的规定："行政机关和法律、法规授权的具有管理公共事务职能的组织不得滥用行政权力，排除、限制竞争。"本案中，上诉人福鼎市海洋与渔业局作出的136号文中关于"渔船造价的认定"部分规定："第三方评估机构由渔民自行在福建省国资委备案名录中选择有资产评估资质的评估机构对渔船单船进行造价评估"，该规定实质是指定所涉渔船的渔民选择渔船造价评估机构的范围限定在福建省国资委备案名录中。为此，上诉人提供的《福建省海洋与渔业厅关于加快实施海洋捕捞渔船更新改造项目的通知》中只规定：相关渔船造价评估可请第三方资产评估机构进行评估，并无相关排除或限制性的规定，其亦未能举证证明可以对渔民选择评估机构的范围进行限定及具有正当性的依据，故其作出的被诉行政行为属于滥用行政权力。同时，上诉人的被诉行政行为将相关渔民选择评估机构的范围限定在福建省国资委备案名录中，实际上排除了包括被上诉人在内的其他具有相应评估资质的评估机构公平参与市场竞争的权利，违反了上述反垄断法的相关规定，因此，上诉人的被诉行政行为属于滥用行政权利排除竞争的违法行政行为。鉴于被诉行政行为已实施完毕，判决撤销会给国家利益、社会公共利益造成重大损害，原审判决确认被诉行政行为违法，并无不当。但原审适用《中华人民共和国行政诉讼法》第七十条规定对被诉行政行为作出确认违法判决不当，本案应适用《中华人民共和国行政诉讼法》第七十四条第一款第一项的规定作出判决，对此，本院予以纠正。

综上，本案中，上诉人福鼎市海洋与渔业局作出的被诉行政行为违反了《中华人民共和国反垄断法》的相关规定，原审判决确认被诉行政行为违法，适用法律虽有瑕疵，但判决结果正确，依法予以维持。上诉人的上诉请求本院不予支持。据此，依照《中华人民共和国行政诉讼法》第八十九条第一款第一项、第一百零一条和《最高人民法院关于适用〈中华人民共和国民事诉讼法〉的解释》第三百三十四条的规定，判决如下：

驳回上诉，维持原判。

二审案件受理费100元，由上诉人福鼎市海洋与渔业局负担。

本判决为终审判决。

审 判 长 ×××
审 判 员 ×××
审 判 员 ×××

××××年××月××日
（院印）

本件与原本核对无异

书 记 员 吴××

附：本案适用的法律条文

《中华人民共和国行政诉讼法》

第八十九条 人民法院审理上诉案件，按照下列情形，分别处理：

（一）原判决、裁定认定事实清楚，适用法律、法规正确的，判决或者裁定驳回上诉，维持原判决、裁定；

……

第一百零一条 人民法院审理行政案件，关于期间、送达、财产保全、开庭审理、调

解、中止诉讼、终结诉讼、简易程序、执行等,以及人民检察院对行政案件受理、审理、裁判、执行的监督,本法没有规定的,适用《中华人民共和国民事诉讼法》的相关规定。

《最高人民法院关于适用〈中华人民共和国民事诉讼法〉的解释》①

第三百三十四条　原判决、裁定认定事实或者适用法律虽有瑕疵,但裁判结果正确的,第二审人民法院可以在判决、裁定中纠正瑕疵后,依照民事诉讼法第一百七十条第一款第一项规定予以维持。

第四节　行政裁判文书写作的相关技能和规范

一、裁判文书的文字文风

裁判文书写作初级阶段有两大基本要求:一是参照文书样式写,二是文字通顺文风朴实。《关于加强和规范裁判文书释法说理的指导意见》(法发〔2018〕10号)对裁判文书的文字文风提出如下指导意见:要讲究文理,语言规范,表达准确,逻辑清晰,合理运用说理技巧,增强说理效果。裁判文书行文应当规范、准确、清楚、朴实、庄重、凝练,一般不得使用方言、俚语、土语、生僻词语、古旧词语、外语;特殊情形必须使用的,应当注明实际含义。裁判文书释法说理应当避免使用主观臆断的表达方式、不恰当的修辞方法和学术化的写作风格,不得使用贬损人格尊严、具有强烈感情色彩、明显有违常识常理常情的用语,不能未经分析论证而直接使用"没有事实及法律依据,本院不予支持"之类的表述作为结论性论断。②

(一)裁判文书的文字要求

文字水平,即掌握语言的能力,是法律人的必备素养。两大法系法律人都重视语言能力在法律职业中的作用。德国学者魏德士认为,"语言对法本身的重要性,同样适用于法律工作者对语言的驾驭能力的重要性","法律工作者的成功必须(首先)以语言为工具"。③ 英国著名法官丹宁勋爵指出:"要想在与法律有关的职业中取得成功,你必须尽力培养自己掌握语言的能力。"④

在实践中,杜绝错别字,通过认真校对是可以做到的。而行文拖沓、表述不顺,则需

① 《行政诉讼法》第101条规定:"人民法院审理行政案件,关于期间、送达、财产保全、开庭审理、调解、中止诉讼、终结诉讼、简易程序、执行等,以及人民检察院对行政案件受理、审理、裁判、执行的监督,本法没有规定的,适用《中华人民共和国民事诉讼法》的相关规定。"

② 《关于加强和规范裁判文书释法说理的指导意见》(法发〔2018〕10号)。

③ [德]魏德士:《法理学》,丁晓春、吴越译,法律出版社2003年版,第74页。

④ [英]丹宁勋爵:《法律的训诫》,杨百揆、刘庸安、丁健译,群众出版社1985年版,第2页。

要勤于练笔才能纠正。作家关于写作的经验之谈，可以借鉴。老舍说："我不单不轻易用个形容词，就是'然而'与'所以'什么的也能少用就少用，为是教文字结实有力。"①张中行亦批评可以从简却从繁的表述，如不写"我没注意"而写"没有引起我的注意"，不写"我欢迎他来"而写"对于他的来我是欢迎的"。又如，"我读过他所作的文章""这件事我们要作调查""这个问题，领导必须仔细加以研究""由于下雨，使得我不能出门了"，划线的字词应当删去，②显得干净利落。上述所引冗长表述和可删除字词，恰恰是我们平时写作时习焉不察的。如果平时有意识地矫正，就能修炼出简洁有力的文字。

(二)裁判文书的文风要求

裁判文书是公文之一种，具有定分止争和价值引领作用，文风要求朴实庄重、平易而不平淡、清楚达意。

裁判文书属于广义上的散文，是实用型散文。王佐良教授在译述英国散文时提道："散文的妙处正在其适应性大，变化无穷。变化也是一种磨炼，磨炼得多了，散文也就更加硬朗，更加灵活，能把叙述、讲解、说理辩论之类的实事做得更好，……"③裁判文书写作亦如是。从遣词造句到篇章结构，因案而异训练多种写作方法，使文书更加硬朗、灵活。特别是，在参照文书样式的基础上，可以寻求些变化。最高人民法院行政庭对文书样式说明中亦提出："需要指出的是，本样式只是提供一个基本模式，供大家在实践中参考。文书所必需的基本要素虽不可或缺，但也不必拘泥于样式，限缩发展创新的空间。"④

裁判文书要兼顾专业化与通俗化。人民法院以裁判文书为载体，对当事人之间的争议作出专业判断，文书中必然体现专业化风格。法律和法学语言亦多有区别于日常语言的专业术语，如行政行为、⑤第三人、⑥反射利益、比例原则等，没有受过法学教育就不能正确理解其含义。但是，裁判文书也是法治教育的载体，要以当事人看得见、听得懂、能理解的方式实现司法公正。裁判文书的专业化与通俗化之间存在张力，主要是裁判理由部分。专业阐释和通俗解说可以兼顾。最高人民法院的一份裁定书体现了兼顾风格："展读诉状，我们对这位老教师的义举心生敬意，也毫不怀疑她'不为一己私利'的动机，但是，也正是因为她提起诉讼'不为一己私利'，才不符合《行政诉讼法》规定的起

---

① 老舍：《我是怎样学习语言》，载孙琴安主编：《名家谈写作》，远方出版社 2002 年版，第 112 页。

② 张中行：《作文杂谈》，中华书局 2007 年版，第 192～193 页。原文画线部分为点号。

③ 王佐良：《并非舞文弄墨——英国散文名篇新选》，生活·读书·新知三联书店 1994 年版，第 258 页。

④ 最高人民法院行政审判庭编：《行政诉讼文书样式(试行)》，编者的话，人民法院出版社 2015 年版，第 1 页。

⑤ "行政行为"不等于行政主体作出的所有行为。行政主体作出的行为，只有符合《行政诉讼法》规定的可诉性要求，才是行政行为。

⑥ 诉讼法上的当事人，有原告、被告、第三人，没有"第一人""第二人"。

诉条件。按照《行政诉讼法》第二条第一款的规定，只有自己的合法权益受到行政机关和行政机关工作人员的行政行为侵犯的，才能提起行政诉讼。《行政诉讼法》第二十五条第一款规定的原告资格，也要求与行政行为'有利害关系'。如果不是为救济自己的权益而提起诉讼，除法律明确规定的公益诉讼等特殊情形外，原则上均不能受理。"①台湾地区的一则判决也可以借鉴，该判决书写道："按无论刑事犯罪或行政违章所称之'过失'，在司法实务上被定义为'特定主体对客观违法之后果，有认识及对应之回避义务客观存在，且并无始料未及之特殊环境因素存在，致使该客观存在之认识及回避结果义务主观上难以被实践，但该负担客观认识及回避义务之主体，却未履行该等义务，致使被期待不发生之有害结果仍然发生'。"文书虽然完整精确地阐述了"过失"的定义，但是外行人看得云里雾里。判决书紧接着写道："简洁之描述即'应注意，并能注意而不注意'。"②这就容易理解了。

裁判文书的文风，要避免两种倾向：美文化和学术化。美文化是将裁判文书写成抒情散文，与裁判文书的朴实庄重文风要求不符。学术化则是将裁判文书写得像教科书或学位论文，而不是围绕当事人争议焦点进行有针对性的论述。从一般风格要求上，事实部分要像说明文，客观平实；理由部分要像议论文，夹叙夹议。当然，根据具体案情，理由部分有时不妨来点抒情（需要法理情结合的时候），来点学术（需要对争议法律问题进行深度论述的时候），但总体要求还是"节制"。

二、法律规范条文表述

行政裁判文书会涉及众多的法律、法规、规章、规范性文件（以下简称法律规范）的引用。行政法律规范结构层次较多，有条、款、项、目。实践中易混淆款、项、目表述，或称项为款，或称目为项等等。

（一）条、款、项、目的基本含义

1.条。条是构成法律规范最基本的单位。款、项、目依层次隶属于条。

2.款。法律规范某条有两个以上自然段的，分为"第×条第一款""第×条第二款"……。如果只有一个自然段的，不分款。

3.项。条文中以（一）（二）（三）……为序号的，是项，表述为"第×条第×项"或者"第×条第×款第×项"。项的序号在表述时不加括号，应表述为"第×项"，不表述为"第（×）项"。③

4.目。条文中在项之下以阿拉伯数字为序号的，是目，表述为"第×条第×项第1

---

① 最高人民法院（2018）最高法行申1576号行政裁定书。

② 台湾地区"最高行政法院"2012年判字第520号判决书。

③ 《立法技术规范（试行）（一）》第9.1条、第9.2条。但实践中，表述为"第（×）项"亦常见。

目”或者“第×条第×款第×项第1目”。

(二)条、款、项、目表述方法

以行政诉讼为例,表述方法主要有:

1.只有条,不分款、项、目

例:“第一条　为保证人民法院公正、及时审理行政案件,解决行政争议,保护公民、法人和其他组织的合法权益,监督行政机关依法行使职权,根据宪法,制定本法。”

表述为:“《中华人民共和国行政诉讼法》第一条。”

2.有条有款

例:“第二条　公民、法人或者其他组织认为行政机关和行政机关工作人员的行政行为侵犯其合法权益,有权依照本法向人民法院提起诉讼。前款所称行政行为,包括法律、法规、规章授权的组织作出的行政行为。”

分别表述为:“《中华人民共和国行政诉讼法》第二条第一款”“《中华人民共和国行政诉讼法》第二条第二款。”

3.有条有款有项

例:“第十二条　人民法院受理公民、法人或者其他组织提起的下列诉讼:

“(一)对行政拘留、暂扣或者吊销许可证和执照、责令停产停业、没收违法所得、没收非法财物、罚款、警告等行政处罚不服的;

“……

“(十二)认为行政机关侵犯其他人身权、财产权等合法权益的。

“除前款规定外,人民法院受理法律、法规规定可以提起诉讼的其他行政案件。”

涉及行政拘留等行政处罚的,表述为:“《中华人民共和国行政诉讼法》第十二条第一款第一项。”

4.有条有项无款

例:“第十三条　人民法院不受理公民、法人或者其他组织对下列事项提起的诉讼:

“(一)国防、外交等国家行为;

“……

“(四)法律规定由行政机关最终裁决的行政行为。”

涉及法律规定由行政机关最终裁决的行政行为的,表述为:“《中华人民共和国行政诉讼法》第十三条第四项。”

5.条款项目皆有

《中华人民共和国行政诉讼法》条文结构没有目的设置。此处以《中华人民共和国行政复议法》为例。

例:“第二十八条　行政复议机关负责法制工作的机构应当对被申请人作出的具体

行政行为进行审查，提出意见，经行政复议机关的负责人同意或者集体讨论通过后，按照下列规定作出行政复议决定：

“……

“（三）具体行政行为有下列情形之一的，决定撤销、变更或者确认该具体行政行为违法；决定撤销或者确认该具体行政行为违法的，可以责令被申请人在一定期限内重新作出具体行政行为：

“1.主要事实不清、证据不足的；

“……

“5.具体行政行为明显不当的。

“（四）被申请人不按照本法第二十三条的规定提出书面答复、提交当初作出具体行政行为的证据、依据和其他有关材料的，视为该具体行政行为没有证据、依据，决定撤销该具体行政行为。

“行政复议机关责令被申请人重新作出具体行政行为的，被申请人不得以同一的事实和理由作出与原具体行政行为相同或者基本相同的具体行政行为。”

涉及因证据不足决定撤销行政行为的，表述为：“《中华人民共和国行政复议法》第二十八条第一款第三项第1目。”

第七章
律师常用诉讼文书

第一节　刑事诉讼中律师常用的法律文书

根据《刑事诉讼法》的相关规定，刑事诉讼案件按程序可分为公诉案件、自诉案件，公诉案件又分为侦查、审查起诉及审判三个阶段，自诉案件只有法院审判阶段。无论哪种程序或哪个阶段，律师以辩护人的身份介入案件后均可以向相关办案机关提供书面法律意见，既可以就某个问题（如自首问题）进行沟通协调，也可以就全案进行辩护、充分发表辩护意见。相应地，辩护人所提交的书面法律意见书即为辩护词。当然，根据《刑事诉讼法》第 46 条的规定，在公诉案件中律师还可以以被害人的代理人的身份在审查起诉阶段代理案件，律师所提交的书面材料就不是辩护词而是代理词。相关法律文书种类在下文进行阐述。

一、概述

（一）种类及范围

《刑事诉讼法》第 37 条规定，律师作为辩护人参与刑事诉讼活动，其责任是根据事实和法律，提出犯罪嫌疑人、被告人无罪、罪轻或者减轻、免除其刑事责任的材料和意见，维护犯罪嫌疑人、被告人的诉讼权利和其他合法权益。辩护工作涵盖了公安侦查、检察院批捕、检察院审查起诉以及法院审判（含一审、二审）等由《刑事诉讼法》规定的刑事诉讼活动的全阶段。相应的，辩护人在各阶段均可以提出书面的辩护词（或法律意见）。被告人不服一审判决的，接受委托的律师还可以代写刑事上诉状。

根据《刑事诉讼法》的规定，刑事案件的被害人有权聘请律师，被聘请的律师可作为被害人的代理人参加诉讼程序并提出相应的法律意见，律师代理被害人参与案件时可以出具代理意见（法律意见书）。另外，律师还可代被害人起草报案书等法律文书；《刑

事诉讼法》还规定了刑事自诉案件程序，在刑事自诉案件中，自诉人可以委托律师作为诉讼代理人，律师可以代为起草刑事自诉状、出具代理意见(法律意见书)等。

综上所述，刑事诉讼中律师出具的法律文书有辩护词、上诉状、法律意见书、报案书及自诉案件中的自诉状、代理意见等，其中，辩护词是刑事诉讼过程中最常见的律师法律文书。

(二)性质

无论以何种身份参与到刑事案件的诉讼程序中，律师所出具的辩护词、法律意见书等，均必须以事实为依据，以法律为准绳，提出专业的法律意见。在刑事诉讼案件中，律师的法律文书要求做到有针对性，先事实(含证据)，后法律适用，不偏不倚，尤其是辩护词，虽然辩护律师是由当事人或家属委托的，但是《刑事诉讼法》明确规定辩护人在刑事诉讼中是独立的诉讼地位，并非代理人身份，尤其是重大、复杂、敏感的刑事案件，辩护人尊重证据、尊重客观事实，独立地发表辩护意见的原则，必须予以坚持，否则在个案中律师无法按执业规范依法办案。新闻不时曝出律师诈骗当事人钱财的案件(山东省孟凡良诈骗一案)，就是辩护律师在参与案件过程中丧失了独立辩护原则，一味迎合当事人的诉求，甚至不惜以违法犯罪的方式执业，最终导致极端严重的后果。

(三)作用

毋庸置疑，律师参与刑事诉讼过程有重要的作用，尤其是作为辩护人参与刑事诉讼，对于保障被告人(犯罪嫌疑人)的诉讼权利和其他合法权益，促使控辩平衡以达到最大限度接近客观真实的审判目的，有着非常积极的作用。无数的冤假错案，各有各的原因或背景，但共同的一点就在于辩护人作用的缺失。而辩护人在刑事诉讼过程中，出具书面辩护词(法律意见)，是其向办案人员做充分沟通的主要方式。法官、检察官在面临大量案件的情况下，客观上无法对每一个案件的辩护人都做到以口头方式(含打电话)来解决案件的争议焦点问题，故辩护人必须把书面的辩护词及时提交给办案人员，且该辩护词的内容应该涵盖全案的事实、证据及法律分析，将争议焦点问题突出，明确辩护立场及辩护结论，以达到最佳辩护的效果。书面的辩护词，就是体现律师的辩护作用的首选途径，很难想象一个刑事案件的辩护律师，不出具书面辩护意见而能达到良好的辩护效果。

二、辩护词的分类、规范要求及格式

(一)辩护词的分类

1.按刑事诉讼不同阶段进行分类

如前所述，辩护词为刑事诉讼过程中最常见的律师法律文书。辩护人在与办案的

司法机关及司法人员就案件问题进行协调、沟通甚至争议时，在法律规定范围内最大限度地保障犯罪嫌疑人及被告人的合法权益。辩护词就是对案件争议焦点问题进行总结归纳，以最直观的方式呈现给办案人员。刑事诉讼各阶段的特点决定，辩护词一般是在法院审理阶段提交的。因为无论是公安侦查还是检察机关审查起诉，案件的证据、事实甚至罪名均未固定，辩护人无法就全案的事实、证据及法律适用进行全面、准确的辩护。但并不是说，在审判前阶段辩护工作就没有意义。恰恰相反，大量的不起诉或不批捕案件，正是因为辩护人的及时介入和提供准确的辩护意见，相关办案人员予以采纳，才获得比较好的辩护效果。只不过，不批捕、不起诉的案件从没有公开过相关法律文书，也没有权威机构统计的数据。故，从刑事诉讼程序的不同阶段上来分，辩护词可以分为侦查阶段的辩护词、审查起诉阶段的辩护词以及法院审判阶段的辩护词。

2.按辩护基本观点分类

按辩护基本观点分类，辩护词可分为有罪辩护和无罪辩护。其中，有罪辩护是辩护人对公诉机关指控的基本事实、证据及指控的罪名不持异议，但被告人具有法定、酌定从轻或减轻处罚情节，辩护人主要就量刑情节展开辩护，目的是要在法庭判定被告人有罪的基础上，在量刑方面争取最轻的判罚；而无罪辩护词，又可分为证据存疑（指控犯罪的证据不足）的辩护和绝对无罪（在案证据直接证明被告人无罪）的辩护等两大类，无罪案件均是争议巨大的案件，且案件背景、证据链的情况等相对复杂，限于篇幅，无罪案件的辩护词不再赘述。

3.按罪名分类

我国《刑法》涉及10大类、400余种罪名，按刑事案件的罪名分类，可以将辩护词分为10大类、400多种。各类型的案件，辩护词倾向的重点不同，如经济类、职务犯罪类案件的重点在于犯罪金额的精确计算，毒品案件的重点在于毒品重量、成分的鉴定意见，治安类案件（如故意伤害罪）的重点在于案发背景、具体事实经过细节、伤情鉴定意见等。

（二）辩护词的规范要求

辩护词的规范要求包括格式要求和内容要求。如果一篇辩护词连最基本的格式要求都不符合，办案的法官很可能认为辩护人水平差，甚至连书面辩护词都不看。当然，随着司法裁判文书网上公开制度的推行，刑事诉讼案件中辩护人的辩护意见必须在刑事判决书中体现，故绝大多数刑庭的法官在写刑事判决书时，必须对辩护人提交的书面辩护词进行归纳总结并在裁判文书中予以体现甚至回应，至于辩护意见是否成立、是否予以采纳，另当别论。

1.辩护词的格式要求

通常情况下，写出规范格式的辩护词是每一位刑事辩护律师的必修课。一篇规范

的辩护词，一般由标题、致文对象、首部、辩护意见及尾部等几个部分组成。

(1)标题。写明被告人名字、被指控的罪名及审级即可，一般可写为“关于被告人××被指控犯××罪一案的一审辩护词”。

(2)致文对象。一般可以写“尊敬的审判长、审判员及人民陪审员”或“尊敬的合议庭”，有的律师会列明审理的法院名称，如“厦门市××区人民法院”。

(3)首部。一般列明委托人的情况，辩护人阅卷及会见被告人的情况。在对有罪的被告人发表的辩护词中，可以在首部进一步明确辩护人的基本辩护观点，如“辩护人对公诉机关指控的证据、事实及指控被告人犯××罪不持异议，仅就量刑方面，提出以下辩护意见”①。

(4)辩护意见。辩护意思是辩护词的核心内容，其结构一般用分段式，每一段的开头即把论点列明，接下来结合证据和法律进行分析论述。最后要进行总结概括，中心论点明确、突出，尤其是在无罪辩护的案件中，必须把无罪的理由阐述清楚，是证据存疑的无罪辩护意见，还是有证据充分证明的无罪辩护意见等。

(5)尾部。尾部应当列明审判的法院及发表辩护意见的律师及所属律所，并落款时间。

2.辩护词的内容要求

一篇规范的辩护词，首先应当在内容上符合规范要求。辩护人在书写辩护词时，应结合案件证据、事实及引用相关《刑法》条文，按照证据→事实→法律适用→结论(罪与非罪，如何量刑等)的基本逻辑结构来书写辩护词。在辩护词的结论部分，辩护人应强调被告人具有法定、酌定的从轻、减轻处罚情节，请求法庭予以“减轻或从轻处罚”，有的还建议“适用缓刑”或“免予刑事处罚”，甚至在罪与非罪争议比较大的案件中，辩护人还应当建议“宣告被告人无罪”等。应该说，将案件的主要事实、被告人的涉案情节(尤其是法定量刑情节，如系未成年人、既未遂、主从犯等)一一罗列平铺陈述，符合规范的内容要求。但不同的刑事案件情况千差万别，所以，专业的辩护人必须在梳理全案基本证据及事实的基础上，根据实际情况出具具体的辩护意见。辩护词行文不仅应符合格式规范要求，而且要在实质内容上根据不同的案情作出调整，突出辩护的重点。

在陕西汉中张扣扣故意杀人案中，两位辩护律师相互之间做了明确分工，其中一位做了标准内容的“罪轻辩护”，而另一位邓学平律师所出具的辩护词《一叶一沙一世界》，至今仍在网上引起巨大的反响。该辩护意见，没有采用“常规套路”，而是引经据典，从案件的仇恨源头、普通人性分析等方面入手，试图说服合议庭，被告人张扣扣即使犯死罪，也可不判处“死刑立即执行”。尽管有人评价该辩护词过于“煽情”，有投机取巧之嫌，但辩护的最直接目的是说服法官、打动合议庭，非常规案件采用非常规的辩护策略，

① 有的辩护人会将对案件总体定性无异议的部分作为主要辩护意见的第一点进行论述，这只是行文格式的差异，从辩护效果的角度来看并无实质差别。

亦未尝不可。该辩护词不仅涉及案件的基本事实经过及证据，而且对案件发生的背景、被告人是否需做精神鉴定，甚至对人民法院的判决应对“民间呼声”有所回应均作出了有力的辩护。该案二审的辩护词依然围绕着五个点，甚至比一审辩护词更直接提出“被害人有过错”、“被告人需做精神病鉴定，属限制行为能力人”、“被告人有自首情节”等酌定、法定量刑情节。在结论部分，辩护人直接提出张扣扣的行为不属于“罪行极其严重，必须立即执行死刑”的情形。但不是苛求每一个刑事案件的辩护人出具的辩护词均要达到张扣扣案的辩护词标准。尤其是对于初入行的年轻律师，不建议在辩护词中进行过多的煽情论述。简单、直接、明了地阐述清楚自己的辩护观点即可。

三、参考样式

关于被告人×××被指控犯××罪案的
一审辩护词

尊敬的审判长、审判员、人民陪审员：

（或“×××人民法院：”）

×××律师事务所依法接受被告人×××家属的委托，指派×××律师担任被告人×××被指控×××罪一审辩护人。辩护人通过与×××当面沟通和阅卷，并参加了全部庭审活动，现根据查明的案件证据、事实及结合相关法律规定，发表如下辩护意见：

一、公诉机关指控×××实施了××××行为，证据不充分。

二、控方无证据证明×××主观上有××××的犯罪故意。

三、……

综上，本案事实不清，证据不足，依法不能认定被告人×××犯××××罪，请合议庭本着疑罪从无的原则，依法宣告被告人×××无罪。

以上辩护意见，请合议庭予以充分考虑并予采纳。

此致

×××人民法院

辩护人：×××律师事务所

×××律师

××××年××月×日

四、文书范例

关于被告人蔡某武故意伤害一案的一审辩护词

厦门市思明区人民法院：

福建天衡联合律师事务所依法接受蔡某武家属的委托，指派××律师担任其辩护人。辩护人通过会见和阅卷，参加了今天的全部庭审活动，现根据相关案件事实及法律，发表如下辩护意见：

一、辩护人对公诉机关指控蔡某武等人共同伤害他人致一人轻伤，其行为构成故意伤害罪不持异议，并同意公诉人的量刑建议。

二、辩护人认为蔡某武等人之所以殴打被害人黄某宏，事件起因系黄某宏有过错行为在先并先动手打人，被害人对损害后果发生自身有较大过错，可适当减轻蔡某武的责任。

蔡某武与黄某宏并无仇怨，甚至之前互不认识。事件起因是黄某宏违章搭盖并阻挠房东拆除，蔡某武看到黄某宏挥舞着铁勺就上去控制黄某宏，主观上是防止黄某宏伤及他人。但黄某宏突然手藏锐器对蔡某武挥拳并伤及被告人（这一事实在补充侦查卷中有证人赖某平、严某芳、欧某艺、蔡某梁、赖某敏等人证言互为印证），被告人一气之下才与黄某宏互殴。而正是因为黄某宏不断向包括被告人在内的众人主动挥拳打人，才招致被其打过的人不约而同地与其发生斗殴，最后导致黄某宏轻伤的后果。故本案中被害人黄某宏过错在先的情节非常明显。

三、本案被告人蔡某武是已经年过六旬的老年人，身体健康状况欠佳，本案因客观情况无法认定蔡某武的行为直接造成黄某宏轻伤后果，可酌情从轻处罚。

蔡某武今年已经62岁，年老体弱，患有肝硬化，在看守所期间也发生四、五次流鼻血的情况，身体状况十分不好。在此次斗殴事件中，蔡某武的年纪是最大的。因客观上无证据证明蔡某武的行为直接导致被害人轻伤的后果，故在案各被告人的行为不区分主从。但蔡某武若与被害人黄某宏单打独斗，显然是不敌身材魁梧的黄某宏。请求人民法院根据这一客观情况，予以认定蔡某武在共同犯罪中的作用较小。

四、蔡某武已经认罪认罚，深刻悔罪，依法可以从轻处罚。

蔡某武到案后如实供述了事实经过，并一直表示认罪认罚，其也深刻意识到不要再对他人之间的纠纷过多涉足，其对被害人受伤表示同情和追悔。经过此次惨痛教训，蔡

某武以后一定能尊重他人、遵纪守法。

综上所述,请求法庭根据《刑法》第234条之规定,在对蔡某武定罪处罚时综合考虑本案具体情节,对蔡某武予以酌情从轻处罚。

以上辩护意见,请法庭予以采纳。

此致

福建省厦门市思明区人民法院

辩护人:福建天衡联合律师事务所

×××律师

××××年××月××日

五、刑事诉讼改革动态及律师刑事法律文书的新类型

现行的《刑事诉讼法》自1996年生效施行以来,历经2012年及2018年两次修订[①],尤其是近年来国家法律层面对基本人权利益保障的重视及刑事诉讼制度与国际接轨的要求,刑事诉讼制度的改革及创新举措,也让律师在刑事诉讼过程中发挥越来越重要的作用。无论中外,舆论关注的热点、焦点诉讼案件,多是刑事案件,或至少与刑事诉讼有关。如前文所述的张扣扣故意杀人案、孟晚舟引渡案、刘强东涉嫌性侵案,甚至前最高人民法院法官王林清"丢失卷宗案"等[②],无一不牵涉刑案。每一个重大、舆论关注的刑案,其处理结果不仅是个案的公平正义,每个案件还关乎国家法制建设进程甚至国际间大国角力。国内刑事诉讼制度改革的热点问题,也一直紧跟国际前沿相关研究热点。

(一)羁押必要性审查的新制度

刑事诉讼中的当事人(嫌疑人)大多面临刑拘、逮捕的强制措施,直接导致当事人失去人身自由。目前,各地各级检察机关均在不同程度地试点"羁押必要性审查"制度,即在《刑事诉讼法》中规定的检察机关批准逮捕环节,进行类似的听证制度。该制度在西方主要国家,尤其是英美法系国家已作为刑事诉讼的一个必要环节。近期舆论比较关注的就是"孟晚舟案",我们可以看出在孟被加拿大警方扣押后,围绕着孟被指控的刑事案件,控辩双方首先是围绕"羁押必要性"进行法庭辩论的,争议的结果是法庭允许孟晚舟保释。[③]

---

① 另有一说《刑事诉讼法》是1979年制定生效的,历经1996年、2012年、2018年三次修订。

② 据官方新闻资料显示,王林清在任职最高人民法院法官期间将自己审理的一起重大民事案件卷宗盗走,直接涉嫌职务违法行为,于2019年2月23日被监察机关立案调查,涉嫌其他违法犯罪线索,被移送北京市公安局立案侦查。

③ 2018年12月1日,孟晚舟在温哥华被捕。2018年12月5日,加拿大不列颠哥伦比亚省高等法院于当地时间7日就此事举行保释听证会。2018年12月10日,法院对孟晚舟女士的保释听证再次举行。聆讯中,主要由孟晚舟方面邀请安保公司和GPS公司介绍如孟晚舟获得保释,将采取何种措施保证她不会潜逃。次日,加拿大法院作出裁决,批准孟晚舟的保释申请。

目前我国的《刑事诉讼法》虽没有明文规定"羁押必要性审查"制度，但检察机关在批捕环节主动引入辩护人参与，开展类似的"听证程序"，由承办检察官充分听取辩护人关于建议"不予批准逮捕"的法律意见，有助于批捕工作更准确地进行。有的检察机关在羁押必要性审查环节通知辩护人参加"听证程序"，该程序在检察官的主导下进行，甚至有的案件已做到让办案民警与辩护人双方均参与，由负责批捕工作的检察官充分听取侦查机关及辩护人的意见，当然包括侦查机关提交的《提请批准逮捕建议书》和辩护人提交的《羁押必要性审查法律意见书》。

随着全国公诉机关"捕诉合一"，批捕、审查起诉的检察官将为同一人，"羁押必要性审查"制度将继续深化完善而形成刑事诉讼过程中的一项基本制度。而该制度的完善，必将促进我国在刑事诉讼基本制度方面做到对基本人权更充分的保障。在法律制度层面，已经在《刑事诉讼法》已有明文规定，检察机关不予批捕的，侦查机关应对嫌疑人立即变更强制措施为取保候审，故辩护人提供法律意见更有有效性和及时性。审查批捕阶段，辩护人与公诉人更多地就嫌疑人是否符合取保条件或是否应予以逮捕（羁押）进行讨论，不仅涉及案件本身的事实证据、罪名定性及各量刑情节，还涉及嫌疑人的身份情况、经济条件甚至家庭背景等综合考量因素，辩护人向承办检察官出具的《羁押必要性审查法律意见书》的格式可参照辩护词格式。当然，辩护人应尽量在该阶段为当事人争取到检察机关"不批捕"而对嫌疑人变更强制措施为取保候审。

以下法律意见书系论证羁押之不必要性。

关于对犯罪嫌疑人于某涛涉嫌强迫交易一案
不予批准逮捕的法律意见书

厦门市湖里区人民检察院：

福建天衡联合律师事务所接受犯罪嫌疑人于某涛家属的委托，指派××律师担任于某涛涉嫌强迫交易罪一案的辩护人。接受委托后，本辩护人通过会见、与侦查人员沟通，根据案件事实和法律，发表如下法律意见：

一、根据于某涛的供述，辩护人认为于某涛并无犯罪事实，不构成强迫交易罪，其行为没有违法性和社会危害性，在侦查机关无任何证据证明于某涛存在犯罪事实的情况下，建议不予批准逮捕，对其变更羁押强制措施。

（一）根据于某涛的陈述，其并无操纵和垄断水果市场价格的行为和能力，也没有任何被害人指证其实施犯罪行为，并不构成强迫交易罪。

于某涛自2011年开始在中浦水果批发市场从事水果批发贸易，在中浦水果批发市

场中卖水果的商家众多，其出售水果的价格也是随行就市，并没有显著高于市场价以获取超额利润，因此于某涛并没有任何垄断市场的行为和能力，其合法的经营行为应受法律保护。

（二）根据于某涛的供述，其与大桥公司的相关人员并不认识，也从未参与过大桥公司的任何经营管理活动。

于某涛与大桥公司的交往仅限于每月1日向大桥公司的"老余"交纳其承租摊位的每月租金。因此，于某涛作为大桥公司商铺的承租人交纳租金的事实也不能认定为于某涛存在强迫交易的行为。

（三）根据于某涛的供述，其在经营过程中并无任何针对第三人的打斗、打砸店铺或强买强卖等违法犯罪行为，并不构成强迫交易罪。

业已查明，于某涛既没有实施过上述行为，也没有参与过其他人实施的上述行为。根据《中华人民共和国刑法》第二百二十六条规定的强迫交易罪的构成要件，该罪的客观行为要有证据证明于某涛为实施强迫交易行为而采取过暴力、胁迫手段，才能以强迫交易罪进行定罪处罚。根据现有判例，强迫交易也是伴随着打架、打砸店铺或暴力威胁、强买强卖等违法犯罪行为发生的。但是，于某涛在没有实施任何暴力违法犯罪行为的情况下，被指控涉嫌犯强迫交易罪，显然缺乏事实依据。

二、根据于某涛的自身情况，其并无社会危险性，并愿意配合公安机关调查，采取取保候审并不影响案件侦查活动。并且，于某涛是家中重要经济支柱，对其采取逮捕措施不利于其家庭生活。

于某涛在厦门长期从事水果批发生意，无任何不良嗜好，是其家庭主要的收入来源，也是家中经济顶梁柱，对其采取关押措施，对老家父母、妻儿的生活将造成重大的不利影响。其家庭有能力支付取保候审保证金，可以对其采取取保候审措施。取保后，于某涛在安排正常生产经营活动之时，也能够随时配合公安机关侦查工作，不影响案件侦查工作的后续进行。公安机关在没有更多证据证明其存在犯罪行为的情况下，变更羁押措施也能体现慎押、少押的刑事政策。

三、于某涛患有严重疾病，在看守所关押极其不利于其健康状况，采取取保候审措施有助于防止更加恶化。

于某涛因起早贪黑打理水果生意，强度很大，身体状况欠佳，有着严重的肾结石、高血压和糖尿病，在第一看守所被羁押期间已经发生过多次危情，在看守所期间也一直服药，辩护人建议对于某涛采取取保候审措施，让其在外接受治疗，防止其病情恶化。

综上，于某涛本人愿意积极配合司法机关调查清楚涉案事实，目前没有充分证据证明其有强迫交易的行为，综合考虑其家人需照顾，其自身健康状况不佳，从人道主义和防止冤假错案的角度出发，辩护人请求贵院不批准逮捕，对其适用取保候审。

如贵院决定适用取保候审，其家属可以为其交纳保证金，承担保证责任。

特此请求,望贵院批准为盼。

辩护人:福建天衡联合律师事务所

×××律师

××××年××月×日

(二)认罪认罚案件的量刑建议

随着人民法院量刑规范化工作的持续、深入开展,在刑事案件中为配合法院的量刑规范化(量化)工作,各地检察机关陆续适用“认罪认罚”制度及在此基础上,起诉时直接在起诉书中做“量刑建议”①。一般情况下,法院对检察机关的正式量刑建议,在没有新证据、无重大事实改变的情况下,会在建议的区间范围内中档偏下取一个具体刑期。针对认罪认罚案件,辩护人也可以把辩护重点放在量刑方面,即对被告人作出有罪罪轻的辩护,争取在起诉这个环节打好基础。相应地,辩护人在审查起诉阶段可以直接出具《辩护词》或《法律意见书》。在某种意义上,量刑建议工作将审判辩护环节提前至起诉前,毕竟量刑建议制度实质上是法院的审判权部分让渡给检察院,相应的辩护工作提前至起诉前,既有法理依据,也符合司法实践的实际要求。但有一点需要注意,量刑建议不能简单等同于英美法系国家的“诉辩交易”制度。

按刑事诉讼改革的趋势,不仅仅是认罪认罚案件,在其他刑事案件中,公诉机关也会提出量刑建议,以更好地完成量刑规范化工作。在此基础上可以延伸出,起诉前量刑建议工作由控辩双方完成后,公诉机关书面量刑建议为缓刑(或者建议刑期为短刑期,被告人实际羁押期限在起诉时已届满),可以根据量刑建议书直接申请对被告人变更强制措施为取保候审。这样可以在法律制度层面上更加完善保障人权,被告人不会因审判周期长而导致被变相延长羁押。

(三)涉黑涉恶案件的处理

2018 年以来,各地各级政法机关在统一部署下开展全面扫黑除恶斗争,各地出现大量涉黑涉恶刑事案件。该类案件在本地区属重大、敏感案件,各地司法机关对辩护人参与该类案件的刑事诉讼活动,有不同的规定。但归根结底,无论哪一级司法机关,在办理刑事诉讼案件过程中,都必须严格遵守《刑事诉讼法》及两高两部相关司法解释的规定。凡是限制甚至剥夺辩护权的行为,均是违反《刑事诉讼法》的行为。毕竟涉黑涉恶案件动辄涉及众多被告人,涉案事实数十起,涉嫌罪名众多,律师在办理该类案件过程中,一是要注意基本证据的审查及基本事实认定问题,二是要对当事人涉嫌罪名作出综合性梳理。原则上,该类案件的辩护与其他普通刑事案件的辩护并无实质性差别,只要

① 有的案件公诉机关在法庭上当庭提出量刑建议。

辩护人做到依法办案，尊重客观证据与事实，就能够正确履行辩护职责。辩护人在办理该类案件的过程中，均可出具《羁押必要性审查法律意见书》、《取保候审申请书》、《辩护词》等。

在刑事诉讼过程中，律师出具的法律文书主要是辩护词（当然也有其他的法律文书）。而纵观《刑法》涉及的400多个罪名，几乎涵盖了社会生活的各个方面，随着刑事辩护全覆盖工作的推广，每一个刑事案件的嫌疑人（被告人）均可得到律师的辩护。每一个刑事案件不可能预设固定辩护套路，每一位辩护律师应在充分了解案情的基础上，正确适用法律，从当事人利益最大化角度出发作出最有力、最专业的辩护意见。

第二节　民商事诉讼中律师常用的法律文书

一、概述

诉讼业务是律师业务的重要组成部分，诉讼法律文书是律师在诉讼过程中就案件的事实和法律适用表达意见、阐述观点、推导结论的重要载体和工具。撰写诉讼法律文书，是律师必须具备的基本功，是律师诉讼业务的主要工作之一。民商事诉讼庭审时间非常有限，法官审理案件的精力主要还是用在对书面文件和证据材料的审阅上。法律文书对法官了解诉辩观点，分析诉讼主张依据是否充分，诉讼主张是否应当采纳有着非常重要的作用。因此，法律文书对诉讼案件的效果起着至关重要的作用，应当精益求精。

民商事诉讼中律师常用的文书主要包括起诉状、反诉状、答辩状、代理词、上诉状等。根据诉讼业务的特点，这些常用的法律文书撰写有一些共性的基本要求。

1.格式规范

大部分的诉讼法律文书在诉讼法上都有规定其应当具备的主要内容。因此，诉讼法律文书需要遵循一定的格式规范，让内容具备相关法律规定的必备内容，也方便法官阅读、查证和审理。

2.语言凝练

诉讼法律文书语言要尽量言简意赅，清晰严谨，切忌冗长空洞。对法律用语、专业术语的使用和法律文件、法律条文的援引要力求准确、合乎规范，并遵守司法礼仪，不要有讥讽、辱骂、人身攻击的语言。

3.逻辑周密

法律文书的表述要合乎情理，论证和推导要符合法律逻辑和生活经验法则，严谨周密。

4.理据充分

法律文书要求陈述事实要有证据佐证,说理和法律依据要充分,数据要翔实准确。

此外,诉讼法律文书还要力求精美,在遵照格式规范化要求的前提下,也可以适度创新。例如,书面语言表达比较冗长、繁复的内容,可以用图表等可视化手段辅助。这样表达可以更直观、简洁和高效,也可以增加其美观度,让受众更喜欢阅读,更容易了解所要表达的内容。

二、写作要点

律师常用民商事诉讼法律文书的撰写,还应注意如下几个方面的问题:

1.模板的选择

初学制作法律文书者,基本上都会用到模板。在互联网等公开渠道上会查询到许多不同的模板,怎么选择模板、怎么使用模板就显得特别重要。我们建议在选择模板的时候,应当尽量选择规范性较强的模板,诉讼法律文书的格式通常选择最高人民法院发布的《民事诉讼文书样式》(2016)中的指导模板。[①] 模板选定后,也不能生搬硬套,特别是对模板中的行文体例、语言表达等,要结合具体的案情制作,切忌简单套用。

2.法条的引用

诉讼法律文书要经常引用法条。法条的引用必须具体、明确,不要用"根据法律"、"根据××法 "的规定这样笼统的表述,应当写明法条的出处(如部门法、司法解释或其他法律文件),如果所属法律或法律文件有修订的,还应写明生效日期或者法律文件的编号等。法条必须引用到具体的条款,法条序号要与所引用的法律文件的官方版本一致,并尽量引用原文,不要按照自己的理解去表述法条的内容。法条内容如果过长,为了不影响阅读者的注意力,可在写明引用条款后,用脚注的方式加入法条内容。

3.文书的标题

为了增强条理性,对于篇幅较长的诉讼法律文书,往往会对内容进行分段、分点表述,这就会用到标题。文件的标题应当具有高度概括性,具有提纲挈领的作用,然后再详细展开论述。如果标题内容写得很长,就很难达到好的效果。

4.文书的序号

诉讼法律文书在书写时需要分段、分点的时候,就要用到序号。序号对文书的条理性起着至关重要的作用。序号的使用应当规范,避免多种编号混杂,无法看出顺序。同时,还要避免层级过多,使阅读者无法理解其中的主要逻辑脉络。

5.文书的排版

文书版面要整洁、庄重、美观。现在的文书一般用电脑打印,在字体、字符大小、行间距、页边距等方面,都要遵循一定的规则,力求协调美观。字体的选择,宜选择宋体、

① 目前最新的版本是2016年版。如无特别说明,本文均指2016年版。

仿宋、行楷等比较严肃庄重的字体，由于法院的文书一般选择仿宋，律师诉讼法律文书一般建议选择其他字体，以区分文书的不同撰写主体。主文的字体一般建议使用四号字或小四字体，标题可以略微大一点，首部的文书名称（大标题）一般选择不大于二号字体，其他标题可以比主文字体略大一些，但不宜大过一号，以免突兀、不协调。行间距一般可以选择1.5～2倍行距。页边距应适中，但法律文书一般要归卷，左侧一定要留足装订位置。

诉讼法律文书超过2页的，为了便于阅读和使用，防止混乱、错装，应编写页码，页码格式建议选用“第×页，共×页”范式，位置为页脚居中排列。

6.文书的校对

法律文书要求严谨，因此写完法律文书后，要反复校对、修改，以免错误。好的法律文书，一般都是改出来的，有的甚至要反复改动多遍，所以撰写法律文书需要有高度的耐心。校对上建议采用口头通读的方式进行，确保表述清晰、准确，对每个字、标点符号都要校对。现在大多数人用电脑打字，电脑系统上有自动校对功能，但这种功能是普适性的，没有针对法律文书的特性，特别是法律用语的识别度不高，仍然应认真校对。特别是对于电脑打字时，经常出现同音字、词的错误，更应注意。

三、民事起诉状

（一）起诉状的概念和应具备的内容

民事起诉状，是民事案件中的原告，为维护自己的民事权益，就有关民事权利与义务的纠纷，向人民法院提起自己的主张，并请求人民法院依法裁判的法律文书。起诉状对确定案件的请求权基础、争议内容、审理范围、举证责任分配、法律适用起着最基础的作用，是最重要的民商事诉讼法律文书。

我国《民事诉讼法》第121条规定：“起诉状应当记明下列事项：

（一）原告的姓名、性别、年龄、民族、职业、工作单位、住所、联系方式，法人或者其他组织的名称、住所和法定代表人或者主要负责人的姓名、职务、联系方式；

（二）被告的姓名、性别、工作单位、住所等信息，法人或者其他组织的名称、住所等信息；

（三）诉讼请求和所根据的事实与理由；

（四）证据和证据来源，证人姓名和住所。”

该规定的内容就是起诉状应具备的内容。但对于上述第（四）项，实践中一般不在起诉状中罗列，因为现在都要求在立案、应诉时提交专门的证据清单，包括证据名称、证据来源与证明内容等；如果需要证人出庭作证的，也会专门制作证人出庭作证申请书。在最高人民法院发布的《民事诉讼法律文书》参考样式中，有专门关于证据应如何呈现

的模式。因此,如果有专门制作证据清单,在起诉状中可以不重复罗列,可以写明"见《证据清单》",并将证据按清单顺序编码,附于起诉状之后。

(二)起诉状的结构及写作要求

起诉状主要由标题、首部(当事人基本情况)、诉讼请求、事实和理由、尾部五个部分组成,各部分都有相应的要求,具体分述如下。

1.标题

标题是写起诉"书",还是起诉"状"?当事人一般不会刻意区分起诉状和起诉书,认为两者仅是语言习惯问题,没有实质区别。但是,从我国的法律用语习惯来讲,两者存在根本区别。"书"多用于官方作出的文件,如检察机关代表国家公诉使用的起诉书,法院使用的判决书、裁定书,行政机关使用的决定书等;"状"则用于非官方主体提出的诉讼文书,比如民事起诉状、行政起诉状、上诉状等。因此,民商事原告起诉的文件,宜以"民事起诉状"称之。

2. 当事人

根据《民事诉讼法》的规定,起诉状中作为自然人的原告,应当列明如下八项信息:姓名、性别、年龄、民族、职业、工作单位、住所、联系方式;作为法人或者其他组织的原告,应当列明名称、住所和法定代表人或主要负责人的姓名、职务、联系方式。对于自然人被告,应当至少列明如下四项信息:姓名、性别、年龄(出生日期)、住所。对于法人或其他组织被告,应当列明名称、住所、法定代表人(或负责人)。

在实务中,对当事人的民族、职业、工作单位信息,除非与案件诉争内容关联性(如民族对部分少数民族法定婚龄、婚姻效力认定有影响,在离婚案件中必须写明),其他情形一般可以不写。在上述信息基础上,还需要注意的地方包括:个人应写明公民身份号码,法人和其他组织要写明统一社会信用代码,以便法院电子系统录入,也便于确定当事人身份的唯一性。此外,如果当事人身份证上记载的住所地和经常居住地不一致,或法人、其他组织的登记证上记载的法定地址与实际经营地址不一致的,建议在写明法定住所地后,还写明经常居住地或实际经营地址。这样方便法院送达诉讼文书,避免送达困难拖延诉讼效率。

起诉时,如果有第三人的,可以在起诉状中列明,以便法院安排送达。第三人的身份信息与上述当事人信息要求相同。

3.诉讼请求

(1)诉讼请求应具体、明确。

(2)厘清请求权基础,准确表述。例如,请求履行债务的,应当避免使用"款项"或"欠款"等无法区分法律关系的用语,而应当使用"借款"或"货款"等能够界定债权债务性质或双方法律关系的用语。更不要出现法律关系竞合下无法互相包容的诉讼请求,

如侵权与违约竞合时，不要既主张损害赔偿金，又主张违约金。

(3)金额计算要有明确的计算方法。如多次借款、还款的诉讼请求，金额的计算最好附清晰的计算过程或计算方法(如计算公式、计算表等)；对于动态的权利主张，要有明确的区间表述，如利息、违约金等持续计算的请求内容，要有起止日期，避免请求遗漏。

(4)诉讼请求的周延性。有的诉讼请求事项，必须考虑该请求事项被支持后，应办理相应的登记备案手续等，这时应和诉讼请求事项一并提出(如商品房买卖合同解除诉求，就要提出要求办理商品房买卖合同注销登记的手续；股权转让合同解除，就要办理股权回转登记手续等)，以确保判决后续顺利执行，避免需要再次起诉的讼累。

4. 事实和理由

起诉状要写明的“事实”，包括当事人关系、权利来源、权利状态、争议原因、争议内容和过程等事实以及权利遭受侵犯、损害的程度等事实。对于该部分内容，通常按照时间顺序或者一定的表述逻辑叙述。

写作“理由”时，可结合相关法律规定，阐述原告提出的诉讼请求的理由、法律依据等。

事实和理由的撰写要简练、概括，不能过于冗长、烦琐。最好能呈现或者便于法官归纳争议焦点，案件争论点有多项内容的，可以按照争点来分别表述事实和理由。

5. 尾部

在写完事实与理由后，应当撰写致送的受案机关，一般用“此致××法院”表述。致送法院的名称，对于县市的基层人民法院，不能仅仅写法院的名称，还应当冠以省、自治区、直辖市的名称，但不用冠地级市的名称，如“福建省晋江市人民法院”；区一级对应的基层人民法院应加入设区市的名称，如“福建省厦门市思明区人民法院”，保持与法院公文中印章的名称一致。

在致送机关之后，应当有起诉状的落款，即起诉人的签章。落款根据最高人民法院发布的示范文本应当写“起诉人/具状人＋当事人的全称”，以及签署日期。

起诉状可以列明所附的副本数。如果起诉状有附件的，如诉讼请求计算表、利息计算表或其他辅助性文件的，为了避免阅读者遗漏信息，可以在尾部列明起诉状附件清单。

民事反诉状的格式参照民事起诉状。《民事诉讼法》第 51 条规定：“原告可以放弃或者变更诉讼请求。被告可以承认或者反驳诉讼请求，有权提起反诉。”反诉需要提交民事反诉状。反诉的功能主要是为了反驳、吞并本诉。因此，民事反诉状与起诉状只是在作用上存在区别，但其内容与起诉状要求基本相同，只是把起诉状中的原告、被告称谓分别改为“反诉原告”、“反诉被告”即可，其他内容参照民事起诉状的要求。

(三)参考样式

1.民事起诉状(自然人提起民事诉讼用)

民事起诉状

原告:×××,男/女,××××年××月××日生,×族,……(写明工作单位和职务或职业),住……。联系方式:……。

法定代理人/指定代理人:×××,……。

委托诉讼代理人:×××,……。

被告:×××,……。

委托诉讼代理人:×××,……。

(以上写明当事人和其他诉讼参加人的姓名或名称等基本信息)

诉讼请求:

……

事实和理由:

……

证据和证据来源,证人姓名和住所:

……

此致

××××人民法院

附:本起诉状副本×份

起诉人:(签名)

××××年××月××日

2. 民事起诉状(法人或者其他组织提起民事诉讼用)

民事起诉状

原告：×××，住所……。

法定代表人/负责人：×××，……（写明职务），联系方式：……。

委托诉讼代理人：×××，……。

被告：×××，……。

委托诉讼代理人：×××，……。

（以上写明当事人和其他诉讼参加人的姓名或者名称等基本信息）

诉讼请求：

……

事实和理由：

……

证据和证据来源，证人姓名和住所：

……

此致

××××人民法院

附：本起诉状副本×份

起诉人：（公章和签名）

××××年××月××日

3. 民事起诉状（提起第三人撤销之诉用）

民事起诉状

原告：×××，男/女，××××年××月××日出生，×族，……（写明工作单位和职务或者职业），住……。联系方式：……。

法定代理人/指定代理人：×××，……。

委托诉讼代理人:×××,……。

被告(原审原告):×××,……。

……

被告(原审被告):×××,……。

……

第三人:×××,……。

……

(以上写明当事人和其他诉讼参加人的姓名或者名称等基本信息)

诉讼请求:

1.(全部请求撤销的,写明:)撤销××××人民法院(××××)……号民事判决/民事裁定/民事调解书;

(部分请求撤销的,写明:)撤销××××人民法院(××××)……号民事判决/民事裁定/民事调解书第×项;

(请求改变的,写明:)变更××××人民法院(××××)……号民事判决/民事裁定/民事调解书第×项为……(写明变更的具体内容)。

2.……(写明其他诉讼请求)。

事实和理由:

××××年××月××日,××××人民法院(××××)……号对……(写明当事人和案由)一案作出民事判决/民事裁定/民事调解书:……(写明判决结果)。

……(写明提起第三人撤销之诉的事实和理由)。

证据和证据来源,证人姓名和住所:

……

此致

××××人民法院

附:本起诉状副本×份

起诉人:(签名或者盖章)

××××年××月××日

4. 民事起诉状(案外人提起执行异议之诉用)

民事起诉状

原告(案外人):×××,男/女,××××年××月××日出生,×族,(写明工作单

位和职务或者职业)，住……。联系方式：……。

法定代理人/指定代理人：×××，……。

委托诉讼代理人：×××，……。

被告(申请执行人)：×××，……。

……

被告/第三人(被执行人)：×××，……。

……

(以上写明当事人和其他诉讼参加人的姓名或者名称等基本信息)

诉讼请求：

1.不得执行……(写明执行标的)；

2.(请求确认权利的，写明：)……。

事实和理由：

××××年××月××日，××××人民法院(××××)……号对……(写明当事人和案由)一案作出民事判决/民事裁定/民事调解书：……(写明判决结果)。

××××年××月××日，×××对执行标的提出书面异议。××××人民法院于××××年××月××日作出(××××)……执异……号执行异议裁定：驳回×××的异议。

……(写明事实和理由)。

证据和证据来源，证人姓名和住所：

……

此致

××××人民法院

附：本起诉状副本×份

起诉人：(签名或者盖章)

××××年××月××日

5. 民事反诉状(法人或者其他组织提起民事反诉用)

民事反诉状

反诉原告(本诉被告)：×××，住所地……。

法定代表人/负责人：×××，……(写明职务)，联系方式：……。

委托诉讼代理人：×××，……。

反诉被告(本诉原告)：×××，……。

……

(以上写明当事人和其他诉讼参加人的姓名或者名称等基本信息)

反诉请求：

……

事实和理由：

……

证据和证据来源，证人姓名和住所：

……

此致

××××人民法院

附：本反诉状副本×份

反诉人：(公章和签名)

××××年××月××日

(四)文书范例

民事起诉状

原告：×××，男，汉族，19××年××月××日出生，住福建省××县××镇××路×号，公民身份号码：×××××××××。联系电话：××××。

委托代理人：×××，福建××律师事务所。

被告：×××，男，汉族，19××年××月××日出生，户籍所在地：福建省××县××镇××巷×号，经常居住地：厦门市湖里区×××街×号××室，公民身份号码：××××××××。联系电话：××××。

诉讼请求

1.判令被告立即向原告偿还借款人民币500000元及利息(利息按月利率2%计，自2016年2月3日起计算至实际还清借款之日止，暂计至2018年6月13日为287333.33

元)；

2.本案案件受理费、财产保全费等诉讼费用由被告承担。

以上暂计至2018年6月13日合计:787333.33元。

事实和理由

原、被告系朋友关系,被告因资金紧张,多次向原告借款。经结算确认,截至2017年11月7日合计借款人民币50万元。在收到相应借款后,被告分别于2014年3月21日、2014年6月9日、2014年10月21日向原告出具3份借条。

原、被告分别于2015年9月3日、2017年11月7日对前述借款进行结算。最后一次结算时被告确认:尚欠原告借款本金50万,利息按月利率2%计算,已支付至2016年2月2日,其余未付。

被告虽然承诺尽快还款,但是经原告多次催讨后仍拒不偿还借款本息。为维护原告之合法权益,原告现根据《中华人民共和国民事诉讼法》第一百一十九条之规定,向贵院起诉,望贵院依法判如讼请。

此致

福建省厦门市湖里区人民法院

起诉人(签署):×××

二〇××年××月××日

四、民事答辩状

(一)民事答辩状的概念和应具备的内容

民事答辩状,是民事案件的被告或被上诉人针对原告的起诉或上诉人的上诉,对原告或上诉人在诉讼中提出的事实、理由、依据进行答复、辩解或驳斥的一种书状。由于二审答辩状和一审答辩状只是审判阶段的不同,其内容和写法基本一致,所以本文主要介绍一审答辩状的撰写,二审答辩状的撰写参照一审答辩状的要点和要求。

《民事诉讼法》第125条规定:“人民法院应当在立案之日起五日内将起诉状副本发送被告,被告应当在收到之日起十五日内提出答辩状。答辩状应当记明被告的姓名、性别、年龄、民族、职业、工作单位、住所、联系方式;法人或者其他组织的名称、住所和法定代表人或者主要负责人的姓名、职务、联系方式。……”

答辩状的内容应当针对原告起诉的内容制作,包括但不限于对诉讼请求是否合理合法、原告主张的事实是否真实、证据是否充分、原告起诉的理由和法律依据是否充分等进行阐述,如果认为原告所述不实,也可以提出辩驳性的意见。因此,在撰写答辩状之前应先研究原告的诉讼请求,核实诉状中陈述的事实以及相关的证据,在此基础上,

再起草具有针对性的答辩状。

起诉状和答辩状针锋相对,对法官了解案件基本情况和案件争议焦点起着非常重要的作用。

(二)答辩状的结构和撰写要求

1.首部

首部应包括标题、当事人的基本情况、案由以及法院的案号。标题应居中写明《民事答辩状》。在标题的下一行应当写明法院案号,以便法庭在收到提交的民事答辩状后能够及时归入所属卷宗。当事人的基本情况除了列明《民事诉讼法》第125条规定的基本信息之外,建议写上委托诉讼代理人的基本信息和联系方式,以便法院沟通和联系。此外,还应写明案由和答辩的所属案件,例如,应写明因××纠纷一案,提出如下答辩意见”。

2.正文

答辩状的正文需要对事实和法律都作出有针对性的、反驳性的论述,最终提出答辩主张:对方的请求是全部不成立,还是部分不成立。

对于事实部分要做到两点回应:第一,对起诉状中不符合事实或者没有证据支持的陈述要进行反驳,明确指出原告所陈述的哪些不是事实。第二,陈述答辩人所认为的事实是什么,并且指出支撑事实的证据和依据。这样便于法官认定事实,审理案件。

在事实部分的答辩,一定要注意,对于答辩方不利的事实,必须核实后才能作出确认的表述,否则构成自认。根据“禁止反言”的规则和《最高人民法院关于适用〈中华人民共和国民事诉讼法〉的解释》第92条:“一方当事人在法庭审理中,或者在起诉状、答辩状、代理词等书面材料中,对于已不利的事实明确表示承认的,另一方当事人无需举证证明。”之规定,除非能提供反驳证据推翻,法院将直接予以确认。

为了反驳对方的主张和请求,除了事实之外,还需要提出法律依据。法律依据包含程序和实体两个方面。

(1)程序方面

一审的答辩状可针对原告诉讼主体、被告诉讼主体、法院的受理(主要是否属于法院受案范围)是否合法等进行答辩。但管辖权异议一般应专门制作《管辖权异议书》,不属答辩状范围。

在二审的答辩状中,还可针对一审的审判程序、举证责任分配等是否合法提出答辩意见。

(2)实体方面

在答辩状中如果需要围绕法律规定进行实体内容的答辩,要明确双方诉争的基础法律关系,根据法律规定论述原告起诉所依据的法律错误,援引的法律规定应具体明确。

另外，在表述方面，为了便于法庭直接引用，民事答辩状的正文中建议使用“原告”、“被告”的称谓，尽量不用“被答辩人”等用语。如果原告、被告或其他当事人人数较多且名称较长的，可以在第一次用到当事人名称时写明该当事人在下文中的简称，后文用简称指代即可，但全文简称应保持一致。

3.尾部

尾部一般包括致送法院名称、答辩人签名，并载明日期。

(三)参考样式

1.民事答辩状(自然人答辩用)

民事答辩状

答辩人：×××，男/女，××××年××月××日生，×族，……(写明工作单位和职务或职业)，住……。联系方式：……。

法定代理人/指定代理人：×××，……。

委托诉讼代理人：×××，……。

(以上写明答辩人和其他诉讼参加人的姓名或者名称等基本信息)

对××××人民法院(××××)……民初……号……(写明当事人和案由)一案的起诉，答辩如下：

……(写明答辩意见)。

证据和证据来源，证人姓名和住所：

……

此致

××××人民法院

附：本答辩状副本×份

答辩人(签名)

××××年××月××日

2.民事答辩状(法人或者其他组织答辩用)

民事答辩状

答辩人：×××，住所地……。

法定代表人/负责人：×××，……（写明职务），联系方式：……。

委托诉讼代理人：×××，……。

（以上写明答辩人和其他诉讼参加人的姓名或者名称等基本信息）

对××××人民法院（××××）……民初……号……（写明当事人和案由）一案的起诉，答辩如下：

……（写明答辩意见）。

证据和证据来源，证人姓名和住所：

……

此致

××××人民法院

附：本答辩状副本×份

答辩人（公章和签名）

××××年××月××日

（四）文书范例

民事答辩状

法院案号：（××××）闽××民初×××号

答辩人：×××，男，汉族，××××年××月××日出生，公民身份号码：××××，住厦门市思明区禾祥西路××号××室。联系电话：××××。

委托代理人：×××，福建××律师事务所律师。

被告×××因与原告厦门A公司、第三人××债权人代位权纠纷一案，答辩如下：

一、原告起诉不符合法律规定，本案应依法裁定驳回原告的起诉

1.原告就刑事判决项下责令退赔款项，依法不享有向该刑事案件被告人提起民事

诉讼的权利，其相应地无权向刑事案件被告人的债务人提起代位权民事诉讼的权利。

根据原告起诉状所述，原告目前据以主张代位权的所谓债权，系××法院(20××)×刑初字第××号《刑事判决书》所列的责令该案被告人××应退赔给原告的经济损失人民币××万元。根据最高人民法院《关于适用〈中华人民共和国刑事诉讼法〉的解释》第一百三十九条："被告人非法占有、处置被害人财产的，应当依法予以追缴或者责令退赔。被害人提起附带民事诉讼的，人民法院不予受理。"及《最高人民法院关于适用刑法第六十四条有关问题的批复》(法[2013]229号)："对刑事被告人非法占有、处置被害人财产的，应当依法予以追缴或者责令退赔。被害人另行提起民事诉讼请求返还被非法占有、处置的财产的，人民法院不予受理。"之规定，刑事案件的被害人就被告人非法占有其财产的争议，不属于人民法院应受理的民事诉讼案件范围，在刑事案件定案后，就经济损失或已责令退赔款项，不能另行提起民事诉讼。债权人通过民事诉讼主张代位权的前提就是原告对直接债务人享有合法、可民事起诉的债权。基于前述事实和法律规定，原告对其所称的对××所享有的要求退赔权利，不属于民事权利义务范畴，依法也不能提起民事诉讼，其相应地不能基于该权利根据《合同法》、《民事诉讼法》等民事法律规定，向××的债务人主张代位清偿。因此，原告向被告×××提起所谓的代位民事诉讼，与上述规定相悖，法院对其提起的所谓代位权诉讼，依法不应予以受理。

2.原告对××所享有的权利，其性质及金额无法确定，原告不具有债权人代位权的诉讼主体资格

首先，前述《刑事判决书》对被告人××判处的罪名是集资诈骗，惩处的是其违法的资金归集行为。而对于其与各被害人之间资金往来的性质，并没有进行分别认定。就该判决所认定，××归集原告的资金，原告股东××(也是本案原告的法定代表人)、××等人证言均证实，该资金系经股东同意，由原告将资金交由××(也系该公司股东)和×××运作放贷，股东共计获得分红4次(见刑事判决书第11页黄××证言、第14页B证言、第15页C证言、第18页陈××志证言)，《刑事判决书》对该事实也予以认定(见《刑事判决书》第4～5页)。因此，原告与××之间就《刑事判决书》所认定的资金往来性质，在法律关系上并没有最终认定，该资金是否属于双方之间合法的债权债务关系，也无证据证实。原告主张该款项系××向其借款，缺乏事实依据。鉴于该款项的法律性质不清，原告也未提供相应的证据加以证明，原告所谓债权人的身份、其债权性质、债权是否合法并无法得到证实，其就该权利提起所谓的债权人代位诉讼，不符合《中华人民共和国合同法》第七十三条及《最高人民法院关于适用〈中华人民共和国合同法〉若干问题的解释(一)》第十一条："债权人依照合同法第七十三条的规定提起代位权诉讼，应当符合下列条件：(一)债权人对债务人的债权合法……"之规定。

其次，《刑事判决书》在责令被告人××退赔各被害人损失×××××万元(其中原告××××万元)的同时，还明确被告人扣押、冻结在案的财物(根据鉴定价格为

42362182.15元)拍卖后所得款项及扣押款1508万元(分别见判决书第31页、第45页)按比例发还给各被害人。原告对该判决执行情况并未提供证据加以证明,其退赔款项具体情况不清,其是否仍有相关权利无法得到证实,其所谓的代位权主体身份更无法明确,因此,其提起本案诉讼主体不适格。

综上,原告的起诉不符合法律规定。鉴于案件已受理,本案应根据《最高人民法院关于适用〈中华人民共和国民事诉讼法〉的解释》第二百零八条第三款:"立案后发现不符合起诉条件或者属于民事诉讼法第一百二十四条规定情形的,裁定驳回起诉"之规定,裁定驳回原告的起诉。

二、原告向被告×××主张所谓的代位权及代位清偿要求,缺乏事实和法律依据,不应得到支持?

1.被告×××所借的人民币×××万元不属于第三人××个人所有,原告主张代位权缺乏事实依据

被告×××从××处借到的人民币3500万元,当时借据由××收执,具体出借人的名称被告×××已记不清。但根据××供述,被告×××2013年12月18日从其处借取的3500万元,系其和王A、李B共同出资提供的,其中王A出资500万元,李B出资2500万元,借据的债权人写谁记不清(见《刑事判决书》第37页)。因此,该债权从出资角度而言并非属于××个人所有,从借据来讲其权利也不必然属于××所有(应以借据为准)。债权人主张代位权,仅能及于债务人对次债务人所享有的到期债权。既然被告×××所借的该笔款项权利不属于××所有或者无证据证明确属××所有,原告就无权基于其与××之间的相关权利向被告×××主张代位权。

2.被告×××的借款已超过诉讼时效,其相应债权依法不受法律保护,原告无权要求被告×××代位清偿

被告×××借取讼争的款项3500万元时,出具了借据给××收执,××对此在其供述中做了明确的说明(见《刑事判决书》第37页),当时双方约定借款期限为6个月。在该借款期限届满后的2年期间,××或其他权利人均从未向被告×××主张过任何权利,该笔债权已超过诉讼时效,依法不受法律保护。原告提起的所谓代位权诉讼,显然不符合法律规定,依法不应得到支持。

应说明的是,原告在本案中提交的所谓被告×××的借款借据(原告证据3),并非被告×××所出具,不具有合法性,不应作为本案的定案依据。被告×××保留就该伪造证据追究相关人员责任的权利。

综上,原告的起诉不符合法律规定,其主张的代位权亦不能成立。恳请贵院依法裁定驳回原告的起诉,或判决驳回其对被告×××的全部诉讼请求为盼!

此致

××××人民法院

答辩人：×××
××××年××月××日

五、民事上诉状

（一）概念和作用

民事上诉状是民事案件当事人认为一审法院的裁判存在错误，要求二审法院予以纠正的请求性法律文书。上诉状必须在法律规定的上诉期限内制作并提交。

民事上诉状的写作目的，就是向二审法院阐明一审裁判的错误之处。因此，撰写民事上诉状之前最重要的准备工作就是详细研读案件材料及一审裁判文书，着重研究一审裁判对诉辩双方的意见是否都有列明，不支持、不采纳的意见是否有明确的分析意见；核实一审裁判对各方提交的证据及举证、质证意见的审查情况、是否存在遗漏证据及其对裁判结果的影响；研究一审裁判查明的事实是否有证据支持、是否遗漏了影响案件裁判的事实认定；分析一审裁判适用的法律是否正确等。

（二）结构和撰写要求

1.首部

首部包括标题、当事人的基本情况、引文（写明案由和案件一审审理法院、一审裁判文书号码）。标题应居中写明“民事上诉状”，当事人的基本情况要求与起诉状相同，可注明当事人在一审中的诉讼地位。引文起到承上启下的作用，另起一段，一般表述为：“上诉人×××因与被上诉人×××……（写明案由）一案，不服××××人民法院××××年××月××日作出的（××××）……民初……号民事判决，现提起上诉。”

2.正文

正文包括上诉请求与事实和理由。

（1）上诉请求。上诉请求应具体、明确，即要明确要求撤销一审裁判的部分内容还是全部内容、是要求直接改判还是要求发回重审。

（2）事实和理由。民事上诉状事实和理由部分，应针对与上诉请求直接相关的一审裁判文书和审理程序存在的错误、违法之处进行论述。为了便于二审法院审理，建议可以围绕《民事诉讼法》第170条第2项至第4项有关二审法院对一审裁判予以撤销、变更、改判或发回重审的法定理由进行归纳、梳理和论述。具体的包括：①主张原判决、裁定认定事实错误或者适用法律错误，并请求二审法院以判决、裁定方式依法改判、撤销或者变更；②主张原判决、裁定认定基本事实不清，请求二审法院裁定撤销原判决或裁定，发回原审人民法院重审，具备改判条件的，也可以要求查清事实后改判；③主张原判决、裁定严重违反法定程序，请求裁定撤销原判决、裁定，发回原审人民法院重审。

3.尾部。写明致送法院、上诉人签名及落款时间。

(三)参考样式

民事上诉状

上诉人(原审诉讼地位):×××,男/女,××××年××月××日出生,×族,……(写明工作单位和职务或者职业),住……。联系方式:……。

委托诉讼代理人:×××,……。

被上诉人(原审诉讼地位):×××,男/女,××××年××月××日出生,×族,……(写明工作单位和职务或者职业),住……。联系方式:……。

(以上写明当事人和其他诉讼参加人的姓名或者名称等基本信息)

上诉人×××因与被上诉人×××……(写明案由)一案,不服××××人民法院××××年××月××日作出的(××××)……民初……号判决(裁定),现提起上诉。

上诉请求:

1.撤销××××人民法院(××××)……民初……号判决(裁定),依法改判……;

2.本案一审、二审诉讼费由被上诉人承担。

上诉理由:

……(写明一审裁判文书的错误之处及其事实和理由)

此致

××××人民法院

附:本上诉状副本×份

上诉人:(签名或者盖章)

××××年××月××日

(四)文书范例

民事上诉状

上诉人:厦门××公司,住所地:福建省厦门市思明××路××号,统一社会信用代码:××××。

法定代表人:×××,职务:董事长,联系电话×××××。

被上诉人:×××,男,汉族,19××年××月×日出生,住福建省厦门市思明区×路×号×室,公民身份号码:×××××××。联系电话:××。

上诉人厦门××公司因与被上诉人×××房屋租赁合同纠纷一案,不服××××人民法院作出的(××××)×民初字第××××号《民事判决书》(以下简称"一审判决"),依法提起上诉。

上诉请求

一、撤销(××××)×民初字第××××号《民事判决书》,依法改判支持上诉人一审提出的全部诉讼请求;

二、判令被上诉人承担本案全部诉讼费用。

事实和理由

一、双方《住房协议书》约定的租赁期限已经届满,上诉人要求解除与被上诉人之间的租赁关系、返还租赁房屋符合法律规定

上诉人与被上诉人的《住房协议书》系平等主体之间的租赁合同,该法律性质已为(××××)×民终字第×××号《民事裁定书》所认定,其租赁关系应当适用《合同法》关于租赁合同的规定处理。

该合同约定的租赁期为××××年××月××日至××××年××月××日,租赁合同期限早已届满。合同期限届满后被上诉人仍旧使用该房屋,双方处于事实租赁合同状态。根据《中华人民共和国合同法》第二百三十六条:"租赁期间届满,承租人继续使用租赁物,出租人没有提出异议的,原租赁合同继续有效,但租赁期限为不定期。"第二百三十二条:"当事人对租赁期限没有约定或者约定不明确,依照本法第六十一条的规定仍不能确定的,视为不定期租赁。当事人可以随时解除合同,但出租人解除合同应当在合理期限之前通知承租人。"之规定,上诉人有权随时要求解除租赁关系。

上诉人已于××××年××月××日向被上诉人发出《关于立即解除租赁关系、腾

退交还房屋的通知》,解除与被上诉人之间的房屋租赁关系,并要求被上诉人在通知函到达之日起十五日内腾退房屋,通知函到达之日起五日内支付拖欠房租及相关费用。该函于次日送达被上诉人,双方之间的租赁关系业已解除。根据《合同法》第二百三十五条:"租赁期间届满,承租人应当返还租赁物。……"之规定,被上诉人应返还讼争房产给上诉人。

二、一审判决认为被上诉人退休不属于《住房协议书》第2条约定的退房情形,故驳回上诉人的诉讼请求,认定事实错误,且与法律规定相悖

首先,租赁关系的终止有两种情形,一种是租赁期限届满后租赁关系终止,另一种是租赁期内发生约定或法定的条件而提前终止。《住房协议书》第2条约定的"……在合同期限内因出国、退职、另谋职业或其他原因致使用工合同终止,本协议自然终止,均应办理退房手续"内容,系双方对合同租赁期限届满之前租赁关系提前终止的约定。但双方合同约定的租赁期限已告届满,不存在合同期内提前终止的问题。双方的争议应适用前述《合同法》第二百三十五条之规定,判令被上诉人返还上诉人租赁房屋,而不应适用《住房协议书》第2条后半部分约定的内容进行处理。一审判决适用该协议条款约定,认定合同尚不存在终止情形,显然认定双方尚处租赁合同期内,认定事实错误。

其次,该条款除了明确约定出国、退职、另谋职业作为提前终止租赁的条件,还规定了其他导致劳动关系终止的原因出现的,也属于租赁关系提前终止的情形,被上诉人也应退房。根据《劳动合同法》第四十四条的规定:"有下列情形之一的,劳动合同终止:……(二)劳动者开始依法享受基本养老保险待遇的……"、《劳动合同法实施条例》第二十一条"劳动者达到法定退休年龄的,劳动合同终止"之规定,退休系劳动合同终止的法定情形,属于该合同约定的"其他原因致使用工合同终止"。一审判决认定退休不属于《住房协议书》第2条约定的退房情形,显然无视该协议条款的完整约定,且与前述劳动法的规定不符。

三、一审判决未判决被上诉人支付租金和使用费有误

被上诉人占有、使用讼争房屋,应依约、依法支付欠缴的租金及上诉人函告终止租赁关系后的房屋占有使用费。一审判决对上诉人一审中要求被上诉人支付租金和使用费的诉讼请求未予支持,显然错误且于法不符。

综上所述,一审判决认定事实错误,导致错判。恳请二审法院依法查明事实,裁定撤销一审判决,依法改判支持上诉人的一审诉讼请求。

此致

××××中级人民法院

上诉人:厦门××公司
××××年××月××日

六、代理词

(一)概念和作用

代理词是律师作为诉讼代理人，在法庭辩论环节就案件的事实和法律适用等问题发表意见，并就案件处理提出结论性意见的诉讼法律文书。

书面代理词一般是根据庭审辩论阶段发表的意见，在庭审结束后整理制作并提交给法庭的。在制作书面代理词时，其内容往往又不仅局限于庭审辩论意见，也可以包括对诉辩意见的概括与分析、对诉辩观点所依据的事实和证据进行分析论证，对法律适用进行阐述、对结论进行推导等。代理词是律师对所代理的案件提交的综合性、总结性文件，能充分体现律师代理案件的态度、观点和质量。经常有一个错误的观点，认为法官通常不会去读代理词。而实际上，我们目前法院的庭审时间非常有限，律师在法庭上的辩论往往只能发表对案件的主要观点，难以深入、充分和全面，写一份详细的书面代理词给法官，仍然是最好的表达代理观点的途径。正如我们在概述部分所提及的，我国现在的很多法官，审理案件的主要精力还是在于"书面审"。特别是我国现行的民事诉讼法制度虽然仍实行二审终审制，但再审审查程序已很容易发起，诉讼案件多了一道监督审查的程序。越高层级的法院，案件数量相对越少，办案的法官越有时间去仔细审阅案件材料。这就使得书面代理词在案件中的作用越来越大。因此，无论从职业精神的角度来讲，还是从案件的实际作用的角度来讲，代理词还是需要律师花时间去认真撰写、认真打磨的法律文书。

(二)结构和撰写要点

1.首部

包括标题、对法官(合议庭)的称呼和导言三部分内容。其中标题居中写明"代理词"。称呼根据法庭的组成，普通程序的表述为："尊敬的审判长、审判员"或者"审判长、人民陪审员"，简易程序的表述为"尊敬的审判员"。导言部分通常多为"××律师事务所接受本案当事人(可列明诉讼地位)××的委托，指派本律师担任其诉讼代理人"的内容，以表明代理人身份和代理权限的来源，以及所代理案件名称、案由等。

2.正文

代理词的正文围绕法庭归纳争议焦点，从案件事实和法律依据两个角度进行全面分析和论证。撰写中应注意如下几个问题：

(1)代理词中叙述的事实应当以是否有证据证明为标准进行表述。为了方便阅读和法庭引用，在案件当事人的称谓上尽量使用当事人在本案所处诉讼程序中的诉讼地位名称，人数较多且名称较长的，可以使用辨识度较高的简称。

(2)代理词中引用的法律依据应当明确、具体,能体现法律条文的出处和条款及具体的内容。

(3)在代理词中除了证明己方主张及观点成立(立论)外,还应当对相对方的观点进行正面回应和反驳。

(4)代理词正文中,小标题切记要起到提纲挈领的作用,不要过于冗长,并尽量围绕法庭归纳的"争议焦点"按顺序安排,并逐一展开论述。

(5)代理词一般论述性语言较多、篇幅较长,如果有部分内容必须重点突出或提示法官注意,可以用黑体、斜体、下划线、重点号等方式突出体现,但篇幅比照不能过大,不要让整个页面表现得非常混乱。此外,重点提示内容也不宜过多,否则就起不到突出重点的效果。

3.尾部

尾部包括结束语、律师签名、写明日期。

应该说明的是,代理词是律师履行代理职责的法律文书,是律师在法庭上发表的意见,开头部分已经写明对法官或合议庭的称呼,所以在尾部不用再写致送机关。落款处也不以委托人名义落款,而是直接写明代理人的执业机构,律师签署即可。

(三)参考样式

代理词

尊敬的审判长、审判员:

根据法律规定,×××律师事务所受原告(或被告)的委托,指派我担任原告(或被告)×××的诉讼代理人,参与本案诉讼活动。开庭前,我听取了被代理人的陈述,查阅了本案案卷材料,进行了必要的调查。现围绕法庭归纳的争议焦点发表如下代理意见:

……(阐明案件事实、诉讼请求的依据和理由,或阐明反驳原告起诉的事实、诉讼请求的依据和理由)。

综上,……

以上代理意见,请合议庭予以充分考虑并采纳。谢谢!

×××律师事务所

×××律师

××××年××月××日

(四)文书范例

代理词

法院案号:[(201×)闽××民初××号]

尊敬的审判长、审判员:

福建天衡联合律师事务所依法接受被告福建××有限公司(以下简称"××公司")的委托,指派××律师担任××公司的诉讼委托代理人,参加其与原告赖×、被告王×民间借贷纠纷一案的诉讼活动。本案已经开庭审理,现根据本案事实及我国相关法律法规的规定,结合庭审情况,发表代理意见如下:

一、原告所主张的《借款协议书》项下的款项人民币1000万元,系其对××公司的增资扩股款项,而非借款。原告要求××公司偿还借款与事实不符。

1.原告提交的《借款协议书》第五条约定:"出借方(指原告)另与借款人(指答辩人)及公司其他股东签订增资扩股协议书,约定出借方以人民币1000万元增资公司并取得公司10%股权……"该条款说明,该协议项下所约定的1000万元,系原告与××公司各股东达成增资扩股协议后,应提供给公司的增资扩股款项。原告在该条款中对此事实已予以确认,不存在需要××公司另行举证的问题。原告在庭审中主张增资协议最终没有达成、没有签订增资协议,是对其在借款协议第五条中已确认事实的否定,不应采信。退一步讲,即使最终原告与股东之间没有签订增资协议,也不影响原告与××公司股东之间以口头形式达成的增资协议,借款协议项下的1000万元款项,如已实际提供,均应认定为原告的增资款,而非借款。从原告提供的转账给××公司227.5万元的转账记录所体现的时间间隔、每笔转账金额等具体内容来看,原告提供款项确实是根据××公司的经营需要陆续提供的,而非一次性或在借款协议签订的短期内集中提供,这也更符合股东提供投资款的惯常方式,而非民间借贷款项的提供方式。

2.根据借款协议第五条,"……如出借方选择执行增资扩股协议书的,借款人应协调保证各方按增资扩股协议书的约定执行,本协议借款作为增资资金的组成部分;出借方选择不执行增资扩股协议的,由借款人按本协议约定归还借款,并协调保证增资扩股协议对出借方不具有约束力"之约定,原告对该款项的性质并非享有选择权,可以自由确定款项性质是增资款或者是借款,而是一种变更请求权。具体而言之:

(1)在款项性质变更前,1000万元就是对××公司的增资款,而非××公司的借款。(2)变更权的行使系双方行为,必须当事各方协商一致,才能产生相应的法律效力。具体到本案,如果原告要将该款项变更为借款,必须根据该条款的约定,由××公司协调

各股东不执行增资扩股协议，其法律关系和款项相关性质才能转变。这是款项性质变更的基本前提条件。(3)在本案中，××公司股东并未同意不执行增资扩股协议。

因此，增资的款项性质未发生变更，原告请求××公司返还借款没有合同和事实依据。根据《最高人民法院关于审理民间借贷案件适用法律若干问题的规定》第十五条："原告以借据、收据、欠条等债权凭证为依据提起民间借贷诉讼，被告依据基础法律关系提出抗辩或者反诉，并提供证据证明债权纠纷非民间借贷行为引起的，人民法院应当依据查明的案件事实，按照基础法律关系审理。"之规定，原告据以起诉的基础法律关系存在错误，贵院应裁定驳回其起诉。

二、即使本案按民间借贷关系处理，原告实际仅向××公司提供借款合计264.09万元，其他借款未实际发生或与××公司无关。原告要求××公司对其他借款承担共同还款责任，缺乏事实和法律依据。

1.借款协议第二条确认的协议签订之前已经收到的750万元，实际上系本案另一被告王×的个人借款债务，真实性无法确认，且与××公司无关。

(1)原告对该750万元的发生未提供任何证据，根据最高人民法院民间借贷司法解释的规定，其借款真实性不应得到认定。

(2)经××公司了解，该借款如有发生，发生时间也系在答辩人成立之前，因此该债务不可能属于答辩人的债务。原告为了回避该问题，在回答法庭提问时称该款项部分在××公司成立之前提供，部分在成立之后提供，但未提供证据，显然不应采信。

(3)从协议来看，借款协议抬头部分明显体现借款人是王×个人，借款协议的首部也明确说明："借款方系福建××有限公司、上海汇淬光学有限公司的主要投资人"，可见提出借款的意思表示的主体是王×个人。王×在落款处签字具有其个人和答辩人公司法定代表人双重身份的性质，该协议第二条的"借款方"确认收到750万元，其身份结合上述协议抬头称谓指向等内容，显然系王×对其个人借款的确认。王×在该协议文本落款处加盖公司的印章，显然是把其个人债务和代表××公司新提出的借款混淆在一起，并无法发生750万元债务转移给××公司的法律效力，××公司仅需对新产生的借款250万元的协议内容承担责任，且应偿还的债务金额也应以原告在协议签订后实际提供的款项本金及其未付利息为限。

(4)原告主张王×个人所借的债务750万元，系用于公司筹备、研发等，应由公司承担责任，其主张显然不能成立。因为首先该金额显然不可能是公司筹备费用范畴；其次，原告因为没有证据证明该款项系设立中公司的发起人以公司名义所借的款项；再次，原告没有任何证据可以证明王×将该款项用于××公司的经营，且不属于其作为股东应投入的投资款项。故原告要求××公司对该750万元款项承担共同还款责任，显然缺乏事实与法律依据。

2.借款协议约定的新发生的250万元借款，根据原告提供的银行流水可以证明，原

告仅实际提供给××公司借款人民币227.5万元。根据《最高人民法院关于审理民间借贷案件适用法律若干问题的规定》第二条等有关规定，应当以227.5万元认定××公司的借款债务，并以该部分借款根据借款合同约定计算利息。

3.2017年2月28日的《借条》项下约定的借款969618元，其中原告仅实际垫付了××公司的电费365900元，其他的费用最终并未垫付，也没有另行提供给××公司使用。根据前述司法解释的规定，××公司仅应偿还其该笔借款365900元。由于该借条并未约定利息，依据《最高人民法院关于审理民间借贷案件适用法律若干问题的规定》第二十五条之规定，法院对原告主张该部分款项的利息，不应予以支持。

4.除了前述3所确认的款项，原告所主张的其他转账凭证，均系原告转账给王×个人使用的款项（这从流水后王×个人手写确认内容可以清楚证明），或者支付到其他公司款项，均与××公司无关，原告要求××公司对该些款项承担共同还款责任显然缺乏法律依据；A食品的代付款说明项下的26万元，其转账记录的用途说明系A食品与××公司的其他往来，不是原告出借给××公司的款项，原告向××公司主张还款，主体不适格。

5.至于2018年8月16日的结账单，原告称该结账单有加盖××公司的公章，就应由××公司承担责任，其说法也不能成立。因为在庭审中原告已明确承认，结账单前半部分是原告手写，后半部分是王×手写，该对账单的内容显然是原告和被告王×混淆了王×个人债务和××公司债务的结果，且对账单的内容与事实严重不符（如款项支付时间有误、97万元借款不实、利息计算与借款文件不符等），甚至不排除该对账单是原告和王×恶意串通、意图加重公司债务的行为。但无论如何，原告显然存在过错，并非善意的相对方，其根据该对账单主张权利，不应得到支持。其次，××公司在本案中已经提供证据证明，××公司目前负债高达1400多万元，且明显资不抵债，如果把本应属于王×个人的债务转嫁给公司，将严重损害其他债权人的合法利益。因此，××公司盖章对该750万元债务进行确认的行为，也属于违法无效的行为。

综上，该对账单因内容不实、混淆主体、存在侵害债权人合法利益的问题，不具备真实性、合法性，不能作为本案的定案依据。本案应根据实际借款情况和债权债务发生的原始凭证，确定债务主体、债务金额。××公司的债务即如前述2.3项所述，其他的不应由××公司承担责任。

综上所述，原告起诉的法律关系错误，恳请贵院驳回其诉讼请求；即使按照民间借贷处理，××公司也仅应对实际收到的借款264.09万元及该借款中的227.5万元本金所欠的利息（2016年5月起每月2%的利息）承担清偿责任，其他借款均与××公司无关，恳请贵院依法驳回原告对××公司的其他诉讼请求。

以上代理意见，望能予以充分考虑并采纳。谢谢！

福建天衡联合律师事务所

×××律师

××××年××月××日

第八章 律师常用非诉讼文书

第一节 概 述

一、律师非诉讼文书的概念

律师非诉讼文书，是指律师在办理非诉讼业务过程中涉及的各类法律文书，有别于能够直接引发法律程序的提起、变动或终止效果的诉讼文书。非诉讼文书的主要作用是律师运用自身的专业知识，通过权利义务条款的设计、对焦点问题的分析判断，帮助客户实现达成交易或管控风险等目的。本章将选取律师从事公司业务及房地产业务时常用的法律文书作为范例，进行阐述。

二、律师非诉讼文书的价值取向

（一）合法性

不同于起诉状、答辩状和上诉状等律师诉讼文书，律师非诉讼文书并不直接应用于诉讼程序，但是它同样具有相应的法律效力。是否符合法律规定直接决定律师非诉讼文书能否发挥作用，因此合法性是律师非诉讼文书的首要价值取向。

1.主体适格

律师非诉讼文书中的主体适格，是指文书主体必须具备实施或从事文书中所确定的行为的资格。在起草和审查律师非诉讼文书的过程中，律师尤需关注民事权利能力、民事行为能力、行政许可和资质等级等要件。

（1）民事权利能力和民事行为能力

自然人的民事权利能力，是法律赋予自然人得享有民事权利、承担民事义务的资格。它是自然人参加民事法律关系，取得民事权利、承担民事义务的法律依据。[①] 虽然自然人的民事权利能力始于出生，终于死亡，在非诉讼业务领域的应用空间较为狭窄，但是在涉及婴儿权利以及不同国家地区的自然人时，律师非诉讼文书主体的民事权利能力仍然需要引起重视。法人的民事权利能力，就是法人能够以自己的名义参与民事法律关系并且取得民事权利和承担民事义务的资格。[②] 作为拟制主体，法人不享有专属于自然人的具有人身属性的权利。

自然人的民事行为能力，是指自然人能够独立通过意思表示，进行民事行为的能力。现实社会是由成年且神志健全的人主导的社会，民法设自然人的民事行为能力制度，意在保护未成年人和神志不健全人的利益。[③] 因此非诉讼业务中甄别主体是否具备民事行为能力，能够避免意思表示出现瑕疵，进而影响合同效力。法人的民事行为能力，是法人以自己的独立意志实施民事法律行为的能力。[④] 值得关注的是，与自然人的行为能力是通过其自身实现所不同的是，法人的行为能力一般是由法人的机关或其委托的代理人来实施的，因此律师非诉讼文书在起草过程中需要特别关注代理人是否取得法人的授权、是否超出从事该行为的权限。

(2)行政许可

市场主体从事经济活动往往要取得相应的行政许可。行政许可，系指特定的行政主体，根据行政相对人的申请，经依法审查，作出准予或不准予其从事特定活动之决定的行政行为。[⑤] 在起草律师非诉讼文书的过程中，需要对参与主体是否取得相应的行政许可进行核实，避免无权或超越经营范围从事业务活动。

(3)资质等级

资质等级多见于建设工程施工业务。《建筑法》第 26 条规定："承包建筑工程的单位应当持有依法取得的资质证书，并在其资质等级许可的业务范围内承揽工程。"承包人不具备相应建筑施工企业资质、超越资质等级或者借用资质从事施工活动的，其合同极有可能被认定为无效。

2.内容合法

《合同法》第 52 条规定，违反法律、行政法规强制性规定的合同无效。《最高人民法院关于适用〈中华人民共和国合同法〉若干问题的解释(二)》对"强制性规定"进行了细化。该解释第 14 条规定，"合同法第五十二条第(五)项规定的'强制性规定'，是指效力性强制性规定"。因此，内容合法的核心要求便是不违反法律、行政法规的效力性强制性规定。与此同时，在大量与政府事务相关的律师非诉讼文书中，仍然需要兼顾部门规

① 王利明:《民法》，中国人民大学出版社 2018 年版，第 42 页。
② 王利明:《民法》，中国人民大学出版社 2018 年版，第 67 页。
③ 王利明:《民法》，中国人民大学出版社 2018 年版，第 45 页。
④ 王利明:《民法》，中国人民大学出版社 2018 年版，第 67 页。
⑤ 胡建淼:《行政法学》，法律出版社 2015 年版，第 263 页。

章、地方性法规等其他规范性文件的规定。虽然违反此类文件并不必然导致律师非诉讼文书无效,但是若无法取得行政机关的配合,相关经济活动必然无法顺利推进。

(二)实用性

实用性是律师非诉讼文书的根本价值取向。律师应是为客户预见各种意外情况并提出解决方案、帮助客户消灭问题的法律专家,而不仅仅是质疑者,更不是麻烦制造者。律师非诉讼文书的主要目的是帮助客户达成交易或管控风险,遇到问题时若一味否定客户的交易方案,不仅是经验不足的表现,也是业务能力不自信的体现。因此,律师所要彰显的根本价值是提供对客户交易方案的所有利与弊的分析意见以及应对建议,如此律师非诉讼文书才具有实用性,而非“这也不行、那也不行”的纯粹质疑者。

(三)准确性

准确性是律师非诉讼文书的核心价值取向。律师非诉讼文书的准确性是指在文书起草过程中,对表达对象性质和边界清晰界定的程度。有别于使用数字、符号进行直观、简练表达的数学科学,法学的表达载体为天然具有多义性的文字,而在基础文字的组织过程中多义性的风险更是不断叠加的,因此实现表达准确性的难度前所未有。一旦产生争议,过错方往往主动论证其行为或结果并不落于合同约定或法定的范畴从而主张免于承担责任,反之受害方则积极论证过错方应依约、依法承担责任。笔者将在后文关于文书结构、写作与修订的注意事项以及文书范例中具体论述如何实现律师非诉讼文书的准确性。

(四)美观性

美观性是律师非诉讼文书的目标价值取向。律师非诉讼文书的形式主要有合同、律师函、法律意见书和尽职调查报告等,内容虽然构成了这些文书的实质性元素,但不可否认的是,形式对文书而言仍然意义重大。在实践中,如果律师提供给客户的文书形式是二流的,那么客户亦会认定其内容也是二流的。但值得注意的是,美观性并不意味着盲目追求眼花缭乱的视觉效果,而是力争通过简洁、明快、大方、典雅的格式和编排,使文书具备赏心悦目的美感和阅读体验。

三、律师非诉讼文书的思维导向

(一)法律思维和商业思维

毋庸置疑,法律思维是一名法律从业者的安身立命之本,但商业行为并非仅由法律条款所成就。在交易中,一方是否接受合同条款的重点不在于法律上是否公平,而在于商业上是否达到利益平衡。因此律师在面对交易时不能简单地以法律条文为闸机，粗暴“拦下”所有不合理的约定，一项交易的达成并不是双方权利义务尽皆对等的局面，而是彼此利益互相得到满足的结局。在部分权利方面，一方势必占据优势而另一方处于劣势，但在其他方面劣势方又可能重新取得控制权。因此律师非诉讼文书不能过分纠结于一城一池之得失，而是应着眼于整体局面的平衡。

（二）“结婚思维”和“离婚思维”

“结婚思维”是商业交易中客户的典型思维。客户经常只看到商业交易的正面，最关心的是交易成功后所获得的利益，而对于所选定的交易方式是否能够回避风险、交易失败后的结果等往往不愿意认真面对，认识不清晰甚至有所误解。一个非常典型的表现便是客户愿意花费非常多的时间去讨论合同中关于达成交易的部分，但对其中的违约或赔偿条款则习惯性地抛给其他人处理。客户的这种思维习惯提醒律师，除了需要围绕客户需求关注正面信息外，还必须时刻对负面信息保持敏感，比如可能导致交易失败的种种原因，例如该种交易行为被法律禁止、交易主体没有合法资格、交易标的产权状况存疑、交易失败后如何赔偿损失和返还财产等问题。简而言之，律师需要在陪伴客户往前冲刺的同时为客户观察退路，此所谓“离婚思维”。

（三）替代思维和反向思维

在合同起草和审查修改过程中，律师常以己方权利为中心设计相关条款，但身份的单一化往往容易导致思维的单向性，致使难以全面洞察合同中存在的风险。因此律师需要适时切换角色，用交易对手方、无利益相关第三方和监管方替代自己，以他们的视角审查己方合同。当局者迷，脱离原有立场更容易发现漏洞和风险。除替代思维外，律师亦应灵活运用反向思维。在起草合同时，律师容易以善良之心看待己方条款，如“乙方应在货物验收合格后支付货款”，若交易正常进行该条款并不会产生问题，然而一旦发生争议、双方关系破裂，乙方便可在合格标准、货款支付时间上做文章。因此，在合同起草和审查修改过程中，律师需以“小人之心度君子之腹”，反向推敲合同中是否存在“软条款”或陷阱，避免在争议发生时自缚手脚。

四、律师非诉讼文书的结构

律师非诉讼文书的结构由文书首部、文书正文和文书尾部组成。

（一）首部

首部是律师非诉讼文书的开头部分，一般包括文书名称（标题）、文书编号、非诉讼主体的基本情况、文书中所用术语的定义、事由等内容要素。

(二)正文

正文是律师非诉讼文书的核心,是关于达成交易目的、管控交易风险的行为安排,一般由主要权利义务、附随义务、责任分配、担保义务、争议解决和合同效力等要件组成。

1.主要权利义务

就一般的交易合同而言,权利义务主要是付款和交付两个要件。付款包括付款条件、付款方式,交付包括交付方式、交付期限,不同类型的交易合同的付款、交付内容差别较大,笔者将在第二节、第三节中根据具体文书类型进行展示。

2.附随义务

附随义务是指,在法定与约定义务之外,依据诚实信用原则产生的,旨在保护合同当事人给付利益与固有利益之义务。①《合同法》第 60 条、第 92 条对附随义务进行了细化规定。② 律师非诉讼文书虽聚焦于交易内容、交易方式等主要权利义务,但对于涉及知识产权、商业秘密的交易,为避免知识产权侵权、商业秘密泄漏,附随义务仍具有重要作用。

3.违约责任

责任,亦称为第二性义务,是指违反第一性义务时所需承担的后果。作为合同法层面的责任范畴,违约责任是指合同当事人因违反合同义务所应承担的责任。合同一旦生效,即在当事人之间产生法律拘束力,当事人应按照合同的约定全面、严格地履行合同义务,任何一方当事人因违反合同所规定的义务,均应承担违约责任。③《合同法》第 107 条规定了继续履行、采取补救措施以及赔偿违约金等违约责任的具体承担方式。④交易内容、交易方式虽然构成了律师非诉讼文书的主要内容,但是最初触动交易双方缔结合同的动机却是关于未依约履行合同时如何追究责任的违约条款,因此违约责任作为律师非诉讼文书的"发起人",往往成为交易双方拉锯的关键阵地。常见的违约责任约定有"任何一方违反合同,应按《合同法》承担违约责任"以及"任何一方违反合同,给对方造成损失的,应当承担赔偿责任"等,但这种约定过于宽泛,导致守约方发生争议时往往面临难以举证的困境。因此违约责任的约定应具体而明确,如"若乙方的损失难以举证证明的,双方同意推定乙方损失为人民币××万元"等。

---

① 王家福主编:《民法债权》,中国社会科学出版社 2015 年版,第 136 页。

② 《合同法》第 60 条规定:"当事人应当按照约定全面履行自己的义务。当事人应当遵循诚实信用原则,根据合同的性质、目的和交易习惯履行通知、协助、保密等义务。"《合同法》第 92 条规定:"合同的权利义务终止后,当事人应当遵循诚实信用原则,根据交易习惯履行通知、协助、保密等义务。"

③ 王家福主编:《民法债权》,中国社会科学出版社 2015 年版,第 460 页。

④ 《合同法》第 107 条:当事人一方不履行合同义务或者履行合同义务不符合约定的,应当承担继续履行、采取补救措施或者赔偿损失等违约责任。

4.担保义务

律师非诉讼文书中的担保义务是指，合同一方向另一方作出必要的陈述和保证，承诺以其所提供的抵押、质押或其他方式保证合同得以履行或未得履行时进行赔偿的义务。担保义务作为风险社会中达成交易的一种促进方式，有利于消除合作方的顾虑，同时也是督促担保义务人积极履行合同的有效手段。因此，担保义务越来越多地出现在各种类型的律师非诉讼文书中。

5.争议解决

争议解决主要包括合同的语言适用、法律适用以及纠纷解决方式的选择规则等。合同的语言适用主要针对涉外律师非诉讼文书，在中文及某一外文合同文本均具有法律效力，但两种文本发生不一致的情况时，应注意选择以对己方有利的文本为准。合同的法律适用是指律师非诉讼文书发生争议时，双方对处理文书争议所适用的法律的选择。《中华人民共和国合同法》第 126 条规定，涉外合同的当事人可以选择处理合同争议所适用的法律，但法律另有规定的除外。涉外合同的当事人没有选择的，适用与合同有最密切联系的国家的法律。在实践中，就一般的律师非诉讼文书而言，纠纷解决方式的选择规则是争议解决最常见的内容。纠纷解决方式的选择规则主要指交易双方选择仲裁或诉讼，以及如何确定仲裁机构、管辖法院的规则。在实际交易中，优势一方往往要求由其住所地仲裁委员会或法院管辖，以便充分利用主场优势和规避对手方住所地管辖可能产生的不利处境。另外，近年来值得关注的一种做法是，除选择己方住所地法院管辖外，合同当事人在确保符合法律规定的与争议有实际联系地点的法院管辖的前提下，倾向于选择裁判思路或既往判例符合其需求的其他法院管辖。

（三）文书尾部

尾部是律师非诉讼文书的结束部分，主要载明送达方式、告知有关事项、文书主体签署（签字盖章）、签署日期和附件等信息。在饱受无法送达以及公告送达所造成的漫长时间之苦后，近年来关于送达方式的约定已成为律师非诉讼文书中不可或缺的组成部分。

五、律师非诉讼文书写作与修订的注意事项

（一）通读—细读—通读

在修订律师非诉讼文书之前，笔者建议采用通读—细读—通读的方式阅读律师非诉讼文书。

第一个步骤的“通读”是指从整体入手，重点关注以下事项：（1）合同标的；（2）合同结构完整性；（3）合同合法性；（4）明确需要特别关注的事项；（5）除既有条款外，还应充

分关注根据合同性质或交易目的应予约定而未约定的内容，或足以影响双方重大权益的其他条款约定不明、存在冲突等情况。第二个步骤的“细读”是指从细节入手，检查律师非诉讼文书的主体是否适格、权利义务的明确性以及合同条款的可操作性。第三个步骤的“通读”是指再次检查合同结构是否完整、前后条款是存在冲突或矛盾。

通过上述通读—细读—通读的方式，律师便能在修订非诉讼文书之前对文书有一个全面而深入的了解。

(二)善用批注

在起草或修订律师非诉讼文书的过程中，律师应多加利用批注功能，对所发现的问题根据其性质采用疑问、说明、提醒、建议和警告的方式予以注明。

疑问批注，主要用于标示合同中未述及、无法判断或者比较异常的条款；说明批注，主要是对审查意见的依据加以描述，或以说明正确内容的方式纠正合同条款中在措辞、引用法律或引用条款等方面存在的错误；提醒批注，是对明显不利于委托人的条款，或是对合同中并未提供的条款，提醒委托人关注其重要性；建议批注，是以简短的表述提交合同以外新的方案、思路等，以优化原合同中的方案或表述方式，供委托人在实际交易中参考；警告批注，主要用于提醒委托人在合同中所发现的重大不利情况或重大法律风险，以使委托人高度重视。

(三)两次以上审查的合同

对合同的审查难以一蹴而就，特别是重要合同往往历经一审、二审和三审等多番审查。在面对两次以上审查的合同时，首先要重点关注此前的审查意见并作出修改或者反馈；其次，对于对手方修订后返回的合同，除修订模式可见的修改外，应注意使用word的比较功能核查合同其他地方是否有过改动；最后，审查合同应避免惰性和惯性思维，积极主动突破思维定式，针对每一次交易的特性发掘潜在的问题及风险，避免将新合同对号入座，机械套用原有的知识与经验。

第二节　公司业务部分文书

一、大股东的权利安排以及中小股东的权利保护

股东是公司的投资者，股东出资后即以其对公司的投资享有股东权益，如资产收益权、参与公司重大决策和选择管理者的权利。在有限责任公司中，股东行使股东权利的

机构为股东会。[1] 股东会是公司的权力机构，有权对公司的经营方针和投资计划，公司的年度财务预算方案、决算方案和公司合并、分立、解散、清算或者变更公司形式等重大问题作出决定。公司的资合性决定了公司依资本运作，因此股东在股东会上对上述重大问题的表决权基础即以股东认缴的出资比例为基数，亦即股东的出资在公司注册资本中所占比例越大，该股东对公司事务的"话语权"也越大，反之则越小。这种"资本多数决"的原则使得股东会成为大股东、中小股东之间相互角力的竞技场。根据《公司法》第42条关于"股东会会议由股东按照出资比例行使表决权；但是，公司章程另有规定的除外"的规定，公司章程是股东行使表决权的"使用说明书"，因此大股东、中小股东的表决权如何筹划设置，章程的制定至关重要。本部分即以出资比例超过51%的大股东、出资比例各占50%的均势股东以及出资比例低于50%的小股东为立足点，提供代表这三种不同角色的公司章程供参考。

(一)出资比例超过51%的大股东

承如前述，资本多数决原则是公司股东会决议活动遵循的基本准则，因此大股东在无特殊约定的情况下便掌握了公司的控制权与日常经营管理权(包括签订合同、发货、结算、付款事宜)，所以关于出资比例超过51%的大股东的章程宜简不宜细。

文书示例如下(部分)：

……

第六章　股东会及其议事规则

第十六条　公司股东会由全体股东组成。股东会是公司的权力机构。

股东会行使下列职权：

(一)决定公司的经营方针和投资计划；

(二)选举和更换非由职工代表担任的董事、监事，决定有关董事、监事的报酬事项；

(三)审议批准董事会的报告；

(四)审议批准监事的报告；

(五)审议批准公司的年度财务预算方案、决算方案；

(六)审议批准公司的利润分配方案和弥补亏损方案；

(七)对公司增加或者减少注册资本作出决议；

(八)对发行公司债券作出决议；

(九)对公司合并、分立、解散、清算或者变更公司形式作出决议；

(十)修改公司章程。

对前款所列事项股东以书面形式一致表示同意的，可以不召开股东会会议，直接作出决定，并由全体股东在决定文件上签名、盖章。

---

[1] 股份有限公司则为股东大会，二者职权相同，为行文方便，后文仅以股东会为对象进行介绍。

第十七条　首次股东会会议由出资最多的股东召集和主持。

股东会会议分为定期会议和临时会议。定期会议于每年三月召开。代表十分之一以上表决权的股东，三分之一以上的董事、监事提议召开临时会议的，应当召开临时会议。

第十八条　召开股东会议应于会议召开________日前通知全体股东。

股东会应当对所议事项的决定作出会议记录，出席会议的股东应当在会议记录上签名。

股东出席股东会议也可书面委托他人参加股东会议，行使委托书中载明的权力。

第十九条　股东会会议由董事会召集，董事长主持。董事长不能履行职务或者不履行职务的，由副董事长主持；副董事长不能履行职务或者不履行职务的，由半数以上董事共同推举一名董事主持。

董事会不能履行或者不履行召集股东会会议职责的，由监事召集和主持；监事不召集和主持的，代表十分之一以上表决权的股东可以自行召集和主持。

第二十条　股东会会议由股东按照出资比例行使表决权。

第二十一条　除法律另有规定外，股东会会议作出决议，须经代表二分之一以上表决权的股东通过。

第二十二条　公司股东会的决议内容违反法律、行政法规的无效。

股东会的会议召集程序、表决方式违反法律、行政法规或者公司章程，或者决议内容违反公司章程的，股东可以自决议作出之日起六十日内，提起民事诉讼，请求人民法院撤销。

……

第九章　公司的股权转让

第三十七条　股东之间可以相互转让其全部或者部分股权。

股东出现法律、法规、国务院规定或其他有关禁止投资情形的，应及时转让所持有的公司股权，并于三十日内到商事登记机关办理股东变更登记。

股东之间相互转让股权，不需由股东会表决。

第三十八条　股东向股东以外的人转让股权，应当经其他股东过半数同意。股东应就其股权转让事项书面通知其他股东征求同意，其他股东自接到书面通知之日起满三十日未答复的，视为同意转让。其他股东半数以上不同意转让的，不同意的股东应当购买该转让的股权；不购买的，视为同意转让。

经股东同意转让的股权，在同等条件下，其他股东有优先购买权。两个以上股东主张行使优先购买权的，协商确定各自的购买比例；协商不成的，按照转让时各自的出资比例行使优先购买权。

……

(二)出资比例各占50%的均势股东

出资比例各占50%的股东,从股东会表决权行使的角度而言互为均势,不易发生大股东凭借优势地位侵害小股东权益的情况,但是力量均衡却容易走向另一个极端,即双方在公司的发展方向上因观点分歧而互相掣肘,迟迟不能形成有关决议,导致公司经营陷入僵局。因此,出资比例各占50%的均势股东在公司章程方面尤需关注如何避免陷入公司僵局、陷入公司僵局后如何破解以及对公司执行机构董事会职权如何设置等几个方面的权利义务安排。

文书示例如下(部分):

……

第七章 董事会的组成、职权和议事规则

……

第七十三条 董事会由7名董事组成,由股东大会从股东提名的董事候选人中选举产生,其中股东中国公司有权提名4人被选举成为董事会成员,股东福建公司有权提名3人被选举成为董事会成员。董事会设董事长1人,从股东中国公司提名的董事中经董事会全体董事过半数选举产生;设副董事长1人,从福建公司提名的董事中经董事会全体董事过半数选举产生。

董事会设董事会秘书1名(可兼任),由董事会聘任或解聘。

第七十四条 董事会行使下列职权:

(一)负责召集股东大会,并向大会报告工作;

(二)执行股东大会的决议;

(三)决定公司的经营计划和投资方案;

(四)制订公司的年度财务预算方案、决算方案;

(五)制订公司的利润分配方案和弥补亏损方案;

(六)制订公司增加或者减少注册资本、发行债券或其他证券及上市方案;

(七)决定公司重大收购、转让重大资产的方案;

(八)制订回购公司股票或者合并、分立、变更公司形式、解散方案;

(九)决定公司内部机构和分支机构的设置和管理;

(十)依本章程规定聘任或者解聘总经理、副总经理、董事会秘书、财务负责人,并决定其报酬事项和奖惩事项;

(十一)制定公司的基本管理制度;

(十二)制订公司章程的修改方案;

(十三)听取并审议总经理的工作汇报;

(十四)对公司聘用、解聘会计师事务所作出决议;

（十五）法律、法规或公司章程规定的以及股东大会授予的其他职权。

……

第八十一条　董事会须有全体董事的三分之二以上出席方可举行，董事会表决方式为记名投票表决，每一名董事有一票表决权，董事会决议须由全体董事过半数同意方可通过。但以下事项须经全体董事的三分之二以上同意方可通过：

（一）决定公司的经营计划和投资方案；

（二）决定公司的内部管理机构和分支机构的设置；

（三）制定公司的基本管理制度；

（四）决定公司单项标的额500万元以上或在一年内购买、出售的固定资产、无形资产、有价证券、股权累计超过公司注册资本总额2%的重大收购、转让重大资产的方案。

……

第十一章　公司的解散事由与清算办法

……

第一百二十三条　公司因下列原因解散：

（一）公司章程规定的解散事由出现；

（二）股东大会决议解散；

（三）因公司合并或者分立需要解散；

（四）公司被依法宣布破产；

（五）依法被吊销营业执照、责令关闭或者被撤销；

（六）人民法院依照《公司法》第一百八十三的规定予以解散；

（七）在不违反公司法规定的前提下，如果公司股东大会或董事会出现僵局（即连续三次会议未能召集举行或通过同一议题）导致公司无法继续经营或经营发生严重困难的，则任何一方股东均有权选择要求全部收购对方持有的公司股份，或者选择要求对方全部收购自己持有的公司股份。发生上述情形，每股收购价格为评估基准日（即一方最早以书面形式提出收购要求前一个月最后一天）公司的每股净资产评估值。

若股东双方均要求收购对方持有的公司股份，则由董事长召集双方在前款约定的价格之基础上当场竞价，由出价高的一方收购对方持有的股份；若股东双方均不愿意收购对方持有的项目公司股份，则在一方最早以书面形式提出收购要求之日起3个月内，双方应通过解散公司并进行清算的股东大会决议，解散公司并进行清算。

……

（三）出资比例低于50%的小股东

资本多数决原则使出资比例高于50%的大股东获得了表决优势，股东会决议往往代表了大股东的意志，大股东极易通过制定不利于小股东的股利分配政策、关联交易转

移利润、挪用资金、拖欠账款、提供担保和虚假出资等方式侵害小股东的权益。因此，如何在公司章程中对股东会决议的形成进行约定便成为小股东保障自身权益的关键之举。

文书示例如下(部分)：

……

第六章　股东会及其议事规则

第十六条　公司股东会由全体股东组成。股东会是公司的权力机构。

股东会行使下列职权：

(一)决定公司和全资子公司的经营方针和投资计划；

(二)决定公司和全资子公司有关董事、监事的报酬事项；

(三)审议批准公司和全资子公司董事会的报告；

(四)审议批准公司和全资子公司监事的报告；

(五)审议批准公司和全资子公司的年度财务预算方案、决算方案；

(六)审议批准公司和全资子公司的利润分配方案和弥补亏损方案；

(七)对公司或全资子公司增加或者减少注册资本作出决议；

(八)对公司或全资子公司发行公司债券作出决议；

(九)对公司或全资子公司发生合并、分立、解散、清算或者变更公司形式作出决议；

(十)修改公司或全资子公司章程；

(十一)对公司或全资子公司对外投资、为股东提供担保或对外担保作出决议；

(十二)决定以公司或全资子公司名义出借款项或借入款项；

(十三)决定公司将所持全资子公司股权全部或部分转让给他人或将全资子公司经营的项目全部或部分转让给他人(正常的商品房、游艇泊位租售除外)；

(十四)决定公司项目总承包施工合同、房产销售代理合同；

(十五)决定公司或全资子公司之间或与股东之间的关联交易；

(十六)决定公司项目商品房、游艇泊位销售价格；

(十七)根据全资子公司章程的规定，应由公司作为全资子公司股东作出决议的事项。

对前款所列事项股东以书面形式一致表示同意的，可以不召开股东会会议，直接作出决定，并由全体股东在决定文件上签名、盖章。

……

第二十条　股东会会议由股东按照出资比例行使表决权。

第二十一条　股东会会议就以下事项作出决议的，均必须经代表三分之二以上表决权的股东通过：

(一)公司及全资子公司的年度财务预算方案、决算方案；

(二)公司及全资子公司的利润分配方案、弥补亏损方案;

(三)修改公司或全资子公司章程;

(四)增加或者减少公司或全资子公司注册资本;

(五)公司及全资子公司有关公司合并、分立、解散或者变更公司形式;

(六)公司或全资子公司对外投资、为股东提供担保或对外担保(配合商品房、游艇泊位销售为商品房、游艇泊位购买人提供银行按揭担保除外)、出借款项或借入款项;

(七)公司将所持全资子公司股权转让给他人,或者全资子公司将项目全部或部分转让给他人(正常的商品房、游艇泊位租售除外);

(八)公司或全资子公司发行债券;

(九)决定项目总承包施工合同、房产销售代理合同;

(十)决定公司及全资子公司之间或与股东之间的关联交易;

(十一)决定项目商品房、游艇泊位销售价格。

股东会会议作出除前款以外事项的决议,须经代表二分之一以上表决权的股东通过。

……

第七章　经营管理机构及职权

第二十三条　公司设董事会,董事会成员为【7】人,其中:【4】名董事由厦门A公司和厦门B公司共同委派和撤换,【3】名董事由厦门C公司、厦门D公司和厦门E公司共同委派和撤换。董事任期三年,任期届满,可连选连任。

董事任期届满未及时改选,或者董事在任期内辞职导致董事会成员低于法定人数的,在改选出的董事就任前,原董事仍应当依照法律、行政法规和公司章程的规定,履行董事职务。

第二十四条　董事会对股东会负责,行使下列职权:

(一)召集股东会会议,并向股东会报告工作;

(二)执行股东会的决议;

(三)决定公司的经营计划和投资方案;

(四)制订公司的年度财务预算方案、决算方案;

(五)制订公司的利润分配方案和弥补亏损方案;

(六)制订公司增加或者减少注册资本以及发行公司债券的方案;

(七)制订公司合并、分立、解散或者变更公司形式的方案;

(八)决定公司内部管理机构的设置;

(九)决定聘任或者解聘公司经理及其报酬事项,并根据经理的提名决定聘任或者解聘公司副经理、财务负责人及其报酬事项;

(十)制定公司的基本管理制度。

第二十五条 董事会设董事长【1】人，由董事会从厦门A公司和厦门B公司共同委派的董事中推举产生；董事会设副董事长【2】人，由董事会从厦门A公司和厦门B公司共同委派的董事中推举产生1名，从厦门C公司、厦门D公司和厦门E公司共同委派的董事中推举产生1名；董事会设董事会秘书【1】人，由厦门A公司和厦门B公司共同委派。

第二十六条 董事会会议由董事长召集和主持；董事长不能履行职务或者不履行职务的，由副董事长召集和主持；副董事长不能履行职务或者不履行职务的，由半数以上董事共同推举一名董事召集和主持。

第二十七条 董事会会议应有过半数的董事出席方可举行。董事会决议的表决，实行一人一票。

董事因故不能亲自出席董事会会议时，可以书面委托其他董事参加，由被委托董事履行委托书中载明的权力。

董事会作出决议，必须经全体董事的过半数通过，但董事会对于涉及本章程第二十一条规定的需经股东会代表三分之二以上表决权的股东通过的事项需作出董事会决议的，必须经三分之二以上的董事同意方可通过。

第二十八条 董事长行使下列职权：

（一）负责召集和主持董事会，检查董事会的落实情况，并向股东会和董事会报告工作；

（二）执行股东会决议和董事会决议。

第二十九条 公司设总经理【1】名，副总经理【4】名、财务负责人（财务总监）【1】名，除副总经理1名和财务副总监1名由厦门C公司、厦门D公司和厦门E公司共同提名外，其余人员由厦门A公司和厦门B公司共同提名，由董事会决定聘任或者解聘。总经理对董事会负责，行使下列职权：

（一）主持公司的生产经营管理工作，组织实施董事会决议；

（二）组织实施公司年度经营计划和投资方案；

（三）拟订公司内部管理机构设置方案；

（四）拟订公司的基本管理制度；

（五）制定公司的具体规章；

（六）提请聘任或者解聘公司副总经理、财务负责人；

（七）决定聘任或者解聘除应由董事会决定聘任或者解聘以外的负责管理人员；

（八）董事会授予的其他职权。

总经理列席董事会会议。

股东和董事有权随时了解公司或全资子公司的经营状况或财务状况，总经理或财务负责人不得拒绝。

第三十条　公司设监事【2】人，其中：【1】名监事由厦门A公司和厦门B公司共同委派，【1】名监事由厦门C公司、厦门D公司和厦门E公司共同委派。董事、高级管理人员不得兼任监事。

第三十一条　监事的任期每届为三年。监事任期届满，连选可以连任。

第三十二条　监事行使下列职权：

（一）检查公司财务；

（二）对董事、高级管理人员执行公司职务的行为进行监督，对违反法律、行政法规、公司章程或者股东会决议的董事、高级管理人员提出罢免的建议；

（三）当董事、高级管理人员的行为损害公司的利益时，要求董事、高级管理人员予以纠正；

（四）提议召开临时股东会会议，在董事会不履行本法规定的召集和主持股东会会议职责时召集和主持股东会会议；

（五）向股东会会议提出提案；

（六）公司章程规定的其他职权。

……

第八章　公司法定代表人

第三十四条　公司法定代表人由董事长担任。

第三十五条　法定代表人是代表公司行使职权的签字人。法定代表人在国家法律、法规以及公司章程规定的职权范围内行使职权、履行义务，代表公司参加民事活动，对公司的生产经营和管理全面负责，并接受公司全体股东和有关机关的监督。未经公司股东会或董事会明确授权，法定代表人超越职权对外签订合同性文件或对外作出承诺，给公司或股东造成损失的，应赔偿由此给公司或股东造成的全部损失。

第三十六条　公司法定代表人出现法律、法规、国务院规定或其他有关禁止担任法定代表人的情形的，公司股东会应当免去其职务。

法定代表人变更，应当自变更决议或者决定作出之日起三十日内申请变更登记。

第九章　公司的股权转让

第三十七条　股东之间可以相互转让其全部或者部分股权。

股东出现法律、法规、国务院规定或其他有关禁止投资情形的，应及时转让所持有的公司股权，并于三十日内到公司登记机关办理股东变更登记。

股东之间相互转让股权，不需由股东会表决。

第三十八条　未经厦门A公司和厦门B公司同意，厦门C公司、厦门D公司和厦门E公司不得向股东以外的人转让股权，本条不适用《公司法》第七十一条第一款、第二款、第三款的规定，为本章程的特殊规定。

第三十九条　股东依法转让股权后，公司应当相应修改公司章程和股东名册中有

关股东及其出资额的记载，并于三十日内到公司登记机关办理股东变更登记。对公司章程的该项修改不需由股东会表决。

第四十条　自然人股东死亡后，其合法继承人可以继承股东资格。

……

二、尽职调查

尽职调查，又称为谨慎性调查，是指对目标公司基本情况、重大资产、员工及劳动关系、重大债权债务以及诉讼和仲裁等做全面深入的调查，其目的在于发现、识别风险，同时评估目标公司的价值。

文书示例如下(仅目录)：

尽职调查报告

目录

1.目标公司产权持有单位及授权经营单位的变更

2.目标公司产权持有单位、授权经营单位变更的法律评价

3.目标公司产权持有单位××集团有限公司的基本情况

三、目标公司的组织架构和治理结构

1.目标公司的组织架构

2.目标公司的治理结构

3.目标公司的关联企业

四、目标公司主要资产情况

1.目标公司《企业国有资产产权登记证》国有资本登记情况

2.目标公司的土地使用权登记情况

3.目标公司的房屋所有权登记情况

4.目标公司土地使用权、房屋所有权产权来源的法律评价

5.目标公司其他主要资产

五、目标公司的机动车、资产保险情况

六、目标公司的债权债务和对外担保情况

七、目标公司的知识产权

1.目标公司享有“aaa”注册商标专用权

2.目标公司享有“bbb”注册商标专用权

3.关于目标公司注册商标续展的特别提示

八、目标公司的税务情况

九、目标公司的职工和职工的社会保障情况

十、目标公司的诉讼、仲裁与行政措施

第三部分　附件

三、股权代持

股权代持，又称委托持股，是指实际出资人基于某些特殊原因而使用他人名义出资，但实际出资人享有股东权利的一种行为。根据最高人民法院《关于适用〈中华人民共和国公司法〉若干问题的规定(三)》第24条第1款、第2款之规定，实际出资人与名义出资人之间关于股权代持的协议，若无《合同法》第52条规定的情形，人民法院应当认定该合同有效。在股权代持的合法性已得到法律认可的情况下，股权代持的隐患主要是实际出资人与名义出资人关系破裂时，实际出资人面临着无法行使股东权利的风险。为解决该问题，股权代持协议应作出有效应对。

文书示例如下：

股权代持协议书

甲方(委托方):

身份证号码:

住址:

联系方式:

乙方(受托方):

身份证号码:

住址:

联系方式:

甲、乙双方本着自愿、公平和诚实信用的原则,经友好协商,就甲方委托乙方代为持有厦门AA有限公司(下称AA公司)股权事宜达成协议如下,以兹共同遵照执行:

1.乙方同意接受甲方的委托,以乙方的名义,代甲方持有AA公司____%的股权(该等出资占AA公司注册资本的____%,以下简称"代持股权")。

2.各方共同确认:"代持股权"所对应的注册资本金和投资款都是由甲方直接投入AA公司或通过乙方账户投入AA公司的,甲方才是上述"代持股权"及AA公司名下资产的真正投资者和所有权人。在乙方代持股权期间,乙方对AA公司名下资产和"代持股权"不享有任何收益权或处置权(包括但不限于股东权益的转让、质押等处置行为),未经甲方书面同意,乙方不得代为处分上述"代持股权"(包括不得进行转让、质押、抵债、划转等)及AA公司名下资产。

3."代持股权"所对应的股东权利义务及AA公司名下资产全部由甲方享有和承担,相应的盈亏后果和资产(包括但不限于分红、股权处置及收益等)也全部归属于甲方所有,如果收益部分通过本人账户实现的,乙方将在收益实现后二日内将款项全部转汇给甲方。乙方对"代持股权"及AA公司名下资产不享有任何收益权利。在乙方代为持股期间,因"代持股权"及AA公司名下资产产生的相关费用及税费(包括但不限于与代持股权相关的投资项目的律师费、审计费、资产评估费等)均由甲方承担。

4.甲方有权随时要求乙方将AA公司名下资产或者"代持股权"全部或部分转让到甲方或甲方指定的第三方名下。乙方将无条件予以同意,并配合甲方办妥股权或者资产转让手续。因此产生的变更登记费用由甲方承担。

5.本协议适用中华人民共和国法律。凡因本协议产生的或与本协议有关的争议,

各方应友好协商,如果无法协商一致,则提交厦门仲裁委员会依申请时该会现行仲裁规则在厦门仲裁。

6.____(身份证号码:____________________)作为乙方的配偶对本协议内容无异议。

7.本协议一式二份,由甲乙双方各执一份。自签订之日起生效。

甲方(签名):　　　　　　　　乙方和乙方配偶(签名):

签订日期:　　年　月　日

四、增资扩股和股权转让

增资扩股和股权转让是两种典型的股权投资方式,前者是指新投资人通过认缴公司新增注册资本金而成为公司股东的行为;后者指新投资人通过受让公司股权而成为公司股东的行为。

对于原股东而言,增资扩股增加了公司注册资本,增强了公司的经济实力,因此增资扩股主要应用于引进战略投资者,着眼于公司的发展壮大。但增资扩股容易稀释股权,甚至导致原股东丧失对公司的控制权。而股权转让多出现于原股东获利离场之时,值得注意的是,股权转让的溢价部分将产生一定的税负。

(一)增资扩股协议文书示例

增资扩股协议

甲方:张三,公民身份号码:

住所:

乙方:厦门市 AA 投资管理有限公司

住所:

法定代表人:李四

丙方:厦门 BB 网络科技有限公司

住所:

法定代表人:张三

鉴于：

1.丙方系依中华人民共和国法律在福建省厦门市成立的具有独立法人资格的有限责任公司，注册资本为500万元人民币，经营范围为：其他未列明科技推广和应用服务业；互联网信息服务(不含药品信息服务和网吧)；科技中介服务；软件开发；信息系统集成服务；信息技术咨询服务；其他未列明信息技术服务业(不含需经许可审批的项目)。

丙方的主营业务是：

2.在本协议签订时，甲方系丙方的唯一股东，持有丙方100%的股权。

3.甲方同意丙方进行增资扩股，并吸收乙方成为丙方的新股东。

现甲、乙、丙三方本着平等自愿、互利互惠的原则，经友好协商一致，达成以下协议条件，以资共同遵守。

一、增资扩股

甲方同意丙方进行增资扩股，并吸收乙方成为丙方的新股东，乙方出资人民币壹佰伍拾万元(￥150万元)，本次增资完成后，丙方的注册资本增加至人民币陆佰伍拾万元(￥650万元)，其中甲方持有增资扩股后丙方76.92%的股权，乙方持有增资扩股后丙方23.08%的股权。

二、增资扩股工商变更登记手续的办理

1.本协议生效之日起五个工作日内，丙方应到工商行政管理部门办理增资扩股的工商登记变更手续(包括变更丙方董事会成员、修订丙方公司章程等)，甲乙双方应予积极配合。

2.乙方按以下约定的时间、金额将出资款人民币壹佰伍拾万元(￥150万元)支付到丙方指定的验资账户：

(1)2017年____月____日之前出资人民币________万元(￥________万元)；

(2)2017年____月____日之前出资人民币________万元(￥________万元)；

(3)2017年____月____日之前出资人民币________万元(￥________万元)。

3.丙方指定以下账户收取上述出资款：

户　名：____

开户行：____

账　号：____

4.在乙方出资款到位后五个工作日内，丙方应委托具有资质的注册会计师事务所进行验资。

5.在本次增资扩股事宜中如果产生相关费用(包括但不限于验资费、审计费、评估费、律师费、工商登记变更费等)的，均由丙方承担。

6.鉴于在本协议签订时，甲方认缴的丙方注册资本金人民币伍佰万元(￥500万元)尚未实际到位，甲方承诺按照以下时间、金额将出资款人民币伍佰万元(￥500万元)支

付到丙方指定的上述验资账户：

(1)2017年____月____日之前出资人民币________万元(￥________万元)；

(2)2017年____月____日之前出资人民币________万元(￥________万元)；

(3)2017年____月____日之前出资人民币________万元(￥________万元)。

7.甲乙双方有任何一方未能按时支付上述出资款的，应当自逾期之日起、按照应付未付款的每日万分之五的标准向对方支付逾期付款违约金直至付清应付款之日止。

三、资产和债权债务的处理

1.截至本协议签订之日止，丙方的资产及债权债务情况详见本协议附件一。增资扩股后，该附件一所列的资产及债权债务由甲方、乙方按本协议约定的股权比例享有和承担。

2.除甲、乙双方另有书面约定外，丙方在增资扩股前产生的且未在附件一中披露的其他债务，不论其债务显现或表露时间是在增资扩股完成之前或之后，均由甲方承担，与乙方和增资扩股完成后的丙方无关；若因此导致增资扩股完成后的丙方实际清偿的，甲方应向丙方全额返还该款项，或者赔偿乙方由此产生的全部损失。

3.自本次增资扩股工商变更登记手续完成之日起，丙方新产生的债权由甲乙双方按各自股权比例享有；丙方新产生的债务由丙方以其全部财产为限承担责任[即由甲乙双方按各自股权比例、以其各自认缴(包括已认缴和应认缴)的出资额为限对丙方债务承担责任]。

四、陈述和保证

(一)甲方陈述和保证

1.甲方具有签订和履行本协议所需的所有权利、能力，其签署和履行本协议不会违反任何对其具有约束力的法律、政府文件、章程或合同。

2.至本协议生效日止，不存在可能会构成违反有关法律或可能会妨碍甲方履行在本协议项下义务的情况。

3.至本协议生效日止，不存在与本协议规定事项有关或可能对甲方签署和履行本协议产生不利影响的悬而未决或潜在的诉讼、仲裁或其他法律程序。

4.截至本协议生效日止，丙方并未向任何人提供任何保证、抵押、质押或其他担保，其资产和权利也未被查封、扣押、冻结或被采取其他限制权利措施。

5.截至本协议生效日止，丙方不存在任何未向乙方披露的债务(含或有负债)及纠纷。

6.增资扩股前，丙方的经营行为均合法。

7.甲方已向乙方披露的丙方情况是真实、准确、完整的，不包含重大遗漏或误导性陈述。

(二)乙方陈述和保证

1.乙方具有签订和履行本协议所需的所有权利授权和批准，其签署和履行本协议不会违反任何对其具有约束力的法律、政府文件、章程或合同。

2.至本协议生效日止，不存在可能会构成违反有关法律或可能会妨碍乙方履行在本协议项下义务的情况。

3.至本协议生效日止，不存在与本协议规定事项有关或可能对乙方签署和履行本协议产生不利影响的悬而未决或潜在诉讼、仲裁或其他法律程序。

4.乙方出资的资金来源合法。

5.乙方在本协议所作的陈述均为真实，不包含任何不真实的陈述或忽略陈述。

五、增资扩股后丙方的经营管理

1.丙方股东会由全体股东按其持有的丙方股权比例行使表决权，股东会决议须经代表三分之二以上表决权的股东通过方为有效。

2.以下事项须经丙方股东会表决通过：

(1)丙方利润分配方案和弥补亏损方案；

(2)修改丙方公司章程；

(3)丙方的年度财务预算方案、决算方案；

(4)丙方增加或者减少注册资本事宜；

(5)丙方发行公司债券；

(6)丙方对外投资方案；

(7)丙方为股东或第三方提供担保；

(8)丙方对外出借或借入款项事宜；

(9)丙方公司合并、分立、变更公司形式、解散和清算等事项；

(10)对公司经营发展有重大意义的其他事项。

3.本协议签订后，甲乙双方应根据本协议内容修改丙方章程，并按新章程经营管理丙方。

六、特别约定

1.自本协议签订之日起，甲方不得离开丙方，不得私自转移丙方的资金、业务和技术，不得为自己或他人从事任何可能与丙方竞争的行为。

2.丙方的日常经营仍由甲方及其原管理团队负责。甲方和管理团队每季度第一个月内向全体股东提交上季度的经营状况报告和财务报告(含财务报表)。

3.本次增资扩股完成后，甲方将通过股权转让方式向李四转让4%的丙方股权，乙方对此表示同意并放弃股东优先购买权。本协议除此之外，今后若甲方欲转让其持有丙方的股权，乙方有权要求甲方确保受让方按同等条件收购乙方持有的丙方全部或部分股权。

七、保密

1.各方保证，除非根据法律要求或为履行本协议项下的义务必须向第三人（包括司法机关）披露的，各方应约束其有关知情人对本协议的所有条款及与本协议有关的信息、事项及各种数据严格保密。各方均承担不向传播媒介、公众或任何第三方透露本协议内容的义务。

2.该保密义务在本协议期满、本协议解除、本协议终止后对各方仍有约束力。本协议期满、解除或终止后，各方继续负有前款约定的保密义务，不得损害或影响其他方的权益。

3.如果任何一方违反本保密条款，应向其他方承担违约责任并赔偿该违约行为给其他方造成的损失。

八、通知

1.任何与本协议有关的通知应以书面形式作出，由通知方以专人递送给其他方指定联系人，或以快递寄出至以下地址，或以手机短信或电子邮件发送至以下手机号码或电子邮箱。以专人递送发出的通知于递交时视为已经有效送达；以快递寄出的通知在以本协议约定的下列收件地址寄出后3日（如遇法定节假日顺延至其后第一个工作日），无论收件方是否实际签收，均视为已经有效送达；以手机短信或电子邮件方式发出的通知在发出之日视为已经有效送达。若任何一方联系方式发生变更应及时以书面形式通知对方，否则对方以本协议确定的联系方式通知的仍视为已经送达。以多种方式送达的，第一次送达（或视为送达）时间为送达时间。

(1)甲方：

联系地址：

手机：

电子邮箱：

(2)乙方：

联系地址：

手机：

电子邮箱：

(3)丙方：

联系地址：

联系人：

手机：

电子邮箱：

2.各方同意，因履行本协议产生的纠纷在诉讼和仲裁中亦以上述联系地址作为司法送达地址，若人民法院或仲裁机构向上述地址送达了司法文书，无论各方或指定代收人是否实际签收了上述司法文书，均视为已经签收。

九、违约责任

甲、乙、丙任何一方违反本协议之约定的，守约方有权要求违约方赔偿因此而造成的损失。

十、附则

1.因本协议产生或与本协议有关的一切争议或纠纷，各方应本着诚信合作、互惠双赢的原则进行友好协商解决。协商不成的，由丙方在本协议签订时住所地(即厦门市湖里区)有管辖权的人民法院管辖。

2.本协议未作约定或约定不明确的，双方应按照本协议的原则性约定以及诚信合作、互惠双赢之原则签订补充协议予以补充，补充协议与本协议具有同等法律效力；补充协议与本协议有冲突的，以补充协议为准。本协议的附件作为本协议的有效组成部分，与本协议具有同等法律效力。

3.本协议系清洁协议，协议文本无任何涂改。如有涂改、粘贴等，涂改、粘贴部分无效。本协议中的标题只为参考而设，在解释本协议时并无效力。

4.本协议各方充分阅读并了解上述条款及与本协议有关的所述文件的内容，并愿意承担本协议履行可能产生的经济和法律风险。各方再次确认是在自愿的基础上签订本协议，并愿意执行本协议的全部条款。

5.本协议一式伍份，甲方、乙方、丙方各执一份，其余用于办理丙方增资扩股手续。

6.本协议自甲、乙、丙三方签订之日起生效。

(以下无正文)

甲方：

乙方：

签约代表：

丙方：

签约代表：

签订日期：　　年　　月　　日

(二)股权转让合同文书示例(附交接清单及备忘录)

股权转让合同

转让方(甲方):

1.a先生　　身份证号码:

住所:

2.A房地产开发有限公司

住所:

受让方(乙方):B房地产开发有限公司

住所:

目标公司(丙方):C实业有限公司

住所:

甲方之担保方(丁方):

×××有限公司

住所:

乙方之担保方(戊方):

×××有限公司

住所:

根据中华人民共和国相关法律法规,上述各方在平等、自愿的基础上,就甲方将其持有的丙方100%的股权及其项下之一切权益(以下简称"目标股权")转让给乙方之有关事宜,达成以下合同条款,以资共同遵守。

一、目标公司概况

1.丙方系由甲方在×××市投资兴办的有限责任公司,企业法人营业执照注册号为____________________________________。丙方注册资本为陆仟万元(备注:本合同项下的货币均为人民币),实收资本为陆仟万元;其中甲方之a先生持有丙方90%的股权;甲方之A房地产开发有限公司持有丙方10%的股权。

2.丙方名下现合法拥有土地面积16838.75平方米的土地使用权,甲方确认,在本合同签订时,其基本情况如下:

(1)位置:×××市×××区,地号:6700

(2)使用权类型:出让;地类(用途):经营性用地

(3)丙方已经取得编号为:第____号《国有土地使用证》(详见本合同附件一)

(4)该经营性用地没有拖欠任何土地价款或滞纳金或拆迁安置补偿款项。

(5)根据×××市政府(2011)14号《工作会议纪要》即《×××市土地储备经营管理委员会第七十三次会议纪要》(详见本合同附件二),×××市政府批准丙方上述土地的土地用途从工业用地改变为经营性用地。

(6)根据《×××市国土资源局关于C有限公司申请×××宗地改变土地用途的复函》[国土资函(　　)　　号,详见本合同附件三],批准丙方上述土地改变土地用途为经营性用地,要求丙方向×××市规划局申请办理总平面图和《建设用地规划许可证》及审批单、规划定点图,并同意在对该宗地按市场价评估,由丙方补缴土地出让价款后,给予办理相关用地手续。

二、转让标的

1.甲方同意,按照本合同的约定,将其持有的丙方100%股权(以下简称“目标股权”)转让给乙方;乙方同意按照本合同约定条件受让该目标股权,并向甲方支付转让价款。

2.甲方同意:目标股权以及同时满足下列所有条件的、附属于该目标股权之上的一切权益共同构成了本合同约定的转让标的,二者不可分割,由乙方一并受让并享有其全部权益。条件如下:

(1)土地面积为____平方米的土地使用权;

(2)土地用途:可用于商品住宅开发建设的经营性用地;

(3)容积率不低于5.5;

(4)可销售的地上总建筑面积不少于____平方米;

(5)从工业用地改变为可用于商品住宅开发建设的经营性用地而需要补缴的土地出让价款(含土地出让金和配套费,下同)的单价不高于地上建筑面积每平方米壹仟壹佰元(￥1100元/m^2),该部分需要补缴的土地出让价款由乙方承担(以乙方名下的丙方的名义缴交);

(6)甲方负责在____年____月____日之前,为丙方办妥满足上述条件的《建设用地规划许可证》;

(7)甲方负责在____年____月____日之前,完成对上述土地的地价评估以及以丙方的名义与×××市国土资源局签订符合上述条件的《国有土地使用权有偿出让合同书》并生效。

3.甲乙双方共同确认,下列丙方资产不属于本次转让标的的范围,在目标股权过户到乙方名下后,下列资产的权益仍然属于甲方。乙方以及乙方名下的丙方同意配合甲方办理相关处置手续,但因此产生的所有费用概由甲方承担,与乙方或乙方名下的丙方

无关：

丙方的药品生产许可证、药品批准文号、商标、GMP 证书、钢结构厂房、生产设施设备、检验设施设备、办公用品(具体资产清单详见本合同附件四)。

4.本合同目标股权过户手续办妥的标志是:在工商行政管理机关办妥目标股权过户至乙方名下的变更登记手续(包括变更丙方董事会成员)。

三、转让价款及相关费用承担

1.以转让标的具备本合同第二条第二款约定的全部条件作为前提,转让标的的转让总价款为柒仟万元整(￥7000 万元)。

2.乙方应按下列方式付款

(1)在本合同生效后三个工作日内,乙方支付甲方人民币____万元整(￥____万元)作为定金;

(2)乙方支付定金后五个工作日内,甲乙双方向工商行政管理部门递交转让____%目标股权至乙方的申请文件被收件(以工商行政管理部门出具收件单为准)之时起三个工作小时内,乙方向甲方支付首期转让价款____万元整(￥____万元)。

(3)在____%目标股权过户至乙方名下的手续办妥后,乙方应在____年____月____日之前而且丙方取得符合本合同第二条第二款约定条件的《×××市规划管理局》、《建设项目规划设计条件通知书》后二日内,乙方向甲方支付第二期转让价款____万元整(￥____万元),并同时办理其余____%目标股权过户至乙方名下的手续。如果丙方未能在____年____月____日之前取得该《建设项目规划设计条件通知书》,则乙方的付款期限相应顺延。

(4)乙方应在 2011 年 月 日之前而且乙方名下的丙方与×××市国土资源局签订符合本合同第二条第二款约定条件的《国有土地使用权出让合同书》并生效后二日内,乙方向甲方付清转让价款的余款____万元整(￥____万元)。如果丙方未能在____年____月____日之前签订《国有土地使用权出让合同书》并生效,则乙方的付款期限相应顺延。

(5)乙方应将上述款项付到甲方指定的下列账户：

户名:a 房地产开发有限公司

开户行:________________________________

账　号:________________________________

3.甲方同意

(1)如果可销售的地上总建筑面积少于 94000 平方米,则按照减少面积的部分同等比例扣减股权转让价款。其计算公式为:7000 万元÷94000 平方米×(94000 平方米－实际批准的可销售地上总建筑面积)＝乙方有权扣减的转让价款。

(2)如果从工业用地改变为经营性用地而需要补缴的土地出让价款的单价高于地

上建筑面积每平方米壹仟壹佰元(¥1100元/m^2)的,则高出每平方米壹仟壹佰元(¥1100元/m^2)以上的部分由甲方承担,乙方有权从应付甲方的转让价款中等额扣减。

(3)上述转让价款将优先用于清偿丙方在本次股权转让之前产生的债务,以及用于支付丁方“____项目”应付未付×××市国土资源局的土地价款。

4.乙方向甲方支付上述转让价款前,甲方应向乙方提供正式发票。否则,由此增加的税费由甲方承担。

5.甲方应确保在目标股权过户手续办妥后、甲乙双方办理丙方交接手续时,丙方拥有能够合法进入土地开发经营成本账的、数额不少于____万元(¥____万元)的财务票据。否则,因不足或不能计入成本账而使丙方额外发生的税金由甲方承担。

6.甲乙双方因本次交易所产生的税收及费用,由甲乙双方根据国家有关规定各自承担。

四、股权过户与交接手续的办理

1.在乙方向甲方付清首期转让价款____万元整(¥____万元)之日起五个工作日内,甲方应备齐文件向工商行政管理部门办理相关手续,将其持有的丙方%的股权过户至乙方名下,乙方给予协助办理。届时,将同时办理丙方董事会成员的更换手续。在乙方向甲方付清第二笔转让价款____万元(¥____万元)五个工作日内,双方按本款规定办理其余____%目标股权的变更过户手续。

2.为了平稳过渡,在丙方____%股权过户登记到乙方名下后,双方在中国银行开设保管箱保存丙方印章及相关全部证照,由甲乙双方共管。丙方法定代表人暂时仍由a先生担任。但乙方有权随时自主决定变更丙方法定代表人,在乙方提出要求后二个工作日内,a先生保证无条件配合办理变更手续。a先生承诺:在其担任乙方名下的丙方法定代表人期间,未经乙方书面同意并加盖丙方公章,其不会以法定代表人身份代表乙方名下的丙方对外签署任何文件。

3.在目标股权100%过户至乙方名下的手续办妥后一个工作日内,甲乙双方办理交接丙方的印鉴、与上述土地权益有关的批文和证照原件、合同及所有财务会计账簿等全部档案材料原件(以下统称“文件和印鉴”)以及地块移交的手续。届时,甲乙双方应共同销毁丙方的旧印鉴,由乙方启用丙方的新印鉴,并就交接事项签署备忘录(其内容应包括交接清单、旧印鉴销毁情况等),作为交接前后新旧股东责任划分的标志。

五、人员安置

在乙方付清首期转让价款后五个工作日内,甲方应负责安置或解聘丙方现任董事、监事、经理和其他所有员工(含临时工),并自行承担因此产生的所有法律后果、责任和费用,包括负责解决人员安置、工资、社保等问题及相关费用,保证该些人员不会向乙方或丙方主张权利(包括赔偿、补偿等),否则由此产生的责任和费用均由甲方承担。

六、丙方债权债务承担及处理

1.在甲乙双方交接丙方印鉴之前,丙方产生的一切债权债务(而不论其表露时间是在本合同签订之前或之后)概由甲方承担,与乙方无关。因处理上述债权债务产生的税费由甲方承担。

乙方同意在受让目标股权后,协助甲方对丙方剩余药品的处理和货款的清收,乙方不得阻碍或以任何形式占用药品销售货款。但因此产生的所有法律后果概由甲方自行承担,与乙方和丙方无关。

2.自甲乙双方交接丙方印鉴之日起,丙方产生的债权债务由乙方承担,与甲方无关。

七、各方承诺与保证

1.甲方承诺并保证

(1)甲方保证其具有签署和履行本合同的主体资格,其签署和履行本合同不会违反法律、法规的规定及有关合同、章程的约定。

(2)甲方保证其转让给乙方的目标股权及随附的土地权属清楚,没有设立担保权利或其他第三方权益、未被有关部门查封或冻结、不存在其他可能影响乙方利益的瑕疵。

(3)甲方保证丙方没有任何未向乙方披露的已经发生或潜在的纠纷(包括但不限于涉及民事诉讼、仲裁或刑事、行政调查等程序)。

(4)甲方保证丙方在甲、乙双方交接丙方印鉴之前不存在任何未向乙方披露的债务。

(5)甲方保证丙方在甲、乙双方交接丙方印鉴之前的经营符合法律规定,未拖欠任何税款。

(6)甲方保证其移交给乙方的丙方文件和印鉴是真实、完整的。

(7)甲方各成员对本合同项下的甲方权利义务是共同互为连带的,乙方只要向甲方的任一成员行使合同权利或履行合同义务,即视为向甲方全体成员行使合同权利或履行合同义务。

2.乙方承诺并保证

(1)乙方保证其具有签署和履行本合同的主体资格,其签署和履行本合同不会违反法律、法规的规定及有关合同、章程的约定。

(2)乙方保证按本合同约定及时、足额向甲方支付转让价款。

3.丙方承诺并保证

丙方保证其具有签署和履行本合同的主体资格,其签署和履行本合同不会违反法律、法规的规定及有关合同、章程的约定。

4.丁方承诺并保证

(1)丁方保证其具有签署和履行本合同的主体资格,其签署和履行本合同不会违反法律、法规的规定及有关合同、章程的约定。

(2)丁方自愿作为甲方的担保人,为甲方在本合同项下的义务向乙方承担连带保证

责任，保证期间自本合同签订之日起至甲方履行义务的期限届满之日起二年。

(3)丁方保证责任为连带的、无条件的、不可撤销的、独立的，其有效性效力不受主合同效力的影响，不因本合同无效而无效。而且，甲、乙、丙三方就本合同的任何条款的更改或补充，不论是否征得丁方的书面或口头同意，丁方均继续根据上述约定承担连带保证责任。

5.戊方承诺并保证

(1)戊方保证其具有签署和履行本合同的主体资格，其签署和履行本合同不会违反法律、法规的规定及有关合同、章程的约定。

(2)戊方自愿作为乙方的担保人，为乙方在本合同项下的义务向甲方承担连带保证责任，保证期间自本合同签订之日起至乙方履行义务的期限届满之日起二年。

(3)戊方保证责任是连带的、无条件的、不可撤销的、独立的，其有效性效力不受主合同效力的影响，不因本合同无效而无效。而且，甲乙丙三方就本合同的任何条款的更改或补充，不论是否征得戊方的书面或口头同意，戊方均继续根据上述约定承担连带保证责任。

八、特别约定

各方同意：各方将另行按工商行政主管部门要求的格式版本签订《股权转让协议书》以及股东会、董事会决议等文件，用于办理股权过户所需的审批手续和工商变更登记手续。该格式合同中约定的股权转让价款为陆仟万元整(￥6000万元)。但该些用于办理目标股权过户手续的协议或其他文件的内容，如果与本合同相抵触的，应以本合同为准。即各方的最终权利义务以本合同的约定为准。

九、违约责任

1.如乙方逾期支付转让价款的，每逾期一天，乙方按逾期金额的千分之一向甲方支付逾期付款违约金。如乙方逾期付款超过十五天的，甲方有权单方解除本合同，没收定金，已付的转让价款不予退还。

2.如甲方逾期不办理股权过户的工商变更登记手续或者不移交丙方土地或丙方文件和印鉴的，每逾期一天，甲方应按乙方已支付的转让价款的千分之一向乙方支付违约金，如甲方逾期超过十五天的，乙方有权选择单方解除本合同，甲方应在乙方提出要求后三日内退还乙方的所有已付款，双倍返还定金，以及按照乙方的全部已付款的100%的标准向乙方支付因合同解除的赔偿金。

3.除政府部门原因外，如果甲方未能在____年____月____日之前为丙方办妥满足本合同约定条件的《建设用地规划许可证》的，或者未能在____年____月____日之前完成对上述土地的地价评估并以丙方的名义与×××市国土资源局签订符合本合同约定条件的《国有土地使用权出让合同书》并生效的，则乙方给予甲方30天的宽限期限。如果30天的宽限期限届满后，仍未办妥上述手续的，则乙方有权选择继续等待，也有权选择

单方解除本合同，甲方应在乙方提出解决合同要求后3日内退还乙方的所有已付款，并双倍返还定金，以及按照乙方的全部已付款的100%的标准向乙方支付因合同解除的赔偿金。

十、争议的解决

凡因本合同产生的或与本合同有关的一切争议，均由丙方住所地人民法院管辖。

十一、通知

1.任何与本合同有关的通知应以书面形式作出，由通知方以专人递送给其他方指定联系人，或以快递寄出至以下地址，或以手机短信或电子邮件发送至以下手机号码或电子邮箱。以专人递送发出的通知于递交时视为已经有效送达；以快递寄出的通知在以本合同约定的下列收件地址寄出后3日（如遇法定节假日顺延至其后第一个工作日），无论收件方是否实际签收，均视为已经有效送达；以手机短信或电子邮件方式发出的通知在发出之日视为已经有效送达。若任何一方联系方式发生变更应及时以书面形式通知对方，否则对方以本合同确定的联系方式通知的仍视为已经送达。以多种方式送达的，第一次送达（或视为送达）时间为送达时间：

（1）甲方通讯地址：

联 系 人：　　　　邮政编码：

联系电话：　　　　传真：　　　　电子邮箱：

（2）乙方通讯地址：

联 系 人：　　　　邮政编码：

联系电话：　　　　传真：　　　　电子邮箱：

（3）丙方通讯地址：

联 系 人：　　　　邮政编码：

联系电话：　　　　传真：　　　　电子邮箱：

（4）丁方通讯地址：

联 系 人：　　　　邮政编码：

联系电话：　　　　传真：　　　　电子邮箱：

（5）戊方通讯地址：

联 系 人：　　　　邮政编码：

联系电话：　　　　传真：　　　　电子邮箱：

2.各方同意，因履行本合同产生的纠纷在诉讼和仲裁中亦以上述联系地址作为司法送达地址，若人民法院或仲裁机构向上述地址送达了司法文书，无论各方或指定代收人是否实际签收了上述司法文书，均视为已经送达。

十二、合同的生效及其他

1.本合同一式八份，由各方各执一份。

2.本合同自签订之日起生效。

（以下无合同正文）

转让方（甲方）：

1.a先生

2.a房地产开发有限公司

法定代表人/授权代表：

受让方（乙方）：×××房地产开发有限责任公司

法定代表人/授权代表：

目标公司（丙方）：d有限公司

法定代表人/授权代表：

甲方之担保方（丁方）：

×××有限公司

法定代表人/授权代表：

乙方之担保方（戊方）：

×××有限公司

法定代表人/授权代表：

签约时间：　　年　月　日

交接清单及备忘录

甲方：A国际有限公司

乙方：B科技有限公司

根据甲乙双方于××××年××月××日就甲方将其持有的A建设发展有限公司（下称A公司）100%的股权转让给乙方等有关事宜签订的《合同书》的约定，A公司的印鉴本应在双方股权转让手续办妥换发A公司新的《企业法人营业执照》之日后二天内进行交接或进行销毁。

现虽然双方股权转让手续尚未办妥，但因为乙方经营A公司需要，双方同意提前交接A公司印鉴。为此，甲乙双方的代表于2010年××月××日在漳州市A公司办公室对A公司的印鉴进行了交接，并签订本备忘录。

一、印鉴交接如下：

1.交接前A公司的公章印模。　交接后A公司的公章印模。

双方确认：两者区别在于交接后印章的“有”“限”二个字残缺。

2.交接前A公司的财务章印模。　交接后A公司的财务章印模。

双方确认：两者区别在于交接后印章的“有”“限”二个字残缺。

3.双方当场对A公司下列合同章进行了销毁：

合同章印模：

二、甲乙双方同意，有关甲乙双方之间的权利义务仍然按照上述《合同书》的约定执行。

三、本备忘录一式三份，由甲乙双方的代表和监交人各执一份。

甲方移交人：

乙方接收人：

监交人：

年　　月　　日

第三节　房地产业务部分文书

一、房地产项目转让

根据《城市房地产管理法》第37条的规定，房地产转让是指房地产权利人通过买卖、赠与或者其他合法方式将其房地产转移给他人的行为。《城市房地产管理法》第37条至第46条专节规定了房地产转让的相关问题。房地产项目整体转让的法律风险主要是，项目转让时是否满足《城市房地产管理法》第38条、第39条的规定，[①]以及转让后项目土地使用期限、建设规划指标等原已获批的参数发生变更的审批风险。

文书示例如下：

厦门“A广场”商品房项目转让合同书

转让方：长江（厦门）房地产开发有限公司（以下简称甲方）

法定代表人：

地址：

电话：

受让方：厦门黄河房地产开发有限公司（以下简称乙方）

法定代表人：

地址：

电话：

根据《中华人民共和国合同法》、《中华人民共和国城市房地产管理法》及其他相关法律、法规的规定，甲、乙双方本着自愿、平等的原则，就甲方将其拥有的厦门“A广场”商品房项目（以下简称该项目）转让给乙方开发建设的相关事宜，达成以下合同条款，以共同遵守。

一、转让标的

1.项目名称：“A广场”

2.项目位置：厦门市____路____号

3.项目用地面积8885.096平方米（以厦门市国土资源与房产管理局核发的厦地房证第____号《厦门市土地房屋权证》记载的指标为准）。

4.容积率为8（以厦门市规划局核发的《建设工程用地规划许可证》确定的指标为准）。

---

① 《城市房地产管理法》第38条：“下列房地产，不得转让：（一）以出让方式取得土地使用权的，不符合本法第三十九条规定的条件的；（二）司法机关和行政机关依法裁定、决定查封或者以其他形式限制房地产权利的；（三）依法收回土地使用权的；（四）共有房地产，未经其他共有人书面同意的；（五）权属有争议的；（六）未依法登记领取权属证书的；（七）法律、行政法规规定禁止转让的其他情形。”第39条：“以出让方式取得土地使用权的，转让房地产时，应当符合下列条件：（一）按照出让合同约定已经支付全部土地使用权出让金，并取得土地使用权证书；（二）按照出让合同约定进行投资开发，属于房屋建设工程的，完成开发投资总额的百分之二十五以上，属于成片开发土地的，形成工业用地或者其他建设用地条件。转让房地产时房屋已经建成的，还应当持有房屋所有权证书。”

5.乙方对该项目的现状(包括但不限于已开工但未竣工验收的桩基工程情况)已作了了解及认可,并同意接受该项目的现状,甲、乙双方依该项目的现状进行转让。

二、转让价款及税费承担

1.该项目转让价款为人民币壹亿叁仟壹佰万元整。

2.税费承担:

(1) 因办理该项目转让至乙方名下的一系列手续所产生的一切费用及转让双方应缴纳的一切税金(包括但不限于营业税及附加税费、土地契税、印花税、土地评估费用、过户手续费、银行保函费用及银行汇款手续费等)全部由乙方在上述转让款人民币壹亿叁仟壹佰万元之外独自承担。

(2) 乙方承诺将按有关部门规定的时间及时足额支付上述各项费用和税金。否则,由乙方承担因逾期缴纳而产生的一切法律后果和法律责任。若因此造成甲方损失的,乙方还应承担赔偿责任。

(3) 乙方支付上述费用和税金的票据(包括乙方负责代开的《土地使用权转让专用发票》)全部归乙方作账,但乙方同意向甲方出示该等票据并将副联或复印件提供给甲方,甲方收取转让款时不再出具任何票据给乙方。

三、付款方式及转让手续

1.本合同签订之日,乙方应向甲方支付定金人民币壹仟万元,该定金在双方办妥项目转让手续时转为项目转让款。

2.本合同签订之日起三日内,甲方备齐办理该项目转让所需的全部文件原件(清单见附件一),会同乙方到"厦门市国土资源与房产管理局"和"厦门市规划管理局"验证后,所有文件密封、加盖甲、乙双方印章后交还甲方保管。次日,乙方立即支付首期转让款人民币伍仟陆佰万元给甲方,甲方在收到加盖银行转讫章的《银行进账单》并经核查该款项确实已经到账时,立即将其保管的密封文件袋交付乙方,乙方保证该密封文件袋内的全部文件仅作本合同第三条所述之用。

3.该项目第二期、第三期转让款人民币陆仟伍佰万元采取银行保函的方式付款,乙方应于本合同签订之日起五日内,在中国建设银行厦门分行开设独立的保证金账户,同时由该银行出具金额为人民币陆仟伍佰万元、受益人为长江(厦门)房地产开发有限公司的不可撤销银行付款保函(该保函的内容见本合同附件二),以担保乙方履行本合同项下的付款责任,该保函的保证期间为九个月。

4.乙方收到甲方交付的上述密封文件袋后五日内,应备齐并开始向政府有关部门递交申请办理该项目转让手续所需的全部文件。乙方负责积极办理该项目转让过户的全部手续,并承担全部税金和费用,但乙方有义务通知甲方派员配合协助乙方办理转让手续。甲方有权派其律师或代表陪同及监督乙方办理该转让过户手续。在厦门市国土资源与房产管理局核准将该项目土地使用权过户登记至乙方名下并颁发新的《厦门市

土地房屋权证》之日，乙方应于当天向甲方支付或促使中国建设银行厦门分行依据保函规定向甲方支付第二期转让款人民币伍仟伍佰万元。为此，乙方同意由甲方收执据以向厦门市国土资源与房产管理局领取新的《厦门市土地房屋权证》的凭证（即《厦门市国土资源与房产管理局综合服务大厅收件收据》）。乙方同意新的《厦门市土地房屋权证》原件由甲方领取，在乙方付清第二期转让款人民币伍仟伍佰万元后且甲方收到加盖银行转讫章的《银行进账单》并经核查该款项确实已到账的同时，甲方将新的《厦门市土地房屋权证》交给乙方。

5.在乙方收到新的《厦门市土地房屋权证》之日起九十日内，乙方应开始向政府规划管理部门申办乙方名义下的新《建设工程用地规划许可证》，在政府规划管理部门颁发新的《建设工程用地规划许可证》之日，乙方应于当天向甲方支付或促使中国建设银行厦门分行依据保函规定向甲方支付第三期转让款人民币壹仟万元，但是，如果非因乙方的请求或乙方的原因，该项目的建筑容积率被政府规划管理部门依职权调整降低的，则按实际减少的建筑面积以每平方米人民币 781 元计算，从该第三期转让款人民币壹仟万元中抵扣[计算公式：应抵扣款 $=8885.096\text{m}^2\times$（容积率 8－新容积率）$\times 781$ 元/m^2]。抵扣以后，第三期转让款若有剩余款额，乙方应在《建设工程用地规划许可证》颁发之日向甲方或促使中国建设银行厦门分行依据保函规定直接将该剩余款项支付给甲方。若第三期转让款不足以抵扣，则超出人民币壹仟万元的部分由乙方自行承担。政府管理部门因降低容积率而本应退回给甲方的部分土地价款全部归乙方所有，由乙方自行办理退款手续，如需甲方盖章，甲方给予配合。

如果该项目的建筑容积率系因乙方的请求或乙方的原因而被降低的，则本合同约定的转让价款人民币壹亿叁仟壹佰万元保持不变，乙方应按上述约定及时支付第三期转让款人民币壹仟万元，且政府管理部门因容积率降低应退回的部分土地价款仍归甲方所有，退款手续由甲方办理，如需乙方盖章，乙方给予配合。

6.若乙方未能按上述约定及时向甲方支付或促使中国建设银行厦门分行依据保函规定向甲方支付各期转让款，甲方有权凭银行付款保函直接要求中国建设银行厦门分行支付上述转让款并有权向乙方主张逾期付款期间按未付金额的日万分之六计算的逾期付款违约金。逾期付款违约金从应付款之日起算至甲方实际收到拖欠款项之日止。如果非因甲方过错该保函终止或失效或中国建设银行厦门分行未能及时向甲方支付全部或部分转让款，即作乙方违约论，甲方除有权按上述规定向乙方追讨逾期付款违约金外，还可没收定金及申请注销该新的《厦门市土地房屋权证》，该项目的所有权益应完整回归甲方。甲方有权另行出售或处理该项目，乙方不得提出异议。

7.上述定金和转让款应汇入下列甲方指定的账户：

户名：长江（厦门）房地产开发有限公司

开 户 行：________________________________

银行账号：________________________________

8.该项目转让后，乙方自行办理重新确认该项目的土地使用期限手续及/或建设规划变更手续，并自行承担全部费用，因此产生的一切责任及后果均与甲方无关，该土地使用期限能否重新确认及确认结果或建设规划指标的变更（本合同另有约定的容积率除外）等均不能改变本合同约定的转让价款且不得影响本合同所有条款的履行。

四、双方的其他权利义务

1.甲方其他权利义务：

(1) 甲方保证其为该项目的唯一、合法的权益人，且该项目未设立任何抵押。

(2) 在乙方办理该项目转让手续过程中，若政府有关部门要求甲方提供本合同附件一清单以外的其他文件时，如该文件确属甲方能够且有义务提供的，甲方应在接到乙方通知之日起十五日内提供。如果非因乙方责任逾期提供，甲方应自逾期之日起至实际提供之日止按已收款人民币陆仟陆佰万元的每日万分之六向乙方支付逾期违约金。

(3) 甲方在该项目转让之前与他人签订的与该项目有关的合同、协议（如有），若有纠纷，一切债权债务均由甲方承受。若因此造成乙方损失的，甲方还应承担合理赔偿责任。

2.乙方其他权利义务：

(1) 乙方保证其具备依法受让该项目的主体资格条件及要求，并保证其受让该项目未违反任何对其具有约束力的公司章程、合同、协议等文件的规定。

(2) 在办妥该项目全部转让手续并付清全部转让款之前，乙方不得将本合同或该项目的全部或部分进行出租、出售、抵押、转让、赠与或与他人合作等处分行为，也不得未经甲方书面同意在该项目土地上进行任何施工行为。否则甲方有权单方面解除合同，没收定金人民币壹仟万元并要求乙方赔偿全部经济损失。

(3) 在项目转让之后，该项目全部权益和风险责任由乙方享有和承担，与甲方无关。

(4) 自该项目转让之日起，甲方与原厦门市土地管理局（现名称为“厦门市国土资源与房产管理局”）签订的《厦门市国有土地使用权有偿出让合同书》中约定的权利、义务和责任转移给乙方。乙方保证在该项目上从事和经营的一切活动，均遵守该出让合同书和国家的法律、法规和厦门市的有关规定，并依法缴纳所有税费。

(5) 乙方确认已对该项目转让所涉的全部事宜作了了解及调查，乙方确认除本合同第四条第一款约定外，甲方不对该项目的任何事宜作出任何声明、保证或承诺，一切后果或责任由乙方单独承担。

(6) 若因乙方原因而不能在本合同签订后××个月内办妥将该项目土地使用权登记在乙方名下的新《厦门市土地房屋权证》，或不能在本合同签订后××个月内办妥新的《建设工程用地规划许可证》的，甲方有权没收乙方定金并要求乙方赔偿全部经济损失。

五、合同的变更或解除

1.除本合同其他条款另有约定外，本合同的变更或解除，须经甲、乙双方协商一致，并签订书面协议方为有效。

2.若在本合同签订后三个月内，非因甲、乙双方的原因仍未能办妥将该项目土地使用权过户登记至乙方名下的手续，双方应另行协商其他转让或合作方式，若甲、乙双方在三十日内确实无法协商一致时，甲、乙双方均有权通知对方解除本合同且互不承担违约责任。解除合同的通知发出后三日内，双方签订解除合同。在解除合同签订后五日内，乙方应将从甲方取得的所有文件原件全部归还甲方。同时，甲方应将乙方已支付的定金及首期转让款全部无息退还给乙方。甲方有权另行出售或处理该项目，乙方不得提出异议。

六、违约责任

甲、乙双方均应严格履行本合同，除本合同其他条款另有约定及不可抗力外，甲、乙双方任何一方对本合同任何条款的违反均构成违约，若乙方违约，甲方没收乙方定金，甲方并有权另行出售或处理该项目，乙方不得提出异议；若甲方违约，应无息返还已从乙方取得的转让款同时双倍返还乙方定金。若定金不足以赔偿守约方的全部经济损失，则违约方还应承担赔偿责任。

七、争议的解决

凡因本合同产生的或与本合同有关的一切争议，双方均应协商解决；协商不成，甲、乙双方任何一方均有权将争议提交厦门仲裁委员会并依照该委员会的仲裁规则适用中华人民共和国法律裁决，该裁决是终局的，对双方均有约束力。

八、合同的生效

1.本合同未尽事宜，由甲、乙双方共同协商，另行签订补充合同。

2.本合同经甲、乙双方签署且乙方付清定金人民币壹仟万元之日生效。本合同一式陆份，甲、乙双方各执贰份，其余用于办理报批手续，具有同等法律效力。

甲方：长江(厦门)房地产开发有限公司

法定代表人：

乙方：厦门黄河房地产开发有限公司

法定代表人：

年　　月　　日

签约地：中国厦门

二、房屋买卖

房屋买卖，是指出卖人转移房屋所有权于买受人，买受人支付价款的行为。房屋买

卖合同便是约定上述交易内容的协议。在房屋的买卖过程中，出卖人与买受人往往会在房屋质量、交付现状以及税款和中介费用的承担等方面产生争议，因此在房屋买卖合同的起草过程中有必要对此类问题进行约定。

文书示例如下：

房屋买卖合同

甲　方(卖方)：　　　　　　公民身份号码：

住所地：

联系电话：

乙　方(买方)：　　　　　　公民身份号码：

住所地：

联系电话：

中介方：

甲乙双方本着平等自愿的原则，经友好协商，就AA广场A栋819单元房产的买卖事宜签订本合同，以资共同遵守。

一、标的物

1.甲方同意将坐落于××路××号AA广场A栋819单元房产全部转让给乙方。

2.乙方对上述房产现状和甲方的原始购房价格已作了充分了解，同意按现状购买上述房产。

二、转让价款及支付时间、方式

1.转让价款：上述房产的转让总价款(购房款)为人民币壹佰柒拾万元(￥170万元)。该转让总价款为甲方实收的税后价款。

2.本合同签订当日，乙方向甲方支付定金人民币贰拾万元(￥20万元)。定金在本次交易完成后转化为应付甲方的购房款。

3.在××××年××月××日之前，乙方向甲方付清购房余款人民币壹佰伍拾万元(￥150万元)。

三、房产交付、过户手续的办理

1.在乙方向甲方付清购房款后三个工作日内，甲乙双方共同配合到××市国土资源与房产管理局办理将上述房产过户到乙方名下的手续。

2.自上述房产过户到乙方名下的手续办妥之日起，上述房产的全部权益和风险由乙方享有和承担，与甲方无关。同时，甲方即将上述房产按现状交付给乙方。上述房产交付时，甲、乙双方应当签订交接单，对交接时房屋水表、电表、煤气表读数进行确认。

3.上述房产的租赁事宜由乙方自行与承租人协调、处理，与甲方无关。

四、税费承担

1.因上述房产过户登记至乙方名下可能产生的甲、乙双方的税费(包括但不限于营业税及其附加税费、契税、印花税、交易手续费、评估费、水电气更名费以及甲方因本次交易而可能产生的所得税、土地增值税等)由乙方承担。

2.在房屋交付给乙方之日前上述房产产生的水电费、物业管理费由甲方承担。

五、其他权利义务

1.甲方保证上述房产权属清楚，除本合同已披露的租赁外，未设立抵押或任何其他第三方权益，没有被法院或其他国家机关或任何第三人采取查封、扣押、冻结的措施。

2.乙方保证其支付给甲方的款项来源合法。

3.乙方保证其签署本合同不存在违反任何对其有约束力的合同性文件或者法律法规的情形。

六、特别约定

甲乙双方共同确认：甲乙双方同意按厦门市国土资源与房产管理局要求的格式另行签订《厦门市房地产买卖合同》，用于办理上述房产的过户手续。但若甲乙双方另行签订的《厦门市房地产买卖合同》或其他用于办理上述房产过户手续的文件或者其他用途的合同文件，与本合同相抵触的，应以本合同的约定为准，甲乙双方的最终权利义务以本合同的约定为准。

七、争议的解决

凡因本合同产生的或与本合同有关的争议，应提交厦门仲裁委员会依申请时该会现行仲裁规则仲裁。仲裁裁决是终局的，对双方均有约束力。

八、其他

1.本合同在甲乙双方签订后而且乙方向甲方付清定金人民币贰拾万元(￥20万元)之日起生效。如果乙方未能在本合同签订当日付清定金的，则本合同自动终止。

2.中介费人民币壹万伍仟元(￥15000元)由乙方承担，在上述房产过户到乙方名下的手续办妥之日支付给中介方。

3.本合同一式三份，甲乙双方和中介方各执一份。

甲　方：　　　　　　　　　　中介方：

乙　方：

签订时间：　　年　　月　　日

三、房屋租赁

房屋租赁，是指出租人将房屋交付承租人使用，承租人支付租金的行为。房屋租赁合同便是约定上述租赁关系的协议。在房屋的租赁过程中，出租人与承租人因角色不同，对于转租、押金、装饰装修、租金支付和房屋用途等问题诉求不一，因此需要根据不同的立场起草相应的合同。

(一)代表出租人利益的房屋租赁合同文书示例

房屋租赁合同

出租方(以下简称甲方)：　　　　　　公民身份号码：
住所地：
联系电话：

承租方(以下简称乙方)：　　　　　　公民身份号码：
住所地：
联系电话：

依据《中华人民共和国合同法》及有关法律、法规的规定，甲乙双方在平等、自愿的基础上，就房屋租赁的有关事宜达成如下条款：

第一条　房屋基本情况

甲方同意将坐落于厦门市××路××单元的房屋按照现状出租给乙方。该房屋现配有电热水器、煤气灶、排油烟机、洗衣机各一台。乙方对该房屋状况(包括建筑面积、周围环境等情况)已进行充分了解，愿意按照现状承租。

第二条　房屋用途

该房屋用途为住宅。未征得甲方事先书面同意，乙方不得擅自改变房屋用途，不得将房屋部分或全部转租、转借给他人使用。

第三条　租赁期限

1.租赁期自____年____月____日至____年____月____日止，共计三年。

2.租赁期满，如果乙方有意继续承租的，应提前三个月向甲方提出书面续租要求，征得甲方同意后双方重新签订房屋租赁合同。同等条件下，乙方享有优先承租权。

第四条　租金

1.租金标准：第一年度和第二年度的租金为每月人民币陆仟元（￥6000 元/月）；第三年度的租金为每月人民币陆仟伍佰元（￥6500 元/月）。

2.租金每三个月支付一次。乙方应在每三个月前五日内一次性支付三个月的租金。甲方指定如下账户（户名：____，开户行：____，卡号：________）收取租金。

3.乙方必须按时交付租金，如有迟延，按照应付未付款的每日千分之一的标准向甲方支付违约金；如拖欠租金超过十五日的，则甲方还有权解除本合同、收回房屋并不予退还保证金。

4.在租赁期间，房屋的水电费、有线电视费、物业管理费、公共维修基金、水电费公摊、通讯费用以及其他乙方使用房屋所产生的费用均由乙方自行承担。乙方应自行按照相关部门的要求按时缴纳。

5.上述租金为甲方实得的税后净值。甲乙双方因本合同而应缴纳的及租赁期间乙方使用上述房屋应缴纳的所有税收、费用（包括水电费、有线电视费、物业管理费、公共维修基金、水电费公摊）均由乙方承担。由乙方自行向税务机关开具发票，甲方无须提供发票。

第五条　租赁保证金

1.本合同签订时，乙方应向甲方支付房屋租赁保证金人民币陆仟元（￥6000 元）。

2.租赁期满或合同解除后，若乙方无违约事项，甲方将保证金无息退还给乙方。

第六条　租赁房屋的交付与返还、装修、使用、修缮责任

1.交付：乙方确认在本合同签订时已经接收了上述租赁房屋。

2.甲方提醒乙方：该房屋未安装防盗窗（俗称碰窗），本次租赁时未更换新门锁。甲方除提供房屋装修现状以及第一条约定的设施设备外，其他生活设施和安全设施由乙方根据需要自行解决，费用由乙方自理并自行承担使用安全方面的责任。

乙方应当爱护和合理使用所承租的房屋及附属设施，不得擅自拆改、扩建和增添。确实需要对房屋再进行装修的，不得改变、影响租赁房屋的主体及结构安全且需事先经甲方同意后方可进行，装修费用和施工产生的全部责任由乙方承担。租期届满或合同解除后，该装修成果由甲方无偿取得，甲方不予补偿。

3.返还：租赁期满或本合同解除后，乙方应立即返还房屋及上述设施设备，乙方应确保租赁房屋交还时应当保持房屋及上述设施设备的完好，能正常使用。房屋交还前乙方应结清其应当承担的各项费用。如果逾期三日内乙方仍未交还房屋，则甲方有权采取停水、停电等措施，并有权自行收回租赁房屋，屋内的所有乙方物品视为乙方放弃所有权的遗弃物，甲方有权任意处置而不承担任何责任，因处置产生的费用由乙方承担。

4.乙方承担租赁房屋及其设施设备的日常保洁、维护、保养、安全防火等工作。租赁房屋及其设施设备自然损坏的，由乙方自行负责修复。

5.如果因乙方原因造成租赁房屋及其设施设备损坏的，由乙方负责修复或赔偿。因乙方原因造成租赁房屋发生破坏性事故、财产损失或者人身伤害的，乙方应当承担赔偿责任。

6.乙方对甲方正常的房屋检查应给予协助。

第七条　合同的解除

如果乙方有下列情形之一的，甲方有权单方解除合同，立即收回该房屋并没收租赁保证金：

1.不支付或者不按照约定支付租金达15日的。

2.擅自改变该房屋用途的。

3.擅自拆改、变动或损坏房屋主体结构的。

4.擅自将该房屋通过转租、转借或换房等形式交由第三人使用的。

5.利用该房屋从事违法活动的。

第八条　其他事项

1.在租赁期内，甲方有权转让该房屋，乙方自愿放弃法律规定的同等条件下的承租人优先购买权。但是，甲方确保房屋的新所有权人要继续履行本合同，本合同在乙方与房屋的新所有权人之间具有法律效力。

2.租赁期间，乙方保证严格遵守国家法律、法规和该房屋所在地的地方法规、规章的各项规定(包括治安方面的规定)，如有违反，责任后果由乙方自行承担。

3.本合同若有争议由房屋所在地人民法院管辖。

4.本合同一式二份，甲乙双方各执一份。自签订之日起生效。

出租方(甲方)：　　　　　　承租方(乙方)：

签约时间：　　年　月　日

(二)代表承租人利益的房产租赁合同文书示例

房产租赁合同

出租方(以下简称甲方)：　　　　　　　　公民身份号码：

住所地：

联系电话：

承租方(以下简称乙方)：　　　　　　　　公民身份号码：

住所地：

联系电话：

为明确双方权利和义务，就乙方承租甲方店面的事宜，在平等、自愿的基础上，经甲、乙双方协商一致，订立本合同，以资共同信守。

第一条　租赁标的概况、坐落、面积

1.甲方出租给乙方的店面(以下称“该房产”)位于(具体门牌号)：________号。

2.店面租赁建筑面积(含公摊面积)：________平方米。

第二条　租赁期限、用途

1.该房产租赁期为八年，自____年____月____日起至____年____月____日止。其中免租装修期自____年____月____日起至____年____月____日止。

2.该房产用途为：

第三条　甲方保证所租赁的店面权属明晰，无争议，甲方享有充分的处分权。所租赁的店面不存在抵押、被法院查封、执行等影响租赁的情形。

第四条　租金的计算及支付

1.该房屋租赁价格：第1年至第2年，月租金为人民币____元；第3第至第4年递增____%，月租金为人民币____元；第5年至第6年递增____%，月租金为人民币____元。租赁所涉税金均由甲方缴交，并提供房屋租赁正规发票。

2.租金支付方式：按季支付，乙方应将租金汇入指定账户。

开户名：________________________________

开户行：________________________________

账　号：________________________________

首期租金支付时间为甲乙双方签订合同后，乙方收到甲方提供的税务发票7个工

作日内。其后各期租金乙方应在收到甲方提供的税务发票后，在首次支付租金租期满前30日内支付下一期租金，以此类推。

3.房产租赁期间，因使用房屋所产生的费用：物业管理费、水电费、网络费、电话费、有线电话费等均由乙方承担。

第五条　店面、办公场所(房产)的移交、装修、使用、维修

1.甲方应于本合同签订之日将该房产移交给乙方使用；移交验房清单应经双方签字盖章确认并签收。

2.乙方装修应保持房屋原结构安全，房屋装修的相关费用及施工过程中的安全责任由乙方自行承担。

3.租赁期内，乙方应合理使用房产；租赁期间，房产结构的维修、保养由甲方负责，甲方应保障该房产能够符合日常使用且安全，房产的水、电、排水、排污、电信等均符合正常使用需求。但因租赁期间发生不可抗力或者乙方装修、使用不当的原因除外。发生上述故障的，甲方应及时排除，未及时排除的，乙方有权委托第三人履行该义务，所耗的费用由甲方承担。由于上述故障未排除导致房屋无法正常使用的，乙方有权解除合同。

第六条　经营权的转让与转租

1.租赁期间，甲方依照法定程序转让该房产，甲方应通知乙方。转让后，受让人概括承受甲方的权利和义务。本合同对受让人和乙方继续有效。

2.租赁期间，甲方可将该房产申请抵押贷款，但应知会乙方，并经乙方同意。未经乙方同意，甲方擅自将房产抵押贷款的，甲方应承担违约责任。

3.无须甲方同意，乙方有权转租、转借或与他人合租该房产。

第七条　合同的变更、解除与终止

1.除经甲乙双方协商同意外，任何一方不得随意变更、解除或终止本合同，否则承担相应的违约责任。

2.甲方不能提供该房产的，乙方有权解除合同，要求甲方承担违约责任。

3.租赁期满，乙方要继续租赁的，应当在租赁期满前一个月通知甲方。如甲方在租期届满后仍要对外出租的，在同等条件下，乙方享有优先承租权。

4.租赁期满合同终止。

5.因不可抗力因素或政府征收、政策改变等原因导致合同无法履行的，合同终止。

6.租赁的房产存在安全隐患等问题，足以影响到乙方人员的人身安全或乙方不能正常使用该租赁房产的，乙方可以解除该租赁合同。

第八条　违约责任

1.合同一方不履行合同义务或者履行合同义务不符合约定的，应当承担继续履行、采取补救措施或者赔偿损失等违约责任。

2.甲方违约责任

甲方未按照合同的约定逾期提供房产的，在30日内，每逾期1日，则甲方须按日租金的3倍支付违约金；超过30日的，乙方有权依据本合同约定第七条第二款行使解除权，甲方除按照本款支付违约金并承担责任外，还应赔偿乙方因装修产生的一切费用，并支付3个月房租作为违约金。

甲方与房产所有人的房屋买卖协议被宣告无效、提前终止或解除的，造成乙方无法使用租赁房产视同甲方违约，甲方需赔偿乙方因装修产生的一切费用，并支付3个月房租作为违约金。

甲方违反本合同第六条第二款的规定，甲方应向乙方承担因设定抵押而致乙方产生的一切经济损失。

3.乙方违约责任

乙方如逾期支付租金，在30日内，每逾期1日，则乙方须按日租金的2倍支付违约金，超过30日的，承担违约责任，甲方有权解除本租赁合同。

乙方无正当理由提前解除合同的，须向甲方支付当月租金的6倍作为违约金，并根据甲方实际需求，决定是否由乙方恢复原状。

4.甲方无正当理由解除合同的，承租人有权拒绝出租方的解除请求，若承租人同意甲方请求的，甲方除应按照装修残值向乙方支付赔偿金外，还须向乙方支付当月租金6倍的违约金。

5.基于甲方原因造成乙方提前解除合同的，甲方还应按照装修残值向乙方支付赔偿金。

第九条　免责条件

1.因不可抗力因素(不可抗力系指：不能预见、不能避免并不能克服的客观情况)致使本合同完全不能继续履行或造成的损失，甲乙双方互不承担责任。

2.因不可抗力不能完全或影响履行合同的，根据不可抗力的影响程度顺延合同履行期限，顺延期限应相当于产生影响的时间，并根据情况部分或全部免除责任，法律另有规定的除外。违约在先或延迟履行合同后发生不可抗力的，不能免除责任。

3.若因合同部分条款内容不符合现有国家法律、法规或政策规定，或将来因国家法律、法规或政策的变化导致合同部分条款无效，若无效部分的条款不从根本上影响合同效力的，只就无效部分的条款不予执行或双方协商变更条款，不影响合同其他部分的履行。

4.因国家政策需要征收、拆除或改造该房产，使乙方造成损失的，甲方不给予赔偿，但甲方应在收到政府拆迁通知书后，提前6个月告知乙方。

5.因本条款第1款、第2款、第3款、第4款原因而终止合同的，租金按照实际使用时间计算，不足整月的按天数计算，多退少补。

第十条　本合同未尽事宜，经甲乙双方协商一致，可订立补充条款。补充条款及附

件均为本合同组成部分,与本合同具有同等法律效力。合同其他附件如房屋交接确认单(表)、装修许可证、消防验收报告等是合同不可分割的组成部分。

第十一条　合同争议的解决

本合同项下发生的争议,由双方当事人协商或申请调解;协商或调解不成的,可向租赁房产所在地人民法院提起诉讼。

第十二条　其他约定事项

1.该租赁合同建筑物的消防由乙方向消防部门报备,并入大楼消防系统由甲方协助提供(甲方无须承担费用)。租赁房屋现有的供电设备(应满足乙方用电量需求)作为租赁标的的配套设施,供乙方无偿使用,乙方使用期间应承担维护,费用由乙方支付,但甲方应配合乙方协调在使用过程中与相关方的关系。

2.租期届满,乙方按租赁现状返还。

3.租期届满前2个月,乙方应通知甲方是否续租。

4.任何通知或各通讯联系只要按照合同签订页地址(地址变更的,则变更后的地址)发送,收件人签收之日即应视为送达。

第十三条　本合同自甲、乙双方签署之日起生效。

第十四条　本合同一式陆份,甲乙双方各执叁份,具同等法律效力。

甲方(签章):

乙方(签章):

签约时间：　　　年　　月　　日

第九章
仲裁文书

第一节　概述

一、仲裁制度简介

仲裁，是指发生争议的双方当事人根据其在争议发生前或发生后达成的仲裁协议，自愿将该争议提交中立的第三方进行审理并作出有法律约束力裁决的一种争议解决方式。仲裁分为机构仲裁(institutional arbitration)和临时仲裁(ad hoc arbitration)。机构仲裁是指双方当事人将争议提交给选定的某常设仲裁机构，由该常设仲裁机构依《仲裁规则》规定组成仲裁庭，推进仲裁程序。临时仲裁仅指双方同意将争议提交仲裁，由当事人直接约定采取某种方式组成仲裁庭进行审理。在实践发展过程中，为了管理方便，大量的临时仲裁也会借助某个常设仲裁机构进行必要的协助，如双方当事人无法一致选定首席仲裁员时由该常设仲裁机构的主席代为指定、由该常设仲裁机构提供开庭场地等。机构仲裁与临时仲裁最大的区别在于，机构是否介入仲裁费的收取和裁决书文稿的核阅。机构仲裁由机构收取仲裁费，机构再按一定比例或金额转予仲裁员；临时仲裁则由仲裁员直接收取仲裁费。机构仲裁由于裁决书要加盖机构的印章，机构一般会对裁决书文稿进行必要的核阅，而临时仲裁则不存在裁决书文稿核阅的问题。

(一)仲裁制度的历史

仲裁的历史可追溯到古罗马时期。在罗马法《民法大全》“论告示”第 2 编中记载了古罗马五大法学家之一保罗的著述：“为解决争议，正如可以进行诉讼一样，也可以进行仲裁。”但仲裁作为一种法律制度却始于中世纪。14 世纪中叶，瑞典的地方法规对仲裁作了规定。17 世纪末，英国议会正式承认仲裁制度，从此仲裁制度逐渐被世界各国的法律所确立。20 世纪以后，仲裁制度在全球范围内得以确认。1923 年在国际联盟主持下

签订的《日内瓦仲裁条款议定书》第一次在国际社会上承认仲裁协议的效力；在该议定书的基础上，有关国家又于1927年签订了《日内瓦外国仲裁裁决执行公约》，该公约成为最早的有关仲裁的国际公约；1958年联合国关于《承认和执行外国仲裁裁决公约》（以下简称《纽约公约》）成为有关承认和执行外国仲裁裁决的主要国际公约，目前成员国已超过160个；1976年在第31届联合国大会上正式通过了《联合国国际贸易法委员会仲裁规则》；1985年联合国制定的《国际商事仲裁示范法》已成为各国制定或修改本国仲裁法的范本。1958年《纽约公约》的签订与1985年《国际商事仲裁示范法》的出台，可以看作是国际商事仲裁全球合作的里程碑。[①]

我国的仲裁法律制度发展只有60多年的时间，但也经历了不同的阶段。20世纪50年代，我国首先建立了涉外仲裁制度。涉外仲裁是由我国最大的民间性商会即中国国际贸易促进会（中国国际商会）组建，它分别于1956年和1959年设立了中国国际经济贸易仲裁委员会（其前身为对外贸易仲裁委员会）和中国海事仲裁委员会。而国内仲裁制度的发展情况就复杂得多。在1994年《中华人民共和国仲裁法》（以下简称《仲裁法》）颁行之前，一直是一种行政仲裁，大体经历了只裁不审、先裁后审、可裁可审三个阶段。直至1994年《仲裁法》颁布之后，我国行政仲裁的体制从根本上得到了改变。[②] 之后，在国内仲裁中才真正建立起或裁或审和一裁终局制度，实现了与现代仲裁制度的接轨。《仲裁法》第5条规定："当事人达成仲裁协议，一方向人民法院起诉的，人民法院不予受理，但仲裁协议无效的除外。"第9条第1款规定："仲裁实行一裁终局的制度。裁决作出后，当事人就同一纠纷再申请仲裁或者向人民法院起诉的，仲裁委员会或者人民法院不予受理。"截至2018年12月31日，我国已成立255家仲裁机构，2018年全国255家仲裁委员会共受理案件54万余件，比2017年增长127%；案件标的总额近7000亿元，比2017年增长30%。[③]

（二）仲裁与诉讼的区别

仲裁作为一种解决民商事纠纷的诉讼外裁判制度，具有中立、自愿、灵活、高效、保密、专业等诸多特点。仲裁与诉讼的区别主要体现在：

1.管辖权基础不同。仲裁的管辖权来源于当事人的意思自治，完全实行协议管辖制度，当事人可自主选择。法院的管辖体现的是国家司法主权，实行强制管辖制度，有严格的地域管辖和级别管辖，并且还受专门管辖和专属管辖的限制。当然仲裁的协议管辖也不是绝对的，在我国无涉外因素的案件，现有的司法观点倾向认为不能选择境外

① 邓瑞平、孙志煜：《论国际商事仲裁的历史演进》，载《暨南学报（哲学社会科学版）》2009年第6期。

② 江岩、王梦娇：《"一带一路"倡议下中国国际商事仲裁制度的发展方向》，载《河北企业》2018年第7期。

③ 《全国仲裁工作会议举行 完善仲裁制度 提高仲裁公信力》，人民网，http://legal.people.com.cn/n1/2019/0329/c42510-31001831.html，下载日期：2019年11月16日。

仲裁机构。① 而诉讼的强制管辖也不是绝对的,根据《民事诉讼法》第 34 条“合同或者其他财产权益纠纷的当事人可以书面协议选择被告住所地、合同履行地、合同签订地、原告住所地、标的物所在地等与争议有实际联系的地点的人民法院管辖,但不得违反本法对级别管辖和专属管辖的规定”的规定,当事人仍有一定的选择权。

2.受理案件的范围不同。根据《仲裁法》的规定,仲裁处理平等主体的公民、法人和其他组织之间发生的合同纠纷和其他财产权益纠纷,婚姻、收养、监护、扶养、继承等与身份有关的纠纷,依法应当由行政机关处理的行政争议,劳动争议以及农业集体经济组织内部的农业承包合同纠纷等,不能提交仲裁。此外,关于知识产权有效性争议、反垄断案件、破产清算案件等能否仲裁,在实务界和理论界争议极大。从国际发展视角上看,就知识产权有效性争议而言,随着争议事项可仲裁范围的不断扩大,可仲裁事项与公共政策的脱离,知识产权有效性争议的可仲裁性正在被一些国家所接受。② 同样,许多国家的立法与司法实践中也逐渐承认了反垄断纠纷的可仲裁性,例如美国在经历了几十年的理念纷争与实践变迁后,通过国际扩展到国内的渐进方式确立了反垄断纠纷的可仲裁性,欧盟也通过个案判例间接承认了可仲裁性。③ 当然,国外的发展趋势并不代表国内立法与司法的必然遵从,对上述几类特殊争议能否仲裁,仍需采取审慎态度。相较于仲裁的受案范围而言,诉讼的受案范围就广得多,根据“司法最终解决原则”的要求,任何纠纷通过其他手段无法解决的,都可以诉诸法院。

3.保密程度不同。仲裁以不公开审理为原则,只有当事人协议公开的才是例外。诉讼则以公开审理为原则,只有涉及国家秘密、未成年人和个人隐私的案件才可以不公开审理。

4.审级不同。仲裁实行一裁终局制度,对仲裁裁决既不可以向其他仲裁机构上诉,也不可以向人民法院上诉。诉讼则实行两审终局,一审判决可以向上一级法院上诉。除此之外,诉讼还有再审制度。

5.当事人的程序选择权不同。在仲裁中,除了当事人可以通过仲裁协议选择不同的仲裁机构外,当事人还可以对适用的《仲裁规则》进行修改,当事人可以选择仲裁员、选择开庭地点、选择书面审理等。仲裁的一大特点就是当事人意思自治,各仲裁机构的《仲裁规则》虽对仲裁程序进行了比较详细的规定,但同时都会赋予当事人较大程度的

---

① 最高人民法院在 2012 年 8 月 31 日[2012]民四他字第 2 号《关于江苏航天万源风电设备制造有限公司与艾尔姆风能叶片制品(天津)有限公司申请确认仲裁协议纠纷一案请示的复函》中认为:“由于仲裁管辖权系法律授权,而我国法律没有规定当事人可以将不具有涉外因素的争议交由境外仲裁机构或者在我国境外临时仲裁,故本案当事人约定将有关争议提交国际商会仲裁没有法律依据。”

② 李凤琴:《知识产权有效性争议的可仲裁性研究》,载《仲裁研究》2007 年第 2 期。

③ 孙晋、王贵:《论反垄断纠纷可仲裁性的司法考虑——兼评某垄断纠纷管辖权异议案》,载《法律适用》2017 年第 7 期。

自主权，允许当事人选择仲裁程序。[①] 相较于仲裁程序，诉讼程序则相对严格，当事人几乎没有太多的选择权，既不能选择法官，也不能对适用的诉讼程序进行修改。

二、仲裁文书概述

仲裁文书，是指仲裁机构和各仲裁参与人在仲裁活动过程中制作的具有法律效力或法律意义的文书总称。

（一）分类

从写作主体来区分，仲裁文书分为仲裁机构制作的仲裁文书、仲裁员制作的仲裁文书和当事人制作的仲裁文书。仲裁机构制作的仲裁文书，主要是指案件的缴费通知书、受理通知书、答辩通知书、仲裁员选定通知书、管辖权决定书[②]、仲裁员回避决定书、组庭通知书、开庭通知书等。仲裁员制作的仲裁文书主要是指一些程序性文书和调解书、裁决书。虽然在仲裁庭组成后的仲裁程序推进过程中，各种程序性事项主要由仲裁庭作出决定，但在机构仲裁情形下，根据仲裁庭决定的程序性事项所作出的程序性文书一般也是由机构代为发出的，加盖机构印章。关于机构与仲裁员的权限划分，国务院办公厅于 1995 年 7 月 28 日颁布的《重新组建仲裁机构方案》关于仲裁委员会办事机构的职能定位，其规定为："仲裁委员会下设办事机构，负责办理仲裁案件受理、仲裁文书送达、档案管理、仲裁费用的收取与管理等事务。"检索《仲裁法》相关条文，其中与仲裁委员会职能有关的规定主要有：第 13 条规定由仲裁委员会聘请仲裁员，第 20 条规定仲裁委员会有权作出管辖权决定，第 22 条规定当事人申请仲裁应当向仲裁委员会提出，第 24 条规定仲裁委员会对符合条件的仲裁申请应当受理，第 25 条规定仲裁委员会有通知双方当事人案件受理的义务，第 28 条规定仲裁委员会对财产保全申请的转交义务，第 29 条规定当事人应当向仲裁委员会递交委托手续，第 31 条规定当事人有权委托仲裁委员会主任指定仲裁员，第 32 条规定当事人未选定仲裁员时由仲裁委员会主任指定，第 33 条规定仲裁委员会应当书面通知当事人仲裁庭组成情况，第 36 条规定仲裁员是否应当回避由仲裁委员会主任决定，第 41 条规定仲裁委员会应当通知双方当事人开庭时间，第 45 条规定仲裁委员会对证据保全申请的转交义务，第 52 条规定调解书除了仲裁员签名外还应当加盖仲裁委员会印章，第 54 条规定裁决书除了仲裁员签名外还应当加盖仲裁委

---

① 例如《北京仲裁委员会仲裁规则》（2019 年修订）第 2 条规定："当事人协议将争议提交本会仲裁的，适用本规则。当事人就仲裁程序事项或者仲裁适用的规则另有约定的，从其约定，但该约定无法执行或者与仲裁地强制性法律规定相抵触的除外。"

② 关于管辖权异议的决定主体国际仲裁与国内仲裁有所差异。在国际仲裁中，一般是仲裁庭自裁管辖权，即由仲裁庭作出管辖权决定而非由机构作出管辖权决定。《联合国国际贸易法委员会仲裁规则》（2013 年修订）第 23 条第 1 点规定："仲裁庭有权力对其自身管辖权作出裁定，包括对与仲裁协议的存在或效力有关的任何异议作出裁定。"《中华人民共和国仲裁法》（2017 年修订）第 20 条规定："当事人对仲裁协议的效力有异议的，可以请求仲裁委员会作出决定或者请求人民法院作出裁定。"

员会印章。在此基础上，各仲裁机构在《仲裁规则》中一般也会规定常设机构以及工作人员的职责。①

从适用范围来区分，仲裁文书分为通用性仲裁文书和个案性仲裁文书。通用性仲裁文书是指每个仲裁案件都会用到的仲裁文书，个案性仲裁文书是指根据个案的不同才会用到的仲裁文书。仲裁最基本的程序流程是申请→受理→选定仲裁员→组庭→开庭→裁决，因此与这些流程有关的仲裁文书一般为通用性仲裁文书，而管辖权异议、仲裁员回避、反请求、鉴定等不属于基本的程序流程，由此用到的仲裁文书为个案性仲裁文书。

（二）特点

由于仲裁程序与诉讼程序有明显的不同，因此，相较于诉讼文书，仲裁文书具有以下特点：

1.格式的灵活性

最高人民法院自上而下对诉讼文书的格式进行了详细的规定，因此各个人民法院出具的诉讼文书其格式基本相同，但仲裁目前没有统一的文书规范机构，各个仲裁机构根据自身情况制定各自的文书格式标准。以案号为例，根据2016年1月1日起实施的《最高人民法院关于人民法院案件案号的若干规定》第3条的规定，案号各基本要素的编排规格为："（收案年度）＋法院代字＋类型代字＋案件编号＋号"，厦门市思明区人民法院2019年受理的一审民事案件其编号为：（2019）闽0203民初××××号。各仲裁机构的案号编排规则不尽相同，以2019年受理的案件为例，深圳国际仲裁院的案号一般为"SHEN DT2019××××"；厦门仲裁委员会的案号一般为"XA2019××××号"。②

2.种类的差异性

由于仲裁程序与诉讼程序具有较大的差异，因此有不少仲裁文书无法找到能够参照或对应的诉讼文书种类，如财产保全转交函、仲裁员选定书、仲裁员信息披露书、先行裁决申请书等。

3.效力的统一性

人民法院根据文书的名称即可区分文书效力，例如何种类型诉讼文书可以直接发生法律效力或是可以复议或是可以上诉。而所有仲裁文书均不具有此特点，不存在可以复议或上诉的仲裁文书，因此，仲裁文书在效力上具有统一性。

---

① 例如《厦门仲裁委员会仲裁规则》（2007年修订）第2条第（3）项规定：本会设秘书处，在本会秘书长的领导下负责处理本会的日常事务。《北京仲裁委员会仲裁规则》（2019年修订）第1条第（4）项规定：本会办公室负责本会的日常事务。办公室指派工作人员担任案件秘书，负责案件的程序管理和服务工作。

② 各仲裁机构关于案号的编排规则目前没有公开的资料可以查询，上述情况系笔者直接向各仲裁机构了解得知。

第二节 文书制作

一、基本要求

(一)名称的准确界定

制作仲裁文书必然涉及对主体及特定行为的称呼,其与诉讼具有明显的差异。仲裁案件的参与主体为申请人、被申请人、仲裁代理人、仲裁员、仲裁庭、案件秘书[①]、仲裁委员会。其他的诉讼参与人如证人、鉴定人、勘验人员和翻译人员,在仲裁中也同样存在。关于仲裁中是否存在第三人的问题,《仲裁法》第 4 条规定:"当事人采用仲裁方式解决纠纷,应当双方自愿,达成仲裁协议。没有仲裁协议,一方申请仲裁的,仲裁委员会不予受理。"这就意味着,没有仲裁协议,当事人不能参与仲裁。《仲裁法》的规定中没有出现第三人的措辞,在实务中,大部分仲裁机构的《仲裁规则》中也没有关于仲裁第三人的规定,但有仲裁机构认为,有仲裁协议也并不意味着其身份必然为申请人或被申请人,也可能是第三人。[②]

关于特定行为的称呼,诉讼中的起诉在仲裁中称仲裁申请,相应诉讼中的《起诉状》在仲裁中为《仲裁申请书》。诉讼中的反诉在仲裁中称反请求,相应诉讼中的《反诉状》在仲裁中为《反请求申请书》。

(二)制作的基本规范

1.不要有错别字或歧义字

法律工作是一项严谨的工作,尤其是在案件进行过程中所出具的法律文书,更是追求百分之百的准确。一份有错别字或歧义字的仲裁文书,可能存在意思表达的错误,进而影响法律后果。即使没有意思表达的错误,也足以影响各其他仲裁参与人对该份仲

---

① 各仲裁机构对案件秘书的称呼有所不同,有的称案件秘书,有的称业务秘书,有的称经办秘书,有的称办案秘书,有的称仲裁庭秘书等。例如:《北京仲裁委员会仲裁规则》(2019 年修订)第 1 条规定:"……办公室指派工作人员担任案件秘书,负责案件的程序管理和服务工作。"如:《上海仲裁委员会仲裁规则》(2018 年修订)第 2 条规定:"……秘书处指派办案秘书,负责案件的程序管理和服务工作。"再如:《武汉仲裁委员会仲裁规则》(2018 年修订)第 2 条规定:"……办公室指定工作人员担任仲裁庭秘书,承担仲裁案件的程序管理和服务工作。"

② 例如《广州仲裁委员会仲裁规则》(2017 年修订)第 24 条第 1 项规定:"无仲裁协议的案外人加入仲裁程序成为共同申请人、共同被申请人或者第三人的,须经案外人、当事人双方一致同意并达成仲裁协议。"第 25 条第 1 项规定:"有两个或者两个以上的申请人或者被申请人,或者存在第三人的情况下,任何当事人均可以依据相同的仲裁协议对其他当事人提出仲裁请求。"

裁文书的观感，进而影响该仲裁文书表达的效果。防止错别字出现的办法，常见的有两种。一是要认真，书写完毕要有从头到尾通读一篇的习惯。二是要采取他人校对的办法，自己书写的仲裁文书往往会先入为主，在自行校对时会被所表达的意思影响，对错误点难以发现，而由别人校对，则容易发现错别字。对歧义字，则是考验语文的基本功底和工作的基本态度。有这样一份当事人之间出具的《欠条》，内容为："还欠款人民币20万元整。""还欠款"既可以解读为"已偿还欠款"，也可以解读"尚欠款"。其意思截然相反，就在于对"还"的理解，"还"的读音有"huán"和"hái"，由此就构成文字上的歧义。

2.要符合国家规范

《中华人民共和国国家标准〈出版物上数字用法的规定〉》和《中华人民共和国国家标准〈标点符号用法〉》已经对相关的数字用法和标号符号用法进行了规定，仲裁文书可以参照这些规定进行规范。除书写之外，仲裁文书经常还会用到计量单位，《中华人民共和国法定计量单位》的相关规定也可以成为重要的参考。

在实践中，仲裁文书的下列情况应使用汉字数字：

(1)仲裁文书主文需要列条的序号。

(2)法律文书尾部的时间，如：二〇〇六年一月一日(其中"〇"为特殊字符中的单位符号)。

(3)定型的词、词组、成语、惯用语、缩略语和具有修辞色彩的词语作为语素的数字，如：一律、星期二、七上八下、第四季度。

(4)相邻的两个数字并列连用表示的概数，如：二三米、十七八岁、七八十种，但在连用的两个数字之间不得用顿号隔开。

(5)带有"几"字的数字表示的约数，如：十几天、几十年、几万分之一。

(6)引用法律、法规及司法解释条文时，原文用汉字数字的，应用汉字数字；原条文用阿拉伯数字的，应用阿拉伯数字。

下列情况应使用阿拉伯数字：

(1)案号、仲裁文书编号中的数字，如：XA20190001号仲裁案、(2019)厦仲裁字第0066号。

(2)地址、门牌号码、证件号码、部队番号。

(3)除仲裁文书首页及尾部之外的时间。

(4)物理量的量值，即表示长度、质量、电流、热力学温度、物质的量和发光强度量等的量值，如：100千米、500克、121平方米。

(5)非物理量(日常生活中使用的量)的数量，如：49.80元、19岁、11个月、15日。

(6)凡用"多"、"余"、"左右"、"上下"、"约"等表示的约数，如：60余次、约70次、800多吨。

数字序号应按照以下顺序使用：

(1)汉字数字,如:一、二、三…… 。

(2)带括号的汉字数字,如:(一)(二)(三)…… 。

(3)阿拉伯数字,如:1.2.3.…… 。

(4)带括号的阿拉伯数字,如:(1)(2)(3)…… 。

(5)带圆圈的阿拉伯数字,如:① ② ③ …… 。

标点符号的用法应注意以下几点:

(1)不带括号的汉字数字序号与后文之间用顿号连接,不带括号的阿拉伯数字序号与后文之间用黑圆号联连,带括号、圆圈的序号与文字之间不用顿号。

(2)在当事人基本情况的表述中,仅使用冒号和逗号,不使用句号和其他标点符号。如“申请人:厦门市×××工程有限公司”、“申请人:王××,男,汉族,19××年××月×日生”。

(3)引用法律、法规和司法解释的应当使用书名号。在仲裁文书中第一次引用应使用全名,以后如需要再次或多次引用,应在第一次引用全名后以括号注明以下简称的简名。如“《中华人民共和国仲裁法》(以下简称《仲裁法》)”。

(4)“裁决如下”、“决定如下”、“达成如下调解协议”以及“通知如下”等词语之后,应使用冒号。

(5)“申请人述称”、“被申请人辩称”、“经审理查明”、“仲裁庭认为”等词语之后,凡所指示的下文只有一层意思的用逗号;有数层意思的用冒号。

(6)连续两个书名号之间不用标点符号,如:根据《中华人民共和国仲裁法》《中华人民共和国合同法》的相关规定……。

(7)如果引文完整又独立,不管是句中还是句末,点号放在引号里面。如,①仲裁庭注意到《中华人民共和国合同法》第九十六条的规定:“……,……。”②《中华人民共和国合同法》第九十六条规定:“…….”根据该条规定,仲裁庭认为……。

如果引文完整但不独立,此时引号内无点号(问号、叹号保留),引号外有点号。如:①仲裁庭认为,虽然《买卖合同》第六条明确约定“……,……”,但根据……。②“小波,别闹啦!”是个命令句。

如果引文不完整,或者说引文作为自己话的一部分,这时句末点号放在后引号的外面。如,罗伯特·舒曼说:“一磅铁只值几文钱,可是经过锤炼,就可以制成几千根钟表发条,价值累万。”因此他劝告人们“要好好利用天赋给你的一磅铁”。

3.要采取简洁和正式的语言

法律文书的目的在于将意思表示清晰,达到最佳的法律效果。因此,在语言风格上应当追求简洁。为了达到简洁的语言风格,在语句上应当尽量使用短句,少使用长句。例如在一份《仲裁申请书》中,申请人提出如下观点:被申请人违反合同义务,自2017年10月起拒绝支付租金,并在合同约定的租赁期届满后,在双方并未续签合同及申请人提出解除合同的情况下，现仍在五楼A单元办公，且未支付租金至今。在这份《仲裁申请书》中申请人使用了较多的长句，显得啰唆，语义存在一定的混乱。我们可以尝试着将其用短句的方式表达，并且删除一些不必要的误句，改为：被申请人违反合同义务，自2017年10月起拒绝支付租金，并在合同约定的租赁期届满后，继续在五楼A单元办公。

法律文书并非庭审辩论的口头表达，其语言风格应当追求正式，不用口语的方式。例：被申请人认为，申请人的观点是不行的。我们可以将这句改成：被申请人认为，申请人的观点于法无据，不能成立。又例如在一份《裁决书》中仲裁庭表达了如下内容：但申请人对本会受理被申请人提出的仲裁反请求，有异议。显然这样的表达就略显口语化，可以改为：但是，就本会受理被申请人提出的仲裁反请求，申请人提出异议。

4.要注重篇章结构，要注意语句逻辑

仲裁文书最大的功能就是表达出自己的观点，让别人接受你的观点。不管是当事人递交的《仲裁申请书》和《答辩状》，还是仲裁庭制作的《裁决书》，都是在进行观点的表达。观点的表达是个体系的工程，要注意篇章结构，要注意语句逻辑。关于结构与逻辑的问题，将在下文《裁决书》的制作中予以具体阐述。

5.要借助语气词和转折词

仲裁文书不是文学创作，不需要太多的感情修饰，更多需要的是对客观事实和法律观点的表达。但对客观事实和法律观点的表达，不代表语言风格如同记流水账，仅是事实的堆砌和观点的罗列，要在采取简洁正式语言的同时，借助语气词和转折词，让事实的陈述和观点的表达更有力量，更易于阅读，有利于别人的接受。

> 例如，在一份《裁决书》中，仲裁庭对申请人的仲裁请求进行如下分析：针对申请人的仲裁请求，《借款协议》约定被申请人向申请人借款175万元以及按24%年利率计算利息，借款期限为2016年11月14日至2017年11月15日。借款后被申请人无力偿还，双方商定将厦门市××小区15幢别墅(1—2层，产权面积435.8平方米)房产所有权过户至申请人名下，用以抵偿被申请人所欠债务，抵债价格以评估价为准，多退少补。故，申请人要求被申请人应将厦门市××小区15幢别墅(1—2层，产权面积435.8平方米)所有权过户至申请人名下，用以抵偿被申请人所欠债务的仲裁请求，仲裁庭予以支持 。

这样的一份《裁决书》其观点已经表达到位，但如同一杯白开水，食之无味。我们可以借助语气词和转折词进行如下修改：

> 针对申请人的仲裁请求，<u>仲裁庭注意到</u>，《借款协议》约定被申请人向申请人借款175万元以及按24%年利率计算利息，借款期限为2007年11月14日至2009年11月15日。<u>审理查明</u>，申请人已依约履行了《借款协议》，将175万元款项借予被申请人。<u>但</u>在借款期限届满后，被申请人无力偿还，<u>为此</u>，双方商定将厦门市××

小区15幢别墅(1—2层,产权面积435.8平方米)房产所有权过户至申请人名下,用以抵偿被申请人所欠债务,抵债价格以评估价为准,多退少补。庭审中,经仲裁庭询问,被申请人对申请人所主张的事实没有异议,对申请人要求将厦门市××小区15幢别墅(1—2层,产权面积435.8平方米)所有权,过户至申请人名下,用以抵偿被申请人所欠债务,明确表示同意。仲裁庭认为,在借款期限届满被申请人无力偿还借款的情况下,双方商定以房产抵债,系双方自行处置相关债权债务的行为,并无不妥,且双方采取评估价进行抵偿,更显公平。故,申请人要求被申请人应将厦门市××小区15幢别墅(1—2层,产权面积435.8平方米)所有权过户至申请人名下,用以抵偿被申请人所欠债务的仲裁请求,仲裁庭予以支持 。

6.同一意思必须使用同一词语来表达

仲裁文书中经常会出现对案情的描述,案情较复杂时,要特别注意对同一份协议或同一个内容用同一个词语来表达,否则极易出现混乱。最常见的是对双方签订的多份协议的描述,有的叫协议书,有的叫合同,有的叫补充协议。如果只有一份协议,名字又比较长,不妨在第一次出现时就注明简称,如《双方合作参股厦门市乾隆房地产开发有限公司的协议书》(以下简称《协议书》)。如果出现多份协议书,容易混淆,应该进行区分性的标注,如双方当事人于2009年8月17日签订一份《协议书》(以下称“8.17协议书”)、双方当事人于2009年11月20日签订一份《协议》(以下称“11.20协议书”)。

二、具体运用

(一)当事人制作的仲裁文书

1.仲裁协议

仲裁的管辖权源于仲裁协议,没有仲裁协议,当事人无法排除法院管辖权,仲裁程序不能启动。根据我国《仲裁法》第16条的规定,一份有效的仲裁协议应当包括三个方面的内容:(1)请求仲裁的意思表示;(2)仲裁事项;(3)选定的仲裁委员会。因此,一份有效的仲裁协议必须包括:

(1)选择仲裁的明确意思表示

如何理解“请求仲裁的意思表示”?当事人在合同中约定既可以向某仲裁机构申请仲裁,又可以向人民法院起诉,这样的仲裁协议是否有效?自2006年9月8日起施行的《最高人民法院关于适用〈中华人民共和国仲裁法〉若干问题的解释》(法释〔2006〕7号)第7条规定:“当事人约定争议可以向仲裁机构申请仲裁也可以向人民法院起诉的,仲裁协议无效。但一方向仲裁机构申请仲裁,另一方未在仲裁法第二十条第二款规定期间内提出异议的除外。”由此可以判断,或裁或审的仲裁条款是无效的。那么,如果一份具体的仲裁协议作这样的约定:“双方当事人因履行本合同产生的争议,可向合同签订地人民法院起诉，也可以向厦门仲裁委员会申请仲裁，以先受理的机构为准。”其请求仲裁的意思表示是否明确？最高人民法院在（2013）民四他字34号函复中认为：“本案当事人虽然约定可将争议提交我国仲裁机构仲裁，也可向人民法院起诉，但同时又约定以先受理之机构为准，故该争议解决条款明确、可执行，并无我国法律规定的无效情形，是有效的。”

（2）争议的可仲裁性

对于可仲裁事项，《纽约公约》第2条规定：“当事人以书面协定承允彼此间所发生或可能发生之一切或任何争议，如关涉可以仲裁解决事项之确定法律关系，不论为契约性质与否，应提交仲裁时，各缔约国应承认此项协定。”《纽约公约》同时规定缔约国可以声明：“本国只对根据本国法属于商事法律关系的争议适用本公约，而不论是不是契约关系”。英国《1996年仲裁法》第1条规定：“当事人可以自由约定解决争议的方法，但以不违反公共利益为限。”德国《民事诉讼法》第1030条第1款规定：“任何财产法上的请求都能成为仲裁协议的标的。关于非财产法上的请求的仲裁协议，以当事人就所争议的标的有权达成和解的为限，有法律效力。”《法国民事诉讼法》规定：“凡因当事人能自由规定的权利所引起的一切争议都可作为仲裁的内容，但反垄断法、商标权等知识产权争议除外。”而随着世界经济一体化进程的加快，国际商事争议日益增多，各国有关仲裁立法对国际商事争议可仲裁范围的限制日益减少，国际商事争议可仲裁范围呈现出不断扩大的趋势。[①] 这一观点源于仲裁的意思自治，正如有学者所说：“商事仲裁法中的首要原则是当事人的意思自治。”[②]正是基于这一理念基础，很多国家在规定仲裁事项的可仲裁性时体现出很大的自治性和开放性。

我国《仲裁法》设定的可仲裁范围相对较窄。《仲裁法》第2条规定：“平等主体的公民、法人和其他组织之间发生的合同纠纷和其他财产权益纠纷，可以仲裁。”第3条规定：“下列纠纷不能仲裁：（一）婚姻、收养、监护、扶养、继承纠纷；（二）依法应当由行政机关处理的行政争议。”可见，《仲裁法》规定的可仲裁事项仅限于合同纠纷和部分非合同经济纠纷，对涉及当事人不能自由处分的身份关系的争议，不能用仲裁方式解决。目前，理论界对于如何理解“其他财产权益纠纷”所能涵盖的范围争议较大。[③] 此外，仲裁

---

① 黄进、马德才：《国际商事争议可仲裁范围的扩展趋势之探析——兼评我国有关规定》，载《法学评论》2007年第3期。

② ［英］施米托夫著：《国际贸易法文选》，赵秀文译，中国大百科全书出版社1993年版，第611页。

③ 有学者认为，《仲裁法》第2条中“其他财产权益纠纷”的立法表述不尽周延，与1958年《纽约公约》第2条第1款及《示范法》第7条等有关规定相比，可能演变成我国仲裁制度中的一个主要漏洞。参见陈治东：《国际商事仲裁法》，法律出版社1998年版，第50～52页。另有学者在认真分析《纽约公约》与《示范法》的立法规定与立法背景以及德国、瑞士等国最新仲裁立法成果后认为，我国《仲裁法》第2条的规定基本符合大多数国家的仲裁法实践，并不会形成明显的法律漏洞。参见齐树洁、蔡从燕：《江苏轻纺公司诉香港裕亿公司等侵权纠纷上诉案评析——关于仲裁制度价值、争议事项可仲裁性及仲裁条款独立性等问题》，载柳经纬主编：《厦门大学法律评论》（第1期），厦门大学出版社2001年版，第196～197页。

双方主体还必须处于平等地位，行政争议中的行政机关与行政相对人之间属于不平等的主体关系，因而，此类纠纷不属于可仲裁事项范围，应由其他行政法规进行调整。

(3)明确选定仲裁机构

我国仲裁制度实行机构仲裁，不承认临时仲裁。因此，是否明确选定仲裁机构会直接影响到仲裁协议是否有效，当事人在订立仲裁协议时必须指明由某个具体的仲裁机构仲裁，否则该协议不具有可执行性，也不具有法律效力。在实践中，由于当事人认识的问题，往往难以准确约定仲裁机构的名称，如约定"厦门经济仲裁委员会仲裁"、"厦门当地仲裁机构仲裁"等，这样的约定是否有效？最高人民法院《关于适用〈中华人民共和国仲裁法〉若干问题的解释》第3条规定："仲裁协议约定的仲裁机构名称不准确，但能够确定具体的仲裁机构的，应当认定选定了仲裁机构。"根据这条规定，约定"厦门经济仲裁委员会仲裁"、"厦门当地仲裁机构仲裁"都是有效的仲裁条款，根据这些条款都能推出唯一的仲裁机构。同时，前述司法解释还就常见的几种约定作出了明确的规定：①仅约定纠纷适用仲裁规则的仲裁协议效力问题。按照通常理解，当事人在仲裁协议中仅约定了纠纷适用的仲裁规则，并不意味着其就选定了该仲裁机构来解决纠纷。但这样的仲裁条款也不能轻易否定其效力，如果按照密切联系原则可以确定仲裁机构的，应当认可其效力；或者根据其选定的仲裁规则中能够确定仲裁机构的，应当认可其效力。因此，前述司法解释在第4条规定："仲裁协议仅约定纠纷适用的仲裁规则的，视为未约定仲裁机构，但当事人达成补充协议或者按照约定的仲裁规则能够确定仲裁机构的除外。"这样的精神在中国国际经济贸易仲裁委员会预先作出认定，其在2005年5月开始实施的《仲裁规则》第4条第2款规定："凡当事人约定按照本规则进行仲裁但未约定仲裁机构的，均视为将争议提交仲裁委员会仲裁。"②约定了两个以上仲裁机构的仲裁协议效力问题。最高人民法院在给山东高级人民法院的法函[1996]176号就对此问题作出过明确的解释："本案当事人订立的合同中仲裁条款约定'合同争议应提交中国国际贸易促进委员会对外经济贸易仲裁委员会或者瑞典斯德哥尔摩商会仲裁院仲裁'，该仲裁条款对仲裁机构的约定是明确的，亦是可以执行的。当事人只要选择约定的仲裁机构之一即可仲裁。"但最高人民法院《关于适用〈中华人民共和国仲裁法〉若干问题的解释》却改变了这种观点，第5条规定："仲裁协议约定两个以上仲裁机构的，当事人可以协议选择其中的一个仲裁机构申请仲裁；当事人不能就仲裁机构选择达成一致的，仲裁协议无效。"

前面论述了一份有效的仲裁协议应当包括的三个方面的内容，这是认定仲裁协议是否有效的基本条件。根据前面的分析，以下仲裁协议会被认定为无效的仲裁协议：

例一：凡因本合同引起的与本合同有关的任何争议，均应提交厦门仲裁委员会仲裁或向合同签订地人民法院起诉。

例二：凡因本合同引起的与本合同有关的任何争议，均应提交厦门仲裁委员会或中国国际经济贸易仲裁委员会仲裁。

遵照规定，我们应该起草如下标准有效的仲裁协议：

凡因本合同引起的与本合同有关的任何争议，均应提交厦门仲裁委员会仲裁。

但一份有效的仲裁协议，其可约定的内容远不止如此。当事人可以进一步约定适用的规则、适用的程序、仲裁庭的组成方式、开庭地点、开庭语言等。以下仲裁条款都会被认为是有效的仲裁协议：

例三：凡因本合同引起的与本合同有关的任何争议，均应提交厦门仲裁委员会仲裁，适用中国国际经济贸易仲裁委员会的仲裁规则。

例四：凡因本合同引起的与本合同有关的任何争议，均应提交厦门仲裁委员会仲裁，按照简易程序进行审理。

例五：凡因本合同引起的与本合同有关的任何争议，均应提交厦门仲裁委员会仲裁，仲裁庭的全体成员均由仲裁委员会主任指定。

例六：凡因本合同引起的与本合同有关的任何争议，均应提交厦门仲裁委员会仲裁，开庭地点在上海。

例七：凡因本合同引起的与本合同有关的任何争议，均应提交厦门仲裁委员会仲裁，适用的语言为英语。

2.仲裁申请书

根据《仲裁法》第23条的规定，仲裁申请书应当载明以下事项：(1)当事人的姓名、性别、年龄、职业、工作单位和住所，法人或者其他组织的名称、住所和法定代表人或者主要负责人的姓名、职务；(2)仲裁请求和所依据的事实、理由；(3)证据和证据来源、证人姓名和住所。从格式上，仲裁申请书由首部、正文和尾部组成。

(1)首部

首部包括标题和当事人的基本情况。标题为“仲裁申请书”，应当居中书写。当事人的基本情况应依《仲裁法》第23条的规定列明具体信息。当事人有委托代理人的，还应写明委托代理人的基本信息。

(2)正文

正文包括仲裁依据、仲裁请求以及事实和理由。

仲裁依据指的是申请仲裁所依据的仲裁协议，申请人需在《仲裁申请书》中列明，以便进行立案审查。

仲裁请求指的是当事人请求仲裁委员会裁决争议的具体事项，应当逐项写明。仲裁请求应当准确、全面、明确具体并且可执行。

例一：请求裁决解除双方当事人之间签订的《合作协议》。

该项仲裁请求的准确性有问题。申请人请求的是解除权，由于解除权是形成权，其意思表示应以当事人作出的为准，根据《合同法》第96条的规定：“当事人一方依照本法

第九十三条第二款、第九十四条的规定主张解除合同的,应当通知对方。合同自通知到达对方时解除。对方有异议的,可以请求人民法院或者仲裁机构确认解除合同的效力。"的规定,若申请人在申请仲裁前已向被申请人发出解除合同的通知,则相应的仲裁请求应改为:请求裁决确认双方当事人之间签订的《合作协议》于××××年××月×日解除;若申请人在申请仲裁前没有向被申请人发出解除合同的通知,则相应的仲裁请求应改为:请求裁决确认双方当事人之间签订的《合作协议》于本《仲裁申请书》送达被申请人之日解除。

例二:请求裁决被申请人向申请人支付货款100万元及计算至2019年10月1日止的逾期付款违约金10万元。

该项仲裁请求不够全面,申请人仅请求计算至申请仲裁时即2019年10月1日止的逾期付款违约金,遗漏了申请仲裁之后的违约金,准确的仲裁请求应是:请求裁决被申请人向申请人支付货款100万元及自2019年1月1日起计算至实际付款之日止的逾期付款违约金,暂计至2019年10月1日止为10万元。

例三:请求裁决被申请人继续履行双方于2017年1月1日签订的《合作协议》。

例四:请求裁决被申请人赔偿因违反双方签订的《合作协议》的义务而给申请人造成的一切损失。

例五:请求裁决被申请人协助办理厦门市思明区长青路191号劳动力大厦9F房产的解封并过户至申请人名下的手续。

在例三中,申请人仅笼统请求被申请人继续履行《合作协议》,不够明确具体,仲裁庭难以裁决,即使作出裁决也难以强制执行。在例四中,申请人更是对其具体损失的金额未提出明确的请求,不符合立案的标准,仲裁委员会一般不会受理该项请求。在例五中,因房产被他人查封,事实上已处于无法履行的状态,仲裁庭无权评判他人查封权的准确与否,根据《合同法》第110条"当事人一方不履行非金钱债务或者履行非金钱债务不符合约定的,对方可以要求履行,但有下列情形之一的除外:(一)法律上或者事实上不能履行;(二)债务的标的不适于强制履行或者履行费用过高;(三)债权人在合理期限内未要求履行。"的规定,该项仲裁请求面临被仲裁庭驳回的风险。

事实和理由是申请人介绍纠纷发生的背景,陈述被申请人违约的事实,分析申请人仲裁请求的理由。事实和理由的写法一般有两种,一种写法是申请人仅在《仲裁申请书》中写明各项事实和理由,不逐一援引证据,而以《证据清单》的方式对证据加以说明。另一种写法则是在陈述事实和理由时,特别是陈述关键性事实和事由时,直接写出援引的证据名称及条款。

(3)尾部

尾部要写明以下内容:

①致送仲裁委员会的名称。应分两行写明"此致"和"××仲裁委员会"。

②右下角写明申请人的名称或姓名，申请人是自然人的要手写签名，申请人是法人或其他组织的，应当加盖印章。如委托特别授权代理人申请仲裁的，则由特别授权代理人签名即可。

③写明日期，该日期指的是制作《仲裁申请书》的日期，而非申请仲裁的时间。

④写全附项的内容。附项应写明仲裁申请书副本的份数，提交的证据清单份数。一般仲裁协议并不需要单独作为附项，合同中的仲裁条款申请人只要援引即可，单独的仲裁协议直接作为证据即可。

(4)示例[①]

仲裁申请书

申请人1：厦门××投资管理有限公司

住所：福建省厦门市思明区××路××号

法定代表人：陈××

申请人2：陈××，男，汉族，19××年××月×日生，住福建省厦门市思明区××路××号××室

身份证号码：35020319×××××××××××

两申请人仲裁代理人：王××，福建××律师事务所律师

被申请人1：陈××，男，汉族，19××年××月×日生，住址：福建省福州市鼓楼区××路××号×座××单元，身份证号码：35010219×××××××××××，联系电话：186××××××××

被申请人2：李××，男，汉族，19××年××月×日生，住福建省厦门市思明区××里××号××室，身份证号码：35020219×××××××××××，联系电话：138××××××××

仲裁依据

两申请人与两被申请人于2018年4月18日签订的《关于福建省惠安县××××有限公司的股权转让协议书》第十五条约定：双方的内部成员（即两申请人之间、两被申请

① 因仲裁的不公开性，仲裁文书亦须保密。本教程仲裁文书部分仅提供示例作为参考，未收录仲裁文书文书范例。

人之间)就协议之履行互负连带责任,若发生争议,由厦门仲裁委员会裁决。

仲裁请求

1.裁决两被申请人向申请人支付股权转让款1000万元及利息(以1000万元为基数,参照银行同期贷款利率,自2018年4月21日计至被申请人实际支付之日,暂计至2019年10月21日为90万元,两项暂合计1090万元);

2.裁决两被申请人补偿两申请人本案律师费15万元;

3.本案仲裁费用由两被申请人承担。

事实与理由

2018年4月18日,两申请人与两被申请人签订《关于福建省惠安县××××公司的股权转让协议书》一份,约定申请人1将其持有的福建省惠安县××××公司97%的股权以970万元的对价转让给被申请人1,申请人2将其持有的福建省惠安县××××公司3%的股权以30万元的对价转让给被申请人2,双方的内部成员(即两申请人之间、两被申请人之间)就协议之履行互负连带责任,若发生争议,由厦门仲裁委员会裁决。

协议签订后,双方向工商机关办理了股权变更登记手续,公司的法定代表人亦变更为被申请人2。然而,经申请人一再催促,两被申请人至今未付股权转让金。

申请人认为,被申请人未能按照协议约定支付股权转让金,已经构成严重违约,损害了申请人的合法权益,申请人特此依据《中华人民共和国仲裁法》的有关规定,向贵委申请仲裁,请依法审理、裁决。

此致

××仲裁委员会

申请人:厦门××投资管理有限公司、陈××

××××年××月××日

附:1.仲裁申请书副本四份;

2.证据清单及证据一式五份。

3.仲裁答辩书

《仲裁法》第25条规定:"被申请人收到仲裁申请书副本后,应当在仲裁规则规定的期限内向仲裁委员会提交答辩书。仲裁委员会收到答辩书后,应当在仲裁规则规定的期限内将答辩书副本送达申请人。被申请人未提交答辩书的,不影响仲裁程序的进行。"根据上述规定,提交答辩书是被申请人的权利而非义务。我们国家没有采取强制答辩的制度，被申请人不提交答辩书，不影响仲裁程序的进行。从格式上，仲裁答辩书由首部、正文和尾部组成。

(1)首部

首部包括标题、当事人的基本情况与案件来源。标题为“仲裁答辩书”，应当居中书写。当事人的基本情况应依《仲裁法》第23条的规定列明具体信息。当事人有委托代理人的，还应写明委托代理人的基本信息。案件来源一项一般表述为：“答辩人就答辩人×××与被答辩人×××之间的××争议仲裁案，现发表如下答辩意见：……”。为了统一称呼，也便于阅读正文，此处的“答辩人与被答辩人”可以还原为“申请人与被申请人”，也就是仅在首部的当事人基本情况处写明身份“答辩人：……”，而在案件来源处表述为“被申请人就申请人×××与被申请人×××之间的××争议仲裁案，现发表如下答辩意见：……”。

(2)正文

正文的内容就是答辩理由。仲裁答辩书作为被申请人对抗申请人主张的文书，其特点就是反驳，要有的放矢，从事实、法律关系、法律效力、诉讼时效等方面反驳和挑战对方，既可以是直接针对申请人已陈述的观点进行反驳，也可以从申请人未提及的法律关系、法律效力等方面进行挑战。一般可以从以下几个方面入手：

①指出案件的程序性错误；

②指出案件的主体是否适格；

③指出仲裁请求是否存在不清以及是否存在计算错误的情形；

④分析合同的效力，是否存在合同无效的情形；

⑤指出仲裁申请书对于案件事实的表述是否存在错误；

⑥解释并证明被申请人并未违反合同的约定，并进一步说明申请人是否存在违约；

⑦指出是否存在诉讼时效已过或已过除斥期间的情形。

应当特别强调的是，答辩书的反驳不能取代反请求，除了抵销权以外，被申请人独立的主张一般都要求以反请求的方式提出。还应当特别强调的是，《合同法》第114条第2款规定：“约定的违约金低于造成的损失的，当事人可以请求人民法院或者仲裁机构予以增加；约定的违约金过分高于造成的损失的，当事人可以请求人民法院或者仲裁机构予以适当减少。”面对违约金的仲裁请求，不能因为被申请人没有违约而放弃对违约金调低的主张。被申请人是否存在违约情形，并不属于可以释明的范围。一旦被申请人仅答辩没有违约而未提出调低违约金的主张，仲裁庭最终认定被申请人违约则被申请人面临申请人关于违约金的请求全部得到支持的风险。

(3)尾部

尾部要写明以下内容：

①致送仲裁委员会的名称。应分两行写明“此致”和“××仲裁委员会”。

②右下角写明答辩人的名称或姓名,答辩人是自然人的要手写签名,答辩人是法人或其他组织的,应当加盖印章。如委托授权代理人答辩的,则由特别授权代理人签名即可。

③写明日期。

④写全附项的内容。附项应写明答辩书副本的份数,提交的证据清单份数。

(4)示例

仲裁答辩书

答辩人:厦门××房地产开发有限公司

住所:福建省厦门市集美区××路××号××室

法定代表人:林××

仲裁代理人:陈××、王××,福建××律师事务所律师

答辩人(被申请人)因与申请人之间的投资入股协议纠纷一案,现针对申请人的仲裁请求及事实和理由,特提出答辩意见如下:

一、申请人的仲裁请求不仅缺乏事实和法律依据,且严重违背《投资入股协议》及《借款协议》的约定,不能成立

《投资入股协议》第4.2条约定,"乙方(即申请人,下同)投入目标公司(即被申请人)的注册资金留存在目标公司使用,高于注册资金本金之外的资金(即本案仲裁请求所主张的返还"借款"),允许被申请人在B项目统筹使用,其中有超出股东对等借款部分(申请人为4000万元)乙方有权优先收回,即一旦A项目融资或销售有富余资金时,在保证未来A项目开发后续需要资金的前提下,必须按照股东对等原则返还目标公司股东,目标公司收到A项目公司返还资金后,若目标公司有尚未分配股利,则优先分配股东股利;否则优先归还上述乙方超额借款。在此基础上,剩余资金目标公司股东可同比收回"。同时,《借款合同》第3条约定,"本合同借款期限按投资入股协议第4.2条(即前述约定)规定执行";合同第5条约定,"乙方应于本合同第3条约定的期限内还清全部借款"。

根据前述《投资入股协议》及《借款合同》约定,申请人在本案仲裁请求所提出所谓返还"借款"(注:被申请人不认同该款项系借款性质)的主张,应证明该"借款"返还已经符合前述投资入股协议第4.2条约定的还款条件,借款合同第3条约定的期限已届满。然而申请人提供的证据,没有任何一项可以证明上述款项返还条件已经成就,其在申请

书所称的所谓“根据双方的合同内容，申请人有权要求被申请人立即偿还借款，且事实上A项目也早已开发完毕”的陈述，没有提供任何证据证明。

至于申请人在仲裁申请书中一再指责被申请人存在诸多违约行为等等，缺乏事实依据。更重要的是，仅从其所谓的“违约行为”而言，该“违约行为”并不导致前述资金返还的条件约定(即投资入股协议第4.2条)对各方当事人丧失拘束力，申请人试图证明该“违约行为”的存在，与证明其返还资金的主张之间，缺乏基本的关联性。

二、申请人主张的借款，是根据《投资入股协议》约定的入股条件所包含的投资款，并非合同法意义上的借款。申请人负有遵守入股协议4.2条关于投入资金收回条件的合同义务

《投资入股协议》第1.1条约定，“由乙方(即申请人)投资人民币1亿元，其中约452.99万元为目标公司的新增注册资本，剩余约9547.01万元(即本案申请人主张的返还借款)作为目标公司对乙方的借款，由目标公司与乙方另订借款协议”，被申请人认为，该约定结合前述入股协议第4.2条关于资金收回的条件约定，足以证明本案讼争的“借款”实际上是双方约定的入股条件所包含的资金投入，性质上是合作投资款。申请人只有投入前述1亿元(含本案讼争的款项)投资款的前提下，才能享有入股协议约定的增资目标公司7.976%比例的股权权益。

有鉴于此，申请人是否有权收回该以“借款”名义投入的投资款，应当严格根据入股协议第4.2条的约定进行认定，即目标公司投资的A项目是否存在因融资或销售形成的可分配资金作为回收投资的条件。申请人负有全面遵守该约定的投资回收条件的合同义务。现申请人在该条件尚未成就的情况下，即通过仲裁主张回收投资款，已构成严重的违约行为，也违反合同法规定的诚实信用原则。被申请人保留追究申请人违约责任的权利。

综上所述，鉴于申请人的仲裁请求缺乏基本的证据支持，没有事实和法律依据，请求仲裁庭依法驳回其全部仲裁请求。

此致

××仲裁委员会

答辩人：厦门××房地产开发有限公司

××××年××月××日

附：1.仲裁答辩书副本四份；

2.证据清单及证据一式五份。

4.仲裁代理词

在仲裁案件中,代理词的地位和作用不亚于仲裁申请书和答辩书,它是代理人对整个案件的总揽性和总结性观点,是在双方已经充分陈述和辩论的情况下,对整个案件观点的一次系统性归纳。它更考验代理人的语言能力和法律逻辑能力,它不仅要求代理人在语言文字上能够做到准确严谨、简洁流畅,还要求在篇章结构上能够做到结构清晰、逻辑分明。从格式上,仲裁代理词一般由序言、正文和结束语三个部分组成。

(1)序言

一般写明代理人的代理依据、代理人接受委托后开展的工作或本案已开展的工作和代理人对本案的基本看法。这段文字主要起到承前启后的作用。关于代理人的代理依据,不能写成"本律师接受申请人×××公司的委托"。《律师法》第25条规定:"律师承办业务,由律师事务所统一接受委托,与委托人签订书面委托合同,按照国家规定统一收取费用并如实入账。"根据该条规定,接受当事人委托的是律师事务所,而非律师个人。因此正确的写法应是:"××律师事务所接受申请人×××公司的委托,指派本律师代理本案。"

(2)正文

主要是对纠纷发生的事实、双方的争议焦点、涉案的法律关系和申请人的仲裁请求进行分析。如果仲裁庭业已归纳争议焦点,在代理词中应着重围绕着争议焦点进行分析;如果仲裁庭没有归纳争议焦点,当事人也可以自行归纳争议焦点。为了更准确地分析争议焦点和涉案法律关系,代理词中也可以对案件的事实进行必要的梳理。在此基础上,通过立论和驳论阐明己方的观点。

(3)结束语

有别于仲裁申请书和答辩书,代理词一般会对观点进行总结,对仲裁请求发表一个总体的态度或逐一发表态度。

(4)示例

XA2019××××号仲裁案代理词

尊敬的仲裁员:

厦门××投资合伙企业(有限合伙)(下称"申请人")与厦门××网络设备有限公司(下称"被申请人")合同纠纷(案号:XA20190××××号)一案,申请人委托的福建××律师事务所指派的叶××律师作为其代理人。现代理人就本案的争议焦点发表如下代理意见：

第一部分 争议焦点

申请人认为依据《增资认购意向书补充协议书》(下称《补充协议》)第3条回购条款的约定，被申请人应回购申请人持有的福建××智能股权有限公司(下称A公司)110万股股份。被申请人答辩认为其与申请人之间不存在任何书面协议。为此，双方的争议焦点如下：

一、关于《补充协议》的主体问题

二、关于《补充协议》是否终止的问题

三、关于《说明》的法律性质问题

第二部分 争议焦点分析

一、关于《补充协议》的主体问题

本案证据可以证明厦门市××创业投资有限公司(下称B公司)代表申请人与被申请人签订《补充协议》，申请人为《补充协议》的甲方当事人。

(一)《补充协议》第1条释义可以证明申请人为《补充协议》的甲方。

虽然补充协议中的首部写明领投方中的甲方为B公司，但《补充协议》第1条释义载明"投资方"的含义是指甲方，亦说明"投资方"为B公司引领的由其作为管理人的合伙企业。可见，《补充协议》的甲方为投资方，B公司仅是代表投资方签署该协议。《定性发行增资认购协议书》《关于完成工商登记的公告》及申请人的营业执照等证据可以证明"投资方"为申请人。

(二)被申请人庭审表明其对贵委员会审理本案无异议，认可贵委员会作出的《XA2019××××号仲裁案管辖权决定书》的意见。

《XA2019××××号仲裁案管辖权决定书》(P3第3段)载明："本会认为，《增资认购意向书补充协议书》应为B公司代表申请人与被申请人签订，其效力约束申请人与被申请人，申请人依此提起仲裁，其主体资格并无不妥。"

因此，综合全案证据可以认定《补充协议》的签约主体为申请人与被申请人。被申请人主张的认为其与申请人之间不存在任何书面协议的观点与事实不符。

二、《补充协议书》是否终止的问题

申请人认为《增资认购意向书》终止不会导致《补充协议》的终止，《补充协议》仍然有效。

(一)两份协议虽有关联，但各自独立。

《增资认购意向书》的签约主体为B公司与A公司，《补充协议》的签约主体为申请人与被申请人。两份协议的合同当事人均不相同，为各自独立的协议。

(二)《补充协议》不适用约定终止

1.《增资认购意向书》第4条约定的是《增资认购意向书》的终止条件，并未约定《增

资认购意向书》终止则《补充协议》终止。

2.《补充协议》第12.2条仅说明补充协议与原协议生效期间和条件与原协议一致，并未约定终止条件与原协议一致。

3.《补充协议》第12.1条亦表明“本补充协议与原协议不一致的，以本补充协议为准”。《补充协议》第3条原协议并无约定，因此，该条款对申请人、被申请人仍具有约束力。

4.《增资认购意向书》第4条约定合同终止系基于该意向书已经被正式的《定向发行增资认购协议书》所替代，申请人应按照《定向发行增资认购协议书》约定履行增资义务。因此，将该条理解为《增资认购意向书》终止后履行《定向发行增资认购协议书》，A公司大股东，即被申请人仍按照《补充协议》约定履行回购义务，更符合投融资交易的常理。

综上，被申请人认为《补充协议》随《增资认购意向书》终止而终止的观点没有合同依据。

三、关于《说明》的法律性质问题

申请人认为，申请人2015年9月15日向A公司出具的《说明》并未变更《补充协议》的内容。

《说明》不属于合同，只是申请人对其与A公司之间是否存在估值调整事宜的事实陈述。即便如被申请人所认定《说明》为合同的观点，《说明》也仅是申请人与A公司之间的协议，与被申请人之间的权利义务无涉，未变更《补充协议》的内容。

此外，《大通证券股份有限公司关于A公司股份有限公司股票发行合法合规的意见》不具有证明力。该意见系依据《说明》等基础证据作出，判定证据的证明力，应依据基础的证据。

因此，被申请人认为其与申请人之间没有股份回购的观点不能成立。

第三部分　综述

综上，申请人认为，申请人、被申请人为《补充协议》的当事人，受该协议的约束；《补充协议》未因《增资认购意向书》的终止而终止，亦未因《说明》而变更，对双方仍具有约束力。因此，请贵委员会支持申请人的仲裁请求。

以上意见，请仲裁庭合议时予以采纳！

此致

厦门仲裁委员会

申请人：厦门××投资合伙企业（有限合伙）
代理人：
日期：××××年××月×日

5.仲裁员选定书

根据我国《仲裁法》第30条的规定:“仲裁庭由三名仲裁员或者一名仲裁员组成。”在此基础上,各个仲裁机构一般都会规定较小金额的案件适用简易程序或快速程序,由一名仲裁员审理。因此,《仲裁员选定书》往往也会区分是适用于简易程序还是普通程序。在《仲裁员选定书》中,需要标注的信息主要有:双方当事人的名称,案号,案由,仲裁员选定情况。具体格式如下:

(1)示例一:普通程序适用的仲裁员选定书

仲裁庭组成方式及仲裁员选定书

(普通程序使用)

厦门仲裁委员会:

根据《中华人民共和国仲裁法》和《厦门仲裁委员会仲裁规则》的相关规定,现就我方

与____________________关于__________纠纷仲裁案(案件编号为:__________)的仲裁庭组成方式及仲裁员选定如下:

【 】1.我方选定仲裁庭组成方式为独任庭,在厦门仲裁委员会《仲裁员名册》中选定__________为独任仲裁员;

【 】2.我方选定仲裁庭组成方式为三人庭,在厦门仲裁委员会《仲裁员名册》中选定__________为仲裁员,选定__________为首席仲裁员。

特此函告。

选定人: (签章)

年 月 日

注:厦门仲裁委员会制定本《仲裁庭组成方式及仲裁员选定书》,方便适用普通程序审理的案件当事人选定仲裁庭组成方式及仲裁员,并向当事人声明如下:

1.当事人只能在正文仲裁庭1或2两种仲裁庭组成方式中选定一种方式,请在所选方式的【 】内打“√”,如双方当事人选定的仲裁庭组成方式不一致,则由本会主任指定;

2.独任仲裁庭的独任仲裁员和三人仲裁庭的首席仲裁员,人选由双方当事人共同选定或共同委托本会主任指定,如双方选定不一致,则由本会主任指定;

3.如需委托本会主任指定仲裁员或首席仲裁员,请在横线上注明“委托你会主任指

定"字样;

4.当事人未在《厦门仲裁委员会仲裁规则》规定期限内选定仲裁庭组成方式和仲裁员(包括仲裁员、独任仲裁员和首席仲裁员)的,则由本会主任指定;

5.案件当事人一方为两个或两个以上的,仲裁员(包括仲裁员、独任仲裁员和首席仲裁员)的选定、委托指定,应当在该方当事人内部协商一致。在规定期限内没有协商一致的,由本会主任决定。

(2)示例二:简易程序适用的仲裁员选定书

仲裁员选定书

(简易程序使用)

厦门仲裁委员会:

根据《中华人民共和国仲裁法》和《厦门仲裁委员会仲裁规则》的相关规定,现就我方与________________________________关于________________纠纷仲裁案(案件编号为:________________)的仲裁员选定如下:

我方在厦门仲裁委员会《仲裁员名册》中选定________________为独任仲裁员。

特此函告。

选定人:(签章)

年　月　日

注:厦门仲裁委员会制定本《仲裁员选定书》,方便适用简易程序审理的案件当事人选定独任仲裁员,并向当事人声明如下:

1.除非双方当事人另有约定,凡案件争议金额不超过20万元人民币的,适用简易程序,由独任仲裁员审理;

2.双方当事人对独任仲裁员选定不一致的,由本会主任指定;

3.如需委托本会主任指定独任仲裁员,请在横线上注明"委托你会主任指定"字样;

4.当事人未在《厦门仲裁委员会仲裁规则》规定期限内选定独任仲裁员的,则由本会主任指定;

5.案件当事人一方为两个或两个以上的,独任仲裁员的选定、委托指定,应当在该方当事人内部协商一致。在规定期限内没有协商一致的,由本会主任决定。

6.财产保全申请书

仲裁的《财产保全申请书》分为仲裁前的《财产保全申请书》和仲裁中的《财产保全申请书》。由于仲裁前的财产保全系由当事人直接向人民法院提出，故文书格式直接参照诉讼的财产保全申请书。仲裁中的财产保全，根据最高人民法院《关于人民法院办理财产保全案件若干问题的规定》第3条的规定，当事人应当通过仲裁机构向人民法院提交申请书及仲裁案件受理通知书等相关材料。需要特别注意的是，根据该规定，当事人向仲裁机构递交《财产保全申请书》，文书尾部的“此致”对象应是仲裁机构而非人民法院。

（二）仲裁机构和仲裁员制作的仲裁文书

仲裁机构和仲裁员制作的仲裁文书主要包括案件受理通知书、组庭通知书、开庭通知书、仲裁推进过程的程序通知以及裁决书。

1.案件受理通知书

仲裁受理，是指仲裁机构对当事人的仲裁申请进行审查，认为符合法定条件的，同意立案进行仲裁的行为。仲裁机构受理仲裁申请后，应当向申请人和被申请人分别送达有关材料，并通知被申请人进行答辩。《仲裁法》第25条规定：“仲裁委员会受理仲裁申请后，应当在仲裁规则规定的期限内将仲裁规则和仲裁员名册送达申请人，并将仲裁申请书副本和仲裁规则、仲裁员名册送达被申请人。”案件的受理通知书除了告知案件已受理外，还需通知当事人选定仲裁员的时间，针对被申请人还需告知答辩的时间。

示例一：仲裁案受理通知书（送交申请人）

XA20190001号仲裁案受理通知书

厦仲文字20190001—1号

×××（申请人）：

你方提交的关于你方与被申请人×××之间因××合同/协议引起的××（案由）纠纷仲裁案的仲裁申请书已收悉。经审查，符合《中华人民共和国仲裁法》和《厦门仲裁委员会仲裁规则》规定的受理条件，本会决定予以受理，现将有关事项通知如下：

一、本案适用2007年5月1日起施行的《厦门仲裁委员会仲裁规则》，同时适用普通程序审理。

二、请于收到本会仲裁员名册之日起10日内根据本会仲裁规则与被申请人共同约定仲裁庭的组成方式并从本会仲裁员名册中选定仲裁员。逾期未约定组庭方式或未选

定仲裁员的,将由本会主任指定。

三、如双方当事人约定由一名仲裁员组成仲裁庭的,应共同选定或共同委托本会主任指定一名独任仲裁员;如双方当事人约定由三名仲裁员组成仲裁庭的,你方应从本会仲裁员名册中选定或委托本会主任指定一名仲裁员,并与被申请人共同选定或委托本会主任指定一名首席仲裁员。当事人关于组庭方式和仲裁员的选定情况应共同或分别以书面形式告知本会。

四、随本通知附去本会《仲裁员名册》《仲裁规则》和空白的《仲裁庭及仲裁员选定书》《授权委托书》《法定代表人证明书》及送达回证各一式一份,请遵照办理。

五、凡向本会来函请注明本案案号,即 XA20190001 号。

六、秘书处已指定×××为办案秘书,联系电话:0592－××××××××,电子邮箱:××××@xmac.org.cn

厦门仲裁委员会

××××年××月××日

示例二:仲裁案受理通知书(送交被申请人)

XA20190001 号仲裁案仲裁通知书(或答辩通知书)

厦仲文字 20190001－2 号

×××(被申请人):

申请人×××已就其与你方之间因××合同/协议引起的××(案由)纠纷仲裁案向本会提出仲裁申请,本会已依法受理,现将申请人递交的仲裁申请书(副本)和本通知送达于你方,并将有关事项通知如下:

一、请在送达回证上签名或盖章并注明收到时间后将送达回证退回本会。

二、本案适用 2007 年 5 月 1 日起施行的《厦门仲裁委员会仲裁规则》,同时适用普通程序审理。

三、请于收到本会仲裁员名册之日起 10 日内根据本会仲裁规则与申请人共同约定仲裁庭的组成方式并从本会仲裁员名册中选定仲裁员。逾期未选定组庭方式或未选定仲裁员的,将由本会主任指定。

四、如双方当事人约定由一名仲裁员组成仲裁庭的,应共同选定或共同委托本会主任指定一名独任仲裁员;如双方当事人约定由三名仲裁员组成仲裁庭的,你方应从本会仲裁员名册中选定或委托本会主任指定一名仲裁员,并与申请人共同选定或委托本会主任指定一名首席仲裁员。当事人关于组庭方式和仲裁员的选定情况应共同或分别以书面形式告知本会。

五、请于收到仲裁申请书副本之日起15日内,向本会递交答辩书及有关证明材料一式×份。

六、如有反请求事项,最迟应在收到仲裁申请书副本之日起15日内向本会递交反请求申请书一式五份,并预交反请求费用。

七、随本通知附去本会《仲裁规则》《仲裁员名册》、空白的《仲裁庭及仲裁员选定书》《授权委托书》《法定代表人证明书》及送达回证各一式一份,请遵照办理。

八、凡向本会来函请注明本案案号,即XA20190001号。

九、秘书处已指定×××为本案承办秘书,联系电话:0592－×××××××,电子邮箱:××××@xmac.org.cn

厦门仲裁委员会

××××年××月××日

2.组庭通知书

组庭通知书即是将仲裁庭的组成情况告知当事人,仲裁员的具体情况当事人可查阅《仲裁员名册》或各仲裁机构的官网。当事人收到《组庭通知书》,有权申请仲裁员回避。

示例:

XA20190001号仲裁案组庭通知

厦仲文字20190001－3号

×××(申请人)

×××(被申请人):

关于题述纠纷仲裁案,本会现根据《厦门仲裁委员会仲裁规则》第十七条的规定,由×××一名仲裁员组成仲裁庭审理本案(若为普通程序,相应内容变为:由×××、×××、×××三名仲裁员组成仲裁庭审理本案,首席仲裁员为×××。)

秘书处已指定×××负责本案的秘书工作,联系电话:0592－×××××××。

特此通知。

厦门仲裁委员会

××××年××月××日

3.裁决书

当仲裁庭辩论终结,调解不成时,即应由仲裁庭作出裁决。由3名仲裁员组成仲裁庭仲裁的案件,根据《仲裁法》第53条的规定:"裁决应当按照多数仲裁员的意见作出,少数仲裁员的不同意见可以记入笔录。仲裁庭不能形成多数意见时,裁决应当按照首席仲裁员的意见作出。"《仲裁法》第54条至第57条及第42条第2款对仲裁裁决涉及的一些具体问题作了如下规定:

(1)裁决书应当写明仲裁请求、争议事实、裁决理由、裁决结果,仲裁费用的负担和裁决日期。当事人协议不愿写明争议事实和裁决理由的,可以不写。裁决书由仲裁员签名,加盖仲裁委员会印章。对裁决持不同意见的仲裁员,可以签名,也可以不签名。

(2)仲裁庭裁决纠纷时,其中一部分事实已经清楚的,可以就该部分先行裁决。

(3)被申请人经书面通知,无正当理由不到庭或者未经仲裁庭许可中途退庭的,可以缺席裁决。

(4)对仲裁裁决中的文字,计算错误或者仲裁庭已经裁决但在裁决书中遗漏的事项,仲裁庭应当补正;当事人自收到裁决书之日起30日内,可以请求仲裁庭补正。

(5)裁决书自作出之日起发生法律效力。

一份标准的裁决书应当包括主体、程序部分、当事人观点的陈述、举证质证部分、仲裁庭查明的事实、仲裁庭意见及裁决结果。

示例:

裁决书的封面内容如下:

厦门仲裁委员会
裁　决　书

申请人(反请求被申请人):厦门市×××工程有限公司
住所:厦门市湖里区××路××号
法定代表人:黄××,总经理
仲裁代理人:陈××,福建××律师事务所律师

被申请人(反请求申请人):厦门××房地产开发有限公司
住　　　所:厦门市湖里区××路××号
法定代表人:×××,董事长
仲裁代理人:×××,公司职员
×××、×××,福建××律师事务所律师

××××年××月××日于福建·厦门

裁决书的正文内容如下：

裁 决 书

厦仲裁字 20190001 号

厦门仲裁委员会(以下简称本会)根据申请人厦门××房地产有限公司(以下简称申请人)向本会提交的仲裁申请书和申请人与被申请人厦门××公司(以下简称被申请人)于××××年××月×日签订的《××合同》中的仲裁条款，于××××年××月×日受理了申请人与被申请人之间因上述××合同引起的纠纷仲裁案，案件编号XA20××—××××。

本会根据《厦门仲裁委员会仲裁规则》(××××年××月×日起施行，以下简称《仲裁规则》)第×××条的规定，决定对本案适用简易程序(或普通程序)。(如果当事人有异议，则将异议过程及本会或仲裁庭的决定一并写明。)

本会受理本案后，根据《仲裁规则》的规定，于××××年××月×日向申请人送达了《受理通知书》、《仲裁规则》和仲裁员名册，于××××年××月×日向被申请人送达了《仲裁通知书》、《仲裁规则》、仲裁员名册、仲裁申请书及相关的证据材料。

××××年××月×日，根据《仲裁规则》第十七条的规定，本案由仲裁员×××、×××和首席仲裁员×××组成三人仲裁庭进行审理。本会将组庭情况告知当事人后，当事人对本会受理本案及仲裁庭的组成均没有提出异议。

以下为可能出现的情形：

××××年××月×日，被申请人提出仲裁反请求申请，本会(或仲裁庭)依法于××××年××月×日受理被申请人的反请求申请，并将反请求申请书送达申请人。

仲裁员信息披露及仲裁员回避情况……

财产保全、证据保全情况……

管辖权异议情况……

鉴定情况……

其他程序中止或审限扣除情况……

……

仲裁庭详细审阅了当事人提交的仲裁申请书、反请求申请书及有关证据材料，于××××年××月×日在本会仲裁厅不公开开庭审理了本案。申请人的仲裁代理人×××，被申请人的仲裁代理人×××、×××，到庭参加了庭审。仲裁庭听取了双方当事人的陈述、答辩，对有关案情进行了调查核实。双方当事人在仲裁庭主持下对证据材料

进行了质证，对争议问题进行了辩论，发表了最后陈述意见，并在庭后提交了书面代理意见。仲裁庭主持了调解，因双方要求差距过大无法达成一致，调解未成功。

缺席审理的情形：仲裁庭详细审阅了当事人提交的仲裁申请书及有关证据材料，于××××年××月×日在本会仲裁厅不公开开庭审理了本案，被申请人经本会送达《开庭通知》后未出庭，也未说明理由，仲裁庭依法对本案进行缺席审理。申请人的仲裁代理人到庭参加了庭审，仲裁庭听取了申请人的陈述，对有关案情进行了调查核实，申请人在仲裁庭主持下出示了证据材料，发表了最后陈述意见。

本案现已审理终结，仲裁庭根据查明的事实作出本裁决。

本案案情、仲裁庭意见及裁决分述如下：

一、案　　情

申请人述称：……

被申请人辩称：……

申请人提交了以下证据材料：……

被申请人发表质证意见如下：……

被申请人提交了以下证据材料：……

申请人发表质证意见如下：……

仲裁庭经审理查明：……

二、仲裁庭意见

仲裁庭基于庭审查明的案情事实，就本案争议所涉问题的处理形成如下意见：

……

……被申请人应向申请人支付所欠款项×××××元及按××标准计算的自××××年××月××日起至实际付款日止的违约金，至本裁决书作出之日止为……元。

三、裁　　决

仲裁庭经合议后裁决如下：

（一）被申请人应向申请人支付工程款……元及按××标准计算的自××××年××月××日起至实际付款日止的违约金，至本裁决书作出之日止的违约金为……元；

（二）申请人应向被申请人支付工程质量扣款……元；

（三）本案本请求仲裁费……元，由申请人承担……元，由被申请人承担……元。申请人已预交仲裁费……元，被申请人仍应向申请人支付由申请人代垫的仲裁费……元。

本裁决为终局裁决，自作出之日起发生法律效力。

首席仲裁员：________________
仲　裁　员：________________
仲　裁　员：________________

厦门仲裁委员会
××××年××月××日

说明：案情一般分成三个部分，第一部分是介绍双方当事人的观点，第二部分是介绍双方的举证及质证，第三部分是介绍仲裁庭查明的事实。但并非所有的案件都是明确分为三个部分来书写的，简单的案件有时会省略举证这一部分，直接在查明的事实后描述“以上事实有申请人提交的……等证据为证”，复杂的案件有时举证、质证与查明的事实会混合叙述。因此，总体上将案情分为两个部分，第一部分是双方观点陈述，第二部分是举证、质证及查证。

关于双方观点陈述部分，并非只有单一书写模式，要针对不同的案情采取不同的写法。

(1)双方观点陈述

第1种写法(适合最简单的案情，双方各自陈述自己的观点，而且能够很清晰地分别呈现。)

申请人述称：……。

为此，申请人提出如下仲裁请求：1.……；2.……；3.……。

被申请人辩称：……。

第2种写法(先简单介绍案情，再展示双方观点。此种写法主要针对特别复杂的案件，通过先行叙述案情概要，有助于循序渐进阅读裁决书。一份优秀的裁决书不仅仅要让仲裁员和当事人看懂，更要让案外人看懂。)

××××年××月××日，申请人与被申请人签订一份《建筑装饰工程施工合同》，申请人向被申请人承包施工××大厦工程。施工合同约定工程总价为……元，在履行上述施工合同过程中，被申请人未依照约定支付工程进度款，同时双方对结算问题产生争议。

申请人述称：……。

为此，申请人提出如下仲裁请求：1.……；2.……；3.……。

被申请人辩称：……。

第3种写法(按轮展示双方观点。当事人往往只有在对方提出反驳意见的情况下，才会有进一步的观点。比如诉讼时效，申请人在仲裁申请书中一般不会主动解释请求没有超过诉讼时效，只有在被申请人提出诉讼已过时效的抗辩意见的情况下，申请人才会进一步阐述请求没有超过诉讼时效的理由。)

申请人述称:……。

申请人提出如下仲裁请求:1.裁决被申请人支付因未按时支付工程款应付违约利息××××元;2.裁决被申请人支付工程款××××元。

被申请人辩称:……。

针对被申请人的答辩观点,申请人进一步提出如下意见:……。

对此,被申请人进一步驳称:……。

第 4 种写法(分点展示双方观点。有些案件双方的争议焦点比较集中,采取直接的一方述称另一方辩称的写法过于简单,难以全面展示双方观点;采取分轮展示的写法,过于复杂,会有很多个来回。因此,最佳的写法就是分点展示双方的观点。)

申请人提出如下仲裁请求:1.裁决被申请人支付因未按时支付工程款应付违约利息××××元;2.裁决被申请人支付工程款××××元。

双方当事人就以下问题各自发表意见:

1.……

2.……

3.……

4.……

(2)举证、质证及查证

对于当事人的举证及质证意见更多的是从证据的真实性、客观性角度来表述的,不宜过多论述具体观点,否则会造成此部分内容与前面观点陈述部分内容重复。

第 1 种写法(针对缺席审理的案件,只有申请人的举证,没有被申请人的质证,但要写明仲裁庭核对证据的情况)

申请人就其主张向仲裁庭提交了 4 组证据材料:1.……;2.……;3.……;4.……。

被申请人未出庭,未能对申请人提交的证据进行质证,仲裁庭当庭核对证据原件。申请人提交了上述第 1.2.4 组证据材料的原件,申请人向仲裁庭提交的证据材料与原件核对无误。第 3 组证据材料申请人仅有复印件,经核对,证据 3 的内容为 2017 年 11 月 13 日被申请人向申请人所发的房屋交接通知。

经审理查明:

……

以上事实有:申请人提供的 4 组证据材料以及开庭笔录为证。

第 2 种写法(针对案情简单,事实清楚,无须详细说明举证及质证的情况)

经审理查明:

……

以上事实有:申请人提供的……和被申请人提供的……等证据材料以及开庭笔录

为证。

第3种写法(系第2种写法的变化,针对基本事实虽然清楚,但双方对部分证据有异议,有必要予以列举的案件)

申请人为支持其主张提供了如下证据材料,被申请人发表了质证意见,具体如下:

1.××××年××月××日签订的《建筑装饰工程施工合同》(节选)。被申请人对该证据的真实性无异议。

2.竣工移交证书××份。被申请人对该证据的真实性无异议,但认为该证据无法证明申请人的证明目的。

3.……

被申请人为支持其主张提供了如下证据材料,申请人发表了质证意见,具体如下:

1.……

2.……

3.……

仲裁庭依据双方当事人的书面及口头陈述,以及双方当事人提交且经对方质证的相关证据,认定本案争议背景事实如下:

确认无异议的事实……

有一定分歧的事实(此部分也可能不写,有些案件虽然当事人对部分证据有异议,但该异议与仲裁庭意见分析及案件结果无关,裁决书可以忽略此部分异议)……

第4种写法(系第3种写法的进一步变化,分无争议的事实和有争议的事实两个部分来叙述,可针对基本事实清楚,仅有少量争议的案件,也可针对双方对大量的证据有争议的案件)

仲裁庭审理查明:

(一)双方当事人对以下事实没有异议:

……

上述无争议的事实有申请人提供的……,被申请人提供的……以及庭审笔录等材料为证。

(二)双方当事人对以下举证及事实有争议:

申请人提供……,拟证明……。被申请人认为……。仲裁庭注意到该材料载明……

申请人提供……,拟证明……。被申请人认为……。仲裁庭注意到该材料载明……

被申请人提供……,拟证明……。申请人认为……。仲裁庭注意到该材料载明……

第5种写法(针对证据数量不是很多,但双方当事人对对方提交的证据有异议,需要仲裁庭作出判断的案件。）

申请人为支持其主张提供了如下证据材料，被申请人发表了质证意见，具体如下：

1.××××年××月××日签订的《建筑装饰工程施工合同》（节选）。被申请人对该证据的真实性无异议，但认为申请人复印得不全，有隐瞒证据的行为。

2.竣工移交证书××份。被申请人对该证据的真实性无异议，但认为该证据无法证明申请人的证明目的。

3.……

被申请人为支持其主张提供了如下证据材料，申请人发表了质证意见，具体如下：

1.……

2.……

3.……

仲裁庭对证据的采信情况如下：

申请人提交的证据1—3，被申请人对证据的真实性予以认可，仲裁庭予以采信。

被申请人提交的证据1，申请人对证据的真实性予以认可，仲裁庭予以采信。被申请人提交的证据2，仲裁庭认为，证据原件已经出示，申请人无反证证明这些合同、证书是虚假的，其真实性应予认可。被申请人提交的证据3，仲裁庭将根据合理原则予以判定，具体意见将在仲裁庭意见部分阐述。

仲裁庭依据双方当事人的书面及口头陈述，以及双方当事人提交且经对方质证的相关证据，认定本案争议背景事实如下：

确认无异议的事实……

有一定分歧的事实……

第6种写法（有些案件争议焦点比较集中，举证也相对比较集中但数量较多，有必要采取分点查明的写作方式。）

围绕着双方当事人的上述争议焦点，仲裁庭分点梳理，展示双方提交的证据及意见，查明以下事实：

（一）关于合同效力的问题，申请人提供了……等证据，被申请人提交了……等证据。仲裁庭查明……。

（二）关于工程是否竣工验收的问题，申请人提供了……等证据，被申请人提交了……等证据。仲裁庭查明……。

（三）关于工程量及已支付工程款问题，申请人提供了……等证据，被申请人提交了……等证据。仲裁庭查明……。

（四）关于申请人请求的停工及退场补偿款问题，申请人提供了……等证据，被申请人提交了……等证据。仲裁庭查明……。

三、说理的写法

不管是申请人的《仲裁申请书》，还是被申请人的《答辩书》，抑或是《代理词》，以及《裁决书》，归根到底都是在论述，在说理。论述和说理常见的几种写法有：

(一)演绎法

从普遍性结论、一般性的道理开始，结合分析对比具体事实与该普遍性结论的相同之处，得出结论。

例：对于合同迟延履行与合同解除的关系，《合同法》第 94 条规定："当事人一方迟延履行主要债务，经催告后在合理期限内仍未履行；当事人一方迟延履行债务致使不能实现合同目的的，当事人可以解除合同。"仲裁庭注意到，合同约定的期限是 2009 年 6 月 30 日，而申请人提出仲裁请求并交本会受理的时间是 2009 年 7 月 13 日，在申请人提出仲裁请求之前从未就合同的迟延履行一事向被申请人提出催告。仲裁庭认为，本案合同标的物为生活车辆，其交付使用的时间并非十分紧迫，以超过合同约定期限 10 余天而认定合同目的不能实现，不符合当事人真实的一致意愿，亦有违合同法关于合同目的的本意。当然，在被申请人迟延履行的情况下，申请人可以通过催告进一步表示自己的意愿，在被申请人再次迟延的情况下进而主张合同解除权，但在本案中申请人未依据合同法的规定进行催告，申请人对此没有合同的解除权。综上，仲裁庭认为，本案中在申请人没有就被申请人迟延履行进行催告的情况下，申请人以被申请人超过合同约定期限 10 余天未履行合同而主张合同解除，仲裁庭不予支持。

(二)归纳法

错误的逻辑归纳：综上，申请人要求被申请人支付拖欠工程款 68000 元的仲裁请求，仲裁庭予以支持，具体如下：1.被申请人应于 2018 年 1 月 4 日向申请人支付 62960 元；2.被申请人应于 2018 年 3 月 4 日向申请人支付 5040 元；合计 68000 元。

正确的逻辑归纳：综上所述，仲裁庭认定，被申请人应于 2018 年 1 月 4 日向申请人支付 62960 元，应于 2018 年 3 月 4 日向申请人支付 5040 元，两项款项合计 68000 元。故，申请人要求被申请人支付拖欠工程款 68000 元的仲裁请求，仲裁庭予以支持。

(三)归谬法

从对方的论述中找出错误或破绽，紧扣事实和证据，继续推论下去，引出错误的结论，从而证明对方的观点不能成立。

例：被申请人提出《结算协议书》系申请人提交的具有结算报告性质的文件，已经加盖了申请人的公章，对申请人而言，申请人受其约束。仲裁庭认为，任何一方在工程结算过程中，均有权向对方提出结算意见，对方有权选择同意或不同意，被申请人既未选择在《结算协议书》上盖章，又未选择在庭审中明确表态接受协议，应该视为双方就结算意见未达成一致意见。基于实际需求或策略考虑，一方提出结算意见时，可以扩大己方应得的利益，也可以减少己方应得的利益。当对方予以确认时，该结算意见上升为双方的共同意思表示，对双方产生约束力；当对方不予确认时，该结算意见只能视为单方的结算意见，与该方应得的合法利益不能等同。本案中，被申请人主张申请人已在《结算协议书》上盖章，即视为单方承诺，应受《结算协议书》的约束，于法无据，仲裁庭不予支持。

（四）假设分析法

例：仲裁庭认为，承担损害赔偿责任的情形有两种，一是存在合同关系，二是存在侵权行为。在本案中，因其他施工单位对装修工程部分造成损害所产生的赔偿责任的归属也应依据以上两种情形进行分析。从合同关系的角度论，申请人与其他施工单位间不存在任何合同关系，而被申请人作为工程的总发包人，与其他施工单位均存在建设施工合同关系；从侵权行为的角度论，其他施工单位虽然对申请人的装修工程造成了实质损害，但申请人不是案涉工程的所有权人，仅在施工期间对装修部分的工程进行保管，不具备侵权关系的主体资格；而被申请人是案涉工程的总发包人，也是工程的所有权人，具备侵权关系的主体资格。据此，被申请人与加害的其他施工单位构成损害赔偿关系的双方主体，与申请人无涉，被申请人要求申请人先行承担损害费用的抗辩缺乏法律依据。

第十章 公证文书

第一节 概 述

一、公证的定义和定位

《公证法》第2条规定:“公证是公证机构根据自然人、法人或者其他组织的申请,依照法定程序对民事法律行为、有法律意义的事实和文书的真实性、合法性予以证明的活动。”根据上述条文,可以从以下五个方面来理解公证的定义:(1)公证的主体是公证机构,公证员受公证机构指派从事公证活动;(2)公证活动必须依申请而进行,不能依职权自行启动。(3)公证活动必须依照法定程序进行;(4)公证对象是民事法律行为、有法律意义的事实和文书;(5)公证的内容是确认公证对象的真实性与合法性。

如果仅仅从《公证法》的上述条文来理解,很容易简单地把公证定位为一种“证明”,把公证活动定位于“证明活动”。但从党和国家的政策来看,公证更应该定位为“法律服务”,“证明”只是“法律服务”其中的一个内容,“法律服务”的内涵和外延都要远大于“证明”。1993年中共十四三中全会《中共中央关于建立社会主义市场经济体制若干问题的决定》强调公证机构的作用在于“服务”。2006年中共十六届六中全会《中共中央关于构建社会主义和谐社会若干重大问题的决定》强调公证机构的作用在于“提供服务”,应当“增强服务社会功能”。2014年中共十八届四中全会《中共中央关于全面推进依法治国若干重大问题的决定》更是将公证业纳入“法律服务业”。2018年国务院办公厅《全国深化“放管服”改革转变政府职能电视电话会议重点任务分工方案》同样明确了公证行业属于“服务领域”。

2019年1月,习近平总书记在中央政法工作会议上强调:“要深化公共法律服务体系建设,加快整合律师、公证、司法鉴定、仲裁、司法所、人民调解等法律服务资源,尽快建成覆盖全业务、全时空的法律服务网络。”习近平总书记的这一重要讲话明确指明公证行业与律师行业等共同构成了“公共法律服务体系”。

“公共法律服务”是一个具有丰富内涵和外延的概念，有广义和狭义之分。从广义来说，国家依法治理的各项工作都可以概括为公共法律服务，包括公检法机关开展的侦查、公诉、审判等司法活动、行政机关开展的执法活动；从狭义上来说，仅指由司法行政机关统筹提供的服务，如律师、公证、法律援助、基层法律服务、司法鉴定服务、法律服务专线、纠纷调解等。[①] 公证制度作为我国社会主义法律制度的重要一环，具有服务、沟通、证明、监督等职能作用，是社会纠纷多元化解决的基础性司法资源，理应成为公共法律服务的重要组成部分，服务经济社会发展和国家治理体系建设，不断满足人民群众日益增长的公证法律服务需求。

二、公证机构的业务范围

公证机构的业务范围基本上是按照《公证法》第 11 条、第 12 条及第 37 条的规定来划分，主要包括：公证事项、公证事务、赋予债权文书强制执行效力等。

1.公证事项主要证明：(1)证明法律行为。如：合同、委托、声明、赠与、遗嘱等。(2)证明有法律意义的事实。如出生、死亡、亲属关系、婚姻状况等。(3)证明有法律意义的文书。如毕业证书、学位证书、公司营业执照等。

2.公证事务主要是进行登记、提存、保管、代写法律事务文书，提供公证法律咨询等。

3.赋予债权文书强制执行效力是指对以给付为内容并载明债务人愿意接受强制执行承诺的债权文书进行公证。债务人不履行或者履行不适当经过公证的此类债权文书的，债权人可以依法向有管辖权的人民法院申请执行。

值得注意的是，随着经济社会的不断发展和信息技术的不断进步，一些公证机构已经开始积极拓展服务领域，并在公证参与司法辅助、行政辅助以及网络治理等领域作出了一些卓有成效的探索创新，为深入推进司法改革、行政改革以及国家治理体系和治理能力现代化贡献了公证力量。其中的不少经验和做法甚至得到了最高人民法院、司法部等主管部门的高度肯定，并进一步推动中央及地方开展相关试点。例如，在厦门市两级法院和厦门市鹭江公证处联合打造的诉讼与公证协同创新的“厦门模式”等的推动下，最高人民法院与司法部于 2017 年 6 月 29 日和 2019 年 6 月 25 日先后印发《关于开展公证参与人民法院司法辅助事务试点工作的通知》(司发通〔2017〕68 号)、《关于扩大公证参与人民法院司法辅助事务试点工作的通知》(司发通〔2019〕70 号)等文件，使公证参与司法辅助业务从小到大，从 12 个省(区、市)开始试点扩大至全国范围。可以说，公证参与法院司法辅助事务已经成为一项全新的公证业务。这也说明，公证行业通过顺应社会发展的探索实践从而推动制度创新，是可以丰富和拓展业务范围的，这也是公证

① 司法部：《创新机制提供普惠精准及时有效的公共法律服务》，http://news.cbg.cn/hotnews/2017/0716/8502241.shtml，访问日期：2020 年 6 月 24 日。

作为公共法律服务体系中重要组成部分的价值和功能要求。公证在现代法律服务体系和国家治理体系现代化中应该发挥两个角色的作用:一是法律顾问角色(家庭法律顾问、机构法律顾问、政府法律顾问),二是司法和行政辅助角色。前者解决有效配置公证法律服务资源和能力以满足在私法领域特别是民商事领域日益增长的法律服务需求,后者体现公证作为国家治理体系有益补充的公共职能属性。

三、公证文书定义及效力

(一)定义

在《公证法》颁布施行之前的较长一段时间,对"公证文书"与"公证书"并未作严格的区分,在 1982 年 4 月 13 日由国务院发布施行的《中华人民共和国公证暂行条例》(以下简称《公证暂行条例》)的条文中,只有"公证文书"的表述,并没有"公证书"的表述,如《公证暂行条例》第 20 条规定"公证员应当按照司法部规定或批准的格式制作公证文书"。而在《公证法》的条文中,"公证文书"和"公证书"是分别加以表述的,如《公证法》第 32 条规定:"公证书应当按照国务院司法行政部门规定的格式制作,由公证员签名或者加盖签名章并加盖公证机构印章。公证书自出具之日起生效。"第 35 条规定:"公证机构应当将公证文书分类立卷,归档保存。"由此可见,《公证法》将"公证文书"和"公证书"明确作为两个概念进行了区分,这更有利于公证书的规范和公证文书的发展。

在我国,公证文书的定义有很多种,基本大同小异。"公证文书是对公证人依法行使公证权所出具的各类法律文书以及公证活动中形成的其他有法律意义的文书的总称,所谓各类法律文书包括公证书、补正公证书、现场监督公证活动中的公证证词等,而其他有法律意义的文书包括公证人制作的公证保全证据现场工作记录、核查笔录等。"①笔者较为认同上述定义。

(二)效力

公证文书效力,是指公证文书具有的法定约束力及由此产生的法律效果,换言之,即"公证文书所具有的法律上确定的效果,是公证效力的具体体现"。②

公证文书以书面形式如实记载公证活动的全过程,是公证人智力成果的集中体现,它是一种特殊的公文书,具有五个基本效力:即法律行为生效要件效力、确认权利和义务效力,法定证据效力、强制执行效力、其他法律效力。

1. 法律行为生效的要件效力

《公证法》第 38 条规定:"法律、行政法规规定未经公证的事项不具有法律效力的,

---

① 薛凡:《公证改革视野中的公证文书改革》,载《中国公证》2019 年第 8 期。

② [法]雅克 · 盖思旦等:《法国民法总论》,陈鹏等译,法律出版社 2004 年第 4 版,第 240 页。

依照其规定。”依此规定，特定的法律行为，只有经过公证证明才能成立并产生法律效力；如果不履行公证程序，则该项法律行为不具有法律效力。

2. 确认权利与义务效力

公证文书的确认权利与义务效力是指公证人出具的确权类公证书具有确认当事人取得财产合法、有效之功能。①

3. 法定的证据效力

公证文书具有法律规定的特殊证明力，可以直接作为认定事实的根据。《民事诉讼法》第 69 条规定：“经过法定程序公证证明的法律事实和文书，人民法院应当作为认定事实的证据，但是有相反证据足以推翻公证证明的除外。”《公证法》第 36 条规定：“经公证的民事法律行为、有法律意义的事实和文书，应当作为认定事实的根据，但有相反证据足以推翻该项公证的除外。”公证是按照法定程序对公证对象的真实性、合法性予以证明的活动，公证证明具有最高等级的证据效力。法定证据效力是公证文书最基本的效力。虽然《公证法》第 11 条将“保全证据”作为一类公证事项单独列出，但从本质上来看，所有的公证文书最基础的效力都是证据效力，其他效力是在证据效力上的附加和延伸。

4. 强制执行效力

《民事诉讼法》第 238 条规定：“对公证机关依法赋予强制执行效力的债权文书，一方当事人不履行的，对方当事人可以向有管辖权的人民法院申请执行，受申请的人民法院应当执行。公证债权文书确有错误的，人民法院裁定不予执行，并将裁定书送达双方当事人和公证机关。”《公证法》第 37 条第 1 款规定：“对经公证的以给付为内容并载明债务人愿意接受强制执行承诺的债权文书，债务人不履行或者履行不适当的，债权人可以依法向有管辖权的人民法院申请执行。”因此，公证文书的强制执行效力是法律所赋予的，具有法律约束力，产生强制执行的特定法律效果，即债务人不履行债务时，债权人可以凭赋予债权文书以强制执行效力公证书及公证机构出具的执行证书，直接向有管辖权的人民法院申请强制执行，而无须经过诉讼程序。

强制执行文书的种类包括两种，一为具有强制执行效力的债权文书公证书，一为执行证书。长期以来，公证行业认为上述两种文书共同组成了债权人申请强制执行的执行依据，甚至在一部分公证人的观念中，执行证书比具有强制执行效力的债权文书公证书更重要。而 2018 年 6 月 25 日通过、2018 年 10 月 1 日开始施行的《最高人民法院关于公证债权文书执行若干问题的规定》（法释〔2018〕18 号）则对上述观点进行了纠正，其第 3 条规定“债权人申请执行公证债权文书，除应当提交作为执行依据的公证债权文书等申请执行所需的材料外，还应当提交证明履行情况等内容的执行证书”。也就是说，只有具有强制执行效力的债权文书公证书才是执行的依据，执行证书只是履行情况等

① 薛凡：《公证改革视野中的公证文书改革》，载《中国公证》2019 年第 8 期。

内容的证明,其第4条更是对公证债权文书包括的内容及公证证词应列明的内容作了明确规定:"债权人申请执行的公证债权文书应当包括公证证词、被证明的债权文书等内容。权利义务主体、给付内容应当在公证证词中列明。"由此可见,人民法院作为法定的执行机关,对作为执行依据的公证债权文书的要求是十分严格的,理应引起公证行业的高度重视。

5. 其他法律效力

公证文书的效力十分广泛,除了具有法律行为要件成立效力、确认权利与义务效力、强制执行效力,还有特定民事行为不可撤销的效力等。[①] 如《民法典》第658条赋予赠与人在赠与财产权利转移之前具有任意撤销权,但经过公证的赠与合同,赠与人不能行使该条规定的任意撤销权。

四、公证文书的分类

公证文书的分类有很多种,有从法律意义上来分,有从公证客体来分。从我国目前公证工作的实际情况来看,笔者倾向于将公证文书分为正式的公证文书和辅助性公证文书。

(一)正式的公证文书

1. 公证书

《公证法》第30条规定:"公证机构经审查,认为申请提供的证明材料真实、合法、充分,申请公证的事项真实、合法的,应当自受理公证申请之日起十五个工作日内向当事人出具公证书。"因此,公证书是公证机构依照法定程序和格式制作的,以准确认定事实、正确适用法律为主要内容的,具有特殊法律效力的法律文书。公证书是主要的公证文书,可分为定式公证书和要素式公证书。

(1)定式公证书

定式公证书是相对于要素式公证书格式而言的。定式公证书有固定的格式,篇幅短小,文字简明,印制规范。现行的定式公证书格式,是依据2011年司法部下发的《关于推行新的定式公证书格式的通知》(司发通〔2011〕32号)适用的。

按照《公证书格式(2011年版)》(司法部律师公证工作指导司编、法律出版社出版),目前所使用的定式公证书格式分为三大类共三十五式,分别为:①民事法律行为类:委托、声明、赠与、受赠、遗嘱、保证、公司章程、认领亲子;②有法律意义的事实类:出生,生存,死亡,身份(国籍、监护、户籍注销),曾用名,住所地(居住地),学历,学位,经历(自然人经历、法人经历)、职务(职称),资格(法人资格、非法人组织资格、职业资格),无(有)犯罪记录(无犯罪记录、有犯罪记录),婚姻状况[未婚、离婚或者丧偶(未再婚)、已婚(初

---

① 薛凡:《公证改革视野中的公证文书改革》,载《中国公证》2019年第8期。

婚)、已婚(再婚)],亲属关系(亲属关系、用于继承的亲属关系),收养关系(收养关系、事实收养),抚养事实,财产权(股权、知识产权、存款、不动产物权),收入状况,纳税状况,票据拒绝,选票,指纹,不可抗力(意外事件),查无档案记载;③有法律意义的文书类[证书(执照)、文书上的签名(印鉴)、文本相符]。

相较于司法部1981年制定的《公证书试行格式》及1992年制定的《公证书格式(试行)》,2011年推行的现行定式公证书格式对进一步提高公证文书质量,增强公证文书法律效力,让公证文书更好地取信于社会,有着重要的推动作用。以最常见的单方民事法律行为公证为例,现格式的主体内容可分为三个部分,一是“申请人”,这个部分体现的是“行为人具有相应的民事行为能力”;二是“公证事项”,表明公证所证明的对象,如委托、声明、遗嘱、保证等;三是“主证词”,“主证词”的第一段“在本公证员的面前,在前面的××(文书名称)上签名”体现的是行为人的“意思表示”的行为表现,“表示知悉××的法律意义及法律后果”体现的是行为人的“意思表示真实”,“主证词”的第二段是证词的结论。“不违反法律、行政法规的强制性规定,不违背公序良俗”,这主要体现出公证员对行为人意思表示内容(公证证词页前所附“文书”,比如委托书、声明书、遗嘱等)的审查。现行单方民事法律行为定式公证书格式与原格式比较有两大进步:一是将“公证事项”在格式中单列出来,并将“委托”“声明”等作为公证事项列在其后,明确了公证证明对象为相应的民事法律行为,而非原来的“授权委托书公证”“声明书公证”[①];二是公证书格式紧扣民事法律行为有效的三个要件,即:(1)行为人具有相应的民事行为能力;(2)意思表示真实;(3)不违反法律、行政法规的强制性规定,不违背公序良俗。这使得公证机构对民事法律行为真实性、合法性的证明集中体现在公证书上。甚至可以说,中国公证自此才有了真正意义上的委托、声明等单方民事法律行为公证书。

(2)要素式公证书

要素式公证书是指文书的内容由规定的要素(必备要素和选择要素)构成,行文结构、文字表述由公证员依据实际情况撰写的公证文书。

2000年3月,司法部《关于保全证据等三类公证书试行要素式格式的通知》要求:“在全国范围内,对保全证据、现场监督、合同(协议)三类公证书试行要素式公证书格式。”此格式自2001年1月1日起在全国各公证处全面推行。2008年12月,司法部《关于推行继承类、强制执行类要素式公证书和法律意见书格式的通知》要求,进一步扩大要素式公证书的使用范围,自2009年7月1日起,在全国范围内推行继承类、强制执行类要素式公证书和法律意见书格式。

要素式公证书改变了以往公证员“依葫芦画瓢”的文书撰写模式,让对证据的认定、对法律的适用、对风险的说明,甚至公证员的心证都能在公证书中体现,对提高公证书

① 例如:司法部律师公证工作指导司编:《公证员办证参考》,法律出版社2005年版,使用后一种表述方式。

的效力和适用性，从而推动公证书向“非讼裁判文书”转变具有十分积极的作用。

2. 补正公证书

补正公证书是对原公证书部分内容的变更，与原公证书一起对公证对象的真实性、合法性予以证明，具有公证书的特定效力。补正公证书应该适用于法定的情形。具体见《公证程序规则》第 63 条之规定：“公证机构进行复查，应当对申请人提出的公证书的错误及其理由进行审查、核实，区别不同情况，按照以下规定予以处理：……(二)公证书的内容合法、正确，仅证词表述或者格式不当的，应当收回公证书，更正后重新发给当事人；不能收回的，另行出具补正公证书……；(四)公证书的部分内容违法或者与事实不符的，可以出具补正公证书，撤销对违法或者事实不符部分的证明内容；……”

3. 撤销公证书的公告

《公证法》规定“公证书自出具之日起生效”，公证书的生效即意味着对当事人或相对人产生了法律上特定的约束力，因此非经法定程序不得撤销；而《公证法》第 39 条规定：“公证书的内容违法或者与事实不符的，公证机构应当撤销该公证书并予以公告，该公证书自始无效。”从《公证法》的条文来看，撤销公证书的主体只能是公证机构，而且在法定情形下是公证机构的法定义务，公证机构出具的撤销公证书的公告是终止公证书法律效力的特别文书，使对当事人或相对人的法定约束力消灭，对当事人或相对人有着重要的法律意义，因而应视为正式的公证文书。

(二)辅助性公证文书

相对于正式的公证文书，在特定情形下，公证人在公证活动中还需要出具一些辅助性公证文书，主要包括：

1. 现场监督公证活动中现场宣读的公证证词

《公证程序规则》第 52 条第 1 款规定：“公证机构办理投标、拍卖、开奖等现场监督类公证，应当由二人共同办理。承办公证员应当依照有关规定，通过事前审查、现场监督，对其真实性、合法性予以证明，现场宣读公证证词，并在宣读后七日内将公证书发送当事人。该公证书自宣读公证证词之日起生效。”现场宣读的公证证词是在现场监督活动结束时，公证员当场宣读的，对所监督活动的真实性、合法性予以现场确认的文书。现场宣读的公证证词是公证书的重要依据，并不是正式的公证文书，所以该条又规定，宣读公证证词后应在七日内将公证书发送当事人。

在公证实务中，公证人在所监督活动开始时可能会宣读《公证员致辞》，通常是对所监督活动前期工作或者监督方式等需要告知的情况进行说明，与现场宣读公证证词不同，宣读《公证员致辞》并不是法定必要程序。

2. 告知文书

《公证法》第 27 条第 2 款规定：“公证机构受理公证申请后，应当告知当事人申请公证事项的法律意义和法律后果,并将告知内容记录存档。"由此可见,告知义务是公证机构的法定义务,公证机构的告知义务基本上是通过公证人来实际履行。在公证实务中,公证人履行告知义务有多种方式,如谈话笔录中的告知内容和条款、告知书、口头告知并录音录像、通过移动端在线点击阅读等,也可以在公证书中体现公证人履行告知义务的内容。在履行告知义务时,记载告知内容和告知过程的书面文件或其他载体被视为是一种辅助性公证文书。

3. 通知

《公证程序规则》第 20 条规定:"公证机构受理公证申请后,应当向申请人发送受理通知单。申请人或其代理人应当在回执上签收。"

4. 决定书

决定书即公证机构根据事实和法律,为解决某些公证程序事项而作出的书面处理意见。例如,《公证程序规则》第 48 条、第 50 条分别规定了公证机构不予办理公证及应当终止公证的各类情形,第 49 条规定"不予办理公证的决定应当书面通知当事人或其代理人"。第 51 条规定"终止公证的决定应当书面通知当事人或其代理人"。从这两个条款可以看出,不予办理公证和终止公证均要以决定书的方式作出。

五、电子公证书

电子公证书是公证文书发展的新趋势。考察我国公证文书的历史变迁,可以发现有两条主要脉络:一是公证文书格式上的变迁。在中华人民共和国成立初期,我国并没有统一的公证文书格式,类型也较为单一。随着经济的蓬勃发展和社会的不断变迁,并经过 1956 年、1981 年、1992 年、2011 年等几次改革调整,我国不仅有了全国性的公证文书格式,格式的类型得到了极大的丰富,还出现了与人民法院判决书类似的充满说理论证的要素式公证书,体现出我国公证人不断走向专业化、公证制度不断趋于完善的发展趋势。二是公证文书载体形式上的变迁。传统的公证文书以纸质载体为主,依靠人工手书笔录。伴随着信息技术的不断发展,手机、电脑、相机等数码产品以及 U 盘、光盘等存储介质开始出现,公证文书不再单纯依靠人工记录,公证文书的载体也开始呈现出多元化的发展格局,不仅有纯纸质的公证文书,还有"纸质+电子"复合型公证文书(指带有电子附件的公证文书),甚至出现了电子公证书。

电子公证书并不是公证书的电子化,电子公证书是电子公证的重要组成部分,是电子公证活动的集中体现。现在的"远程公证""视频公证"只是在传统的公证活动中运用技术方式缩短公证人和当事人的空间距离,并不是严格意义上的电子公证。而"电子数据公证保管"只是公证机构利用其控制的电子数据保管系统为当事人提供电子数据公证保管服务,显然也不是电子公证。电子公证应该是公证活动全流程的电子化,包括在线申请、身份核验、线上受理、在线询问、电子告知、信息交换、电子签名、自助缴费、电子

公证书发送、电子档案存贮等。电子公证是公证和一定的技术、数据的结合。为保证电子公证书同样具有公证文书的特定法律效力，如同公证信息化建设必须厘清公证制度与技术的关系，电子公证也必须坚持以下四个原则：(1)合法性原则：即不论采用何种手段与技术，也不论采取何种证明方式，公证都应当符合公证法规定的基本原则及公证程序的基本要求；(2)直接性原则：即公证机构所证明的对象或使用的手段必须是公证人员亲自看到、掌握，或者是为公证机构所掌控之下的技术所“看到”及“掌握”的；(3)可检验性原则：不论采取何种技术或手段，公证证明的结论必须是可检验的，必须可真实还原过程，做到在同样条件下得出唯一的确定结果；(4)安全性原则：公证法要求公证机构承担保密义务。保密不仅仅是对外，公证机构内部也不能随意查看当事人的信息。即电子公证所运用的技术应当做到双重安全：系统安全与数据安全，确保信息的安全性。[①] 综合所述，电子公证既不是超越法律制度的技术存在，也不是法律制度和技术手段的简单叠加，电子公证应该同时受法律制度和技术规范的调整和约束，这种调整和约束指向同一个目的——公证对象的真实、合法。只有这样，电子公证书的法律效力才不会被质疑。当然，这还有很长的一段路要走。

六、制作要求

(一)代书法律文书的要求

较长一段时间以来，我国不少公证人认为代书法律文书是当事人的事，是律师的工作，撰写好公证书才是公证人的本职。实际上，“达比伦”代书人制度才是现代拉丁公证的起源，“公证人书写的就是法律”是著名的拉丁谚语，欧洲拉丁公证文书即是公证人撰写的契约。《公证法》第 12 条也将“代写与公证事项有关的法律事务文书”作为公证事务之一，提高代书法律文书的能力和水平，也是公证作为公共法律服务体系的重要组成部分，更好地服务经济社会发展的时代要求。

代书法律文书的能力，是公证人包括法律知识、法律思维方式、执业经验以及语言表达能力在内的综合能力的体现。在实务中，公证人应注重对法律文书可行性的考量，要结合公证文书使用者的需求，也要注意法律文书条款的创新，从而形成引导社会的先例，更要转变观念，逐步用代书职责替代审查职责。

(二)制作公证书的要求

制作公证书是一项十分严肃、细致的工作。根据《公证程序规则》第 42 条的规定，公证书应当按照司法部规定的格式制作。公证书主要包括以下内容：公证书编号；当事

① 参见苏国强、陈艳、王倩：《“互联网＋”时代下的公证信息化建设》，载苏国强、刘志云编：《公证信息化：理论前沿与技术规范》，厦门大学出版社 2017 年版，第 7～8 页。

人及其代理人的基本情况；公证证词；承办公证员的签名、公证机构印章；出具日期。其中公证证词的内容是公证书的重要组成部分。按照《公证程序规则》第43条的规定，制作公证书应当使用全国通用的文字。在民族自治地方，根据当事人的要求，可以同时制作当地通用的民族文字文本。两种文字的文本，具有同等效力。发往香港、澳门、台湾地区使用的公证书应当使用全国通用的文字。发往国外使用的公证书应当使用全国通用的文字。根据需要和当事人的要求，公证书可以附外文译文。

公证书制作有着严格的技术和规范要求。如：(1)公证书编号由年份代码、地区代码、公证处代码、证书类别代码、证书顺序代码组成，表述为“(年份代码)××字第××号”；(2)公证书编号、证件号码、证书号码和地址使用阿拉伯数字，其他数字一般应使用汉字；(3)公证书根据规定或当事人的要求加贴照片，照片为申请人本人近期二寸免冠照片或夫妻双人合影照片，位置在公证书左下方，并骑缝加盖公证处钢印；(4)公证书上使用的印鉴为公证处图章、钢印和公证员签名章。

第二节　常用的公证文书

一、定式公证书

(一)民事法律行为类

《民法典》第133条规定：“民事法律行为是民事主体通过意思表示设立、变更、终止民事法律关系的行为。”民事法律行为公证是指公证机构根据自然人、法人或其他组织的申请，依照法定程序，对其设立、变更、终止民事法律关系的行为的真实性、合法性予以证明的活动。民事法律行为类公证是我国公证行业最为普遍、最为常见的公证类型。《公证书格式(2011年版)》确定的民事法律行为类定式公证书格式共有八式，除了“公司章程”外，其余七式均为单方民事法律行为，“公司章程”本身不是一种民事法律行为，订立公司章程才是一种民事法律行为。

《民法总则》第143条规定：“具备下列条件的民事法律行为有效：(一)行为人具有相应的民事行为能力；(二)意思表示真实；(三)不违反法律、行政法规的强制性规定，不违背公序良俗。”上述条文对民事法律行为类公证十分重要。除“公司章程”“认领亲子”外，其余民事法律行为类定式公证书格式证词中均要表述“×××(申请人)的××行为符合《中华人民共和国民法总则》第一百四十三条的规定。”需要注意的是，2021年1月1日《民法典》正式施行后，此处要表述为“×××(申请人)的××行为符合《中华人民共和国民法典》第一百四十三条的规定”。

另外，除了认领亲子，其余七式的民事法律行为定式公证书公证证词页前面都有附相应的"文书"，这些"文书"都是行为人进行民事法律行为的意思表示的体现，是公证书的重要组成部分。对于包含"文书"和"证词"两部分的民事法律行为类定式公证书，笔者认为应该有所区分，也就是"文书"体现行为人设立、变更、终止民事法律关系的具体内容，而"证词"体现民事法律行为所应具备的生效要素。因此，定式公证书一般不允许公证员将"文书"的内容在证词中进行引用表述，但以下几种情况例外：(1)证词结论部分有表述该行为符合相关特别法律规定时，在格式的注解中表明，证词可以对该行为所涉及的民事权利和民事义务的主要内容予以表述。比如保证所担保的项目、条件、范围肯定是"保证书"(文书)中载明的内容，但保证公证书格式的注解中明确表明证词"可以对保证所担保的项目、条件、范围等作详细表述"。(2)对行为人的权利义务有重大影响，或者为相关文书使用部门所要求的内容，应该在证词中予以表述。比如，赠与公证书格式注解中表明的"赠与的财产为共有的，应当据实表述"[愿意将××××(财产或者权利名称)中其本人所有的全部份额(即上述财产或权利的多少)赠与×××(受赠人)]，受赠公证书格式注解中表明的"赠与的财产为共有或赠与附义务的，应当据实表述"[愿意接受×××(赠与人)赠与的××××(财产或者权利名称)中赠与人所有的全部份额(即上述财产或权利的多少)]。另外，根据《最高人民法院关于适用〈中华人民共和国婚姻法〉若干问题的解释(三)》第 7 条的规定："婚后由一方父母出资为子女购买的不动产，产权登记在出资人子女名下的，可按照婚姻法第十八条第(三)项的规定，视为只对自己子女一方的赠与，该不动产应认定为夫妻一方的个人财产。"如果赠与人将一笔钱款赠与已婚子女，并明确指定该钱款用于购买房产，根据上述司法解释的规定，这个赠与财产的特定用途对受赠人的权利义务将产生重大影响，虽然赠与公证书格式的注解中没有明确，但笔者认为这个特定用途应该在赠与公证书格式中予以表述："愿意将(其)本人所有的人民币×××万元赠与儿子×××(受赠人)，该赠与的钱款用于以受赠人的名义购买房屋。"赠与财产的共有形式(显现共有或隐性共有)是赠与公证应审查的重要内容，同时也是文书使用部门要求公证证词应表述的内容，赠与所附义务或赠与财产的特定用途对受赠人的权利义务可能产生重大影响，所以这些"文书"中的内容都应在公证证词中表述。

1. 委托

根据《民法典》第 161 条的规定，"民事主体可以通过代理人实施民事法律行为"。委托公证是公证机构根据自然人、法人或其他组织的申请，依照法定程序，依法证明其授权他人以自己的名义实施民事法律行为的意思表示的真实性、合法性的活动。

(1)案情简介

刘某与配偶王某拟以银行按揭贷款的方式共同购买一套位于××市××路的二手房，因刘某、王某事务繁忙，不能亲自前往××市与卖方签署买卖合同及银行按揭贷款等购房相关手续，故刘某、王某决定委托儿子刘某某、儿媳赵某代为办理有关事项，公证员在审核了刘某、王某提供的申办材料后，为刘某、王某办理了委托公证。

(2)文书范例

① 委托书

委　托　书

委托人：刘某，男，一九××年×月×日出生，公民身份号码：××××××××××××××××××，现住××××××××××。

王某，女，一九××年×月×日出生，公民身份号码：××××××××××××××××××，现住××××××××××。

受托人：刘某某，男，一九××年×月×日出生，公民身份号码：××××××××××××××××××，现住××××××××××。

赵某，女，一九××年×月×日出生，公民身份号码：××××××××××××××××××，现住××××××××××。

委托事项及权限：

委托人刘某、王某系夫妻关系，拟以夫妻二人的名义共同以银行按揭贷款的方式购买一套位于××市××路×号的房屋，因委托人不能亲自办理购买上述房产的手续及银行按揭贷款等相关手续，现自愿委托刘某某、赵某代为办理下列事项：

1.代为到不动产登记中心查阅、调取上述房地产的情况查询记录、档案材料。

2.代为与卖方商洽合同的具体条款及房款的支付方式，代为签订房屋买卖合同及购房的相关文件，代为办理网签备案手续，代为支付定金及首付款。

3.代为办理上述房地产转移登记(不动产转移登记)手续，领取不动产权证书，代为缴纳相关交易税、费。

4.代为在贷款银行办理上述房地产(不动产)的按揭贷款手续，签署银行贷款合同、抵押合同、借据及签署其他相关按揭贷款手续(贷款金额及贷款期限以贷款银行实际审批为准)。代为办理银行卡、征信报告查阅等相关手续。

5.代为办理将上述房地产抵押至按揭贷款银行的抵押登记手续，与贷款银行签署抵押合同，协助贷款银行办理抵押登记手续。

6.代为申请并办理与贷款银行所签署借款合同、抵押合同的具有强制执行效力的债权文书公证手续，签署相关的强制执行公证法律文书。

7.代为办理收房、验房及入住等相关手续。

8.代为办理与购买上述房产相关的其他一切事宜。

上述任一受托人均有权单独代为办理上述全部委托事项。

上述委托内容及委托事项系委托人真实意思表示，受托人在委托权限和委托期限内所实施的法律行为，委托人均认可，并自愿承担由此产生的法律责任及后果。

受托人无转委托权。

委托期限：自20××年×月×日至20××年×月×日。

委托人：×××

××××年×月×日

注意事项："委托代理授权采用书面形式的，授权委托书应当载明代理人的姓名或者名称、代理事项、权限和期限，并由被代理人签名或者盖章。"委托书是委托公证中的关键文书，而代理事项、权限又是委托书中的关键内容，通常情况下，委托权限要根据代理事项特别是委托书使用部门（如不动产登记部门、银行等）的要求和委托人的意愿来设定。根据《民法典》第166条的规定："数人为同一代理事项的代理人的，应当共同行使代理权，但是当事人另有约定的除外。"《民法典》第169条的规定："代理人需要转委托第三人代理的，应当取得被代理人的同意或者追认。"在实务中，出于两个或多个受托人相互监督或者在某一受托人无法办理代理事项时其他受托人可以顺利办理代理事项的考虑，委托人会选定两个或两个以上的受托人为同一事项的代理人，此时，应依据委托人的真实意愿，在委托书中载明赋予或者不赋予任一受托人的单独代理权限。同时，还应在委托书中载明是否赋予受托人转委托权。

②公证书

公 证 书

（××××）××××字第××号

申请人：刘某，男，一九××年×月×日出生，公民身份号码：××××××××××××××××××，现住××××××××××××。

王某，女，一九××年×月×日出生，公民身份号码：××××××××××××××××××，现住××××××××××××。

公证事项：委托

兹证明刘某、王某于20××年×月×日来到我处，在本公证员的面前，在前面的《委

托书》上签名，并表示知悉委托的法律意义和法律后果。

刘某、王某的委托行为符合《中华人民共和国民法总则》第一百四十三条的规定。

中华人民共和国××省××市××公证处

公证员×××

××××年×月×日

2. 声明

声明是指自然人、法人或者其他组织在民事、经济活动中所作出的公开的意思表示。它的书面表现形式即声明书。声明公证是公证机构根据自然人、法人或其他组织的申请，依法证明其在民事活动中的单方意思表示的真实性、合法性的活动。声明书分为陈述事实声明、主张权利声明、放弃权利声明和承担义务声明等类型，公证实务中常见的有婚姻状况声明、接受遗赠声明、放弃继承权声明、放弃优先购买权声明、终止委托声明、债务承担声明等。

(1)案情简介

申请人陈某于××××年×月×日来到××公证处，称其叔叔陈××于××××年×月×日立有一份公证遗嘱，陈××在该遗嘱中指定：在其死亡之后，位于×××的房产中属于其所有的产权份额归陈某所有。现陈××已于××××年×月×日死亡，因其近期无法前往房产所在地办理接受遗赠公证，特向其住所地公证机构申请办理接受遗赠声明公证。

申请人陈某向该处提供了相关材料，并发表了相关声明，该处对其提供的相关材料和声明内容进行审查核实，并对申请人进行了询问，为其办理了声明公证。

(2)文书范例

①声明书

接受遗赠声明书

声明人：陈某，男，一九××年××月××日出生，公民身份号码：××××××××××××××××××，现住：×××××××××××××。

遗嘱人陈××(男，一九××年××月××日出生，公民身份号码：××××××××××××××××××)于××××年×月×日立有公证遗嘱一份，公证书编号：(20××)×字第×号。××在该遗嘱中指定：在其死亡之后，位于×××的房产中属于其

所有的产权份额归陈某所有。现陈××已于××××年×月×日死亡,本人经慎重考虑并在精神健全、完全清楚我本人行为之法律后果的情形下,做出如下声明:

我陈某愿意接受遗嘱人陈××的上述遗赠。在我做出本决定时无任何欺诈、胁迫情形存在,接受上述遗赠的决定完全出自我本人的意愿。

声明人(签署):

××××年×月×日

②公证书

公 证 书

(××××)××××字第××号

申请人:陈某,男,一九××年××月××日出生,公民身份号码:××××××××××××××××××,现住×××××××××××××。

公证事项:声明

兹证明陈某于××××年×月×日来到我处,在本公证员的面前,在前面的《接受遗赠声明书》上签名,并表示知悉声明的法律意义和法律后果。

陈某的声明行为符合《中华人民共和国民法总则》第一百四十三条的规定。

中华人民共和国××省××市××公证处

公证员×××

××××年×月×日

3. 遗嘱

遗嘱是遗嘱人生前在法律允许的范围内,按照法律规定的方式处分其个人财产或者处理其他事务,并在其死亡时发生效力的单方法律行为。遗嘱公证是公证机构根据自然人的申请,按照法定程序证明遗嘱人设立遗嘱的行为真实、合法的活动。

(1)案情简介

赵某某和李某结婚多年,两人共有一子赵甲和一女赵乙,赵某某、李某跟儿子赵甲共同生活。赵某某和李某均为公司高管退休,并且通过与子女共同生活,两位老人也担心年轻人婚姻的变化会对家庭财产产生重要影响。两位老人的财产是两人多年积累得来,如何才能更好地保护财产,按照自己的意愿进行处分,防止子女今后因为财产继承而发生纷争,成为两位老人最大的心病。

2020年,赵某某和李某在老年大学参加了公证法律讲座,他们将自己的担心讲给了授课的公证员听,赵某某和李某对公证员说财产较多,包括房屋、保管箱内的物品,还包括车辆、股票、证券、基金等其他财产,是否可以一次性办理?公证员根据赵某某和李某的实际情况,为他们夫妇二人分别量身设计了遗嘱公证方案。赵某某和李某后到公证处分别办理了遗嘱公证。

(2)文书范例

①遗嘱

遗　嘱

立遗嘱人:赵某某,男,一九××年×月×日出生,公民身份号码:××××××××××××××××,现住××××××××××××××。

遗嘱内容:

本人赵某某现神志清楚,精神状态正常,能够正常表达本人真实意愿。为订立遗嘱,我确认如下事实:

一、家庭成员情况

1.婚姻状况:我只有一次婚姻,我和李某于×××年×月×日在××登记结婚。

2.子女情况:共有子女两人,儿子:赵甲,男,一九××年×月××日出生,公民身份号码:××××××××××××××××××××××××;女儿:赵乙,女,一九××年×月××日出生,公民身份号码:××××××××××××××××××××××××。

3.父母情况:父母亲均已去世。

二、财产状况

1.房产

(一)赵某某名下房产两套,为:位于××××的房产(建筑面积:××平方米,房屋所有权证编号:×房权证××字第××号);位于××××的房产(建筑面积:××平方米,房屋所有权证编号:×房权证××字第××号)。

(二)李某名下房产两套,为:位于××××的房产(建筑面积:××平方米,房屋所有权证编号:×房权证××字第××号);位于××××的房产(建筑面积:××平方米,房屋所有权证编号:×房权证××字第××号)。

2.保管箱内的物品及相关财产性权益

保管箱内的财产及相关财产性权益,赵某某与××银行签订了《××银行保管箱租

用协议》,租用了“×规格第×号”的保管箱1个。内有物品若干。

3.依法属于我所有的其他财产(既包括但不限于其他房屋、存款、机动车、股票、证券、基金、公积金、养老金等,也包括夫妻共同财产中依法属于我的份额)。

为了实现家庭财产的顺利传承,避免家人因遗产继承等问题发生纷争,现我自愿订立如下遗嘱:

1.如果我先于我的妻子李某死亡,上述财产及相关财产权益中依法属于我的份额全部由李某继承。如果上述房产有被征收、拆迁的,因征收拆迁所取得的货币补偿或者安置房屋及其相关财产权益中依法属于我的份额全部由李某继承。保管箱内的物品及相关财产权益由我的妻子李某按照法定的程序及其银行的规定办理开箱、清点、继承、领取和保管等相关事宜。

2.如果我与我的妻子李某同时死亡或者我后于我的妻子李某死亡,上述财产及相关财产权益中依法属于我的份额全部由我的儿子赵甲继承,不作为赵某的夫妻共同财产。如果上述房产有被征收、拆迁的,因征收拆迁所取得的货币补偿或者安置房屋及其相关财产权益中依法属于我的份额全部由我的儿子赵甲继承,不作为赵甲的夫妻共同财产。保管箱内的物品及相关财产权益由我的儿子赵甲按照法定的程序及其银行的规定办理开箱、清点、继承、领取和保管等相关事宜。

本遗嘱书内容均系我口述,经公证员向我充分阐释法律规定且我已全部知悉并理解后,由公证员为我代书,遗嘱书全部内容与我的真实意愿完全一致。在订立本遗嘱期间,我不存在任何缺失辨识能力的情形,亦未受到任何欺诈、胁迫,也没有任何重大误解之处,以上遗嘱全部条款均是我内心真实意思表示,希望我的全部继承人都可以遵从本遗嘱,遵照本人遗愿。

遗嘱人:
××××年×月×日

②公证书

公　证　书

(××××)××××字第××号

立遗嘱人:赵某某,男,一九×× 年×月×日出生,公民身份号码:××××××××××××××××××,现住××××××××××××。

公证事项:遗嘱

兹证明赵某某于××××年×月×日来到我处，在本公证员和工作人员××的面前，在前面的《遗嘱》上签名、捺其右手大拇指指印，并表示知悉立遗嘱的法律意义和法律后果。

赵某某的立遗嘱行为符合《中华人民共和国民法总则》第一百四十三条和《中华人民共和国继承法》第十七条第一款规定。

中华人民共和国××省××市××公证处

公证员×××

××××年×月×日

注意事项：《中华人民共和国继承法》第 20 条规定“自书、代书、录音、口头遗嘱，不得撤销、变更公证遗嘱”，但是《民法典》第 1142 条未保留上述条款，也就是说在 2021 年 1 月 1 日《民法典》正式施行后，公证遗嘱将不再具有最高效力，但公证遗嘱仍然具有《民事诉讼法》第 69 条规定的法定证据效力。

（二）有法律意义的事实类

有法律意义的事实是指法律上对当事人民事权利义务关系的设立、变更、终止，或民事权利的实现有一定影响作用的客观事实。有法律意义的事实公证是指公证机构根据自然人、法人或其他组织的申请，依照法定程序，对与申请人有利害关系的有法律意义的事实的真实性、合法性予以证明的活动。有法律意义的事实类定式公证书通常为涉港、澳、台地区或涉外使用，大部分需要附外文译本，有些国家需要办理认证。涉港、澳、台地区或涉外用公证政策性很强，公证人应该严格掌握。

1. 出生

(1)案情简介

刘某在英国留学多年，现已经与英国籍女子登记结婚，并在英国工作、生活多年，符合移民条件，根据移民局要求，刘某于××××年×月×日向其户籍所在地公证机构申请办理出生公证。刘某的父亲前几年去世，刘某的母亲在其很小的时候就已离家出走，至今查无消息，派出所也没有户口登记记录。根据实际情况，公证机构根据当事人提供的其出生地以及户籍登记部门出具的有关证明及情况说明并经调查核实后，根据刘某的要求为其出具了出生公证书。

(2)文书范例

公　证　书

(××××)××××字第××号

申请人:刘某,男,一九××年××月××日出生,公民身份号码:××××××××××××××××××,现住××××××××××××。

公证事项:出生

兹证明刘某于一九××年××月××日在××省××县出生。刘某的父亲是刘某某(已故),刘某的母亲身份信息不详。

中华人民共和国××省××市××公证处

公证员×××

××××年×月×日

注意事项:申请人的父母一般应为生父、生母,生父或者生母不详的可予以注明。申请人要求注明其父母死亡情况,且能够提供相关证明的,可以在姓名后加括号注明"已故"。

2. 亲属关系

(1)案情简介

李某的父母在李某很小的时候就去到南洋务工,后来定居新加坡,李某从小与大伯一家共同生活,因非常思念父母,李某想去新加坡探亲,根据相关部门的要求,李某应向其户籍所在地公证机构申请办理与父母的亲属关系公证。李某提供的证明材料,不能直接证明其与父母的关系,公证员通过调查走访,并运用司法实践中的证据相互印证规则,即找到内在逻辑一致的多个片段证据相互印证以证明事实,从户籍底档记载资料、来往书信、证人证言等形成相互印证,作为公证中认定案件事实的依据,从而为李某出具了亲属关系公证书。

(2)文书范例

公　证　书

(××××)××××字第××号

申请人:李某,男,一九××年××月××日出生,公民身份号码:××××××××××××××××××,现住×××××××××××。

关系人:李××,男,一九××年××月××日出生,现住新加坡××××××××。

王××,女,一九××年××月××日出生,现住新加坡×××××××××。

公证事项:亲属关系

兹证明李某是李××、王××的儿子;李××是李某的父亲,王××是李某的母亲。

本证明用于新加坡探亲。

中华人民共和国××省××市××公证处

公证员×××

××××年×月×日

注意事项:考虑使用国、地区(单位)的特殊规定和要求,可以根据需要增加适当的限定词,如:用于旅居加拿大华侨唯一留在国内的超过21周岁的未婚子女赴加拿大定居的亲属关系公证书,证词可以表述为:"兹证明×××(申请人)是×××、×××(关系人)夫妇尚在中华人民共和国国内的唯一超过二十一周岁的未婚儿子(女儿),×××(关系人)是×××(申请人)的父亲,×××(关系人)是×××(申请人)的母亲";又如:用于向荷兰申领子女助学金,可以表述为:"兹证明×××(申请人)在中华人民共和国×省×县××中学(或小学)×年级学习,是居住在荷兰的×××(关系人)的儿子(女儿),×××(关系人)是×××(申请人)的父亲(母亲)"。

3. 无犯罪记录

(1)案情简介

孙某系国内建筑企业的员工。企业想派孙某到国外的项目去工作,但该国相关部门要求孙某提供无犯罪记录公证。孙某来到户籍所在地公证机构,向公证员说明情况,提出申请办理无犯罪记录公证。

公证员详细询问了事情的原委以及其办理该公证的目的及用途,告知其需要准备的相关证明资料,并引导孙某去公安机关开具了无犯罪记录证明,在认真核实了材料的

完整性、真实性之后，为孙某出具了无犯罪记录公证书。

随着国家诚信体系的建立和逐步完善，各项任职资格要求的严格，对外交往交流的频繁，无犯罪记录证明也逐渐成为很多场合下必备的证明之一。无犯罪记录证明多用于国外留学、定居移民、特定岗位的任职等。

(2)文书范例

公 证 书

（××××）××××字第××号

申请人：

孙某，男，二〇××年××月××日出生，公民身份号码：××××××××××××××××××××，现住××××××××××。

公证事项：无犯罪记录

兹证明孙某至××××年××月××日在中华人民共和国居住期间无违法犯罪记录。

中华人民共和国××省××市××公证处

公证员×××

××××年×月×日

注意事项：对于特定身份的申请人，“在××××居住期间”的表述要进行相应的调整，比如：申请人是我国香港、澳门、台湾地区居民，可以表述为“在中国大陆（内地）居住期间”；申请人是外国驻华使领馆工作人员又无外交豁免权的，可以表述为“在××国驻中华人民共和国大使馆（或××领事馆）工作期间”。

（三）有法律意义的文书类

有法律意义的文书是指一切在法律上具有特定意义或作用、能够对当事人之间权利义务关系的设立、变更和终止产生影响的各种文件、文字材料和证书等的总称。有法律意义的文书公证是指公证机构根据自然人、法人或其他组织的申请，依照法定程序，对与申请人有利害关系的有法律意义的文书的真实性、合法性予以证明的活动。有法律意义的文书类定式公证书格式只有证书（执照）、文书上的签名（印鉴）、文本相符三式，多用于涉港、澳、台地区或涉外领域，大部分需要附外文译本，有些国家需要办理认证。其中最常用的为证书（执照）格式，也被称为“间接证明”格式，即通过对证书（执照）

的真实性、合法性的证明，让文书使用者对证书(执照)所载明的内容予以认定。

1.证照/执照

(1)案情简介

纪某因准备申请赴英国工作，根据英国相关部门要求，委托其父亲纪某某来到公证处申请办理其学位的认证报告公证。

代理人提供的是电子版的认证报告，没有纸质版。代理人称，该报告是申请人向中国学位与研究生教育信息网申请认证并下载的。该报告显示，纪某具有学士学位，报告出具者(落款)是教育部学位与研究生教育发展中心。

公证员进入中国学位与研究生教育信息网，输入电子版认证报告中的验证编码，显示与申请人提供的电子版内容相同的认证报告。公证员在相关网页中对申请人的学位进行查询核实后，出具了公证书。

在人们的习惯思维中，证书或文本的原件是纸质的并盖印章，但在信息化时代，文书的电子化已在各个领域推广和运用，电子印章、电子票据、网上验证逐步普及，证书或文本的真实性的本质在于内容而不是其载体的表现形式，因此申请人的电子版报告应视同原件。就公证书格式而言，有三十三式(证照格式)和三十五式(文本相符格式)，其根本区别是前者多了四个字“原件属实”，即除文件真实性核实外还需对其内容进行实质审核。

由于学位认证属于官方认证且文书使用部门有要求，因此按三十三式(证照格式)出证。

(2)文书范例

公　证　书

(××××)××××字第××号

申请人：纪某，女，一九××年××月××日出生，公民身份号码：××××××××××××××××××，现住××省××县××街道××路××号××室。

委托代理人：纪某某，男，一九××年××月××日出生，公民身份号码：××××××××××××××××××，现住××省××县××街道××路××号××室。

公证事项：认证报告

兹证明教育部学位与研究生教育发展中心于××××年××月××日出具给纪某的《认证报告》的原件与前面的影印件相符，原件属实。

中华人民共和国××省××市××公证处

公证员×××

××××年×月×日

二、要素式公证书

1. 夫妻财产约定协议

夫妻财产约定协议公证是指公证机构根据夫妻双方的共同申请，依照法定程序，证明夫妻之间就婚姻关系存续期间实行何种财产制度、以前或婚姻关系存续期间所得财产的分配及权利义务事宜签订协议的真实性、合法性的活动。

(1)案情简介

赵某和吴某已经领取结婚证很长时间，可是女方父母迟迟不同意办婚礼，经打听得知，是因为男方有一套贷款所购房屋，女方父母为了给女儿争取多点权利，要求在房产证上添加女方的姓名。男方得知后马上到房管部门要求添加女方姓名，但因为上述房产是贷款购房，还抵押在银行，在没有解押的情况下是不允许产权人变动的。

后来男方来到公证处寻求帮助，公证员告知可以通过夫妻财产约定的形式解决难题。此提议得到了女方父母的认同。赵某和吴某共同来到公证处，公证员在确认了双方的真实意思表示后，告知了夫妻财产约定的法律意义及法律后果，双方在公证处签订了一份夫妻财产约定协议，对于男方婚前购买的房屋约定为共同所有，女方愿意作为共同还贷人，及待贷款还清后，房产证上添加女方姓名。同时约定该协议只对双方有效，不对抗第三人。公证员对于该协议办理了公证，并出具了公证书。后双方顺利举办了婚礼。

(2)文书范例

①夫妻财产约定协议

夫妻财产约定协议

(××××)××××字第××号

男方：赵某，一九××年××月××日出生，公民身份号码：××××××××××××××××××，现住×××××××××××。

女方：吴某，一九××年××月××日出生，公民身份号码：××××××××××××××××××，现住×××××××××××。

男、女双方于××××年××月××日在××市登记结婚，现经双方友好协商，就下列财产的归属及有关权利义务作如下约定：

1.位于厦门市××街××号的房产系男方于结婚登记之前所取得的财产(建筑面积××平方米，房屋所有权证号为×字第××号)，因贷款购房该房产现抵押于××银行，贷款尚未结清。现男女双方一致同意，自本协议签订之日起上述房产作为双方的夫妻共有财产归男女双方共同所有，尚未偿还的银行贷款由男女双方共同偿还。

2.在贷款结清抵押权解除时，男方应配合女方办理房产增名手续。

3.今后男女双方任何一方对外从事生产、经营或对外举债，应将双方上述之特别约定明示相对方。

4.本协议系双方在平等、自愿、协商一致的基础上签订，双方均必须共同遵守。双方在履行协议过程中发生争议，应本着友好的精神协商解决。协商不成的，任何一方可以此协议为依据向人民法院起诉，本协议是法院确定双方当事人权利义务的依据。

5. 本协议自双方签订之日起生效。协议一式四份，甲、乙各执一份，公证处存档一份，一份用于办理相关手续，均具有同等法律效力。

（双方签署、落款略）

××××年×月×日

② 公证书

公　证　书

(××××)××××字第××号

申请人：

男方：赵某，一九××年××月××日出生，公民身份号码：×××××××××××××××××××，现住×××××××××××。

女方：吴某，一九××年××月××日出生，公民身份号码：×××××××××××××××××××，现住×××××××××××。

公证事项：夫妻财产约定

申请人男方赵某、女方吴某于××××年××月××日日向我处申请办理前面的《夫妻财产约定协议》公证。

经查，申请人双方是夫妻，两人于××××年××月××日登记结婚。双方在本处

经协商一致订立了前面的《夫妻财产约定协议》。双方在订立该协议时具有法律规定的民事权利能力和民事行为能力。

该约定项下的标的为一套房屋，坐落于厦门市××街××号，建筑面积××平方米，房屋所有权证号为×字第××号，系男方婚前购买，房屋所有权人登记为男方。因贷款购房该房产现抵押于××银行，贷款尚未结清。

申请人双方签订《夫妻财产约定协议》意思表示真实。双方约定：自协议签订之日起，位于厦门市××街××号房产作为双方的夫妻共有财产归男女双方共同所有，尚未偿还的银行贷款由男女双方共同偿还。在贷款结清抵押权解除时，男方应配合女方办理房产增名手续。

依据上述事实，兹证明申请人赵某、吴某于××××年××月××日来到我处，在本公证员面前，签订了前面的《夫妻财产约定协议》。双方当事人的签约行为符合《中华人民共和国民法总则》第一百四十三条的规定；协议内容符合《中华人民共和国婚姻法》的规定。协议上双方当事人的签字均属实。

前面的《夫妻财产约定协议》自双方当事人签字之日起生效，协议中所涉房屋物权的变更自不动产登记部门登记之日起生效。

中华人民共和国××省××市××公证处

公证员×××

××××年×月×日

2. 继承

继承公证是指公证机构根据法律的规定和继承人的申请，依法证明继承人的继承行为真实性、合法性，确认继承人继承权的活动。因法律关系复杂，适用法律较多，继承公证是实践中十分重要的公证类型。

(1)案情简介

刘某与丈夫孙某经营一家小微企业，夫妻二人有一套房产，均登记在孙某名下。不幸的是，丈夫孙某近期因交通事故死亡，因资金周转需要办理经营贷款，刘某到不动产登记部门要求将房屋过户到自己的名下，工作人员建议刘某办理公证。公证员听完刘某的陈述后，告知需要办理继承公证，同时一次性告知了刘某办理公证所需的证明材料，并告知需要全部的继承人共同申请办理公证。刘某表示自己要照顾年迈的公公孙某某，没有办法去开具这些证明，自己的儿子孙小某要放弃继承，但在加拿大读研究生，也无法回来，公证员告诉刘某公证处提供代为调查取证的“绿色继承”服务，刘某只需在预受理时告知公证员家庭实际情况和证据线索，继承公证所需证明材料由公证员代为调取，同时，可以为刘某的公公提供上门服务，刘某和孙某的儿子可以通过公证处的远程视频系统在线向公证员表示放弃。刘某原本纠结的心一下放了下来。随后，公证员根据刘某陈述的情况和证据线索，调取了刘某一家的户籍底档以及孙某父亲孙某某的人事档案，走访了刘某一家所在的居委会，询问了孙某的兄弟姐妹，并核实了刘某提供的孙某死亡证明、结婚证等相关证明材料，并为孙某的父亲提供了上门受理服务，通过远程视频系统在线确认了刘某和孙某的儿子自愿放弃继承的意思表示。登录遗嘱平台查询孙某未曾立过公证遗嘱后，公证处为刘某出具了公证书。刘某得以顺利办理产权变更手续和抵押经营贷款手续。

一段时间以来，不少办事群众对继承公证存在诟病，认为继承公证手续繁杂，是“以证明换证明”，没有起到便民利民的作用。在这个继承公证案例中，公证机构推行“绿色继承”服务，为申请人代为调取证明材料，解决申请人“开证明难、难开证明”的烦恼，同时，为年老体弱的申请人提供上门服务，利用技术手段为在国外读书不能回国的继承人在线确认放弃继承的意思表示，这些人性化的服务让继承公证真正变成了“温情公证”。

（2）文书范例

公　证　书

（××××）××××字第××号

申请人：

刘某，女，一九××年×月×日出生，公民身份号码：××××××××××××××××××，现住厦门市××区××路××号。

孙某某，男，一九××年×月×日出生，公民身份号码：××××××××××××××××××，现住厦门市××区××路××号。

孙小某，男，一九××年×月×日出生，公民身份号码：××××××××××××××××××，现住加拿大××××××××××××××××××××。

被继承人：孙某，男，一九××年×月×日出生，公民身份号码：×××，生前住厦门市××区××路××号。

公证事项：继承

申请人刘某、孙某某、孙小某因继承被继承人孙某的遗产，于××××年×月×日向本处申请办理继承权公证，并提供了以下证明材料：身份证、户口本、结婚证、户籍注销证明等。

本处向申请人告知了继承公证的法律意义和可能产生的法律后果，以及申办公证的权利义务关系。申请人承诺所提供的证明材料真实无误，如虚假或遗漏，对他人造成

的损失的,愿意承担相应的法律责任。

根据《中华人民共和国公证法》的规定,本处对申请人提交的权利证明及相关证据材料进行了审查核实,调取了××派出所所存的户籍底档资料复印件及××中学所存的孙某某人事档案复印件,对申请人刘某、孙某某、孙小某进行了询问和告知,对张三(男,××××年×月×日出生,公民身份号码:××××××××××××××××××)、李四(男,××××年×月×日出生,公民身份号码:××××××××××××××××××)进行了询问和核实,现查明如下事实:

一、被继承人孙某于××××年×月×日因交通事故死亡。

二、该公证事项涉及被继承人孙某与其配偶刘某的夫妻共同财产有:共同购买的位于厦门市××区××路××号的房屋一套,不动产权证书编号:×××号,建筑面积:×××平方米,登记在孙某名下。

三、据被继承人的所有继承人称:被继承人生前无遗嘱,亦未与他人签订遗赠扶养协议。我处在中国公证协会综合信息平台内未查询到被继承人孙某的备案信息。继承人对被继承人生前无遗嘱及遗赠扶养协议无异议,截至本公证书出具之日亦未有他人向本处提出异议。

四、被继承人孙某的第一顺序继承人:配偶刘某;父亲孙某某、母亲先于其死亡;儿子孙小某。

五、现继承人孙某某、孙小某均表示放弃继承被继承人孙某的遗产,孙某某在厦门市××区××路××号发表了放弃继承权的声明并签署了《放弃继承权声明书》,孙小某通过本处远程视频系统在线向本公证员发表了放弃继承权的声明,并签署了《放弃继承权声明书》;继承人刘某要求继承被继承人孙某的遗产。

根据上述事实并依据《中华人民共和国继承法》第三条、第二十六条的规定,上述夫妻财产的一半为被继承人孙某的遗产。根据《中华人民共和国继承法》第五条、第十条、第二十五条的规定,被继承人的遗产应由其配偶、父母、子女共同继承。因被继承人孙某的母亲先于被继承人死亡,现被继承人孙某的父亲孙某某、儿子孙小某均表示放弃继承被继承人孙某的遗产,故被继承人孙某的上述遗产应由其配偶刘某一人继承。

中华人民共和国××省××市××公证处
公证员×××
××××年×月×日

3.保全证据

保全证据公证是指公证机构根据自然人、法人或者其他组织的申请，依法对与申请人权益有关的、有法律意义的证据、行为过程加以提取、收存、固定、描述或者对申请人的取证行为的真实性予以证明的活动。在实践中，保全证据公证可表现为以下几种形式：现状保全证据公证、房屋拆迁保全证据公证、建筑功能/规划变更公告保全证据公证、房屋交易事实保全证据公证、隐名购物保全证据公证、证人证言/当事人陈述保全证据公证、电话录音保全证据公证、手机短信/电子邮件/即时通信工具信息保全证据公证、网页内容保全证据公证、文书材料保全证据公证、邮寄送达行为保全证据公证等。随着信息化的发展，出现了电子证据取证、存证平台，解决了取证难、存证难的问题，对电子证据类保全证据公证提出了更高的要求。

(1)案情简介

张××通过应聘进入××××有限公司工作，试用期满后，公司一直没有和张××签订劳动合同。张××多次通过微信语音信息向其部门主管及人事部门主管、行政部门主管询问劳动合同签订的事情。人力主管人员均通过微信语音告诉张××，对张××的工作是认可的，会与其签订劳动合同。后公司因经营困难，以与张××不存在劳动关系为由，让张××离开公司，张××决定要讨个说法。在法律援助中心的指引下，张××到公证处办理微信语音信息的证据保全，并将公证书等相关证据提交劳动仲裁。

现在微信已成为人们日常交流、沟通的主要工具，很多业务来往、合同谈判、资金出入等事项都在微信聊天记录中留下痕迹，对该聊天记录的保全有助于举证证明当事人的权利主张。微信证据分为文字微信记录、图片微信记录、语音微信记录、视频微信记录。①文字微信记录。包括与微信好友聊天、微信朋友圈发布的文字以及公众微信号发布的文章等以文字形式存在的信息。文字记录通过手机截屏、拍照、导出等方式都可以提取与固定。②图片微信记录。包括与微信好友聊天过程中，发表微信朋友圈时和公众微信号发布时转载、制作、拍摄的图片以及使用的各类表情，图片、表情所表达的意思通常要放置到整个聊天记录、文章中去理解，一般要将图片与其他记录整体进行公证，不建议单独对图片进行保全公证。③语音微信记录。包括与微信好友聊天、微信朋友圈发布的语音以及公众微信号发布的文章等以语音形式存在的信息。④视频微信记录。包括与微信好友聊天过程中，发表微信朋友圈时和公众微信号发布时转载、制作、拍摄的视频。

(2)文书范例

公 证 书

（××××）××××字第××号

申请人：张××，女，一九××年××月××日出生，公民身份号码：××××××××××××××××××，现住××××××××××。

公证事项：保全证据

申请人张××于二〇××年××月××日来到本处称，因张××与××××有限公司确认劳动关系争议一案，现需对张××手机微信程序中的语音片段进行固定、取证，为此申请人张××特向本处申请对其打开、查看微信程序中所显示的相关页面内容进行保全证据公证。

根据《中华人民共和国公证法》和《公证程序规则》的规定，本处受理了申请人的上述申请。本公证员对张××提供的证明材料进行了审查，对张××进行了询问，告知了其公证当事人的权利义务和该公证事项的法律意义和法律后果。

本公证员及本处工作人员陈××于二〇××年××月××日下午在本处，监督申请人张××进行了如下保全证据行为：

一、张××打开其自带的苹果品牌手机（型号：MD297ZP/A），进入主界面，应本公证员要求，拨打本处工作人员陈××的手机（号码：180××××××××），本处工作人员陈××的手机屏幕显示来电号码为“150××××××××”。

二、点击“设置”→“通用”→“关于本机”，查看手机基本信息。

三、点击“通用”→“用量”，查看手机所安装的程序。

四、点击手机 Home 键→“微信”→“我”→“设置”→“账号与安全”，查看微信账号信息。

五、点击返回“微信”主界面→“××（微信名）”，依次点击播放聊天界面中的部分语音片段。

六、点击“”→微信头像，查看联系人账号信息。

七、点击返回“微信”主界面→“××（微信名）”，依次点击播放聊天界面中的部分语音片段。

八、点击“”→微信头像→，查看联系人账号信息。

九、点击返回“微信”主界面→“××（微信名）”，依次点击播放聊天界面中的部分语音片段。

十、点击“”→微信头像，查看联系人账号信息。

十一、上述过程中，本处工作人员陈××使用摄像机进行拍摄。

十二、本处工作人员陈××将上述现场拍摄的视频文件导出并刻录成光盘。

依据上述事实，兹证明：附于本公证书之后的光盘所保存的视频文件系本处工作人员陈××在上述现场拍摄播放上述语音片段过程所得视频文件的复制件，内容与当日当时上述现场情形相符。

附：光盘一张。

中华人民共和国××省××市××公证处

公证员×××

××××年×月×日

4. 现场监督

(1)案情简介

自新型冠状病毒感染的肺炎疫情发生以来，口罩紧缺已成为全国各地亟须面对的问题。为了更加科学有效地配置口罩供给资源，让市民更加安全、有序地购买口罩，减少因排队、人员聚集而产生交叉感染等风险，××省××市开始实施口罩预约购买机制，采取网上登记、公证摇号、结果公开、现场购买的方式，并由××公证处在口罩摇号活动开展期间提供全程摇号公证服务。

在参与服务和保障口罩摇号活动过程中，××公证处以高度的责任感和专业精神投入工作，积极发挥公证“服务、沟通、证明、监督”的职能作用，为此次活动提供摇号公证服务，有力地保障了购买过程的公开、公平、公正，切实践行了公证人在深度参与社会综合治理中应有的责任，展现了公证人在面对社会公共危机时的担当与表率，为打赢疫情防控攻坚战、维护社会和谐稳定贡献了一份力量。

(2)文书范例

①现场宣读公证证词

公　证　词

根据申请人×××××有限公司的申请，受中华人民共和国××省××市××公证处指派，本公证员与公证人员××于××××年×月×日在××××，对申请人举行的“口罩”摇号活动进行现场监督。

经现场监督确认：通过公证抽号系统，抽出××××个中签人员，具体中签人员名单详见抽号公示结果。

兹证明申请人×××××有限公司举行的“口罩”摇号活动符合预定的摇号规则，其结果真实、有效。

中华人民共和国××省××市××公证处

公证员×××

××××年×月×日

② 公证书

公 证 书

（××××）××××字第××号

申请人：×××××有限公司，统一社会信用代码：××××××××××，住所：××××××××××，法定代表人：×××。

委托代理人：张××，女，一九××年××月××日出生，公民身份号码：××××××××××××××××××，现住××××××××××。

公证事项：现场监督

申请人×××××有限公司的委托代理人张××于二〇××年×月×日向本处称：申请人受××××指派，拟举办“口罩”摇号活动，因人数较多，申请人拟通过电脑随机摇号的方式确定中签人，为保证摇号过程的公开、公平，特申请对摇号过程进行现场监督公证。

根据《中华人民共和国公证法》《公证程序规则》的规定，本处受理了申请人的上述公证申请。申请人在申请公证时向本处提供了申请人的《营业执照（副本）》《授权书》《口罩摇号规则和方案》（以下简称“摇号方案”，复印件详见附件一）等材料，上述材料真实、有效。

经查，本次电脑摇号采用的软件为×××××科技有限公司开发并享有独立著作权的公证摇号系统（版本号：V1.0），该系统经国家信息中心软件评测中心检测符合标准。申请人于××××年×月×日将摇号方案通过××公众号进行公示。

根据《中华人民共和国公证法》、《公证程序规则》的规定，本公证员及本处公证人员×××，于××××年×月×日××时××分来到位于××××××的口罩摇号活动现场，现场参加摇号活动的人员有××××有限公司的工作人员×××（主持人）、市民代表、媒体代表等人。摇号活动的具体过程如下：

一、二十时三十分，公证人员×××操作本处提供的摇号专用电脑，使用连接线连接大屏幕，将电脑页面同步显示在现场的大屏幕上。

二、二十时五十分，主持人宣布摇号活动开始。本公证员致辞，对摇号过程、摇号规则、摇号采用的软件系统、公证监督环节等情况进行说明。

三、之后由公证人员×××操作电脑，开始如下摇号过程：

1.启动电脑的屏幕录像程序（程序名称：ApowerREC，版本号：V1.3.3.8），对电脑操作全过程进行屏幕录像。

2.打开“Windows 设置”，确认时间、检查电脑的网络状态（证实电脑处于断网状态）和所安装的程序（进行清洁性检查）。

3.安装摇号软件，打开摇号软件，使用摇号软件自带的测试数据测试摇号系统，确认能正常摇号。

4.主持人请现场工作人员将截止至××××年×月×日××时××分的数据拷入到 U 盘并插入到本处提供的电脑，将 U 盘中名称为《××××名单》（以下简称“摇号名单”）的 Excel 表格文件复制到电脑桌面。

5.打开摇号系统，清空数据，将位于电脑桌面上的名称为《××名单》的 Excel 表格文件全部数据导入摇号系统，名单在大屏幕上滚动显示，进行名单公示。

6.公示完毕后，主持人宣布开始摇号。主持人现场随机选定一位市民代表现场按“开始”按键进行摇号，随后现场按“结束”按键结束摇号，屏幕自动跳出摇号结果并同步显示在大屏幕上，公证人员×××将摇号结果进行公示，并将摇号结果保存至电脑桌面，生成一个文件名为《××结果》的 Excel 表格（见本公证书附件二）。

四、本公证员宣读公证词。

五、主持人宣布摇号活动结束。

本公证员及本处公证人员××对上述摇号全过程进行现场监督。上述摇号过程中，电脑安装的屏幕录像程序对电脑操作全过程进行屏幕录像，公证人员对现场全程进行录像。

摇号结束后，本公证员及公证人员×××将上述摇号专用电脑带回本处，将电脑桌面上文件名为《××××名单》及《××结果》的二份 Excel 表格及摇号过程中的屏幕录像生成的视频文件、现场录像导出并刻录成光盘存于本处，之后将摇号专用电脑在本处进行封存。

依据上述事实，兹证明：

申请人×××××有限公司于××××年××月××日在××××××举办的“口罩”摇号活动符合预定的摇号规则，其结果（见本公证书附件二）真实、有效。

附件：

一、《口罩摇号规则和方案》复印件一份(共×页)。

二、《××结果》一份(共×页)。

中华人民共和国××省××市××公证处

公证员×××

××××年×月×日

5.赋予债权文书强制执行效力

债权文书是指能够明确记载债权债务关系设定、变更或终止的具有法律意义的文书,包括各种合同、协议、借据、欠单、有价证券等。赋予强制执行效力的债权文书公证是指公证处根据自然人、法人或其他组织的申请,依法对符合条件的债权文书的真实性、合法性予以证明,并赋予其具有强制执行效力的特殊公证活动。

(1)案情简介

债务人厦门某有限公司向债权人某银行股份有限公司厦门分行申请贷款。为了保证债务人按时还款以及若出现违约情况后能快速回收债权,债权人某银行股份有限公司厦门分行、债务人厦门某有限公司、保证人某有限公司、保证人张某某及其配偶陈某某,共同来到公证处申请对《最高额融资合同》《最高额保证合同》《个人最高额保证合同》及《补充协议》(下称"债权文书")进行公证并赋予债权文书强制执行效力。

受理该公证申请后,公证员依法审查了当事人各方的主体资格、民事权利能力和民事行为能力、办理强制执行公证的债权文书的内容,并向各申请人告知了强制执行公证的有关法律规定、法律意义和可能产生的法律后果。在确认各方当事人自愿作出接受强制执行的意思表示,并于补充协议中明确约定债权文书经公证具有强制执行效力后,公证员为当事人办理了强制执行公证。

对于广大金融机构来说,及时快速回收债权是防范金融风险的关键。2017年7月13日,最高人民法院联合司法部、中国银监会发布的《最高人民法院 司法部 中国银监会关于充分发挥公证书的强制执行效力服务银行金融债权风险防控的通知》指出,公证是预防性法律制度,公证书的强制执行效力对于提高银行业金融机构金融债权实现效率、降低金融债权实现成本、提升银行业金融机构防控风险水平具有重要意义。公证机构通过赋予债权文书强制执行效力为金融机构提供了一种快捷高效的债权回收方式,既发挥了法律威慑力助力降低贷款违约率,又为债权人省去了复杂冗长的诉讼程序,避免债权人深陷诉累之苦。

(2)文书范例

①补充协议

补充协议

债权人(贷款人、担保权利人):某银行股份有限公司厦门分行

债务人(借款人、授信额度申请人):厦门某有限公司

保证人(担保人):某有限公司

保证人(担保人):张某某

保证人(担保人)的配偶:陈某某

各方经协商一致,订立本补充协议,作为《最高额融资合同》[编号:××(融资)××]、《最高额保证合同》[编号:××(高保)××]、《个人最高额保证合同》[编号:××(高保)××](上述合同、文件、函件以下统一简称“债权文书”)之补充。

一、各方自愿接受强制执行条款

1.上述债权文书及本协议经中华人民共和国××省××市××公证处公证赋予强制执行效力。若债务人未按照债权文书约定履行义务,担保人亦未履行相应的担保责任,债权人有权直接向中华人民共和国××省××市××公证处申请出具《执行证书》,并持公证书及该《执行证书》向有管辖权的人民法院申请强制执行。债务人及其配偶(若有)、担保人及其配偶(若有)自愿于前述情形出现之时放弃诉权及相关抗辩权利,无条件地、直接地接受人民法院的强制执行。

各方约定:上述债权文书项下涉及的主合同、各具体业务合同(即授信额度项下各具体借款合同)、协议、补充协议、展期协议、业务申请书均作为上述债权文书的组成部分,因此发生的债权债务即属于债权文书项下发生的债权债务,只要上述债权文书办理了赋予债权文书强制执行效力公证,上述债权文书项下涉及的主合同、各具体业务合同、协议、补充协议、展期协议、业务申请书等相关文书均无需另行办理债权文书强制执行公证,也即具有强制执行效力。债务人未履行到期债务或债务人、担保人违反债权文书约定而导致债务提前到期的,其后各期债务均视为到期,债权人可以就债务人尚未归还的全部债权、利息、违约金等申请强制执行。

2.执行范围与方式。强制执行的范围包括:债权文书项下贷款本金、利息、罚息(含逾期利息、复利)、违约金、债权人实现债权和担保物权的所有费用(包括但不限于执行证书公证费、律师费、评估费、执行费、公告费等。其中,律师费以债权人与律师签订的代理合同约定为准,但不应超过律师协会、物价部门制定的律师服务收费标准;执行证书公证费按司法行政管理部门、物价部门确定的公证服务收费标准执行,办理赋予债权

文书强制执行效力公证未全部缴纳的公证费应在出具执行证书时予以补齐;评估费按物价部门指定的评估业收费标准计算;执行费、公告费按法院公告的标准执行;以上均以实际发票为准)。具体强制执行的范围以债权人向公证处提交的出具执行证书申请函为准。债权人向债务人、担保人追索,有权从折价抵偿、提取、兑现、拍卖、变卖担保物等方式中选择一项或多项方式实现债权。

二、债权债务确认

如债务人、担保人违约,债权人应当以书面形式向公证处申请出具《执行证书》,并提交其履行债权文书的证据材料(如:放款证明);公证处受理申请后,向债务人及其配偶(若有)、担保人及其配偶(若有)发送《债务确认函》进行违约情况核实;债务人及其配偶(若有)、担保人及其配偶(若有)对执行有异议的,应在《债务确认函》送达之日起×日(日历日,以下均同)内以书面形式向公证处提出,并一次性提交证明其异议的所有证据材料;债务人及其配偶(若有)、担保人及其配偶(若有)未在上述期限内提出异议的,视为无异议,公证机构有权依据债权人的申请出具执行证书;债务人及其配偶(若有)、担保人及其配偶(若有)在上述期限内提出书面异议并提供相关证明材料的,债权文书及本协议各方同意公证处有权对各方提供的证据进行审查核实,并根据审查结果决定是否出具执行证书。

因债权人、债务人及其配偶(若有)、担保人及其配偶(若有)未提供真实有效的证据材料导致公证处审查结果与事实不符,责任由债权人、债务人及其配偶(若有)、担保人及其配偶(若有)自行承担。

各方在履行债权文书过程中均有义务收集、保存所有证据材料原件(包括但不限于具体合同、缴款凭证、电子回单、单据、收款收据等)。

三、文件送达

债务人及其配偶(若有)、担保人及其配偶(若有)确认债权文书或公证申请表中的地址、电话及邮箱/微信等电子联系方式准确、有效,同意公证处按债权文书中预留的地址、电话通过中国邮政的特快专递方式邮寄《债务确认函》(债权文书上当事人身份信息中填写的具体地址与公证申请表中填写的具体地址不一致的,或债权文书未填写具体地址的,均以公证申请表上记载的内容为准)。邮件寄出后,收件人签收即为送达,除本人【即债务人及其配偶(若有)、担保人及其配偶(若有)或其法定代表人、代理人】签收外,传达室人员、物业保安、同事及同住其他成年人或者该地址的其他人员签收、快递员存放于电子智能收件箱亦为送达。因任何原因(包括但不限于地址不准确、提供虚假地址、搬离等),收件人未签收,邮件寄出满日视为送达。债务人及其配偶(若有)、担保人及其配偶(若有)联系地址变更须以书面方式通知债权人和××省××市××公证处,因债务人及其配偶(若有)、担保人及其配偶(若有)提供的送达地址不准确或地址变更未及时告知公证处的,公证处按原预留地址对债务人及其配偶(若有)、担保人及其配偶

(若有)寄送送达确认函时，自该函件寄出日仍视为送达。

债权文书约定了各方的电话、传真、微信、电子邮件等电子终端信息，债务人及其配偶(若有)、担保人及其配偶(若有)同意接受《债务确认函》以电子形式送达。任何一方向对/他方所发出的短信、传真、微信、电子邮件，自前述电子文件内容在发送方正确填写地址且未被系统退回的情况下，视为进入对方数据电文接收系统即视为送达。若送达日为非工作日，则视为在下一工作日送达。任何一方变更名称、地址、联系人或通信终端的，应当在变更后 三 日内及时书面通知债权人及公证处，债权人及公证处实际收到变更通知前的送达仍为有效送达，电子送达与书面送达具有同等的法律效力。

债权文书各方的文件往来、送达，或将来人民法院强制执行阶段法院需向各方送达，或者其他争议解决过程中的法律文书送达，均可参照上述条款进行送达。

四、特别声明

□债务人(受信人)配偶共同在债权文书的债务人签署处或债务人配偶签署处签名，表示知悉并同意债务人借款，夫妻共有财产无条件接受强制执行。

□债务人(受信人)配偶与债务人共同在债权文书的债务人处签署，表示与债务人作为共同债务人，如债务人违约，负有连带还款责任，个人及夫妻共有财产无条件接受强制执行。

□抵押人(出质人)的配偶在债权文书的抵押(出质、担保)人签署处或抵(质)押财产共有人签署处签名，表示知悉并同意担保物的100%份额对外提供担保，并接受强制执行。

□保证人配偶在债权文书的保证人配偶签署处签名，表示知悉并同意保证人提供连带责任保证担保。在发生债权人向保证人追索的情形时，保证人配偶同意根据债权文书的约定，对债权人可能处分本人与保证人所共有财产的行为不持异议，自愿、无条件地接受人民法院的强制执行。

□保证人的配偶在债权文书的保证人签署处签名，表示本人自愿作为保证人，承担连带责任保证担保，自愿、无条件地接受人民法院的强制执行。

五、特别提示

各方自愿向中华人民共和国××省××市××公证处办理赋予债权文书强制执行效力公证。强制执行条款作为特别约定条款优先于债权文书(包括债权文书项下的各具体业务合同、协议、业务申请书等)约定的争议解决适用条款，债权文书相关条款约定与本补充协议内容相抵触的，以本补充协议为准。公证机构作出不予出具执行证书的书面决定或者人民法院裁定不予受理、驳回执行申请或者裁定不予执行的，当事人有权适用债权文书所约定的仲裁和诉讼条款。

本协议作为债权文书不可分割的组成部分，自各方签订(签字或盖章)并经公证后生效，具有同等法律效力。

办理赋予债权文书强制执行效力公证的公证费由申请人自愿协商，由□债权人支付、□债务人支付、□债权人及债务人共同支付。

（各方签署、落款略）

××××年×月×日

②公证书

公 证 书

（××××）××××字第××号

申请人：

贷款人：某银行股份有限公司厦门分行，统一社会信用代码：××××××××××，住所：×××××××××××××××

负责人：季某某

委托代理人：章某某

借款人：厦门某有限公司，统一社会信用代码：××××××××××，住所：×××××××××××××××

法定代表人：张某

保证人（担保人）：

1.某有限公司，统一社会信用代码：××××××××××，住所：×××××××××××××××

法定代表人：张某某

2.张某某，男，一九××年××月××日出生，公民身份号码：××××××××××××××××××

保证人（担保人）的配偶：陈某某，女，一九××年××月××日出生，公民身份号码：××××××××××××××××××

公证事项：赋予债权文书强制执行效力

申请人各方分别于××××年××月××日、××××年××月××日向本处申请对前面的《最高额融资合同》[编号：××(融资)××]、《最高额保证合同》[编号：××(高保)××]、《个人最高额保证合同》[编号：××(高保)××]及《补充协议》(下称“债权文书”)进行公证并赋予“债权文书”强制执行效力。

经查，申请人各方依法均具有签订“债权文书”的民事权利能力和民事行为能力，代理人具有相应的代理权限。

本公证员就“债权文书”的内容依法进行了审查，申请人各方在“债权文书”中约定：在合同约定的有效期限内借款人可向贷款人申请使用的最高融资额度为人民币××万元整，融资用途为购买原材料，期限自××××年××月××日起至××××年××月××日止，利率为×××；保证人愿意为“债权文书”项下贷款人与借款人基于《最高额融资合同》与其项下发生的具体业务合同连续发生的多笔债权，在最高债权额限度内向贷款人提供连带责任保证担保。上述约定和债权文书各项条款具体、明确。申请人各方表示其签订“债权文书”的意思表示真实，已充分了解并共同确认了“债权文书”的全部内容。

保证人张某某的配偶陈某某向本处表示知悉并同意保证人提供连带责任保证担保，在发生债权人向保证人追索的情形时，保证人配偶同意根据债权文书的约定，对债权人可能处分其与保证人所共有财产的行为不持异议，自愿、无条件地接受人民法院的强制执行。

本公证员向各申请人告知了强制执行公证的有关法律规定、法律意义和可能产生的法律后果。借款人、保证人作出了自愿接受强制执行的意思表示，并在补充协议中特别约定，“债权文书”经公证赋予强制执行效力。若债务人未按照“债权文书”约定履行义务，担保人(及配偶)亦未履行相应的担保责任，债权人有权直接向本处申请出具《执行证书》，并持该《执行证书》向有管辖权的人民法院申请强制执行，债务人、担保人(及配偶)自愿于该情形出现之时放弃诉权及相关抗辩权利，无条件地、直接地接受人民法院的强制执行。各申请人并就债务人、担保人违约时本处应贷款人申请出具《执行证书》前的债务确认、程序达成了明确、具体的约定。

根据以上事实，兹证明某某银行股份有限公司厦门分行的委托代理人章某某在厦门市，与厦门某有限公司的法定代表人张某分别于××××年××月××日、××××年××月××日签署了前面的《最高额融资合同》，与某有限公司的法定代表人张某某分别于××××年××月××日、××××年××月××日签署了前面的《最高额保证合同》，与张某某、陈某某分别于××××年××月××日、××××年××月××日签署了前面的《个人最高额保证合同》，申请人各方分别于××××年××月××日、××××年××月××日签署了前面的《补充协议》。各方当事人的签约行为符合《中华人民共和国民法总则》第一百四十三条规定，合同内容符合《中华人民共和国合同法》《中华人民共和国商业银行法》《中华人民共和国担保法》等有关法律法规的规定。

根据《中华人民共和国民事诉讼法》第二百三十八条、《中华人民共和国公证法》第三十七条和《最高人民法院司法部关于公证机关赋予强制执行效力的债权文书执行有关问题的联合通知》的有关规定，自本公证书出具之日起，前面“债权文书”具有强制执行效力。申请执行期限自借款人、保证人违约事实发生之日起二年(该期限适用法律有

关诉讼时效中止、中断的规定),在此期限内,贷款人有权向本处申请出具《执行证书》,并持该《执行证书》及本公证书向有管辖权的人民法院申请强制执行。

中华人民共和国××省××市××公证处

公证员×××

××××年×月×日

三、公证事务

1. 提存

提存公证是指公证处依照法定条件和程序,对债务人或担保人为债权人的利益或为合同的履行而交付的债之标的物或担保物(含担保物的替代物)进行寄托、保管,并在条件成就时交付债权人或相对人的活动。

(1)案情简介

年关将近,因A有限公司(即乙方)出现经营困境,还陷入诉讼纠纷,银行账户被冻结,导致其无法按时发放员工工资,由此引发了劳资矛盾。经政府出面调停,乙方与其关联企业B有限公司(即甲方)、关联企业的债务人C有限公司(即丙方)协商,拟由甲方将丙方应偿还的一笔债权款项用于乙方的员工工资发放。甲乙丙三方就如何确保该笔款项的专款专用向公证处进行咨询。

公证员详细了解情况后,为他们设计了一套“提存方案”,即由三方当事人签订一份《协议书》,约定债务人丙方将债款提存于公证处,自债款交付至公证处之日,视为债务人丙方与债权人甲方之间的债权债务关系消灭,公证处自收到款项后的××日内,按照乙方提供的清单给员工发放工资。该协议还对出现违反该笔款项用途或其他不符合协议目的的情形作出了明确限制。随后,在确认《协议书》系三方当事人真实意思表示、丙方也已按约定将人民币××万元整提存至公证处后,公证处根据三方当事人的共同申请为其办理了提存,并根据合同约定及时发放了员工工资,有效缓解了劳资矛盾。

年终岁末往往是劳资纠纷高发、多发的敏感时期,如何保障广大劳动者的切身利益、维护社会大局和谐稳定显得尤为重要。作为长期致力于预防纠纷、维护法制、巩固秩序的法律服务机构,公证机构具有高度的社会公信力,具备专业法律知识的公证员在参与社会治理过程中始终坚持不偏不倚的立场,公平正义地引导社会主体行使权利、履行义务,消除矛盾纠纷。本案中,公证机构以“提存”的方式辅助企业解决劳资矛盾,有助于保障企业款项的专款专用,从而维护劳动者的合法权益,促进社会的和谐稳定。

(2)文书范例

公 证 书

(××××)××××字第××号

申请人:

甲方:B有限公司,统一社会信用代码:××××××××××××,住所:××××××××××××××××

法定代表人:张某

乙方:A有限公司,统一社会信用代码:××××××××××××,住所:××××××××××××××××

法定代表人:李某

丙方:C有限公司 ,统一社会信用代码:××××××××××××,住所:××××××××××××××××

法定代表人:陈某

公证事项:提存

申请人各方于××××年××月××日向本处称,丙方有一笔货款人民币××万元整(¥××)应支付给甲方,甲乙方为关联企业,为解决乙方工人工资问题,维护社会稳定,甲方拟将该笔款项用于乙方支付其公司员工(包括乙方公司应支付给外包公司的员工工资)××××年××月份的工资,并要求丙方将该款项提存于本处,由公证处按乙方提供的员工工资清单发放。各方于××××年××月××日签订了《协议书》。现根据协议的约定,向本处申请办理提存公证。

根据《中华人民共和国公证法》《公证程序规则》《提存公证规则》的规定,本处受理了申请人的上述申请。本处受理后,本公证员与各方当事人进行了谈话,并制作了谈话笔录。各方当事人向本处提供了各方于××××年××月××日签订的《协议书》原件(见本公证书附件)。申请人向本处确认《协议书》是各方当事人的真实意思表示,协议内容真实合法,该协议书上各方的签章均属实。

各方当事人在《协议书》中约定:一、丙方应于本协议签订之日起××日内将应向甲方支付的货款人民币××万元整(¥××)提存到××公证处指定账户。该笔款项丙方交付至公证处提存之日,视为丙方已交付给甲方。甲丙方相应的债权债务抵销。二、乙方应于本协议签订当日将公司应支付给员工的××××年××月份的工资(包括公司应支付给外包公司的员工工资)列清明细,并一次性将清单提供给公证处。乙方应保证提供的账户、金额等信息准确无误,因信息错误导致公证处无法及时支付或支付错误的

责任均由乙方自行承担。三、公证处在收到丙方支付的上述款项后的××日内按乙方提供的清单发放给乙方的员工。四、甲方要求该笔款项仅用于乙方支付公司员工××××年××月份的工资及福利待遇,专款专用,乙方不得挪作他用。若发现乙方用于其他用途或有其他不符合协议目的情形的,甲方有权要求丙方停止提存上述款项,或有权要求公证处终止款项的发放。若已发生损害或存在侵害第三方权益的情形,则乙方应积极采取补救措施并承担一切责任和损失。五、提存款按上述方式支付完成之后,本协议终止。

现丙方已按约定于××××年××月××日将人民币××万元整(¥××)提存到本处,该款项于当日转入本处账户。

依据上述事实,兹证明C有限公司依据各方于××××年××月××日签订的《协议书》的约定,于××××年××月××日将人民币××万元整(¥××)提存于本处。

附:《协议书》原件一份(含附件,共××页)。

中华人民共和国××省××市××公证处

公证员×××

××××年×月×日

2. 抵押登记

公证机构办理的抵押登记是指公证机构根据《公证法》《物权法》的规定或政府的指定对抵押行为进行记载、登录、出具抵押登记证书及向社会提供查询服务的活动。抵押登记证书的内容包括抵押人及抵押权人的身份信息、抵押担保的主债务的种类数额、抵押物的状况、债务履行期限、抵押担保的范围、抵押登记的日期等事项。

文书范例:抵押登记证书

抵押登记证书

<table>
<tr><td rowspan="2">抵押人</td><td>姓　名</td><td>性　别</td><td>身份证号码</td><td>住　址</td><td>联系电话</td></tr>
<tr><td></td><td></td><td></td><td></td><td></td></tr>
<tr><td rowspan="2">抵押权人</td><td>名　称</td><td>单位代码</td><td>营业执照注册号</td><td>住　所</td><td>联系电话</td></tr>
<tr><td></td><td></td><td></td><td></td><td></td></tr>
<tr><td colspan="2">抵押担保的主债权的种类、数额</td><td colspan="4"></td></tr>
</table>

抵押物的名称、数量、质量、状况、所在地、所有权或者使用权权属	
债务人履行债务的期限	
抵押担保的范围	
再次抵押情况	
抵押登记的日期	
备注：本抵押登记证书一式二份，一份交抵押权人，一份本处留存。核查内容请登录本处网站：www.××××.com。当事人申请变更或注销抵押登记，须至本公证处办理相关手续，如自行变更未向本处办理变更抵押登记的，不发生《物权法》规定的抵押登记效力。本证书各项填写内容涂改无效。	

四、司法辅助事务

司法辅助事务是指公证机构根据人民法院的需求，与人民法院进行工作对接，参与或承接人民法院司法辅助事务，在调解、送达、调查取证、保全、执行等环节提供法律服务的活动。公证参与司法辅助事务，通过将人民法院的辅助工作流程化、标准化、表单化、数字化，较大地提高了工作质效。

文书范例：邮寄送达流程

送达流程(庭前)登记表

<table>
<tr><td rowspan="15">邮寄送达</td><td>时 间</td><td>当事人</td><td>邮单编号</td><td colspan="2">送达地址、情况</td></tr>
<tr><td>20××年
月 日</td><td></td><td></td><td colspan="2" rowspan="2">□址无此人/公司;□上门拒收;□上门无人;□址不详/有误,改址;□电联拒收;□电联无人/非本人;□本人收;□他人收:
□其他:开庭时间:</td></tr>
<tr><td colspan="3">地址:</td></tr>
<tr><td>20××年
月 日</td><td></td><td></td><td colspan="2" rowspan="2">□址无此人/公司;□上门拒收;□上门无人;□址不详/有误,改址;□电联拒收;□电联无人/非本人;□本人收;□他人收:
□其他:开庭时间:</td></tr>
<tr><td colspan="3">地址:</td></tr>
<tr><td>20××年
月 日</td><td></td><td></td><td colspan="2" rowspan="2">□址无此人/公司;□上门拒收;□上门无人;□址不详/有误,改址;□电联拒收;□电联无人/非本人;□本人收;□他人收:
□其他:开庭时间:</td></tr>
<tr><td colspan="3">地址:</td></tr>
<tr><td>20××年
月 日</td><td></td><td></td><td colspan="2" rowspan="2">□址无此人/公司;□上门拒收;□上门无人;□址不详/有误,改址;□电联拒收;□电联无人/非本人;□本人收;□他人收:
□其他:开庭时间:</td></tr>
<tr><td colspan="3">地址:</td></tr>
<tr><td>20××年
月 日</td><td></td><td></td><td colspan="2" rowspan="2">□址无此人/公司;□上门拒收;□上门无人;□址不详/有误,改址;□电联拒收;□电联无人/非本人;□本人收;□他人收:
□其他:开庭时间:</td></tr>
<tr><td colspan="3">地址:</td></tr>
<tr><td>20××年
月 日</td><td></td><td></td><td colspan="2" rowspan="2">□址无此人/公司;□上门拒收;□上门无人;□址不详/有误,改址;□电联拒收;□电联无人/非本人;□本人收;□他人收:
□其他:开庭时间:</td></tr>
<tr><td colspan="3">地址:</td></tr>
<tr><td>备注</td><td colspan="4"></td></tr>
<tr><td colspan="3">送达员(日期):</td><td colspan="2">审核(日期):</td></tr>
</table>